ARKTIS
ANTARKTIS

Herausgegeben von der
Kunst- und Ausstellungshalle
der Bundesrepublik Deutschland, Bonn

Mitglieder der Besatzung der Princesse-Alice II auf dem Abbruchstück einer Eisscholle bei Spitzbergen, 25. August 1899, Foto: Prinz Albert I. von Monaco. Mit freundlicher Genehmigung des Musée océanographique de Monaco

ARKTIS

ANTARKTIS

Diese Publikation erscheint anläßlich der Ausstellung **Arktis – Antarktis**, die vom 19. Dezember 1997 bis zum 19. April 1998 in der Kunst- und Ausstellungshalle der Bundesrepublik Deutschland in Bonn stattfindet.

Kunst- und Ausstellungshalle der Bundesrepublik Deutschland GmbH, Bonn
Direktor Wenzel Jacob

Kuratoren Annagreta Dyring, Eric Dyring, Stephan Andreae
Projektleitung Stephan Andreae mit Johanna Roos
Projektassistenz Martina Haag
Wissenschaftliche Beratung für die Bereiche:
Eis und Geist – Jean-Loup Rousselot
Archäologie – William W. Fitzhugh
Lebendiges Jamal – Igor Krupnik
Ausstellungsarchitektur Paolo Martellotti
Ausstellungsmanagement Petra Kruse, Susanne Wichert-Meissner
Transport und Versicherung Marla B. Manna
Restaurierung Ulrike Klein
Aufbau Michael Haacke
Licht Gerd Graef
Presse Maja Majer-Wallat
Forum Bernd Busch
Projektentwicklung Ina Klein
Medien / Kommunikation Petra Kruse
Pädagogischer Dienst Hanns-Ulrich Mette
Public Relations Maria Nußer-Wagner
Technische Medien Ulrich Best
Bibliothek Margot Flatow
Verwaltung Wilfried Gatzweiler
Technik Rudi Link

Umschlagmotiv Eisberg in der Diskobucht / Westgrönland. Foto: © Geophot, Bernhard Edmaier
Umschlagrückseite Satellitenbilder der Nord- und Südhalbkugel. Planetary Visions Ltd © 1997 PVL
Umschlagklappen Nordpolargebiet, Südpolargebiet, Karten: Justus Perthes Verlag, Gotha

Herausgeber Kunst- und Ausstellungshalle der Bundesrepublik Deutschland GmbH
Katalogkonzeption Annagreta und Eric Dyring, Stephan Andreae
Wissenschaftliche Redaktion Eric Dyring, Klaus Bachmann
Katalogkoordination Petra Kruse
Lektorat Dorothee von Drachenfels
Kataloggestaltung Konnertz Buchgestaltung Köln
Grafiken Alexander Schmid

Produktion Peter Dreesen und Silvia Cardinal
Reproduktionen graphik atelier 13, Kaarst
Satz, Druck und buchbinderische Verarbeitung B.o.s.s Druck und Medien, Kleve

Katalogautoren (Auflösung der Initialen):
S. A. Stephan Andreae
K. B. Klaus Bachmann
A. D. Annagreta Dyring
E. D. Eric Dyring
S. F. Stanislav Fischer
J. R. Johanna Roos

Übersetzungen aus dem Schwedischen, Norwegischen und Dänischen
Jutta Westmeyer, Brigitta Adelheid Hansen (Annagreta Dyring, Per Kirkeby)
Übersetzungen aus dem Englischen
Manfred Allié, Klaus Timmermann, Ulrike Wasel
Übersetzungen aus dem Russischen
Johanna Roos

© 1997 Kunst- und Ausstellungshalle der Bundesrepublik Deutschland GmbH
Alle Rechte vorbehalten
Printed in Germany 1997
ISBN 3–7701–4390–6

Die Deutsche Bibliothek – CIP-Einheitsaufnahme

Arktis – Antarktis: Kunst- und Ausstellungshalle der Bundesrepublik Deutschland, Bonn; 19. Dezember 1997 bis 19. April 1998; [erscheint anläßlich der Ausstellung Arktis – Antarktis] / [Hrsg. Kunst- und Ausstellungshalle der Bundesrepublik Deutschland GmbH. Katalogkonzeption: Annagreta Dyring ... Katalogautoren: Stephan Andreae ... Übers. aus dem Schwed., Norweg. und Dän. Jutta Westmeyer ...]. – Köln: DuMont, 1997
    ISBN 3–7701–4390–6

Das Projekt Arctic2 (Polartheater, Internet Service, CD-ROM u.a.) wurde von der EU im Rahmen des INFO2000 Programmes gefördert.

Mit freundlicher Unterstützung:

SONY

Tektronix

Russische Aktien Gesellschaft
GAZPROM

INHALT

Jürgen Rüttgers
7 Grußwort

Wenzel Jacob
10 Vorwort

Annagreta Dyring
12 Arktis und Antarktis
Heute nicht mehr am Rande der Welt

Stephan Andreae
15 Der Bär und der Gegenbär

Arved Fuchs
17 Abenteuer am Weltrand

Sven Lundström
20 Andrées Polarexpedition im Jahre 1897

William W. Fitzhugh
24 Archäologie
Die prähistorischen Bewohner der Arktis

Heinz Miller
32 Bohrkerne im Eis

Aleksej W. Turchin
Nikolaj A. Kornilow
36 Drift
Russische Eisdriftstationen in der Arktis

Øystein Wiig
44 Eisbären

Richard S. Williams, jr.
45 Eisberge

Robert K. Headland
47 Eisbrecher

Robert K. Headland
48 Die Erkundung der Antarktis

Günter Metken
54 Max Ernst
Der Künstler als »Schöpfer«

Robert Greenler
59 Fata Morgana
Luftspiegelungen

Eric Dyring
61 Flugzeuge in den Polarregionen

Robert K. Headland
63 Franklin
Polarforschung im viktorianischen Stil

David Gubbins
69 Geomagnetismus

Max Tilzer
72 Globale Umweltforschung

Eric Dyring
78 Große Nordische Expedition

Robert Greenler
80 Halo

Robert K. Headland
85 Inseln

Eric Dyring
90 Jagd und Handel in der Arktis

Igor Krupnik
William W. Fitzhugh
96 Jamal

Stanislav Fischer
99 Kälte in Wostok

Robert K. Headland
106 Kartographie der Arktis

Per Kirkeby
111 Eigil Knuth
Die Arktis auf Østerbro

Karl Fredga
118 Lemminge

Eric Dyring
119 Mammut und Elfenbein

Eric Dyring
121 Douglas Mawson

Monika Puskeppeleit
123 Medizin – Grenzzone Eis
Polarmedizin in Arktis und Antarktis

	Gerhard S. Dieckmann		*Uwe Schwarz*
127	Meereis als Lebensraum	206	Georg Wilhelm Steller
	Eberhard Fahrbach		*Robert K. Headland*
129	Meeresströmungen	210	Südgeorgien Ein diplomatischer Streitfall
	Eric Dyring		
133	Militärische Aktivitäten		*Olle Melander*
	Eric Dyring	214	Tourismus
136	Mythen		*Annika Nilsson*
	Susan Barr	217	Umweltschäden in der Arktis
139	Fridtjof Nansen		*Albrecht Koschorke*
	Eric Dyring	219	Utopien der Kälte
146	Nordpassagen		*Mikael Stenström*
	Pjotr W. Bojarski *Juri L. Masurow*	222	Vegetation
152	Nowaja Semlja		*Robert K. Headland*
	Paul J. Crutzen	224	Vertrag und Forschung
156	Ozonloch		*Klaus Barthelmess*
	Pontus Hulten	230	Wal- und Robbenfang Polarisierte Meinung
166	Polarbotanik Eine Expedition in die Subarktis vor fast 100 Jahren		*Eric Dyring*
		235	Wettlauf zum Nordpol
	Hartmut Grassl		*Robert Greenler*
168	Polarklima	238	Whiteout
	Robert K. Headland		*Lars G. Holmblad*
172	Politik	240	Wikinger
	Marek E. Jasinski		*Richard S. Williams, jr.*
178	Pomoren	245	Wüsten im Eis
	Lars Thomasson		*Wladimir Pitulko*
186	Samen	248	Zhokov
	Susan Barr		*Thomas Alerstam*
193	Scott und Amundsen	250	Zugvögel
	Robert K. Headland		
196	Sir Ernest Henry Shackleton		
	Eric Dyring		
199	Sibirien		
	Jean-Loup Rousselot		
202	Spirituelles Leben am Polarkreis		

159 Stichwörter von Albatros bis Zirkumpolarstrom

257	Leihgeber
261	Ausstellungsverzeichnis
279	Autorenbiographien
283	Bibliographie
285	Register
288	Quellennachweise und Copyrights

GRUSSWORT
JÜRGEN RÜTTGERS

Die Regionen des ewigen Eises, die Arktis und die Antarktis, haben schon immer die Neugier des Menschen geweckt. Entdeckungs-, aber auch Abenteuerlust trieben die Polarforscher von einst an, auf ihren ersten Expeditionen zunächst die noch weißen Flecken auf den Landkarten auszufüllen. Die danach einsetzende intensivere wissenschaftliche Beschäftigung mit den Polarregionen hat inzwischen die globale Bedeutung dieser einzigartigen Gebiete für das Leben auf unserer Erde verdeutlicht. So stellen Arktis und Antarktis Schlüsselgebiete für die globale Klimaentwicklung dar. Diese Regionen dienen nicht nur als ›Kühlaggregate‹ der globalen Wettermaschine, sondern auch als Antrieb für die Wasserzirkulation in den Ozeanen. Im polaren Eis und in den polaren Sedimenten ist die Information über das erdgeschichtliche Klima gespeichert. Daraus lassen sich vergangene Klimaschwankungen nachvollziehen und deren Ursachen beziehungsweise Wirkungen ableiten. Damit ist ein Vergleich zum heutigen Klima und eine Prognose für das zukünftige Klimageschehen möglich.

Doch nicht nur die Klimaproblematik zieht die Forscher heutzutage an die Pole. Untersucht werden auch mögliche Auswirkungen einer zunehmenden Erschließung arktischer Bodenschätze auf das polare Ökosystem.

Besonders die veränderte politische Situation in Osteuropa hat uns neue Möglichkeiten eröffnet, an der Erforschung der Arktis mitzuwirken. Bisher nicht zugängliche Gebiete, wie die russischen Hoheitsgewässer der Arktis, öffnen sich der internationalen Polarforschung. Es entsteht eine neue und offene Form der Zusammenarbeit mit osteuropäischen Wissenschaftlern. Hier wird derzeit in vielfacher Hinsicht wissenschaftliches ›Neuland‹ betreten. Dies läßt vermuten, daß die Zeit der Entdeckungen in den Polarregionen noch lange nicht abgeschlossen ist. Polarforschung wird somit auch weiterhin ein wichtiger Beitrag zur Zukunftsforschung sein.

Ich freue mich daher besonders, daß die Kunst- und Ausstellungshalle der Bundesrepublik Deutschland mit der bisher einzigartigen Ausstellung »Arktis-Antarktis« die Polarregionen einer breiten Öffentlichkeit vorstellt. Die Ausstellung will auch spannende Forschungsarbeiten mit Hilfe multimedialer Technik für jeden anschaulich machen und erlaubt Einblicke in einen Teil unserer Erde, die sonst nur wenigen Menschen möglich sind. Der Besuch dieser Ausstellung ist eine sinnliche Erfahrung besonderer Art. Auch im Zeitalter moderner Eisbrecher, Satelliten und Überwinterungsstationen haben die Polarregionen nichts von ihrer Faszination für den Menschen verloren.

DANK Die Ausstellung Arktis-Antarktis entstand in einer langen und inspirierenden Zusammenarbeit, an der viele Institutionen und Personen beteiligt waren. Ihnen allen möchten wir hiermit unsere tiefe Hochachtung und unseren aufrichtigen Dank ausdrücken.

Der besondere Dank der Kuratoren gilt der Kunst- und Ausstellungshalle mit ihrem Direktor Wenzel Jacob für das Vertrauen, das er bei diesem komplizierten Vorhaben in uns setzte. Neben allen Mitarbeitern des Hauses, die im Impressum genannt werden, seien hier namentlich Johanna Roos und Martina Haag erwähnt, die geduldig, kompetent und hochmotiviert das Schiff durch die nicht selten stürmische See dieses Großunternehmens steuern halfen. Vor allem möchten wir auch die Rolle von Pontus Hulten hervorheben, der die Entwicklung des Konzeptes mit großem Interesse und vielen Ideen von Anfang an gefördert hat. Den Leihgebern, die sich oft über das normale Maß hinaus für diese Ausstellung engagierten, sei in ganz besonderer Weise gedankt. Sie finden ihre Namen auf Seite 256.

Ohne das professionelle Fachwissen und ohne die kooperative Großzügigkeit von Polarwissenschaftlern, Museumsspezialisten, Fernerkundungsexperten, Historikern, Bibliothekaren, Künstlern und Sammlern hätte die Ausstellung nicht realisiert werden können. Auch für die Entstehung des Kataloges war eine internationale Zusammenarbeit erforderlich. Autoren und Wissenschaftler vieler Länder haben mit Fakten, persönlichen Erinnerungen, Polargeschichten und wissenschaftlichen Neuentdeckungen zum Gelingen beigetragen. Ihnen sei hiermit herzlich gedankt.

Neben diesen Personen und Institutionen möchten wir namentlich an dieser Stelle besonders erwähnen:
Zoologisches Forschungsinstitut Alexander König, Bonn
Alfred-Wegener-Institut für Polar- und Meeresforschung, Bremerhaven
British Antarctic Survey, Cambridge (GB)
Scott Polar Research Institute, Cambridge (GB)
Andréemuseet, Gränna
Deutsches Klimarechenzentrum, Hamburg
Finnish Meteorological Institute, Helsinki
Helsinki University Library, Helsinki
Nationalmuseum, Kopenhagen
James Caird Society, Dulwich College, London
MultiMedia Corporation, London
National Maritime Museum, Greenwich/London
Natural History Museum, London
Royal Geographical Society, London
Grönlands Nationalmuseum und Archiv, Nuuk
Deutsches Zentrum für Luft- und Raumfahrt e.V., Oberpfaffenhofen
Frammuseet, Oslo
Yamalo-Nenetz District Shemanowsky Museum, Salechard
Museum der Arktis und Antarktis, St. Petersburg
Department of Zoology, Stockholm University
Naturhistoriska Riksmuseet, Stockholm
Royal Swedish Academy of Sciences, Stockholm
Swedish Institute, Stockholm
University Library, Uppsala
National Museum of Natural History, Smithsonian Institution, Washington, D.C.
Planetary Visions Ltd., Wivelsfield Green (GB)

Prof. Thomas Alerstam, Alexander Alimow, Klaus Bachmann, Dr. Susan Barr, Dr. Eric Beach, Prof. Hanno Beck, Dr. Aike Beckmann, Joel Berglund, Dr. Joachim Biercamp, Michael Böttinger, Dr. Richard Crawford, John Croxall, Dr. Vera Dementieva, Dr. Gerhard Dieckmann, Dr. Oswald Dreyer-Eimbcke, Harding McGregor Dunnett, Philip Eales, Dr. Hajo Eicken, Magnus Elander, Dr. Stanislav Fischer, Dr. William W. Fitzhugh, Lutz Fritsch, Prof. Dieter Fütterer, Bengt Garting, Jårg Geismar, Dr. Rüdiger Gerdes, Dr. Hartwig Gernandt, Veronika Grahammer, Prof. Robert Greenler, Herbert Grimm, Prof. Bengt Gustafsson, Dr. Julian Gutt, Birte Haagen, Sven Haakanson, Prof. Esko Häkli, Dr. Robert K. Headland, Dr. Hartmut Hellmer, Peter Hertling, Friedel Hinz, Gabriele Iwersen, Dr. Martin Jakobsson, Hartmut Kaminski, Prof. Per Kirkeby, Dr. Heinz Kohnen, Dr. Igor Krupnik, Heidrun Küpfer, Jesper Labansen, Britta Lauer, Dr. Sergei Mamonow, Dr. Robert Meisner, Dr. Jörgen Meldgaard, Charlie Morrow, Norbert Müller, Dr. Claire Parkinson, Pekka Parviainen, Dr. Rainer Paulenz, Margarete Pauls, Prof. John Peel, Hans Pfeiffenberger, Bernhard Pfletschinger, Dr. Wladimir Pitulko, Dr. Joachim Plötz, Dr. Eugene Potapow, Dr. Monika Puskeppeleit, Douglas Quin, Dr. Goetz Rheinwald, Dr. Jean-Loup Rousselot, Valeria Sassanelli, Hans-Ulrich Schlumpf, Klaus Schöningh, Dr. Lutz Sellmann, Jeanette Setterberg, Dr. Mikael Stenström, Dr. Walter Tape, Dr. Jörg Thomaschewski, Dr. Verena Traeger, Dr. George Tressel, Dr. Aleksej Turchin, Richard Turnnidge, Prof. Nikita Vronskij, Max Whitby, Annalena Wibom, Staffan Widstrand, Øystein Wiig, Dr. Richard S. Williams jr., Dr. Dieter-Wolf Gladrow, A. G. Wood, Dr. Nikolai Yagodnitsin, Ranga Yogeshwar.

VORWORT

WENZEL JACOB

Als die Kunst- und Ausstellungshalle der Bundesrepublik Deutschland im Juni 1992 ihre Pforten öffnete, präsentierte sie sich mit fünf Ausstellungen, die das Themenspektrum vorstellten, dem sie sich künftig widmen wollte. Eine der Ausstellungen war »Erdsicht. Global Change«. Sie stand unter der Schirmherrschaft des International Space Year 1992. Verschiedene internationale Weltraumorganisationen hatten uns dazu Satellitendaten zur Verfügung gestellt, die in bis dahin noch nie erreichtem Umfang zu Computerfilmen animiert wurden und einen faszinierenden Blick auf unseren blauen Planeten freigaben. Die optisch auffälligsten Zonen waren zweifellos die beiden Pole, Arktis und Antarktis, denen wir uns nun in einer eigenen Ausstellung zuwenden. Auch für dieses Projekt waren wir auf Kooperationspartner aus Wissenschaft und Forschung angewiesen. So haben wir uns gemeinsam mit Fachleuten des Alfred-Wegener-Instituts für Polar- und Meeresforschung, Bremerhaven, des Deutschen Klimarechenzentrums, Hamburg, des Deutschen Zentrums für Luft- und Raumfahrt e.V., Oberpfaffenhofen und des National Museum of Natural History, Smithsonian Institution, Washington, D. C., auf Entdeckungsreise begeben, auf der wir noch von zahlreichen weiteren Institutionen unterstützt wurden.

Arktis und Antarktis, die entlegensten Punkte auf unserem Globus, haben seit jeher Forschungsdrang und Phantasie der Menschen beflügelt. Für viele Seefahrer und Abenteurer war die Eroberung der Pole die ultimative Herausforderung. So hatte sich bereits 1576 Martin Frobisher auf den Weg gemacht, um die Nordwestpassage zu finden, doch, wie viele seiner Nachfolger, leider vergebens. Es sollte noch bis zum Beginn unseres Jahrhunderts dauern, ehe Roald Amundsen die Durchfahrt gelang, und noch einige Jahrzehnte länger, bis man erkannte, daß die Passage für die Handelsschiffahrt ungeeignet war.

Mit den Polen verbanden sich Vorstellungen des Unberührten, des Geheimnisvollen, sie waren und sind der Inbegriff einer lebensfeindlichen Umgebung. Die ersten, die in See stachen, um zu den ›Enden‹ der Erde zu gelangen, konnten sich nur auf Spekulationen stützen, sie mußten sie erst entdecken und auf der Landkarte dingfest machen. In zahlreichen Expeditionen erkundete man seit dem 16. Jahrhundert die Geographie und die klimatischen Verhältnisse der Pole, die dort beheimateten Volksgruppen, die Flora und die Fauna. Inzwischen sind wir uns längst auch der globalen Bedeutung der Polarregionen bewußt, wir wissen um bestimmte dort ablaufende Prozesse, die entscheidende Bedeutung für das Klimageschehen und die Umweltbedingungen auf der ganzen Erde haben.

Die Recherchen für das Projekt waren sehr umfangreich, sie führten tatsächlich bis in die Antarktis und bis zum Nordpol, aber auch nach Salechard im tiefsten Sibirien, von wo wir zahlreiche Leihgaben erhalten haben. Der Facettenreichtum des Themas ist überwältigend. Es wurden naturwissenschaftliche, ethnologische und historische Aspekte berücksichtigt, und wie ein roter Faden zieht sich das Thema der Polarität durch die Ausstellung, sei es aus wissenschaftlicher oder aus künstlerischer Perspektive.

Trotz der Fülle der aufgegriffenen Themen kann die Ausstellung nur die vielzitierte Spitze des Eisbergs repräsentieren. Das vorliegende Handbuch erschließt zusätzliche Informationen, teilweise zu ausgestellten Werken, vor allem aber zu Themen, die sich für eine Vermittlung durch die Ausstellung weniger eignen. Ein Herzstück von »Arktis – Antarktis« stellt die Multimediainstallation »Polartheater« dar, zu deren Realisierung zahlreiche Fachleute aus dem In- und Ausland beigetragen haben. Ein großer Teil der Produktionskosten konnte durch Fördermittel der Europäischen Kommission gedeckt werden, wofür ich an dieser Stelle unseren herzlichen Dank aussprechen möchte.

Danken möchte ich auch den zahlreichen Leihgebern, die uns ihre Kostbarkeiten trotz der teilweise sehr weiten Transportwege zur Verfügung gestellt haben. Und schließlich gilt mein herzlicher Dank dem engagierten Kuratorenteam Annagreta Dyring, Eric Dyring und Stephan Andreae. Sie haben es vermocht, aus dem komplexen Thema eine vielschichtige und sinnliche Ausstellung zu gestalten.

ARKTIS UND ANTARKTIS HEUTE NICHT MEHR AM RANDE DER WELT

ANNAGRETA DYRING

Die Arktis versetzt uns immer wieder in Erstaunen. Vor kurzem konnte bewiesen werden, daß schon während der Eiszeit Menschen in den arktischen Gebieten lebten. Russische Archäologen haben auf einer einsamen Insel im Eismeer hoch im Norden, auf 76° nördlicher Breite, 8000 Jahre alte Siedlungen entdeckt. Aufgrund der Funde ist anzunehmen, daß diese Jägervölker trotz des rauhen Klimas verhältnismäßig gut gelebt haben. Sie waren Fischer und Jäger, und ihre Beute bestand nicht nur aus Kleintieren, sie erlegten auch Mammuts, Moschusochsen, Walrosse und Eisbären. Die Menschen konnten das harte tägliche Leben in dieser Region nur kraft ihrer enormen Kreativität, Stärke und Ausdauer meistern.

Obwohl unsere modernen technischen Hilfsmittel und Kommunikationsmöglichkeiten das Leben der heutigen Bewohner der Arktis wesentlich erleichtert haben, sind bestimmte grundlegende Lebensbedingungen dieselben wie damals vor 8000 Jahren. Dasselbe rauhe Klima, derselbe lange und dunkle Winter und dieselben langen Distanzen. Man ist noch immer auf sich selbst und eine kleinere Gruppe von Mitmenschen angewiesen. Heute kollidieren die alten Traditionen und ererbten Kenntnisse mit der modernen Lebensweise und den strukturellen Veränderungen der Gesellschaft. Das arktische Volk hat sich den zentral getroffenen Entscheidungen, den großen Eingriffen in die Umwelt sowie den unsicheren wirtschaftlichen Verhältnissen angepaßt. Diese Menschen haben lange in der Geschichte gelebt, sie haben sie jedoch nie selbst gesteuert.

Obwohl sich die Menschen der abendländischen Kulturen schon vor Beginn unserer Zeitrechnung für die Arktis interessiert haben, mußten sie sich anfangs mit der Phantasie begnügen, da ihnen nur wenige vereinzelte Berichte zur Verfügung standen. Später kamen jedoch die Wikinger in ihren Schiffen und eroberten die isländischen, grönländischen und nordamerikanischen Küsten – beeindruckende Leistungen, die auch von den Seeleuten unserer Zeit respektiert und bewundert werden. Erst im 16. Jahrhundert begannen die Westeuropäer, die Arktis eingehend zu erforschen und sich ernsthaft für die nördlichsten Breitengrade zu interessieren.

Anfangs lockten die Handelsmöglichkeiten; schon sehr früh wurde die nördliche Fauna beschrieben, und überall tauchten völlig unglaubhafte Berichte und Geschichten über Meereswunder auf.

Der schwedische Bischof Olaus Magnus schilderte in seiner berühmten Seekarte, »Carta Marina«, die 1539 in Venedig gedruckt wurde, wie es im nördlichen Europa zu Land und zu Wasser aussah. Gleichzeitig schrieb er auch seine »Historia de Gentibus Septentrionalibus«, die als das erste wissenschaftliche Werk über die Menschen im Norden bezeichnet wird. In diesem Buch schildert er in Wort und Bild die fürchterlichen Ungeheuer und die Mahlströme und Wirbel des Polarmeers, aber auch das Nordlicht, die Eiskristalle, die Tiere und die Natur.

Am 6. September 1595 ereilte Willem Barentsz zweite Arktisexpedition auf der Suche nach der Nordostpassage nach China eine tragische Begebenheit. Ein Polarbär griff zwei Männer der Expedition an und tötete sie. Erst nach einem heftigen Kampf konnte auch der Bär getötet werden. »Sein Fell wurde nach Amsterdam zurückgebracht«, heißt es im anschließenden Kommentar zu diesem Drama in Gerrit de Veers Tagebuch: »Waerachtighe Beschryvinghe van drie seylagien«, Amsterdam 1598, aus dem die Darstellung stammt.

Die russischen Küstenbewohner, die Pomoren, die tüchtige Seeleute waren, fuhren bis nach Spitzbergen und an der nordöstlichen Küste Sibiriens entlang. Im Jahre 1596 reiste der Holländer Willem Barentsz anhand der Weltkarte seines Landsmanns Petrus Plancius nach Nowaja Semlja. Sein begabter Begleiter Gerrit de Veer hielt die Reise in seinem Tagebuch fest, das im Jahre 1598 herausgegeben wurde. Dieses Tagebuch enthält detaillierte Zeichnungen vom Leben auf der Überwinterungsstation und wurde sehr bald der ›Bestseller‹ jener Zeit, der im ganzen abenteuerhungrigen Europa gelesen und besprochen wurde.

Der schwedische Bischof Olaus Magnus interessierte sich für Naturerscheinungen und schuf diese frühe Ansicht von Schneekristallen. Holzschnitt aus: Olaus Magnus, Historia de gentibus septentrionalibus, 1555

Etwas später stand die Jagd auf Wale im Brennpunkt des Interesses. Der Reichtum, den man sich durch einen Wal verschaffen konnte, schien förmlich unbegrenzt. Aus einem Bartenwal konnte man beispielsweise bis zu 30 Tonnen Tran gewinnen. Und so ergab es sich, daß die Walfänger des 17. Jahrhunderts diejenigen waren, die ihre Kenntnisse über die Arktis nach Westeuropa brachten. Schon bald danach kämpften die damaligen Seegroßmächte England und die Niederlande um die Herrschaft über Handel und Verkehrswege im Norden. In jener Zeit wurde auch die Kartographie immer weiter entwickelt – vor allem dank der Portugiesen und der Holländer.

Die ersten Teile der Antarktis erschienen um 1820 auf der Weltkarte. Schon bald danach wurden Entdeckungsexpeditionen durchgeführt. Es dauerte jedoch noch 80 Jahre bis die gesamte Antarktis kartographiert worden war.

An den ersten Polarexpeditionen nahmen auch einzelne Wissenschaftler teil, aber erst Ende des 19. Jahrhunderts wurde die Forschung zu einem wesentlichen Motiv für Reisen in die Polargebiete. Einer der allerersten Naturwissenschaftler, der an einer größeren Polarexpedition teilnahm, war der Deutsche Georg Wilhelm Steller, der im Jahre 1740 den Dänen Vitus Bering auf seiner Reise östlich um Kamtschatka begleitete. Der internationale Trend in der Wissenschaft jener Zeit ging in Richtung Systematisierung und Beschreibung von Flora und Fauna. Nun bot sich dem medizinisch ausgebildeten Steller die Möglichkeit, die sibirischen Tiere und Pflanzen nach Arten zu bestimmen und zu beschreiben. Der Schwede Adolf Erik Nordenskiöld war ein wissenschaftlich engagierter Adeliger, der im Verlauf der berühmten Nordostpassage 1878 bis 1879 einen ganzen Winter lang auf 80° nördlicher Breite, westlich von der Beringstraße, vom Eis gefangen gehalten wurde. In jenem Winter hatte er reichlich Gelegenheit, seine ozeanographischen und meteorologischen Messungen zu vervollständigen und außerdem das Leben der Urbevölkerung, der Tschuktschen, zu studieren. 30 Jahre später versuchte der englische Forscher Robert Falcon Scott, den Norweger Roald Amundsen in einem Wettlauf zum Südpol zu schlagen. Unglücklicherweise beschloß er, seine Ausrüstung auf mit Schneeschuhen ausgestatteten Ponys zu befördern. Die Pferde gingen zugrunde, und der total erschöpfte Scott erfror auf dem Rückweg in einem Zelt – nur wenige Kilometer von seiner möglichen Rettung entfernt. Die Grenze zwischen Leben und Tod verläuft oft sehr schmal! Dem englischen Polarreisenden Ernest Shackleton gelang dank seines großen seemännischen Geschicks eine antarktische Schiffsreise im Jahre 1916 in dem kleinen Rettungsboot »James Caird« über das stürmischste Meer der Welt. Dies wird auch heute noch als eine der größten Leistungen der Polargeschichte betrachtet.

Erst als die Entdeckungsreisenden sich die Kenntnisse der arktischen Bevölkerung bezüglich Bekleidung, Reisen und Proviant aneigneten, wurden die wirklich großen Fortschritte gemacht. Der Bahnbrecher war der Norweger Fridtjof Nansen. Ende des 19. Jahrhunderts studierte er, wie die Bewohner der Arktis sich kleideten und vor Kälte und Nässe schützten und wie die skifahrenden Norweger ihre Transportschlitten bauten. Diese geniale Konstruktion – der sogenannte Nansen-Schlitten – wird seither von allen Polarreisenden verwendet. Nansen war auch ein berühmter Forscher und Intellektueller, der eine ansehnliche Reihe von wissenschaftlichen

Werken hinterließ, unter anderem über die Geschichte der Kartographie der Polargebiete.

Heute sind die Forscher Experten in Kleidung, Ausrüstung und Kommunikation. Wo Eisbrecher aufgeben müssen, reisen sie in Flugzeugen und Hubschraubern. Sie überwintern und führen ihre langen, beharrlichen Studien unter physisch und psychisch extrem harten Bedingungen durch. Anfangs bestand die Polarforschung zu 90 Prozent aus Überlebensaktivitäten und nur zu 10 Prozent aus wissenschaftlicher Arbeit. Heute ist das Verhältnis umgekehrt – das Risiko ist minimiert, und daher kann man sich beinahe hundertprozentig auf die Forschung konzentrieren. Nur das Polarklima ist unverändert geblieben.

In der Antarktis herrschen die extremsten Witterungsverhältnisse. Beim sturmumbrausten Cape Denison, wo der englische Forscher Douglas Mawson 1911 bis 1914 zwei Winter lang gelebt hat, rast der Sturm mit einer Durchschnittsgeschwindigkeit von 20 Metern pro Sekunde. Hier mußten sich die Männer oft festketten, bevor sie sich in den Sturm hinausbegaben. Im Jahre 1957 wurde auf dem höchsten Eisplateau der Antarktis die russische Station Wostok 3400 Meter über der Meereshöhe eröffnet, wo die Temperatur häufig auf minus 70 bis 80 Grad fällt. Seit dem Internationalen Geophysikalischen Jahr, 1956 bis 1957, befindet sich am Südpol eine amerikanische Forschungsstation, die nahezu im dynamischen Polareis ›versinkt‹. Auch die russischen Stationen auf einer Eisscholle im Nördlichen Eismeer gehören zum Bild der extremen und herausfordernden Polarverhältnisse. In den 30er Jahren, als die ersten Überwinterungen durchgeführt wurden, bestanden die Stationen nur aus einigen wenigen Zelten. Die Forscher konnten einfach nur hoffen, daß die große Eisscholle, auf der man sich niedergelassen hatte, nicht durch die Einwirkung der Winterstürme und der Polarströmungen zerschellen werde.

Eins gilt für alle Kenner der Polargebiete – sie sind fleißige Reporter und Berichterstatter. Insgesamt haben heimgekehrte Polarreisende über eine Million Bücher und Artikel verfaßt – teils wissenschaftliche Berichte, Serien von Messungen und Analysen, teils eine Unmenge von persönlichen Berichten und Beschreibungen. Einige haben Tagebücher von unschätzbarem Wert über das Leben und ihre eigenen Gedanken geschrieben, andere haben mit Zeichnungen und Fotografien dazu beigetragen, die Polargeschichte zu veranschaulichen. Ohne diese Darlegungen wäre unser Bild von der Polargeschichte viel unklarer und vermutlich wirklichkeitsfremd und romantisch. Zum Glück haben auch die arktischen Völker mit ihren Schilderungen eventuell verkehrte Auffassungen korrigiert. Anfang dieses Jahrhunderts schrieb beispielsweise der lappländische Same Johan Turi ein Buch über das Leben und die Verhältnisse der Samen, mit detaillierten Federzeichnungen von Szenen aus dem Leben der Nomaden. Durch alle Schilderungen führt der rote Faden des Gemeinschaftsgefühls und dessen Bedeutung.

Heute erweitern die Polarforscher diese menschliche Gemeinschaft durch professionelle Zusammenarbeit in einem modernen Netzwerk. Die zusammengetragenen Daten und Funde werden zu globalen Gesamtheitsbildern ergänzt, man stellt Folgerungen über bestimmte Zusammenhänge auf und sammelt Fakten für Prognosen. Diese umfassende Arbeit erfordert viel Zeit, basiert auf internationaler Zusammenarbeit und kostet viel Geld.

Fakten – vorzugsweise meßbare – bilden den Kern der Forschung. Erlebnisse und Erfahrungen sind stärker gefühlsbetont. Und so haben sowohl die Naturwissenschaften als auch die Erlebniswelt – Wissenschaft wie Kunst – ihren festen Platz in der Geschichte der Arktis und der Antarktis.

DER BÄR UND DER GEGENBÄR

STEPHAN ANDREAE

»Tritt ein in die kontinente, ohne anzuklopfen, aber nicht ohne einen maulkorb aus filigran.«

Hans Arp, Einführung zur »Histoire naturelle« von Max Ernst, 1926

Beinahe gibt es die Pole gar nicht. – Für die arktischen Menschen und für die Tiere in den Polarregionen sind die Pole außerordentlich uninteressant. Aber für uns, die wir dort nicht sind, sind sie sehr interessant: Weil es Schwellengebiete sind – es geht nicht mehr höher, nicht mehr tiefer – der Weltraum beginnt – es ist gefährlich, so wie das Leben gefährlich ist, das man von der Mutter entbunden mit einem Kälteschock beginnt – und man schreit. Wie absurd es ist, auf einem Gipfel zu stehen, wissen wir seit Sisyphos, aber ihn sollen wir uns ja glücklich vorstellen. Die Gipfel, von denen wir hier sprechen, die Pole, sind permanent in Bewegung, weil sie aus Eis sind, der eine schwimmend, der andere auf Festland fließend. Das macht sie künstlerisch insofern interessant, als sie demzufolge nur als Idee zu behandeln sind – denn das trophäische Fähnchenstecken ist nicht des Künstlers Sache.

Mit den Polen betrat der Mensch in diesem letzten Jahrhundert des zweiten Jahrtausends die letzten weißen Flecken der Erdkarte. Die Tatsache, daß diese Orte tatsächlich weiß sind, kann zunächst sehend wahrgenommen werden, aber darüber hinaus kann es aufgezeichnet, gemessen, begründet, ja sogar bewiesen werden. Und mehr: Die Weißheit der Pole kann zu Schlußfolgerungen führen, und wenn es nur die ist, daß sie in ihrer unbefleckten Existenz belassen werden möchten.

Kunst und Wissenschaft oder die Mobilisierung des Gegenteils

»Begännen die Wellen nachzudenken, würden sie glauben, daß sie vorankommen, ein Ziel haben, Fortschritte machen, zum Wohl des Meeres arbeiten, und es nicht versäumen, eine Philosophie zu erarbeiten, die ebenso dämlich wäre wie ihr Eifer.«[1]

Die geographischen Verhältnisse der Arktis waren sehr viel früher bekannt als die der Antarktis. Jedoch war die Idee des großen südlichen Kontinents schon lange vor der Zeit aktiviert, als die ersten Meeresjäger und Entdeckungsfahrer sich in hohe südliche Breiten wagten. Es war einfach undenkbar, daß der großen nördlichen Landmasse nicht eine südliche Entsprechung gegenüberstünde. Der Gedanke einer geographischen Asymmetrie wurde nicht einmal in Betracht gezogen, und die Fiktion des großen Kontinents stellte sich als Faktum heraus, was niemanden erstaunte: Es mußte so sein.

Kunst und Wissenschaft nähren sich aus ganz ähnlichen Visionen, aber sie verwenden unterschiedliche Methoden der Annäherung und Forschung. Skeptisch beäugt der Wissenschaftler den Künstler, der alle Konventionen mißachtend und ohne jede sanktionierte Basis Formen, Farben oder Wörter in den Raum setzt. Skeptisch beäugt der Künstler den Wissenschaftler, der aus kilometerlangen Zahlenreihen Schlußfolgerungen zieht. Beide aber sind gerade in und durch ihre Kontradiktion lebenswichtige Mitglieder der Sinnsucherbande.

In einer Wissenschaftsausstellung erscheint die Kunst subversiv als Wegelagerer zum Erstaunen und Querdenken. Hier besteht die Gefahr, den Besucher der Ausstellung zu überfordern, da er nicht weiß, mit welcher Brille er dieses oder jenes Objekt wahrnehmen soll. Aber die Gefahr ist ständiger Begleiter des Polarfahrers und von seiner konzentrierten sowie flexiblen Wahrnehmung hängt sein Leben ab. Beide

Hirnhälften, die linke rationale und die rechte fühlende, müssen nicht nur einwandfrei für sich funktionieren, sondern vor allem muß ihr permanenter vergleichender Austausch intakt sein. Der Wind will nicht nur physikalisch, sondern auch als guter Geist und Dämon respektiert sein, um den Umgang mit ihm zu erleichtern. »Jeder Griff muß sitzen« (Joseph Beuys).

In der Wissenschaftsausstellung erscheint die Kunst als Paraphrase des Wissens, als Ausdruck und Spielart, nicht aber als Illustration. Der Künstler ist kein Wissensdesigner, sondern Gesprächspartner im Dialog zwischen Empirie und Mystik. Nur der Poet weiß, wo ein Geheimnis gewahrt bleiben muß, sonst geht es ihm wie Schneiders Weib, die ob ihrer unstillbaren Neugier den fleißigen Diensten der Kölner Heinzelmännchen verlustig ging.

Mit der Kunst zieht in die Wissenschaftsausstellung ein para- oder transwissenschaftlicher Bereich ein, der bewußt Sehgewohnheiten unterbricht und relativiert, aber auch einer Ehrfurcht vor der Schöpfung Ausdruck verleiht.

Sastrugi – oder: Zur Ausstellung

Die Ausstellung enthält deutlich voneinander abgetrennte Bereiche. Sie gibt in ihrer Architektur den Weg des Betrachters aber nicht vor. Es handelt sich gewissermaßen um ein Eisschollenprinzip. Sie hofft auf die Bereitschaft des Besuchers, aus welchem Grund auch immer in diese oder jene Richtung zu ›driften‹. Die Ausstellung ist an manchen Stellen didaktisch, an manchen sinnlich, an anderer verschlossen und schwer zugänglich – und an mancher Stelle spukt es. Insofern kann ein Ausstellungsbesuch als Expedition aufgefaßt werden, deren Hinweg und Rückweg bei gleicher Strecke ganz unterschiedliche Erfahrungen und Wahrnehmungen zulassen.

Arktis und Antarktis sind als Gebiete der Wissenschaft mit ihren unterschiedlichen Disziplinen, aber auch als Projektionspunkte künstlerischer Phantasie so immens groß, daß eine Ausstellung gleich dem Gipfel des Eisbergs, der aus dem Wasser ragt, nur einen Bruchteil zeigen kann. Dieser Bruchteil ist zwangsläufig subjektiv gewählt und führt ebenso zwangsläufig zur Kunst: Was wähle ich? Was zeige ich? Wie zeige ich? et cetera, woraus dann im besten Sinne eine Art Ausstellungsoper entsteht. Die wissenschaftlichen Zahlenreihen werden gleich der Geliebtenliste Don Giovannis durch den Gesang Leporellos genießbar.

Was man wirklich in Arktis und Antarktis erlebt, ist in einer Ausstellung nicht darstellbar. Es gab Wünsche nach realem Eis, realem Wind und lebenden Pinguinen. Selbst wenn diese Wünsche erfüllbar wären, würde diese Art von Realismus innerhalb des Mediums Ausstellung zum Abstraktum und zum Dekor degradiert. Das Eis hat seine Würde nur dort, wo es hingehört und Respekt heischt in seiner majestätischen Kulturabstinenz. Gleichwohl sind Objekte Zeitzeugen und in der Lage, Geschichten zu erzählen. Diese Geschichten, Inhalte, Fakten und Anekdoten haben wir in der Vorbereitungszeit durch unsere Filigranmaulkörbe gefiltert, und daraus ist dieser hoffentlich prachtvolle Kristall entstanden.

Anmerkung
1 E. M. Cioran, Gevierteilt, Frankfurt a. M. 1982, S. 136

ABENTEUER AM WELTRAND

ARVED FUCHS

Nordpol – Südpol. So entgegengesetzt die Pole, so gegensätzlich die sie umgebenden Landschaften. Gemein ist ihnen die Vision des Unnahbaren und der Lebensfeindlichkeit. Beide waren und sind Fluchtpunkte der nationalen und individuellen Eitelkeiten, Inbegriff der Leidensfähigkeit (Peary), der genialen Logistik (Amundsen) und des bis zur Selbstzerstörung führenden Durchhaltewillens (Scott), Spielplätze eines verklärten Heldentums, vorverurteilte Naturlandschaften.

Dabei gibt es Menschen, für die die Nordpolarregion Heimat ist. Und in den antarktischen Randgebieten leben zumindest Tiere. Der Begriff lebensfeindlich wird von jenen eingebracht, die unfähig sind, sich mit den Gesetzmäßigkeiten jener Regionen zu arrangieren. Jene, die mit dem Blick grüner Wälder und blühender Gärten die polare Bühne betreten und sich damit um das Erlebnis des Verstehens bringen. Für die Eskimos ist der Umgang mit Eis und Kälte etwas völlig Normales. Ihre Sprache kennt viele unterschiedliche Worte für Eis und Schnee, wobei jedes einzelne eine ganz bestimmte Art meint. Der Hochmut und die Selbstgefälligkeit europäischer Expeditionen, die sich überlegen wähnten und dabei gnadenlos demaskiert wurden, machen deutlich: Nicht der Mensch gibt die Spielregeln vor, sondern die polare Natur. Erst wenn man sie gewähren läßt und seinen inneren Frieden mit ihr gemacht hat, wird man auch einen natürlichen Zugang zu Eis und Kälte finden. Aber das allein reicht nicht aus, um in ihr zu überleben. Das Handwerk des Überlebens muß genauso zu einer Selbstverständlichkeit werden, wie bei uns der Umgang mit dem Telefon. Sind diese Grundvoraussetzungen geschaffen, läuft der Umgang mit der Natur geregelt ab. Das schafft Freiräume im Kopf, der plötzlich nicht nur die Lebensbedrohung registriert, sondern auch die Schönheiten dieser Landschaft. Sie ist eine herbe Schönheit und ein gnadenloser Lehrmeister. Fehler werden sofort und unnachgiebig geahndet. Aber ich weiß immer, woran ich bin, wenn ich in den Polargebieten reise. Ich bin kein Masochist. Ich suche auf meinen Reisen nicht die Gefahren und Entbehrungen, ich akzeptiere sie als Grundbedingung für ein unverfälschtes Naturerlebnis. Es ist eben nicht das gleiche, ob man den Süd- oder Nordpol durch die schützende Scheibe einer vollklimatisierten Kabine betrachtet oder sich den tatsächlich herrschenden minus 40 Grad stellt. Es liegen Welten zwischen diesen beiden Erlebnissen – weil die erste Version reines Konsumieren darstellt und man die zweite erdulden muß. Man stellt sich der Landschaft in voller Konsequenz. Deshalb ist die Genugtuung ungleich größer. Deshalb auch haben die polaren Landschaften für mich Wertvorstellungen zurechtgerückt. Weniger kann bisweilen mehr sein. Zuviel High-Tech entfremdet, treibt einen Keil zwischen Menschen und Natur, das Verstehen hört auf. Die Arktis und Antarktis sind weder des Menschen Freund noch Feind. Sie sind weder gut noch böse oder gar heimtückisch. Es ist ihnen schlichtweg gleichgültig, was mit den Menschen in ihnen passiert. Daher haben die Eskimos von jeher nichts als Verachtung für diejenigen übrig gehabt, die glaubten, sich durch technische Errungenschaften eine Eintrittskarte verschafft zu haben. Und nur, weil sie dieses für sich erkannt haben, sind Menschen wie zum Beispiel Nansen, Rasmussen, Amundsen und Wegener so erfolgreich gewesen. Ihre Effektivität war aus einer gewissen Form der Demut gegenüber den polaren Landschaften geboren worden. Kein Fatalismus und keine unnötige Scheu, aber auch keine Arroganz und Selbstgefälligkeit. Eine Portion Mut gehört sicher dazu. Wie auch die Bereitschaft, Verzicht zu üben. Wie sagte Knud Rasmussen: »Gebt mir Winter, gebt mir Hunde – und den Rest könnt ihr behalten.«

Überleben am Weltrand heißt für mich zunächst einmal, Abstand zu nehmen von europäischen Normen. Es ist jedesmal wie ein Neubeginn, wie ein Eintauchen in eine andere Welt mit eigenen Spielregeln. Für den, der diese Regeln beherrscht, hält sie viel mehr bereit als nur Schnee, Eis und Kälte.

1 Arved Fuchs während »Icewalk« zum Nordpol 1989

ALBATROS Albatrosse sind Nomaden des Meeres. Ihr Lebensraum sind die stürmischen Regionen der südlichen Ozeane. In den starken Luftströmungen zwischen dem 30. und 60. Breitengrad können die großen Vögel mit ihren langen, schmalen Schwingen stundenlang ohne einen Flügelschlag segeln. Bei Windstille ziehen es die meisten der 13 Arten vor, sich auf dem Wasser niederzulassen. Der Wanderalbatros hat mit 3,2 Metern die größte Spannweite unter den Vögeln. An Land kommen die Tiere, die vor allem von Tintenfischen leben, nur zum Brüten. Auf Felseninseln bauen sie meist in Kolonien ihre Nester – niedrige Hügel aus Pflanzenteilen. Die Eltern bebrüten das einzelne, große Ei abwechselnd. Nach gut 70 Tagen schlüpft das Küken des Wanderalbatros, nach 65 Tagen jenes von Schwarzfuß- und Rußalbatros. Bis der Nachwuchs flügge ist, vergehen beim Wanderalbatros dann noch mehr als neun Monate – die längste bei Vögeln bekannte Zeitspanne elterlicher Fürsorge. Selbst beim kleineren Rußalbatros dauert es gut vier Monate, bis das Junge die ersten Flüge wagt. Aufgrund der langen Aufzuchtzeit brüten die großen Arten meist nur alle zwei Jahre. Die wohl häufigste Art ist der rund um den Südpol verbreitete Schwarzbrauenalbatros. Wie der Wanderalbatros ist er vielen Seereisenden vertraut, weil er Schiffen folgt und manchmal über Bord geworfene Abfälle frißt. Seeleute hatten früher Respekt vor den majestätischen Seglern. Einen Albatros zu töten bringt Unglück, hieß es. Doch der Aberglaube hielt hungrige Matrosen nicht davon ab, die Tiere mit Köderleinen zu fangen. Das frische Fleisch war eine willkommene Abwechslung zur ewigen Pökelkost. K. B.

2 Schwarzbrauenalbatros oder Mollymauk (Diomedea melanophris), Foto: Stephan Andreae

»'Jetzt kreuzte uns ein Albatros,
Kam durch den Nebel her;
Wir grüßten ihn mit dem Namen Christs,
Als ob ein Christ er wär.

Er fraß, was er noch nie gekannt,
Flog rundum ohne Furcht.
Das Eis zerbrach mit Donnerkrach;
Der Steurer fuhr uns durch.

Ein guter Süd sprang achtern auf;
Der Vogel folgte flink,
Kam jeden Tag zu Spiel und Fraß
Auf der Matrosen Wink!

…
›Vorm Teufel, der dich Alten zwackt,
Gott schütz dich, Schiffsgenoß!‹
›Was stierst du so?‹ – ›Mit der Armbrust mein
Schoß ich den Albatros!‹
…
Ich hatte getan ein höllisch Ding,
Das uns viel Leid verhieß:
Denn sicherlich schoß den Vogel ich,
Der die Brise wehen ließ.
Du Narr! schrien sie, zu töten das Vieh,
Das die Brise wehen ließ.«

Samuel T. Coleridge, Der alte Seemann.
In: Friedhelm Marx (Hrsg.), Wege ins Eis,
Frankfurt a. M./Leipzig 1995, S. 22 ff.

ALBEDO Maß für das Rückstrahlungsvermögen eines Körpers oder einer Oberfläche. Die Erde reflektiert etwa ein Drittel der einfallenden Sonnenstrahlung in den Weltraum. Helle Objekte strahlen viel, dunkle wenig Licht zurück: Die Albedo (lat. albus: weiß) von Neuschnee und Wolken beträgt mehr als 90 Prozent, Meeresflächen werfen nur drei bis zehn Prozent des Lichts zurück. Die Pole sind also auch deshalb so kalt, weil sie so weiß sind. Erwärmt sich die Erde, kann es zu einem gefährlichen Kreislauf kommen: Durch steigende Temperaturen schmilzt mehr Eis und Schnee, die Albedo des Planeten sinkt, Land und Ozeane reflektieren weniger Strahlung, der Planet erwärmt sich weiter, und die Eisflächen schwinden noch stärker. K. B.

ALFRED-WEGENER-INSTITUT Das Alfred-Wegener-Institut für Polar- und Meeresforschung (AWI) wurde 1980 als Großforschungseinrichtung in Bremerhaven gegründet. Es ist nach Alfred Wegener benannt, dem Begründer der Kontinentaldrifttheorie. Das AWI betreibt in der Antarktis die ganzjährig besetzte Neumayer-Station, ein Sommercamp auf dem Filchner-Rønne-Schelfeis und gemeinsam mit Argentinien das Dallmann-Laboratorium auf der King-George-Insel. In der Arktis betreut das Institut die Koldewey-Station auf Spitzbergen. Seine Stützpunkte versorgt das AWI mit dem eisbrechenden Forschungsschiff Polarstern. K. B.

ALK

Die schwarzweißen Alken nehmen in der Arktis und Subarktis die ökologische Position ein, die Pinguine in der Antarktis innehaben. Trotz äußerlicher Ähnlichkeit sind die Vögel nicht näher miteinander verwandt. Anders als ihre Antipoden in der Antarktis können alle 42 lebenden Alkenarten, darunter die auch auf Helgoland heimische Trottellumme und der Tordalk, fliegen. Mit ihren kurzen schmalen Flügeln sind sie ausgezeichnete Taucher, die sich von Fischen, Tintenfischen und Krebsen ernähren. Sie brüten zum Teil in riesigen Kolonien an Klippen oder steilen Felshängen. K. B.

3 Papageitaucher (Fratercula arctica), Island, Foto: Anders Geidemark/Naturfotograferna

AMULETT

»Von den Amuletten, die besonders charakteristisch für die Igdluliker (kanadischer Eskimo, d. Red.) sind, können folgende genannt werden:
… Ein Stück getrockneter Nabelschnur auf den Unterpelz genäht beschützt gegen böse Geister.
Eine Fuchsmilz auf den Strumpfspann eines Knaben genäht beschützt ihn davor, durch das Dünneis zu fallen.
Eine Hasenzitze wird über langsamem Feuer geräuchert und in den Brustteil des Unterpelzes einer Frau genäht. Das gibt reichliche und fette Milch.
Ein Stück Haut von einem Renntiergeweih an die Haube genäht gibt langes Haar. Langes Haar gibt eine starke Seele. Wer sein Haar schneidet, schneidet einen Teil seiner Seele weg.

In den Steven eines Kajaks wird der Balg einer Schnepfe gelegt. Dadurch wird der Kajak seetüchtig und bei hartem Seegang nicht kentern. Eine kleine Puppe aus der äußersten harten Knochenspitze eines Walroß-Geschlechtsteiles wird kunstfertig geschnitzt und mit Armen und Beinen versehen dann auf dem Unterpelz eines Knaben festgenäht. Er wird dann auf den einsamen Renntierjagden den gefährlichen Berggeistern entgehen, die Jerqat genannt werden.
Lampentran, der im Hausgang und rund ums Haus verspritzt wird, schützt gegen böse Geister.«

Knud Rasmussen, Rasmussens Thulefahrt, Frankfurt a. M. 1926, S. 256–258

AMUNDSEN ROALD

(1872–1928 verschollen), norwegischer Polarforscher. Durchsegelte von 1903 bis 1906 mit der Gjøa als erster die Nordwestpassage. Am 14. Dezember 1911 erreichte er den Südpol und gewann damit den Wettlauf gegen den Briten Robert Scott. 1926 überflog er gemeinsam mit Umberto Nobile und Lincoln Ellsworth im Luftschiff Norge den Nordpol. Auf einem Flug zur Rettung Umberto Nobiles aus dem arktischen Eis stürzte er 1928 ab und tauchte nie wieder auf. K. B.

4 Roald Amundsen in Nome, Alaska, 1923, Foto: Norsk Polarinstitutt, Oslo

»In Monaten des Hungers, des Frostes, des Skorbuts wird er ein harter, schweigsamer Mann, der Kenntnisse und Erfahrungen mißtrauisch in sein Hirn verschließt wie in einen Banktresor, ohne Freude an den Menschen, keinem glaubend, nur sich selbst.
Skrupellos in Gelddingen, errafft er sich die Mittel für eine erste selbständige Expedition. Quert das Nordmeer auf bisher nie vollendeter Strecke. Erzwingt mit den Mühen dreier Jahre die nordwestliche Durchfahrt, ein Unternehmen, an dem vor ihm jeder gescheitert ist. Alle Welt rühmt das Vollbrachte. Er selber am meisten. Ein unermüdlicher Verkünder seiner Taten, wägt und rechnet er genau, um wieviel seine Erfolge größer sind als die der Männer vor ihm, um ihn.
Gestützt auf seinen Erfolg, bricht er auf zum Nordpol. Ein anderer kommt ihm zuvor. Er, kurz entschlossen, dreht um. Sucht den Südpol. Auch auf diesem Weg ist schon ein anderer. Es beginnt ein schauerlicher Wettlauf. Kalt rechnend, setzt der Nordländer seine gesammelten, gut katalogisierten Erfahrungen ein. Wo in den Vorbereitungen des Konkurrenten steckt ein Fehler, den er vermeiden kann? Er findet einen Fehler, den Fehler. Der andere hat Pferde mitgenommen: er baut auf die Zähigkeit und das Fleisch seiner Hunde, die Transportmittel und Nahrung zugleich sind. Der andere, mit seinen Ponys, kommt um: er kehrt siegreich zurück.«

Lion Feuchtwanger, Erfolg,
Frankfurt a. M. 1988, S. 665–666

ANDRÉES POLAREXPEDITION IM JAHRE 1897

SVEN LUNDSTRÖM

Der Ingenieur Salomon August Andrée glaubte felsenfest, daß neue Erfindungen und neue Materialien eine historische Ballonfahrt über den Nordpol möglich machen würden. Angespornt wurde sein kühnes Expeditionsvorhaben noch durch die damalige nationale Profilierungssucht. Die Idee war politisch zeitgemäß. Die Mißerfolge früherer Expeditionen erforderten auch eine neue Sicht des Problems. Mit dem modernsten Luftfahrzeug der Zeit, einem 5000 Kubikmeter großen, mit Wasserstoff gefüllten Ballon aus chinesischer Seide, sollte die Polarregion innerhalb einiger Sommerwochen bezwungen werden. Vom Ballonkorb aus wollte man das unbekannte Gebiet kontinuierlich dokumentieren.

Mit großem Erfolg präsentierte Andrée seinen Plan den wissenschaftlichen Akademien in Schweden und Europa und erhielt sowohl vom schwedischen Königshaus als auch von Alfred Nobel finanzielle Unterstützung.

ANDRÉE

Der Start

Die Expedition hatte Danskön im westlichen Svalbard (Spitzbergen) als Startplatz ausgewählt und ein Haus als Schutz für den gefüllten Ballon errichtet. Der Wasserstoff wurde an Ort und Stelle von einem transportablen Gaswerk erzeugt. Nach einem mißglückten Startversuch im Jahr 1896, bei dem auch Mängel in der Planung sichtbar wurden, kehrte man im folgenden Sommer nach Danskön zurück. Am 11. Juli 1897 herrschten ideale Wetterbedingungen, und der Ballon setzte sich mit Salomon August Andrée, Nils Strindberg und Kurt Fraenkel an Bord Richtung Norden in Bewegung. Nach einer dreitägigen, ziellosen Reise wurde das stark vereiste Fahrzeug 480 Kilometer vom Start entfernt zur Landung gezwungen.

Während der nächsten drei Monate bewegten sich die Männer zu Fuß durch die Eislandschaft, mal in Richtung Franz-Joseph-Land, mal in Richtung Spitzbergen.

5 Ballon im Hangar, © Andréemuseet, Gränna

6 Jagdglück, © Andréemuseet, Gränna

7 Das Scheitern, © Andréemuseet, Gränna

Die tägliche Tortur wurde in Tagebüchern und weiteren Aufzeichnungen dokumentiert. Bemerkungen über den Kampf gegen das Treibeis und die Jagd auf Eisbären und Robben sind darin verwoben mit Erörterungen über die nächsten Schritte und Gedanken über die Chancen, lebend zurückzukehren. Auch wenige, etwas zaghafte Versuche, trotz allem ihren wissenschaftlichen Auftrag zu erfüllen, sind regelmäßig in den Tagebüchern verzeichnet.

Anfang Oktober zerbrach ihre Eisscholle, und die Männer waren gezwungen, auf der gletscherbedeckten Insel Vitön an Land zu gehen, wo sie Schutz vor dem herannahenden Polarwinter suchten. Aber bereits vor Ende des Monats fanden sie den Tod.

Der Fund

Durch Zufall wurden das letzte Lager und die Überreste der Expedition im Jahr 1930 gefunden und nach Schweden zurückgebracht. Die Filme konnten entwickelt, die Tagebücher gelesen und somit die letzten Lebensmonate der drei Männer rekonstruiert werden.

Die genaue Todesursache wurde nie festgestellt, aber sowohl die Tagebücher als auch Analysen des Eisbärenfleisches aus dem Gepäck legen den Schluß nahe, daß die Arktisfahrer bereits durch den Verzehr des ersten am Landeplatz geschossenen Eisbären eine Trichinenvergiftung erlitten haben.

Die drei Männer wurden in Schweden als Helden mit nahezu staatsmännischen Ehrungen bedacht – ein nationales Trauma hatte seine Erklärung gefunden.

Die Funde von Vitön werden im Andrée-Museum in Gränna, dem Geburtsort Andrées, aufbewahrt.

»Zuallererst möchte ich mit Nachdruck darauf hinweisen, daß das Problem, wie man den Pol erreicht, … kein wissenschaftliches, sondern ein technisches ist. Das Resultat, das man erzielen möchte, ist natürlich von höchster Wichtigkeit für die Naturwissenschaften, doch die Entwicklung der Mittel, mit denen es erreicht werden kann, fällt in den Aufgabenbereich des Technikers.«

Aus der Ansprache Salomon Andrées an die Königlich Schwedische Akademie der Wissenschaften im Februar 1895

ANGST

»An Ruhe war in dieser Nacht nicht zu denken! Schon die Aufregung ließ uns nicht schlafen, die Aufregung über diese Entdeckung des schon entdeckten Pols! Alle Gedanken, die in uns aufstiegen, alle Worte, die fielen, alles endete mit dem einem Furchtbaren: Zu spät! Und als es dann still wurde im Zelt – da brüteten wir gewiß alle über der einen finstern Vorstellung: Mir graut vor dem Rückweg!«

Robert Scott am 16. Januar 1912, dem Tag, an dem seine Expedition entdeckte, daß Amundsen ihnen am Südpol zuvorgekommen war. In: Letzte Fahrt, Wiesbaden 1996, S. 155

ANORAK

Kajakjacke der Eskimos. Neben Iglu und Parka einer der wenigen Begriffe, die aus dem Eskimoischen in unseren Wortschatz übernommen worden sind. K. B.

8 Fridtjof Nansen im Anorak, Foto: Universitätsbibliothek, Oslo

ANTIPODEN

»Es hat an päpstlichen Verweisen nicht gefehlt, ja es wurde gesengt und gebrannt, wo Bulle und Concil nichts mehr halfen, und mehr als einer endigte als Märtyrer der Wissenschaft auf dem Scheiterhaufen. Der Glaube an Antipoden allein schon war für die Kirche zeitweise ein untrügliches Kriterium geworden, dass sie es mit einem Fall von Ketzerei zu thun habe. Wenn wir auch diese wunderlichen Auswüchse der Zeit einer falschen Religiosität zu Gute halten müssen, so ist andererseits die ursprüngliche Annahme einer flachen Erdscheibe als das nothwendige Durchgangsstadium anzusehen, ehe die Wissenschaft zu einer richtigen Erkenntnis der Kugelgestalt vordrang. ...
Freilich ist das Mittelalter und besonders die spätere Hälfte desselben von dem Vorwurf der Verblendung nicht freizusprechen, denn die Kugel- und Antipodenlehre war bereits zur Evidenz nachgewiesen worden und selbst einige der orthodoxesten Kirchenväter hatten dieselbe ohne jede Scheu acceptiert. ... Was aber das Mittelalter anbelangt, so können wir mit dem VIII. Jahrhundert einen Abschluss machen, von wo an die Lehre von der Scheibengestalt immer mehr und mehr in den Hintergrund tritt und jene vereinzelte Rolle spielt, wie in den frühesten christlichen Jahrhunderten die Lehre von der Kugelgestalt. ... Die magnetischen Erscheinungen der Erde konnten in den Untersuchungskreis der mittelalterlichen Physiker erst treten, als man die Entdeckung der Nordweisung einer Magnetnadel gemacht hatte und diese fand nachweisbar nicht vor dem XII. Jahrhundert statt. ... Von den weiteren Eigenschaften der Magnetnadel hatte man noch keine Kenntnis, wie man denn auch über die Lage des anziehenden Punktes mangelhaft unterrichtet war, indem man ihn nicht als einen magnetischen Nordpol auf der Erde suchte, sondern vielmehr in den Polarstern verlegte.«

Konrad Kretschmer, Die physische Erdkunde im christlichen Mittelalter. In: Dr. Albrecht Penck, Geographische Abhandlungen, Wien/Olmütz 1890, S. 34–35, 47, 75, 77

**ARCHÄOLOGIE
DIE PRÄHISTORISCHEN
BEWOHNER DER ARKTIS**

WILLIAM W. FITZHUGH

Als Martin Frobisher eine nordwestliche Schiffspassage nach China suchte, fand er statt dessen die Insel Baffinland im Osten des Kanadisch-Arktischen Archipels. Frobishers Expedition gelang es zwar nicht, eine neue englische Route in den Orient zu entdecken, doch durch seine Reisen (1676–1678) gewannen die Europäer erstmals Einblicke in die Geographie eines bislang unbekannten Teils der Arktis. Die vielleicht überraschendste Entdeckung war, daß diese ›meta incognita‹, dieses unbekannte Ende der Erde, von einem asiatisch aussehenden Volk mit Werkzeugen und Schmuckgegenständen aus Kupfer besiedelt war. Frobishers Entdeckungen und die Illustrationen von John White, die zeigten, wie die Inuit unter Bedingungen erfolgreich existieren konnten, die für einen Europäer schlichtweg unvorstellbar waren, sorgten für eine Sensation in Europa. Wer waren diese Menschen und woher stammten sie?

Frobisher und die Forscher der Folgezeit gingen davon aus, daß die Inuit erst vor relativ kurzer Zeit aus Asien in den arktischen Raum eingewandert waren, und diese Annahme findet sich auch noch in den meisten späteren Darstellungen zur arktischen Geschichte. Wer anderes als Flüchtlinge aus gemäßigteren Regionen hätte sich freiwillig in der Arktis niederlassen sollen? Doch weit gefehlt: Mittlerweile hat die Archäologie den Beweis erbracht, daß bereits seit 30 000 Jahren Menschen in der Arktis lebten und daß in diesem Zeitraum fast alle geographischen Regionen – mit Ausnahme des Franz-Joseph-Lands und eventuell Spitzbergens – besiedelt waren. Es zeugt von einem bemerkenswert hohen Maß an Erfindungsreichtum und Anpassungsvermögen, daß Menschen in eine derart feindselige und unwirtliche Umgebung vordrangen und dort überleben konnten. Die Archäologie hat eben erst damit begonnen, diese Vorgänge zu erhellen, und jedes Jahr bringt neue Entdeckungen.

Die Mammutjäger

Eine der überraschendsten Erkenntnisse ist, daß die Anfänge menschlicher Besiedlung in der Arktis bereits 20 000 Jahre vor dem Ende der Eiszeit oder des Pleistozäns lagen. Entgegen der weitverbreiteten Annahme waren weite Teile der Arktis in der Eiszeit nämlich eisfrei. Obwohl Skandinavien, die kanadische Arktis und Grönland größtenteils vergletschert waren, erstreckte sich ein gewaltiges eisfreies Tundragebiet vom Ural über die Landbrücke im Bereich der heutigen Beringstraße bis zum Mackenzie River im Nordwesten Kanadas. Da der Meeresspiegel damals deutlich niedriger lag, war die arktische Küste während der Eiszeit bis zum Rand des Kontinentalsockels vorgeschoben, verlief also Hunderte von Kilometern weiter nördlich als heute. In diesem flachen Tiefland gab es Mammuts, Rentiere, Wölfe, kleinere Säugetiere, Vögel und Fische; mit den nordwärts abfließenden Flüssen gelangte wertvolles Treibholz, das als Brenn- und Baumaterial und zur Herstellung von Werkzeugen diente, aus den weiter südlich gelegenen Waldgebieten zum ständig vereisten Nordpolarmeer, das nur die Hälfte seiner heutigen Größe hatte. Da es nicht genügend Feuchtigkeit für die Entstehung von kontinentalem Inlandeis gab, blieb die eurasische Arktis ein bewohnbarer, wenn auch unwirtlicher Lebensraum für die eiszeitlichen Säugetiere, und somit auch für den Menschen.

Eines der ältesten Zeugnisse für die Existenz von Menschen in der Arktis stammt von einer Fundstätte namens Mamontowaja Kurja im nördlichen Ural, wo prähistorische Jäger vor 27 000 Jahren ein Mammut erlegten. Bereits zu diesem frühen Zeitpunkt hatten die Bewohner der nördlichen Tundra offenbar gelernt, Holz,

9 Bereits vor 30 000 Jahren siedelten Menschen in der Tundra Sibiriens.

Rinde und andere Materialien, die weiter südlich zum Einsatz kamen, durch Tierknochen und Häute zu ersetzen. Die Ausgrabungen an dieser Fundstätte stehen unter der Leitung des russischen Archäologen P. Pawlow und des Norwegers Sven Indrelid.

Diese westsibirischen Funde sind keineswegs die einzigen. Seit vielen Jahren untersuchen die Archäologen Juri Mochanow und Swetlana Fedosejewa Felsbehausungen im Lenabecken, in denen sie auf Knochen von eiszeitlichen Mammuts, Pferden, Rentieren und anderen Tieren gestoßen sind. An den in verschiedenen Fundschichten abgelagerten Überresten läßt sich ablesen, daß die Geschichte der menschlichen Besiedlung dort vor rund 30 bis 35 000 Jahren im Mittelpaläolithikum begann und bis ins Mesolithikum und Neolithikum andauerte. Ohne Zweifel war das Lenabecken ein wichtiges frühes Zentrum der kulturellen Entwicklung in der Arktis. Mochanow geht sogar davon aus, daß dort – wie im tropischen Afrika und in Südasien – ein noch weit älteres Zentrum der Menschheitsentwicklung liegt, doch seine Datierung von angeblich 1,3 Millionen Jahren alten Fundstücken aus Diring Juriak ist äußerst umstritten. Da es in dem Gebiet zwischen Lena und Beringstraße keine frühen Funde gibt, kann man wohl davon ausgehen, daß diese bergigen Regionen erst vor etwa 12 000 Jahren besiedelt wurden.

Immer wieder müssen Archäologen feststellen, daß die Wirklichkeit ihre kühnsten Theorien übertrifft. Eine der bemerkenswertesten Entdeckungen der letzten Zeit stammt von der Insel Zhokov, einem winzigen Eiland am Rande des Festlandsockels, 500 Kilometer vor der Nordküste der russischen Arktis: Dort fand Wladimir Pitulko eine 8 000 Jahre alte Siedlung von Rentier- und Eisbärjägern, deren Häuser aus Treibholz große Ähnlichkeit mit den Behausungen der prähistorischen Eskimos in Nordamerika aufwiesen. Die Frage, wie und warum Menschen nach Zhokov gekommen sind und in welchem Zusammenhang sie zu den Völkern der Neuen Welt stehen, wird wohl noch auf Jahre ungelöst bleiben, weil der Boden der Insel das ganze Jahr über gefroren ist. Offensichtlich war es in Sibirien nie wieder so warm wie damals.

Trotz der Funde von Zhokov waren offenbar nicht alle Regionen der russischen Arktis von Menschen besiedelt, denn auf der Wrangelinsel gab es, wie man erst kürzlich entdeckt hat, noch bis vor 4 500 Jahren eine Restpopulation von Zwergmammuts. Ihr plötzliches Verschwinden nach diesem Zeitpunkt fällt zusammen mit den ältesten archäologischen Spuren menschlicher Besiedlung auf der Insel, in Tschertow Owrag, was den Schluß nahelegt, daß eine frühe, mit den Eskimos verwandte Bevölkerung hier die letzten Mammuts der Erde ausgerottet hat. Heute steht die Wrangelinsel unter Naturschutz und bietet den noch verbleibenden Tierarten der Arktis eine Zufluchtsstätte.

Der Weg in die Neue Welt

Als sich vor etwa 12 000 Jahren das eiszeitliche Klima dramatisch zu erwärmen begann, setzte eine Entwicklung ein, in deren Verlauf die ersten Menschen in die Neue Welt gelangten. Die globale Erwärmung ließ die Gletscher schmelzen und den Meeresspiegel ansteigen; viele Tiere zogen weiter nach Norden, und im Laufe der Zeit starben viele eiszeitliche Säugetiere aus. Menschen wanderten aus dem Lenatal nach Osten und an der Pazifikküste nordwärts und gelangten so nach Alaska, von wo aus sie sich über ganz Nord- und Südamerika verbreiteten, mit Ausnahme der kanadischen Arktis und Grönlands. Vor etwa 10 000 Jahren war die einstige Landbrücke wieder im Meer versunken, und im Bereich des Beringmeers und der Tschuktschensee fanden sowohl Meeressäuger als auch ihre Jäger ideale Bedingungen vor.

Die Tatsache, daß es Menschen aus der Arktis waren, die Nordamerika besiedelten, war von entscheidender Bedeutung für die Geschichte der Kulturen der Neuen Welt. Vor rund 12 000 Jahren lebten viele Völker Ostasiens – auch in so nördlichen Regionen wie Japan, der Mandschurei oder im Amurbecken – bereits in festen Siedlungen und experimentierten mit neuartigen Wirtschaftsformen und Technologien. Sie siedelten in Dörfern entlang der Küsten und Flußufer und ernährten sich von Meeres- und Flußfischerei. Die ersten Tonfiguren und Keramikgefäße sind überliefert, und Haustiere boten neue Nahrungsquellen.

Ein solches Leben war im Bereich der Beringstraße, dem Eingangstor nach Amerika, nicht möglich. Die Menschen, die nach Amerika einwanderten, entstammten allesamt den arktischen Jäger- und Fischerkulturen. Diese Menschen, die sich nach Süden über ganz Nord- und Südamerika verbreiteten, hatten keinen Zugang zu den fortgeschritteneren Kulturen Eurasiens mehr und mußten neue Lebensformen für sich finden. Die kulturelle Entwicklung der Neuen Welt blieb hinter den Fortschritten der Alten zurück.

ARCHÄOLOGIE

Globaler Wandel in der Arktis

Ein charakteristisches Merkmal der Arktis hat ihre Geschichte entscheidend geprägt: Im Gegensatz zu gemäßigten und tropischen Regionen, wo gewaltige Ozeane die Landmassen voneinander trennen, zeigt ein Blick auf die Landkarte, daß es in der Arktis kaum geographische Hindernisse gibt, die den Wanderbewegungen von Tieren und Menschen im Wege standen. In den nördlichen Meeren und Tundragebieten trifft man überall auf ähnliche Umweltbedingungen und Tiere, so daß die Bewohner einer Region ihre Jagdmethoden leicht auch anderswo anwenden können. Tatsächlich hat die Archäologie den Beweis erbracht, daß über die Beringstraße ein außerordentlich reger kultureller Austausch stattfand und daß die Bevölkerung der nordamerikanischen Arktis starken asiatischen Einflüssen ausgesetzt war. Im Gegensatz dazu blieb der Nordatlantik bis in die Zeit der Wikinger ein nahezu unüberwindliches Hindernis. Aus diesen Gründen war die Geschichte der Menschen in der Arktis stets bestimmt von Ereignissen und Entwicklungen in der gesamten Polregion, war also von Anfang an global orientiert, während die Geschichte anderer Regionen bis auf den heutigen Tag von geographischer Isolation und regionalistischen Tendenzen geprägt ist.

Nicht zuletzt durch ihre engen Verbindungen untereinander waren die Kulturen der Arktis niemals statisch oder auf einer bestimmten Stufe ›eingefroren‹. Zwar blieben viele Arktisbewohner in der Neuen Welt ihrer Lebensweise als ›paläolithische‹ Jäger im wesentlichen bis zur Mitte des 20. Jahrhunderts treu, doch ging auch hier das Festhalten an uralten kulturellen Überlieferungen wie dem Glauben an Tiergeister und an die Möglichkeit der Verwandlung von Menschen in Tiere, an Schamanismus und andere Zeremonien und rituelle Vorstellungen der Arktis mit revolutionären Veränderungen einher. Die Jagd auf Wale und andere Meeressäugetiere sowie die Entwicklung der Rentierzucht bescherten dem Norden nicht nur neue Wirtschaftsformen und einen tiefgreifenden sozialen Wandel, sondern sie prägten auch die Kultur der heutigen Bewohner der Arktis nachhaltig.

Paradoxerweise entwickelte sich die Jagd auf Meeressäuger, die man so oft mit der Arktis in Verbindung bringt, gar nicht in dieser Region. Die frühesten bekannten Harpunen stammen aus Ostafrika, und ihr Alter wird auf 70 000 Jahre geschätzt. Die jungpaläolithischen Kulturen Europas und Asiens jagten mindestens 20 000 Jahre lang Robben mit Harpunen ohne bewegliche Querscheide. Erst nach der Erfindung einer Harpune mit einer solchen Querscheide, die als Widerhaken wirkt, wurde die Jagd auf Meeressäuger so effektiv, daß sich größere feste Küstensiedlungen in der Arktis bilden konnten. Die Ursprünge dieser Erfindung liegen wohl 6 000 Jahre zurück, bei der nordjapanischen Jomonkultur, doch ebenso frühe Harpunen mit Querscheide kennt man auch von der archaisch-maritimen Indianerbevölkerung Labradors.

Dank der verbesserten Jagdmethoden konnte sich die Kultur der Eskimos vor rund 4 000 Jahren von Alaska aus auch in der jüngst vom Eis befreiten kanadischen Arktis ausbreiten. Die Träger dieser ›Arktischen Kleingerätetradition‹, die man in Kanada als ›Prä-Dorset-Tradition‹ und in Grönland als ›Sarqaq‹ bezeichnet, schufen die Grundlagen für die ersten drei Jahrtausende kultureller Entwicklung in Kanada und Grönland. Sie schufen Anpassungstechniken, die ein Überleben in der Arktis möglich machten: Behausungen aus Schnee, Kajaks, Harpunen mit Luftsack. Andere Errungenschaften, wie zum Beispiel Tranlampen, hatte es bereits bei früheren subarktischen Kulturen gegeben. Sie wurden in späterer Zeit den Erfordernissen des Lebens in der Arktis angepaßt. Daraus, daß es bereits feine Nähnadeln aus Elfenbein oder Knochen gab, kann man schließen, daß eine andere Notwendigkeit

10 Moschusochsen, Foto: Magnus Elander

des Lebens in der Arktis, nämlich körpergerecht zugeschnittene Fellbekleidung, bei den Menschen des Paläolithikums bereits seit längerer Zeit bekannt war.

Zur gleichen Zeit vollzogen sich im Westen Alaskas andere, ähnlich wichtige Veränderungen. Im Zuge einer Folge von Entwicklungen, deren Rätsel nach wie vor ungelöst ist, entfaltete sich im Bereich des Beringmeers und des Nordpazifik eine klar umrissene Proto-Eskimo-Kultur. Vor etwa 2 000 Jahren waren aus dieser Tradition die Okvik-, Alt-Beringmeer- und Ipiutakkultur hervorgegangen, die sich durch ihre kunstvoll geschnitzten Elfenbeinarbeiten auszeichneten. Die Verwendung von sibirischem Eisen und schamanistische Riten legten die Vermutung nahe, daß asiatische Einflüsse bei der Herausbildung dieser Kulturen eine wichtige Rolle gespielt haben.

Zwei weitere Entwicklungen waren von entscheidender Bedeutung für die spätere Geschichte der Arktis. Sie gingen von verschiedenen Punkten aus, und beide kamen in ihrem Bereich zu großem Einfluß. Um das Jahr 500 unserer Zeit tauchten die ersten Walfangharpunen an den Fundstätten der Beringstraße auf, und das Aufkommen der Walfangwirtschaft führte zu einem deutlichen Bevölkerungszustrom in dieser Region. Als durch die Erwärmung um das Jahr 1 000 die zuvor gefrorenen Wasserrinnen in der kanadischen Arktis eisfrei wurden, begann die Wanderung von Grönlandwalen zwischen Pazifik und Nordatlantik, und die Eskimojäger und -walfänger aus Alaska folgten ihnen schon bald nach. Die Thulekultur mit ihren Walfangharpunen, großen Fellbooten (Umiaks), Hundeschlitten und aus Asien übernommenen Kompositbogen breitete sich in der gesamten östlichen Arktis aus; sie verdrängte die ältere Dorsetkultur und wurde so zum Vorläufer der heutigen Inuit von der Beringstraße bis nach Grönland.

Zur gleichen Zeit begann eine andere Neuerung, die Rentierzucht, die sibirischen Kulturen zu verändern. Es ist nicht klar, wo und wann diese Entwicklung ihren Ausgang nahm und ob sie zuerst in Skandinavien auftrat oder in Zentralasien, wo die Pferdezucht längst üblich war. Jedenfalls hat man an 2 000 Jahre alten Fundstätten in der russischen Arktis Teile von Rentiergeschirr gefunden. Zunächst dienten zahme Rens als Zug- und Tragtiere und als Locktiere bei der Jagd auf wildlebende Artgenossen. Erst in späterer Zeit ging man dazu über, sie als Nahrungslieferanten zu züchten – vielleicht erst in den letzten 500 Jahren, in denen ein intensives Rentiernomadentum zu beobachten ist. Der Nahrungswettbewerb führte rasch zu einer Dezimierung der wildlebenden Rentierpopulation, so daß sich immer mehr Menschen gezwungen sahen, ein Nomadendasein zu führen. Manche Gruppen besaßen riesige Herden von mehreren tausend Tieren, und die Bewohner der Tundra gewannen so erstmals ein gewisses Maß an Kontrolle über ihre Nahrungsversorgung. Dennoch war ihr Leben nicht frei von Risiken, denn Rentiere lassen sich nicht völlig zähmen, und man muß die Herden ständig bewachen. In neuerer Zeit wurde die Rentierhaltung auch zu einem wichtigen Handelsfaktor, denn die Nachfrage nach Rentierfellen und Fuchspelzen, die sich gegen Metall, Stoffe, Tabak und andere Produkte aus dem Süden eintauschen ließen, wuchs beständig.

Nach und nach traten Rentierhaltung und Fallenstellerei an die Stelle der Jagd und wurden zur wichtigsten Lebensgrundlage im eurasischen Norden, von Skandinavien bis zur Beringstraße. Als die Westeuropäer um das Jahr 1500 westwärts über den Atlantik drängten, begannen die russischen Pomoren vom Weißen Meer entlang der sibirischen Küste ostwärts zum Beringmeer hin vorzustoßen. Dabei brachten sie und die Kosaken politische und wirtschaftliche Systeme mit, durch die das arktische Rußland dem russischen Reich eingegliedert wurde.

Durch die russische Ostexpansion und das Ausgreifen der Europäer nach Nordamerika kamen die Völker der gesamten Arktis erstmals mit einem größeren Teil der Welt in Berührung. Die Jagd auf Meeressäugetiere und der Handel mit Pelzen ergänzten traditionelle Wirtschaftsformen. Schließlich gingen die Europäer dazu über, den Walfang selbst zu betreiben und – im 18. und 19. Jahrhundert – die Bodenschätze auszubeuten. Der Wandel der Völker des Nordens war in eine neue Phase eingetreten, in der ihre Kenntnisse und Traditionen einen wichtigen Beitrag in einer immer stärker industrialisierten Welt leisten sollten.

Die Völker des Nordens können mit Recht stolz sein auf ihr kulturelles Erbe. Die umfangreiche archäologische und historische Hinterlassenschaft, die jetzt allmählich ans Tageslicht kommt, zeugt von einer langen und dramatischen Geschichte. Das Aufregendste ist jedoch, daß das, was wir heute wissen, erst der Anfang ist.

11 Robbenfang am Atemloch, 1921, Dänisches Nationalmuseum, Ethnographische Sammlung, Kopenhagen

ATEMLOCH

Wenn im Winter geschlossene Eisdecken das Polarmeer bedecken, halten die Robben mit Klauen und Zähnen ein Loch offen, durch das sie zum Atemholen auftauchen. Hier lauern ihnen ihre Feinde auf – Eisbären und Eskimos. K. B.

AURORA

ERIC DYRING

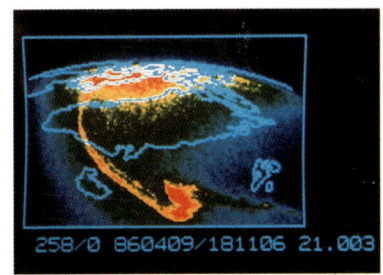

12 Aurora über dem Nordatlantik, 9. April 1986, fotografiert vom Satellit Viking, Foto: Canadian Space Agency/ Department of Physics and Astronomy, University of Calgary

Das Polarlicht im Norden und Süden hat die Menschen schon immer fasziniert. Ein Himmel mit flammenden gelben, grünen und roten Bogen und Strahlen ist ein beeindruckendes Naturschauspiel. Es ist deshalb nicht verwunderlich, daß die arktische Urbevölkerung das Nordlicht als religiöses Omen sah. Es konnte alles ankündigen: von bedrohlichen Wetterumschwüngen bis hin zu schlechten Zeiten.

Die Völker im Norden haben das Phänomen auf verschiedene Weise gedeutet. In Nordskandinavien glaubte man vor langer Zeit, daß das Nordlicht der Widerschein der Herings- und Dorschzüge sei. Das Nordlicht spielte auch eine wichtige Rolle in der reichen samischen Zauberkunst. Die Mythen um das Nordlicht sind jedoch am umfassendsten bei den Eskimos.

Lange wußte man nicht, wie das Polarlicht entsteht. Erst um die Jahrhundertwende kam die Forschung dem Geheimnis des Nordlichtes auf die Spur. Der Mathematiker Carl Strömer und der Physiker Kristian Birkeland waren Pioniere dieser Wissenschaft. Birkeland gelang es unter anderem, im Labor das Polarlicht künstlich herzustellen. In einer Vakuumkammer erzeugte er eine kleine, der Erde nachgebildete magnetische Kugel – eine Terella. Durch die Bombardierung der Terella mit Elektronen erzeugte er Licht – künstliches Polarlicht – in ovalen Zonen um die beiden Magnetpole herum. Das enspricht dem, was in Wirklichkeit passiert. Das Polarlicht tritt nämlich in ovalen Zonen in einigen hundert Kilometern Höhe um die beiden magnetischen Pole der Erde auf. Diese Ovale finden sich für gewöhnlich bei circa 67° magnetischer Breite auf der Nachtseite der Erde und bei 80° auf der Tagseite. Satelliten – der amerikanische Dynamics Explorer 9 (1982), die schwedischen Viking (1986) und Freja (1992) sowie der amerikanische Polar Satellite (1996) – haben die Polarlichtovale aus dem Weltall aufgenommen.

13 Aurora über Kiruna in Nordschweden, Foto: Torbjörn Löfgren

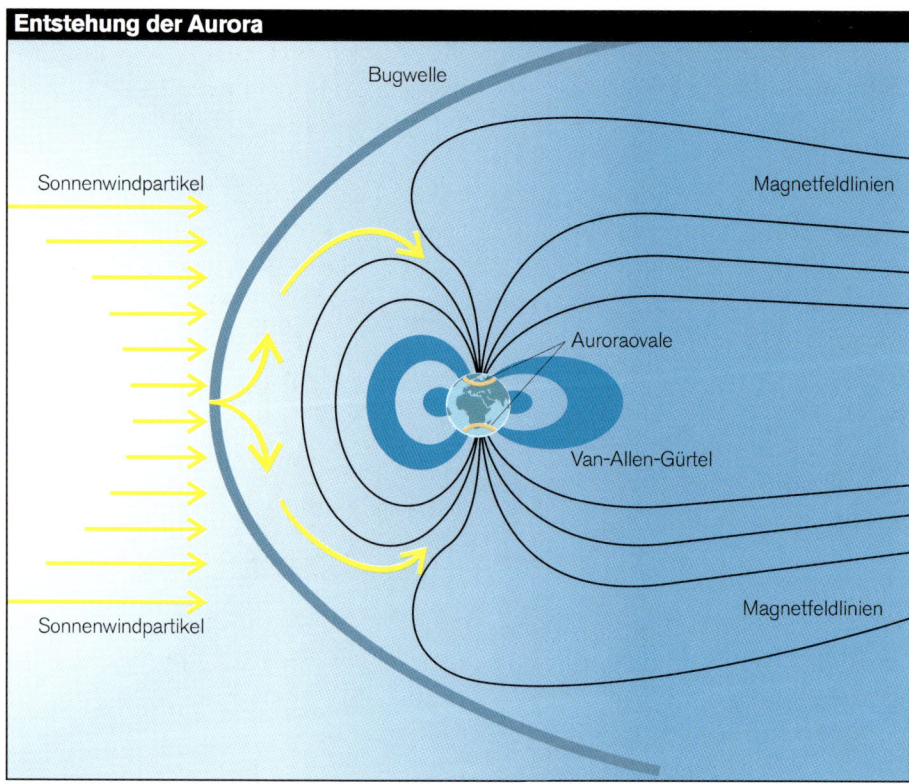

14 Getragen vom Sonnenwind können solare Partikel an den Polen in die obere Erdatmosphäre eindringen. Das Licht wird erzeugt, wenn diese Partikel auf Moleküle der Atmosphäre treffen.

Heute ist das Phänomen im großen und ganzen erforscht. Es entsteht, wenn energiereiche Elektronen und Protonen aus dem Weltall die obere Schicht der Atmosphäre bombardieren. Die Partikel, die vom Magnetfeld der Erde hinunter zu den Polgebieten gesteuert werden, kollidieren mit Atomen und Molekülen aus der Atmosphäre. Aus diesen Kollisionen entsteht das Polarlicht. Je mehr Energie die eindringenden Partikel haben, desto tiefer dringen sie in die Atmosphäre ein, bevor sie abgebremst werden. Davon abhängig variiert auch das Polarlicht, weil sich die chemische Zusammensetzung der Atmosphäre in unterschiedlichen Höhen verändert.

BAFFIN WILLIAM (1584–1622), englischer Seefahrer, der 1615 und 1616 zwei Expeditionen zur Erkundung der Nordwestpassage unternahm. Er kam mit der irrigen Annahme zurück, nördlich von Amerika existiere keine Durchfahrt. K. B.

BARENTSZ WILLEM (ca. 1550–1597), niederländischer Seefahrer und Kartograph. Barentsz gelangte 1594 bis zur Nordostspitze Nowaja Semljas. 1596 entdeckte er Spitzbergen. Auf der Weiterfahrt wurde sein Schiff vor Nowaja Semlja vom Eis eingeschlossen. Die Besatzung überwinterte in einer an Land gebauten Unterkunft. Im Sommer versuchten die Männer in Behelfsbooten die russische Küste zu erreichen. Barentsz starb während der Reise. 300 Jahre später wurde das Winterlager der Expedition unter einer dicken Eisschicht wiederentdeckt. K. B.

VON BELLINGSHAUSEN FABIAN GOTTLIEB

(1778–1852), russischer Seeoffizier, der auf der Ersten Russischen Antarktisexpedition den Kontinent 1819 bis 1821 umfuhr. Er näherte sich der Küste bis auf Sichtweite und war somit vermutlich der erste, der das sagenumwobene Land im Süden erblickte – auch wenn er sich dessen selbst nicht bewußt war. K. B.

BENTHOS

Lebensgemeinschaft von Tieren und Pflanzen auf dem Meeresboden. In den eiskalten polaren Meeren gedeiht selbst unter einer dicken Eisschicht in mehreren hundert Metern Tiefe eine erstaunlich reiche Fauna. Allein in der Antarktis sind zum Beispiel rund 300 Schwamm- und 600 Schneckenarten heimisch. Die Organismen im freien Wasser zwischen Meeresboden und -oberfläche werden als Pelagos bezeichnet. K. B.

15 Meeresboden in der Antarktis: Haarstern (Crinoidea), tonnenförmiger Glasschwamm (Rosella nuda) und zwei Seegurken (Holothuruidia), Foto: AWI, Julian Gutt

BERIBERI

Krankheit infolge mangelnder Zufuhr von Vitamin B 1. Führt zu Herzschwäche und ist meist tödlich, so auch für mehrere Expeditionsmitglieder der Deutschen Südpolarreise unter Erich Dagobert von Drygalski und Hans Ruser 1901 bis 1903, bei der unter anderem Wilhelm-II.-Land entdeckt wurde. S. A.

16 Claus Bergen, Die deutsche Südpolarexpedition 1901–1903, Deutsches Museum München. Das Expeditionsschiff Gauß war das zweite, das eine Überwinterung im antarktischen Packeis wagte.

BERING VITUS

(1680–1741), dänischer Seeoffizier. Erkundete von 1725 bis 1730 auf der Ersten Kamtschatkaexpedition im Auftrag des Zaren Peter des Großen das Ostende des asiatischen Kontinents. Von der pazifischen Halbinsel Kamtschatka aus durchfuhr Bering die Meerenge zwischen Asien und Amerika. Aufgrund des starken Nebels kam die Küste Alaskas allerdings nicht in Sicht. Auf der Zweiten Kamtschatkaexpedition, der Großen Nordischen Expedition (1733–1743) zur Erkundung der sibirischen Küste von Archangelsk bis zu den Kurilen, erreichte Bering Südalaska und die Aleuten. Mit an Bord war der deutsche Naturforscher Georg Wilhelm Steller. Nach einem Schiffbruch starb Bering auf der nach ihm benannten Insel vor Kamtschatka an Skorbut. K. B.

BERINGIA Bis vor 10 000 Jahren verband die Landbrücke Beringia den asiatischen und den amerikanischen Kontinent. Die lediglich 50 Meter tiefe Beringstraße war in der Eiszeit trockengefallen, da der Meeresspiegel bis zu 100 Meter unter dem heutigen Niveau lag – das Wasser war im Eis der Gletscher gebunden. K. B.

BLAS Meterhohe Dampfwolke, die beim Ausatmen der Wale entsteht. An der Form der penetrant lebertranartig riechenden Fontäne läßt sich die Art erkennen. K. B.

BLUBBER Tran oder Fett. Diese dicke, unter der Haut liegende Fettschicht der in der Polarwelt lebenden Wale und Robben wird von den Menschen für Nahrungs- und Heizzwecke verwendet. S. A.

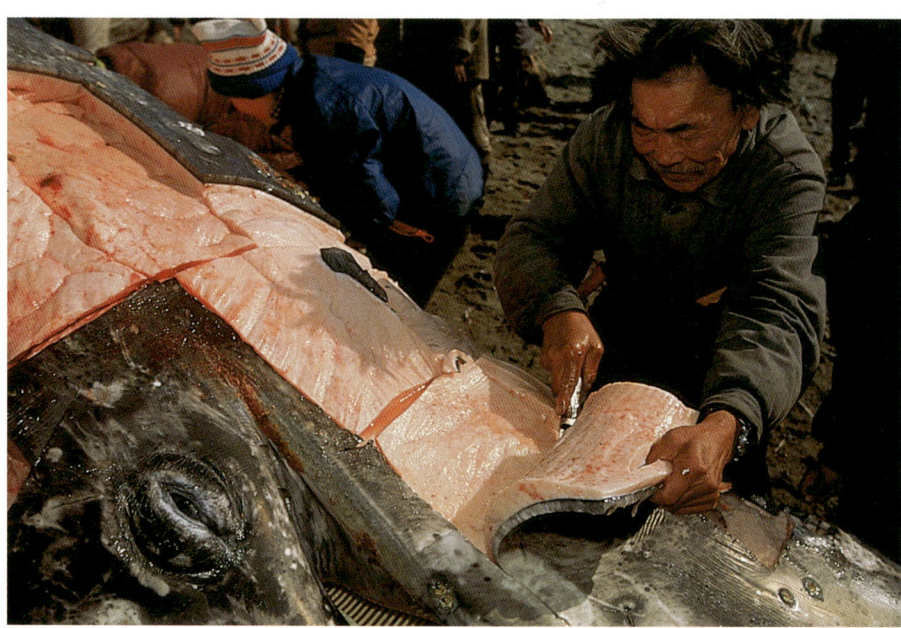

17 Entfernen des Blubbers bei einem Grauwal, Foto: Staffan Widstrand

BOHRKERNE IM EIS

HEINZ MILLER

Die Inlandeiskappen der Antarktis und Grönlands spielen eine wichtige Rolle im Klimasystem. Sie sind gleichzeitig ein Archiv für das Klima und klimabestimmende Faktoren der noch andauernden Eiszeit. Erkenntnisse aus diesem Archiv können uns helfen, natürlich ablaufende Klimaentwicklungen über längere Zeiträume hinweg zu studieren, zu verstehen und so ein Gefühl dafür zu entwickeln, welche Bedeutung anthropogene, also vom Menschen verursachte Klimaänderungen für das ganze System haben können.

Warum stellt das polare Eis ein Klimaarchiv dar? Das Eis ist aus dem Schneefall von mehreren hunderttausend Jahren unter den anhaltend tiefen Temperaturen durch trockene Metamorphose entstanden. Der Schnee, der beispielsweise an einem Punkt des grönländischen Inlandeises fällt, wird durch die nachfolgenden Niederschläge zugedeckt und zusammengepreßt, bis sich nach einiger Zeit durch fortschreitende Kompaktion und Umkristallisation Eis bildet. Bei diesem Vorgang wird die Luft, die anfänglich den Raum zwischen den einzelnen Schneekristallen füllt, mit eingeschlossen. Im zentralen Teil Grönlands ist diese Metamorphose zu undurchlässigem Eis nach etwa 200 Jahren und in 90 Metern Tiefe abgeschlossen. Die eingeschlossenen Gasblasen enthalten somit die Atmosphäre vergangener Zeiten. Ihre Analyse lie-

BOHRKERN

fert die Konzentrationen der Treibhaus- und Spurengase. Die zugehörige Temperatur läßt sich aus dem Mengenverhältnis der verschieden schweren Sauerstoff- und Wasserstoffisotope, aus denen das Eis besteht, bestimmen. Der im Inneren Grönlands und der Antarktis fallende Niederschlag wird durch die ausgleichende Fließbewegung des Eises zum Rand transportiert, wo das Eis schmilzt. Im Gleichgewichtszustand halten sich Niederschlag und Abschmelzung die Waage. Die Fließbewegung bewirkt, daß die Jahresschichten mit zunehmendem Alter immer stärker ausgedünnt werden und daß mit zunehmender Tiefe das Eis immer älter ist. Lediglich im Zentrum einer Eiskappe wird das Eis nicht zum Rand wegtransportiert. Deshalb findet man dort in der Tiefe das älteste Eis (Abb. 18).

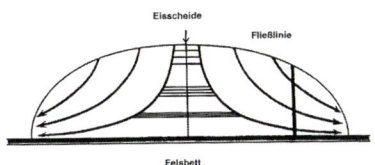

18 Aufbau der grönländischen Eiskappe, Grafik: AWI

Internationale Zusammenarbeit

Auf dem 3 200 Meter hohen Summit, dem höchsten Punkt und dem vermutlichen Zentrum des grönländischen Inlandeises, arbeiteten Forscher aus Dänemark, Deutschland, England, Frankreich, Italien, Island und der Schweiz von 1989 bis 1992 im Greenland Icecore Project (GRIP) an der Erschließung dieses Klimaarchivs. Während der vier Sommerkampagnen jeweils von Mitte Mai bis Mitte August haben etwa 30 Wissenschaftler und Techniker eine 3 029 Meter tiefe Eiskernbohrung bis zum Felsuntergrund abgeteuft. Gearbeitet wurde mit einer in Dänemark entwickelten und bereits bei früheren Eisbohrungen erprobten Bohrturbine, die an einem Kabel auf- und niedergefahren wird. Die in das Bohrloch abgesenkte Antriebseinheit beginnt den Bohrkopf zu drehen. Der gefräste Bohrkern mit einem Durchmesser von zehn Zentimetern wird im Kernrohr aufgenommen. Nach maximal 2,6 Metern wird der Kern am unteren Ende gebrochen und als Kernsegment nach oben gebracht. Der wöchentliche Bohrfortschritt beträgt 170 Meter. In ›Wissenschaftskavernen‹ unter der Schneeoberfläche werden die Eiskerne nach kurzer Zwischenlagerung, die für die Spannungsrelaxation des Eises notwendig ist, bei einer Temperatur von etwa minus 15 Grad Celsius nach einem genau vorgegebenen Schema wie auf einem Fließband bearbeitet. Nach einer ersten Beschreibung und Vermessung des Bohrkerns folgen in mehreren Stufen Untersuchungen verschiedener physikalischer Eigenschaften des Eises an den ganzen Kernen. Diese Untersuchungen müssen vor Ort geschehen, weil sich die Eigenschaften der Kerne durch weitere thermische und Spannungsrelaxation stark verändern würden. Außerdem ergeben sich dabei erste wichtige im Eis enthaltene Informationen, die für die anschließende Aufteilung der Kerne für weitere Analysen notwendig sind. Die elektrische Leitfähigkeit zeigt beispielsweise Variationen im Gehalt an Fremdionen an; diese wiederum können die Schwefelsignaturen von Vulkanausbrüchen sein oder Ausdruck von Änderungen in der globalen atmosphärischen Zirkulation, die mit einer Änderung der Zusammensetzung des Aerosols im Niederschlag gekoppelt sind. Am Ende dieses Kaltlabors steht die Verpackung und Beschriftung der zersägten und für spätere Untersuchungen in den heimischen Labors quotierten kleineren und größeren Eisstücke, die dann in gut isolierten Kisten transportiert werden.

19 Eiskernbohrung von der Nordgrönlandtraverse 1993,
Foto: AWI, Josef Kipfstuhl

Die Abbildung 20 zeigt exemplarisch, welche Ergebnisse aus derartigen Eiskernuntersuchungen gewonnen werden können. Im unteren Teil ist die aus dem Eiskern abgeleitete Temperaturänderung in Grönland während der letzten 50 000 Jahre dargestellt.

Vor etwa 10 000 Jahren begann die jetzt noch andauernde Warmzeit (Zwischeneiszeit), in der die Temperaturen nur relativ geringfügig schwanken, das heißt,

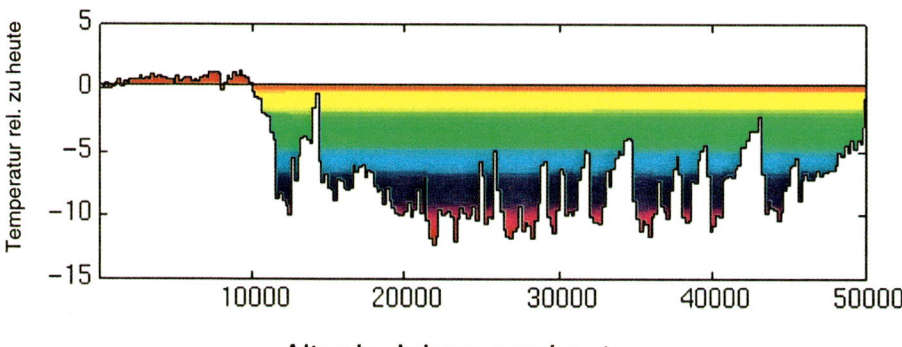

20 Greenland Icecore Project (GRIP), Grafik: AWI

wir haben einen relativ stabilen, gleichförmigen Zustand des Klimas. Anders ist es während der vorangegangenen Kaltzeit (Eiszeit), in der die Temperatur im Mittel mindestens zehn Grad Celsius niedriger und überdies raschen Änderungen unterworfen war, charakteristisch für einen instabilen Zustand des Klimasystems. Wir müssen also folgern, daß das Klima raschen Veränderungen unterworfen sein kann. Dies macht gesicherte Prognosen einer künftigen Entwicklung zumindest sehr schwierig.

Im oberen Teil der Abbildung ist die Veränderung der Konzentration des Treibhausgases Methan dargestellt. Man erkennt, daß in Kaltzeiten weniger Methan in der Atmosphäre vorhanden war als in Warmzeiten, daß auch die raschen Temperaturänderungen vor etwa 30 000 Jahren begleitet sind von Änderungen der Methankonzentration. Aus der Tatsache, daß sich die Temperaturen und die Methankonzentration gleichzeitig geändert haben, müssen wir folgern, daß eine Erhöhung der Konzentration der Treibhausgase nicht unbedingt eine Temperaturerhöhung bewirkt.

Deutlich zu erkennen ist auch eine Verringerung der Methanmenge vor etwa 5 000 Jahren, die keine Entsprechung in der Temperatur hat. Diese Verringerung könnte bedingt sein durch eine Verringerung der natürlichen Methanproduktion.

Man kann sich vorstellen, daß in dieser Zeit große Sumpfgebiete in mittleren und niedrigen geographischen Breiten trockengefallen sind.

BORCHGREVINK CARSTEN (1864–1934), norwegischer Entdecker, betrat im Januar 1895 als einer der ersten den Antarktischen Kontinent. Er selbst behauptete, der allererste gewesen zu sein. Unter seiner Leitung überwinterte eine britische Expedition 1899 erstmals planvoll in der Eiswüste. K. B.

BYRD RICHARD (1888–1957), amerikanischer Offizier und Polarforscher. Der junge kriegserfahrene Pilot war versessen darauf, die Polregionen mit dem Flugzeug zu erkunden, und trug durch seine Pionierflüge dazu bei, die Ära der Expeditionen im Stile Amundsens zu beenden. Am 9. Mai 1926 startete Byrd gemeinsam mit seinem Kopiloten Floyd Bennett von Spitzbergen aus zum Nordpol. Ob er 90° Nord tatsächlich erreicht hat, ist allerdings zweifelhaft. 1928 wandte er sich nach Süden, um den Luftraum über der Antarktis zu erobern. Am 28. November 1929 flogen Byrd und seine drei Begleiter als erste zum Südpol – nach fast 19 Stunden und 2 600 Kilometern in eisiger Höhe kehrten sie zurück. Auf drei weiteren Großexpeditionen zwischen 1933 und 1947 gelang dem Polarforscher die Erforschung und Aufnahme fast der gesamten Küste und großer Inlandareale der Antarktis. Im Südwinter 1934 verbrachte Byrd mehr als vier Monate allein in einer kleinen Hütte unter dem Eis – als Experiment zur Fähigkeit des Menschen, mitten in der weißen Wüste isoliert zu überleben. Bereits zu Anfang seiner einsamen Wacht starb er beinahe durch die giftigen Abgase seines defekten Generators. Trotz seines schlechten Zustands sendete er die verabredeten Funkberichte ans Hauptlager – ohne von seiner mißlichen Lage zu erzählen. Durch seine gestammelten Berichte alarmiert, kamen ihm im August schließlich drei Männer zu Hilfe. K. B.

CABOT JOHN

Eigentlich Giovanni Caboto (ca. 1450 – ca. 1499), genuesischer Seefahrer in englischen Diensten. Suchte als erster nach einer nördlichen Route um den amerikanischen Kontinent herum. 1497 erreichte er vermutlich Labrador, das er für China hielt. Auf einer weiteren Reise 1498 verschwanden er und seine Mannschaft spurlos. K. B.

CHRONOMETER

Zur exakten Bestimmung der geographischen Position, insbesondere des Längengrades, muß ein Navigator die genaue Zeit kennen. Präzise und gegenüber Transport sowie Temperaturschwankungen unempfindliche Chronometer waren lange Zeit ein Problem. Ein Durchbruch gelang 1735 dem englischen Uhrenbauer John Harrison. Einer seiner Zeitmesser wich nach einer Reise nach Jamaica lediglich fünf Sekunden von der Standardzeit ab. Moderne Chronometer sind kardanisch aufgehängt, so daß sie frei schwingen können. Eine Unruhe aus Bimetall gleicht Temperaturdifferenzen aus. K. B.

COOK FREDERICK

(1865–1940), amerikanischer Arzt und Forschungsreisender. Behauptete, am 21. April 1908 gemeinsam mit zwei Eskimos den Nordpol erreicht zu haben – also fast ein Jahr vor seinem Kontrahenten Robert Peary. Cook verkündete seinen Anspruch lediglich vier Tage vor Peary. Eindeutige Beweise blieb er jedoch schuldig (siehe Wettlauf). K. B.

»Nach der ersten befriedigenden Beobachtung blickte ich um mich, aber ich sah nichts, als weite, öde Flächen. Die erste, tatsächliche Verwirklichung des Sieges, die Erreichung des Zieles, das ich mir mein Leben lang gesteckt hatte, ließ mein Herz höher schlagen und benahm mein Denken. Ich empfand die Begeisterung des Propheten bei seinen Weissagungen und den Traum des Dichters von seiner Muse. Über die eisigen Flächen wob meine Einbildungskraft den Nimbus erhabener Großartigkeit. Ich erschaute silberne und kristallene Paläste, wie sie Menschenhand nie erbaut, mit funkelnden Türmen, gleich schimmernden, goldigen Fittichen. Die wechselnden Zauberbilder erschienen wie Geister eines Totenheeres, verherrlicht und verklärt, riesenhaft und gespenstig, sich über den Horizont bewegend und windverschlissene Fetzen goldiger, blutgetränkter Banner tragend.«

Frederick A. Cook, Meine Eroberung des Nordpols, Hamburg/Berlin 1912, S. 256

COOK JAMES

(1728–1779), britischer Seefahrer und Entdecker. 1772 brach Cook in den Süden auf, um endgültig zu klären, ob die legendäre Terra australis wirklich existierte. Er umsegelte die südliche Halbkugel bei hohen Breitengraden. Im Januar 1773 überfuhr er erstmals den südlichen Polarkreis. Nach seiner Rückkehr 1775 erklärte er, daß es keinen neuen Kontinent gebe, es sei denn außer Reichweite von Seefahrern in unmittelbarer Polnähe. Auf einer weiteren Expedition in den Pazifik wurde Cook auf Hawaii in einem Streit mit Eingeborenen erschlagen. K. B.

DALLMANN EDUARD	(1830–1896), deutscher Walfänger, der 1873/74 mit dem Dampfschiff Grönland in den Gewässern um die Antarktische Halbinsel auf Robbenjagd ging. K. B.
DAVIS JOHN	(Lebensdaten unbekannt), amerikanischer Seefahrer, der 1820/21 bei den Süd-Shetland-Inseln Robben jagte. Anfang 1821 unternahm er eine Erkundungsfahrt weiter nach Süden und legte am 7. Februar vermutlich als erster am Antarktischen Kontinent an. Er selbst ging allerdings während des kurzen Aufenthalts nicht von Bord. K. B.
DE LONG GEORGE WASHINGTON	(1844–1881), amerikanischer Seefahrer, Kapitän auf der Jeannette, die 1879 durch die Beringstraße zum Nordpol aufbrach. Die Expedition wurde ein Desaster. Vom Eis eingeschlossen, driftete das Schiff 22 Monate durch den Arktischen Ozean und wurde schließlich zermalmt. Auf dem Weg zu sibirischen Siedlungen starben 20 der 33 Männer, darunter auch De Long. Jahre später tauchten Wrackteile der Jeannette in Grönland auf. Dieser Fund ermutigte Fridtjof Nansen zu seiner Expedition mit der Fram. K. B.
DESCHNEW SEMJON	(ca. 1605–1672/73), russischer Kosak und Seefahrer. Nahm von 1640 bis 1648 an mehreren russischen Erkundungsreisen entlang der sibirischen Küste teil. 1648 führte er eine Handelsexpedition vom Kolymafluß zum Anadyr. Dabei durchsegelte er, ohne es zu wissen, die heute Beringstraße genannte Meerenge zwischen Amerika und Asien. Sein Reisebericht blieb lange Zeit unbekannt. K. B.
DOBSON	Die nach dem englischen Physiker Gordon Dobson benannte Einheit ist ein Maß für die Ozonmenge in der Lufthülle. 100 Dobsoneinheiten entsprechen einer Schicht reinen Ozons von einem Millimeter Dicke bei null Grad Celsius und einem Bar Druck. K. B.
DRIFT RUSSISCHE EISDRIFT-STATIONEN IN DER ARKTIS ALEKSEJ W. TURCHIN NIKOLAJ A. KORNILOW	Am 21. Mai 1997 war der 60. Jahrestag der ersten sowjetrussischen luftunterstützten Expedition in hohen Breiten, die unter dem Namen Sewer-1 organisiert wurde. An diesem Tag vor 60 Jahren brachten sowjetische Flugzeuge die Mitarbeiter der allerersten Eisdriftforschungsstation Sewerny Poljus-1 (SP-1) in das Gebiet des Nordpols (89° 25' Nord, 78° 40' West). 274 Tage lang führten vier Polarforscher, Iwan Papanin, der Leiter der Expedition, Peter Schirschow, Ozeanologe, Jewgeni Fedorow, Spezialist für Geophysik und Meteorologie, sowie der Funker Ernst Krenkel eine Vielzahl unterschiedlichster Beobachtungsarbeiten in den Bereichen Meteorologie, Ozeanographie, Hydrobiologie, Tiefenmessung, Astronomie, Polarlicht und Geomagnetismus durch. Zu Beginn der Expedition hatte die Eisscholle von SP-1 Ausmaße von 3 200 x 1 600 Metern bei einer Eisdicke von 300 Zentimetern. Sie trieb aus dem Gebiet des Nordpols zum südlichen Teil der Grönlandsee, was eine Strecke von 2 050 Kilometern ausmacht. Zu diesem Zeitpunkt hatte man kaum Informationen über die Eisdrift in Polnähe zur Verfügung. Bekannt waren nur die Erkenntnisse, die Nansens Polarschiff Fram gesammelt hatte, doch die Fram war viel weiter südlich des Nordpols gedriftet, und das mit relativ geringer Geschwindigkeit. Allein aufgrund dieser Informationen

21 Gemeinsames Festmahl im Eis, Weihnachten 1955 auf der Driftstation, Foto: Arktis- und Antarktismuseum, St. Petersburg

konnte man auf Eisdriftparameter im Gebiet des Nordpols schließen. Am 18. Februar 1938 wurde die Driftstation SP-1 bei den Koordinaten 70° 03' Nord, 20° 00' West von den Eisbrechern Murman und Taimyr evakuiert.

Die Arbeit dieser ersten Eisdriftexpedition zeigte, daß die Erforschung des zentralarktischen Gebietes mit Hilfe von Eisdriftstationen fortgesetzt werden konnte und sollte, und dies trotz schwieriger klimatischer Bedingungen und trotz der Risiken eines langfristigen Aufenthalts auf einer Eisscholle.

Der Zweite Weltkrieg gebot den wissenschaftlichen Forschungen Einhalt. Sie wurden erst im April 1950 wieder aufgenommen, als die zweite Eisdriftforschungsstation SP-2 in der Zentralarktis ihre Arbeit aufnahm. Unter der Leitung des berühmten Wissenschaftlers Michail Somow wurde ein Team von 16 Mitarbeitern in einem unerforschten Gebiet des Nordpolarmeers, nordwestlich der Wrangelinsel abgesetzt (76° 02' Nord, 166° 30' West). Nach 376 Arbeitstagen wurde die Driftstation am 11. April 1951 bei den Koordinaten 81° 45' Nord, 167° 48' West geschlossen. Die Eisscholle war 2 600 Kilometer gedriftet und ihre ursprüngliche Größe von 3 000 x 2 400 Metern hatte sich dabei so reduziert, daß sie schließlich völlig zerbrach.

Die wissenschaftlichen Ergebnisse von SP-2 verdeutlichten die Notwendigkeit regelmäßiger langfristiger Forschungsarbeiten auf Eisdriftstationen im Nordpolarmeer.

Drei Jahre nach Auflösung von SP-2 nahmen 1953 zwei Stationen gleichzeitig ihre Arbeit auf, die bis Juli 1991 kontinuierlich Beobachtungen durchführten. Die Arktischen und Antarktischen Forschungsinitiativen in St. Petersburg (= International Arctic and Antarctic Research Initiatives INTAARI) organisierten und finanzierten die Arbeit der beiden Stationen. Natürlich erweiterte sich der Umfang der beobachteten Phänomene und Prozesse im Laufe der Jahre, und die Meßinstrumente, Transportmöglichkeiten, Ausrüstungen und so weiter wurden modernisiert. So mußten beispielsweise die Mitarbeiter in der ersten Phase in Zelten wohnen und Hundeschlitten als Transportmittel benutzen, während die späteren Teams in speziell entworfenen und vorgefertigten Häusern (mit Kufen versehen) lebten und für den Transport auf verschiedene Lastwagen und Geländefahrzeuge zurückgreifen konnten.

22 Juni 1974. Ozeanograph Gennady Kadachigow unter dem arktischen Eis. Die kalte absinkende Sole gefriert zu bizarren Stalaktiten. Diese Landschaft hatte im kalten Krieg insofern Bedeutung, als die Sonare der U-Boote sie nur sehr schwer oder gar nicht durchdringen konnten, Foto: Arktis- und Antarktismuseum, St. Petersburg

Die Gesamtzahl der Eisdriftstationen zwischen 1937 und 1991 beläuft sich auf 31. Über 200 000 meteorologische Beobachtungen wurden gemacht, 1 500 hydrologische Meßwerte genommen und 40 000 Radiosonden gestartet. An 50 000 Stellen führte man vom Eis aus Tiefenmessungen durch. Bereichert wurden die Standardbeobachtungen um eine Reihe von Studien zum Zusammenwirken von Meer und Luft, zu den physikalischen und mechanischen Eigenschaften des Eises, zur Eisdrift, zur Mikrobiologie des arktischen Beckens, zum Austausch von Wassermassen, zu Relief und Bodenbeschaffenheit des Meeresgrundes.

Die Spuren der russischen Eisdriftstationen, über die gesamte Zeitspanne der Forschungen gesehen, ergaben ein dichtes Netz im zentralarktischen Gebiet mit einer Gesamtlänge von über 160 000 Kilometern. Mit jeder neuen Saison gelangten die Driftstationen in noch unerforschte Gebiete. Die Analyse der Spuren ermöglichte es, grundlegende Gesetze zu Geschwindigkeit und Richtung der Eisdrift zu formulieren. Auf diese Weise konnte nachgewiesen werden, daß es im Nordpolarmeer zwei Hauptströmungen des Treibeises gibt. Bei der ersten handelt es sich um einen transozeanischen Eisstrom, der vom Nordpol nach Eurasien treibt. Bei der zweiten Strömung handelt es sich um eine zirkuläre, antizyklonale Eisdrift, die die Gebiete um Grönland, die kanadisch-arktische Inselgruppe und Alaska umfaßt.

Die Mehrzahl der russischen Driftstationen arbeitete im Gebiet des transozeanischen Eisstroms. Innerhalb von zwei bis drei Jahren näherten sie sich der Fram-Straße. Danach war die Sicherheit der Forscher nicht länger gewährleistet, und die Stationen wurden geschlossen. Die vieljährigen Eisschollen, die für SP-2, SP-8, SP-11, SP-12 und SP-16 ausgewählt wurden, gerieten in den zirkulären, antizyklonalen Eisstrom. Gegen Ende des zirkulären Zyklus wurden die Stationen für gewöhnlich geschlossen und Menschen und Ausrüstung evakuiert. Nur Station SP-12 arbeitete auch nach der Schließung weiter: Man hatte auf der Eisscholle eine automatische meteorologische Funkstation errichtet, die zweimal täglich Daten zu Luftdruck und -temperatur, Windgeschwindigkeit und -richtung übermittelte. Die Funkstationen an der Küste peilten die Position an.

Nur eine einzige Driftstation (SP-22) absolvierte im zirkulären Eisstrom ein vollständiges Forschungsprogramm auf einer 30 Meter dicken Eisscholle. Das Programm wurde am 13. September 1973 bei Position 76° 16' Nord, 168° 31' West begonnen und dauerte 3 120 Tage. In dieser Zeit beschrieb die Eisinsel über eine Strecke von 17 069 Kilometern eine geschlossene Kreisbewegung und bewegte sich dabei durch die an Kanada und Alaska grenzenden Arktissektoren und durchquerte den transozeanischen Eisstrom über den Nordpol Richtung Fram-Straße. Die Eisinsel von SP-22 hatte eine Lebensdauer von sage und schreibe neun Jahren. Hunderte von Wissenschaftlern, Polarforschern, Seeleuten, Piloten, ausländischen Reportern und Beobachtern (eine Gruppe aus Kanada) suchten die Station auf. Am 8. April 1982 wurde sie bei den Koordinaten 86° 10' Nord, 00° 00' geschlossen.

Man beachte, daß es vergleichsweise wenige Stationen auf Eisinseln gab. Normalerweise arbeiteten sie auf vieljährigen Eisschollen, deren Auswahl jeweils mit Aufklärungsflügen zur Eiserkundung in dem ausgewählten Gebiet begann. Man entschied sich gewöhnlich für eine große, mehrjährige Eisscholle mit angrenzenden flachen Streifen aus jungem Eis, die als Landebahnen für Flugzeuge geeignet schienen. Als nächstes setzte ein mit Kufen ausgerüstetes Flugzeug Techniker und Material für den Bau der Landebahn dort ab. Wenn dann mit Reifen versehene Flugzeuge landen konnten, wurden Nachschub und das jeweilige Forschungsteam dorthin gebracht. Manchmal, wenn die Eisbedingungen es zuließen, übernahmen Eisbrecher den Transport, in manchen Fällen unterstützt von eistauglichen Frachtschiffen. Aufklärungsflüge zur Eiserkundung lieferten Informationen über Lage und Bewegung der Eisscholle, auf der die Driftstation errichtet werden sollte.

Die erste Station, die mit Hilfe des Eisbrechers Lenin errichtet wurde, ging am 17. Oktober 1961 bei 75° 27' Nord, 177° 10' Ost in Betrieb. Der Eisbrecher lieferte über 600 Tonnen Fracht ab, darunter Brennstoff für drei Jahre, Proviant für ein Jahr und die gesamte notwendige Ausrüstung für die Station.

In den letzten Jahren wurden die Eisdriftstationen Severny Poljus sozusagen zu Mehrzweckobservatorien, ausgestattet mit modernster Technologie und Energieversorgung, so daß umfassende wissenschaftliche Forschungen betrieben werden konnten. Die Station bestand aus zwölf bis 13 Fertighäusern, einem Dutzend Zelte und Nebengebäuden. Die Häuser mit einer Fläche von 12,6 Quadratmetern wurden zugleich als Wohnraum und wissenschaftliche Laboratorien genutzt. Ein solches Haus

23 Driftfahrt der Fram mit Fridtjof Nansen 1896 in Richtung Nordpol. Das erste Drifteis in Sicht! Foto: Universitätsbibliothek, Oslo

kann leicht von zwei bis drei Personen auf- und wieder abgebaut werden. Es kann auf Kufen, die gleichzeitig auch das Fundament für das Haus bilden, von einem Ort zum anderen bewegt werden. Bis zu vier Personen können darin einigermaßen behaglich wohnen. Die Häuser werden mit Kohle, Dieselöl oder Elektroöfen beheizt und haben eine gute Wärmeisolierung. Die halbkugelförmigen und gut gegen Wind geschützten kleinen Zelte (mit einer Fläche von zehn Quadratmetern) wurden vorübergehend als Wohnquartiere und als Hilfsunterbringung für die Installation und den Einsatz von hydrologischen Instrumenten benutzt. In jedem Zelt konnten vier bis fünf Personen wohnen. Generell wurde es mit Gasbrennern beheizt. Häuser, Zelte und Nebengebäude, die aus Leichtholz und Plastik gebaut wurden, boten insgesamt genug Raum für Speisesaal, Küche, Krankenstation, Funkraum, einen dieselgetrie-

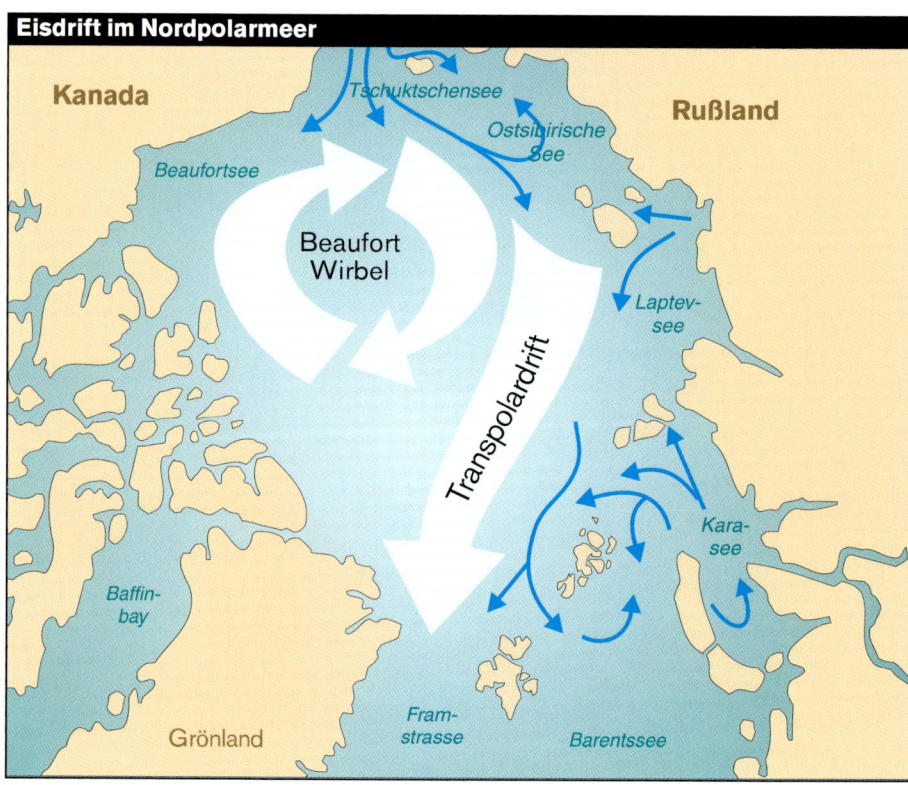

24 Zwei Hauptströmungen bewegen das Eis im arktischen Ozean: die Transpolardrift von Sibirien nach Grönland und der Beaufortwirbel. Die blauen Pfeile zeigen weitere wichtige Strömungen.

henen Generator, wissenschaftliche Laboratorien, Wohnraum für das Forschungsteam, ein Dampfbad, Garagen und Proviantlager.

Für den Notfall (Bruch der Eisscholle, Verwerfungen etc.) war die Driftstation mit Notdepots ausgestattet, die Rettungsschlauchboote, Proviant für einen Monat, Heizmöglichkeiten, leichte Zelte, Funkgerät und warme Kleidung enthielten. Diese Depots wurden um die Station herum an windgeschützten Stellen eingerichtet, so daß sie nicht unter Schneewehen begraben werden konnten. Sie befanden sich auf Spezialschlitten. In der Anfangsphase (zu Zeiten von SP-3 und SP-4), als es derartige Schlitten noch nicht gab, wurden solche Depots auf gewöhnliche Schlitten gepackt; um die Depots im Notfall schneller ausmachen zu können, klappte man die Schlittendeichseln nach oben. Niemand hätte im Traum daran gedacht, daß diese Konstruktionen aus der Luft wie Flakgeschütze aussehen könnten. Einmal kam es jedoch zu einem recht komischen Mißverständnis in Zusammenhang mit diesen Lagern: Ein kanadisches Wetterbeobachtungsflugzeug, das den Luftraum über der russischen Driftstation SP-4 durchflog, machte Fotos, die kurz darauf in einer kanadischen Zeitung mit dem Kommentar veröffentlicht wurden, daß die russische Driftstation zwar »über Flakgeschütze verfügte, aber keinen Angriffsversuch unternahm«. Die Fotos lösten auf seiten der Russen einige Verwunderung aus und machten eine Erklärung erforderlich, um was für Objekte es sich handelte.

Im Durchschnitt befanden sich 15 bis 17 Personen auf den Stationen. Es gab Jahre, in denen das Team auf bis zu 30 erhöht oder bis auf elf Personen reduziert wurde. Der Wartungsstab (Mechaniker, Ärzte, Küche) bestand aus fünf bis acht Personen. Das umfangreiche Beobachtungsmaterial, das man in den Jahren der Driftexpeditionen sammelte, wurde bei der Erstellung des Atlas des Nordpolarmeeres (1980) und des Atlas der Arktis (1985) genutzt. Darüber hinaus floß es in wissenschaftliche Publikationen ein, die sich mit der Ökologie des Nordpolarmeeres be-

DRIFT

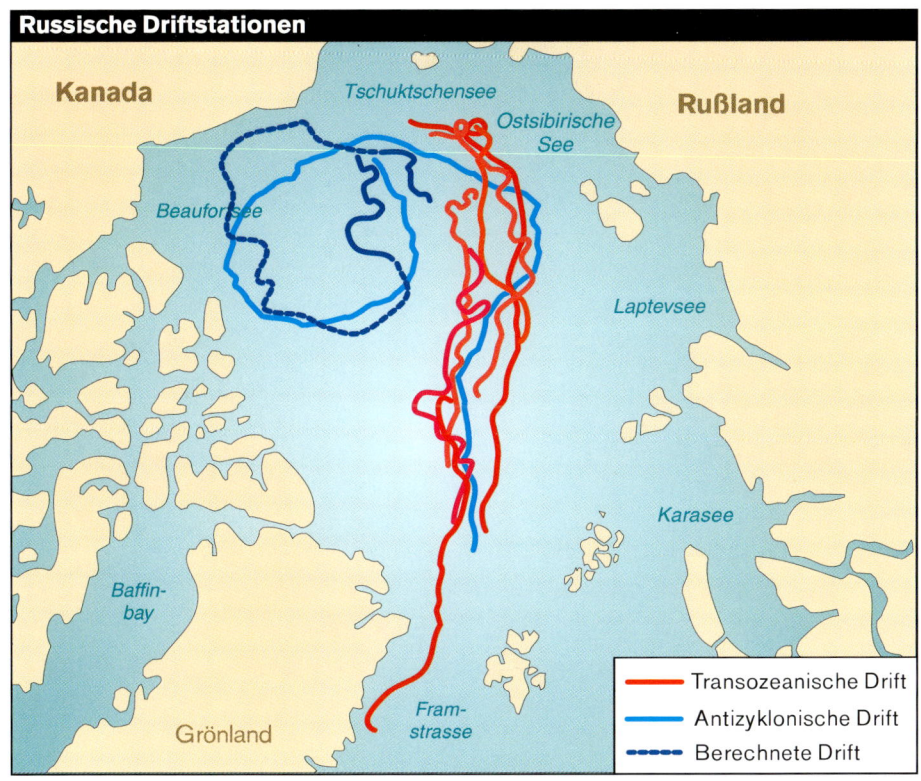

25 Von 1937 bis 1991 hatte Rußland 31 Eisdriftstationen im arktischen Ozean eingerichtet. Die Karte zeigt eine Auswahl.

faßten. Die meteorologischen und aerologischen Daten, die die Driftstationen täglich übermittelten, wurden von russischen und internationalen Wetterdiensten genutzt.

Aufgrund der besonderen Lebens- und Arbeitsbedingungen auf diesen Driftstationen wurde es notwendig, handliche, leichte und haltbare Werkzeuge, Gerätschaften und Instrumente zu entwickeln und zu benutzen. Besonders galt das für den Bereich der hydrologischen Ausrüstung. Die Internationalen Arktischen und Antarktischen Forschungsinitiativen (INTAARI) veranlaßten die Entwicklung und Herstellung von kleinformatigen, leichten hydrologischen Geräten, so beispielsweise einer kleinen hydrologischen Winde, die mit Benzin oder elektrisch angetrieben wurde, einer leichten Bohrröhre und eines ebensolchen Strömungsschreibers sowie eines kleinen Seewasserprüfers. Eine kleine Station zur Messung magnetischer Schwankungen wurde speziell für geophysikalische Zwecke entworfen.

Die Arbeit auf den Driftstationen ist stets mit einem gewissen Risiko verbunden, besonders, wenn ein Eisbruch auftritt. Die russichen Driftstationen überstanden mehrere hundert solcher Zwischenfälle. In manchen Fällen mußte das Lager komplett evakuiert und an anderer Stelle wieder errichtet werden. So erging es den Stationen SP-9, SP-14, SP-16, SP-19 und einigen anderen. Beispielsweise mußte der Stab von SP-9 innerhalb von elf Monaten neun Mal mit dem ganzen Lager umziehen. Etwas völlig Außergewöhnliches widerfuhr der Driftstation SP-14. Im Januar 1966, in der tiefsten Polarnacht, entdeckte die Forschungsmannschaft plötzlich, daß die Eisscholle genau in die gewaltige Felsformation der Jeannetteinsel hineintrieb. Der Leiter der Expedition, Juri Konstantinow, machte folgenden Eintrag in das Logbuch der Station: »Am 27. Januar 1966 um sechs Uhr morgens durchlief die Eisscholle ein heftiger Stoß. Gefährliches Eisknirschen war zu hören. Wir mußten uns nicht erst ankleiden, zogen bloß unsere Stiefel über und eilten hinaus. Als unsere Augen sich an die Dunkelheit gewöhnt hatten, erkannten wir, daß die Eisscholle gegen Festland, oder besser gesagt, gegen den schmalen Streifen aus festem Eis gepreßt wurde und daß gewaltige Felsen über dem Lager aufragten. Die Driftgeschwindigkeit vor der Kollision war vermutlich so hoch, daß die Eisscholle in zwei Stücke zerbrach: Ein gewaltiger Riß trennte das Lager vom Flugfeld. Der dynamische Druck der Eismasse aus östlicher Richtung nahm zu, und die am weitesten entfernten Brennstofflager waren bereits durch das sich auftürmende Eis zerstört worden. Glücklicherweise bewegte sich der Eisstrom tangential, so daß der Druck nicht stark genug war, um die Eisscholle völlig auseinanderzureißen. Der verbleibende Teil der Scholle, auf dem sich auch das Lager befand, blieb unversehrt. Der rechteckige Teil der Eisscholle hatte sich während der Zeit in der Nähe der Jeannetteinsel um ein Vielfaches verringert und betrug nun lediglich noch 200 x 100 Meter. Innerhalb weniger Tage wurde das Lager auf das Festland evakuiert – das geschah auf Anordnung der Leitung der INTAARI.«

Der ozeanische Driftstrom kann selbst riesige Eisinseln zerstören, ganz zu schweigen von vieljährigen Packeisschollen. Wenige Jahre nach dem verräterischen ›Kuß‹, den die Jeannetteinsel SP-14 gab, geriet SP-19 in der Nähe derselben Insel in eine rasche Strömung. Am 5. Januar 1970 stieß die Eisscholle gegen ein Hindernis unter Wasser und zerbrach mit einem Schlag in mehrere kleine Einzelstücke. Der Teil, auf dem sich das Lager befand, zerfiel in Stücke, die zwischen 30 und 40 beziehungsweise 150 und 250 Metern groß waren. Häuser, Lager und andere Gebäude waren durch Wasserflächen voneinander getrennt. Die Belegschaft der Station mußte hart arbeiten, um das Lager an anderer Stelle auf einem noch unversehrten Teil der Eisinsel neu aufzubauen. Gegen Mitte April war die Arbeit abgeschlossen, und man nahm die Forschungsarbeit wieder auf.

Heute, wo viele Länder einschließlich Rußland über kraftvolle Eisbrecher verfügen, die in der Lage sind, dickes, hartes, vieljähriges Eis in der Arktis aufzubrechen und den Nordpol unabhängig zu erreichen, stehen den Wissenschaftlern alle Möglichkeiten offen, in jedem beliebigen Gebiet die erforderlichen Forschungsarbeiten an Bord des Schiffes durchzuführen. Geschwindigkeit oder Richtung der Eisdrift spielen keine Rolle mehr. Es ist nicht mehr notwendig, ganzjährige Beobachtungen auf den Driftstationen durchzuführen.

Andererseits sollten wir nicht vergessen, daß die Grundlage der Driftstationen nun mal Eis war, eine natürliche Basis, die die Ergebnisse der wissenschaftlichen Messungen und Untersuchungen in keiner Weise beeinflußte, wie es heutzutage häufig aufgrund der nachteiligen Auswirkungen von Rumpf und Maschine der Eisbrecher geschieht. Die wissenschaftlichen Daten, die von Driftstationen gesammelt wurden, waren überaus verläßlich, und bei einigen Beobachtungsmethoden ist dies von entscheidender Bedeutung. Wir sind der Ansicht, daß die Erfahrungen, die russische Wissenschaftler und Polarforscher bei der Errichtung und Betreibung von Eisdriftstationen gesammelt haben, auch in Zukunft nützlich sein werden.

VON DRYGALSKI ERICH (1865–1949), deutscher Geograph und Glaziologe. Drygalski leitete die erste deutsche Antarktisexpedition 1901 bis 1903 mit dem Forschungsschiff Gauß. Die beteiligten Wissenschaftler nahmen umfangreiche erdmagnetische und meteorologische Messungen vor. K. B.

DUMONT D'URVILLE JULES (1790–1842), französischer Marineoffizier. Wurde berühmt, als er die Venus von Milo aus Griechenland nach Paris brachte. 1838 und 1840 kreuzte er in antarktischen

Gewässern, unter anderem auf der Suche nach dem magnetischen Südpol. Im Januar 1840 sichtete er die Ostküste des weißen Kontinents, nannte das Gebiet seiner Frau Adélie zuliebe Adélieland und nahm es für Frankreich in Besitz. Dumont d'Urvilles Frau verdanken auch die Adéliepinguine ihren Namen. K. B.

26 Adéliepinguine (Pygoscelis adeliae), Antarktische Halbinsel, Foto: Stephan Andreae

»... Kivioq erfaßte seine Harpune und durchbohrte einen großen Stein, der aus dem Wasser hervorragte, so daß er zersplitterte.
›So hätte ich dich harpuniert!‹ rief er.
Da ›die große Biene‹ sah, welchen gewaltigen Kräfte er hatte, rief sie:
›Willst du mein Mann sein?‹
›Nein‹, antwortete Kivioq und ruderte fort, während das Zauberweib am Land vergeblich tobte. Schließlich warf sie ihr Messer nach ihm. Es traf nicht, sondern tanzte nur über das Wasser hin und wurde zu einer Eisscholle. Von diesem Stück Eis stammt alles Meereis, und die Menschen lernten seitdem den Atemlochfang.
Bevor dies geschah, fror das Meer niemals zu.«

Knud Rasmussen, Rasmussens Thulefahrt, Frankfurt a. M. 1926, S. 388

»Nachmittags fuhren wir bey einer andern viereckigten, ungeheuren Eiß-Masse vorbey, die ohngefähr zweytausend Fuß lang, vierhundert breit, und wenigstens noch einmal so hoch als unser höchster mittelster Braam-Mast, das ist, ohngefähr zwey hundert Fuß hoch war. Da sich nach Boylens und Mairans Versuchen die Masse des Eises zum Seewasser ohngefähr wie 10. zu 9. verhält; so muß, nach bekannten Hydrostatischen Gesetzen, die Masse des Eises über dem Wasser zu jener, die sich unterm Wasser befindet, wie 1 zu 9 seyn. Wenn nun das Stück Eis, welches wir vor uns sahen, von ganz regelmäßiger Gestalt gewesen ist, welches wir einmahl annehmen wollen, so muß es 1800 Fuß tief im Wasser gegangen und im Ganzen 2000 Fuß hoch gewesen seyn. Rechnen wir nun seine Breite auf obige 400 Fuß und für seine Länge 2000; so muß dieser einzige Klumpen ein tausend sechs hundert Millionen Cubic-Fuß Eiß enthalten haben.«

Georg Forster, Reise um die Welt (1778–1780), Frankfurt a. M. 1983, S. 112

EIS

27 Einsammeln von Eiskristallen, Antarktis, um 1904, Foto: Royal Geographical Society, London

28 Shackletons Schiff Endurance, Antarktis 1914–1916, Foto: Frank Hurley, Royal Geographical Society, London

EISBÄREN

ØYSTEIN WIIG

Das Verbreitungsgebiet der Eisbären erstreckt sich über den ganzen zirkumpolaren Raum; allerdings sind sie ausschließlich in den eisbedeckten Gebieten der Arktis anzutreffen. Sie leben nicht gleichmäßig über das gesamte nördliche Polargebiet verteilt, sondern konzentrieren sich in bestimmten Regionen. So leben die Eisbären des norwegischen Verwaltungsgebietes Svalbard, zu dem unter anderem die Inselgruppe Spitzbergen gehört, überwiegend zwischen der Südgrenze des ewigen Eises und dem 82. Breitengrad. Wo sie dort im einzelnen zu finden sind, hängt hauptsächlich von der Ausdehnung des Packeises ab; im Herbst ziehen die Bären auf den wachsenden Eisflächen nach Südwesten. Auf der Bäreninsel (Bjørnøy) am südlichen Rand der Packeiszone im Svalbardgebiet sind sie vor allem im Februar und März anzutreffen. Der südwestliche Rand des Packeises in der Barentssee zählt zu den bevorzugten Aufenthaltsorten der Eisbären im Winter. Im Frühjahr und Sommer, wenn das Eis schmilzt, ziehen sie sich in den östlichen Teil des Svalbardgebiets zurück.

Eisbären paaren sich zwischen April und Mai. Das befruchtete Ei ›schläft‹ ungefähr fünf Monate, erst dann nistet es sich mit der Plazenta in der Gebärmutter ein und beginnt sich zu entwickeln. Im Oktober beziehungsweise November gräbt die trächtige Bärin in Küstennähe eine Höhle in den Schnee und bringt dort um den Jahreswechsel herum in der Regel zwei Junge zur Welt, die bei der Geburt weniger als ein Kilo wiegen. Wenn die Bärenfamilie zwischen März und Anfang April die Höhle verläßt, wiegen die Jungen etwa zehn Kilo. Die Bärin hat die ganze Zeit über gefastet, seit sie sich vor fünf bis sechs Monaten in die Höhle zurückgezogen hat. Jetzt erst nimmt sie die Robbenjagd auf dem Treibeis wieder auf. Die Jungen bleiben noch zweieinhalb Jahre bei der Mutter, ehe sie entwöhnt werden. Der Abstand zwischen zwei Geburten beträgt also bei den meisten Weibchen drei Jahre. Eine Bärin bringt mit fünf Jahren zum ersten Mal Junge zur Welt und bleibt fortpflanzungsfähig, bis sie etwa zwanzig Jahre alt ist.

Eisbären ernähren sich überwiegend von Robben, die sie auf dem Eis fangen. Bären sind daher in der Regel nur da anzutreffen, wo es Robben gibt. Bei der Jagd liegt der Bär gewöhnlich reglos am Rand einer Wasserrinne auf der Lauer und tötet

29 Eisbären mit Beute, Spitzbergen,
Foto: Ulf Risberg/Naturfotograferna

30 François-Auguste Biard, Matrosen in einem Boot, sich gegen Eisbären verteidigend, um 1839, Öl auf Leinwand, Museum der Bildenden Künste Leipzig, Foto: Gerstenberger

die Robben, wenn sie auftauchen. Dabei streckt er den Kopf oft unter Wasser und springt gelegentlich auch ganz in die Wasserrinne. Bisweilen schwimmt er am Rande des Eises und taucht unter Eisschollen, ehe er seine Beute auf dem Eis angreift. Im Durchschnitt fängt ein Eisbär zwischen 50 und 100 Robben im Jahr.

Als Schutz vor der Kälte dient den Eisbären ihr langes, dichtes Fell und ein dickes Fettpolster. Damit das Fell seine isolierende Wirkung nicht verliert, muß es sorgfältig gepflegt werden. Wenn es also im Anschluß an eine Bärenmahlzeit stark verschmutzt ist, putzt sich der Bär – er leckt sich die Tatzen und wälzt Kopf und Hals im Schnee.

EISBERGE

RICHARD S. WILLIAMS, JR.

Glaziologen – Wissenschaftler, die sich mit der Kryosphäre der Erde beschäftigen, dem Teil des Erdsystems also, der aus gefrorenem Wasser besteht – definieren Eisberge als große, unterschiedlich geformte Bruchstücke von schwimmendem oder auf Grund gelaufenem Gletschereis, die durch Abbrechen – man spricht vom Kalben – der in einen See oder ins Meer vorgeschobenen Zunge eines Gletschers entstanden sind. Ein Eisberg muß mehr als fünf Meter über die Wasseroberfläche emporragen; 80 Prozent seiner Masse bleiben unter Wasser. Alle Gletscher, die in einen See oder Ozean münden, kalben und lassen Eisberge entstehen, aber die günstigsten Bedingungen für die Entstehung von Eisbergen herrschen im mittleren Bereich der grönländischen Westküste und an den vereisten Gestaden des antarktischen Kontinents.

Die größten Eisberge der Erde sind die gewaltigen Tafeleisberge, die durch Kalben an den Schelfeisrändern und Auslaßgletschern der Antarktis entstehen, so zum Beispiel der Tafeleisberg B-9, der sich 1987 vom östlichen Rand des Rosseisschelfs in der westlichen Antarktis löste. Wie man auf einer Aufnahme des Satelliten Landsat TM vom 28. November 1987 sehen konnte, war B-9 153 Kilometer lang und 36 Kilometer breit, hatte also eine Fläche von rund 5 500 Quadratkilometern (das entspricht etwa der doppelten Fläche des Saarlandes) und ein Volumen von etwa 1650 Kubikkilometern. Im Vergleich dazu beträgt das jährliche Gesamtvolumen der an den Rändern des grönländischen Inlandeises entstehenden Eisberge nach Schätzungen des dänischen Glaziologen Niels Reeh (1985) etwa 310 Kubikkilometer – ein Fünftel des Volumens von B-9. Im Svalbardgebiet, an den Inseln der russischen Arktis und an Ellesmere Island (Kanada), im südöstlichen Alaska, Südpatagonien (Chile und Argentinien) und an den subantarktischen Inseln bilden sich ebenfalls Eisberge. Ellesmere Island hat kleine Schelfeisgebiete, von denen von Zeit zu Zeit Tafeleisberge abbrechen, die als schwimmende Eisinseln in der zirkumpolaren Strömung des Nordpolarmeers driften. Der Eisberg T-3 (Fletcher's Ice Island) zum Beispiel diente Wissenschaftlern aus verschiedenen Ländern als schwimmende Forschungsstation für meteorologische und ozeanographische Untersuchungen.

Dem alljährlichen Zuwachs an Schnee und Eis im höher gelegenen Nähr- oder Akkumulationsgebiet eines Gletschers steht in den tiefer gelegenen Zehr- oder Ablationsgebieten ein ständiger Verlust an Eismasse durch die Produktion von Schmelzwasser (das in Seen, Flüsse und ins Meer fließt oder im Boden versickert) oder durch Kalben gegenüber. Im Inneren des antarktischen Kontinents, wo die Temperaturen auch im Sommer niemals über null Grad steigen, verringert sich die Eismasse auch durch Sublimation – ein Vorgang, bei dem gefrorenes Wasser verdunstet, ohne vorher flüssig zu werden; in den antarktischen Regionen des ›Blauen Eises‹, wo man bis heute mehr als 15000 Meteoriten gefunden hat (siehe den Abschnitt über Eiswüsten, S. 245), kann auf diese Weise bis zu einem Meter Eis pro Jahr verlorengehen.

Eisberge können gefährlich und nützlich zugleich sein. Wenn sie in Schiffahrtswege treiben oder fest verankerte Ölplattformen rammen, stellen sie eine große Gefahr dar: Man denke nur an den Tod von rund 1500 Passagieren und Besatzungsmitgliedern, als die ›unsinkbare‹ Titanic am 14. April 1912 kurz vor Mitternacht im westlichen Nordatlantik, vor der neufundländischen Küste, mit einem Eisberg zusammenstieß und binnen noch nicht einmal drei Stunden sank. Schiffsradar und Patrouillenflüge der amerikanischen Küstenwache haben die Gefahr einer solchen Kollision mit einem Eisberg deutlich verringert, aber bei schwerer See und angesichts der Tatsache, daß lediglich 20 Prozent eines Eisbergs über der Wasseroberfläche zu sehen sind, stellen Eisberge nach wie vor ein beträchtliches Risiko für die Schiffahrt im Nordatlantik dar.

Eisberge, die vom westlichen Rand des grönländischen Festlandeises abbrechen und mit dem Labradorstrom südwärts treiben, sind sogar schon auf der Höhe des amerikanischen Bundesstaats Delaware (38° 5' nördlicher [!] Breite) vor der Ostküste der Vereinigten Staaten gesichtet worden.

Im Juni 1997 wurde 314 Kilometer vor Neufundland auf der Großen Neufundlandbank eine gewaltige Ölplattform errichtet, die das riesige Hibernia-Ölfeld ausbeuten soll. Da diese Plattform genau auf der Route großer Eisberge liegt (nur etwa 800 Kilometer von der Stelle entfernt, wo die Titanic unterging), ist sie erstmals speziell dafür konstruiert, daß sie einer Kollision mit den größten zu erwartenden Eisbergen standhält.

Vom 1. bis zum 3. April 1980 veranstaltete die International Glaciological Society (Internationale Gesellschaft für Gletscherkunde) im Scott Polar Research Institute in Cambridge (England) eine Tagung mit dem Thema »Die Möglichkeiten der Nutzung von Eisbergen in Wissenschaft und Praxis«; Sponsoren der Veranstaltung waren die Firma Iceberg Transport International, die König-Feisal-Stiftung und die Abdul-Aziz-Universität. Ausgangspunkt der Tagung war die Überlegung, daß große

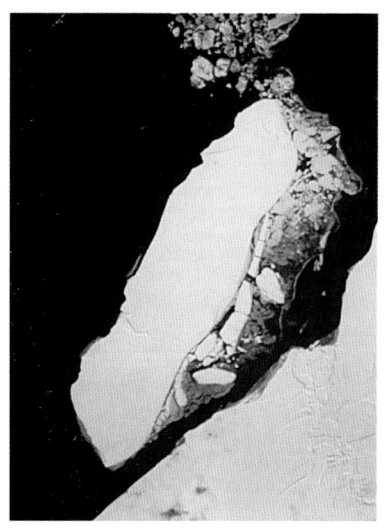

31 Tafeleisberg B-9 im Ross-Eisschelf, Antarktis, 28. 11. 87, ca. 153 × 36 km, Landsat-Bild

Tafeleisberge, die an der Küste der Antarktis entstehen, gewaltige, bislang ungenutzte Trinkwasserreserven darstellen. So entspricht der abgebildete Eisberg B-9 zum Beispiel schätzungsweise $1,5 \times 10^{12}$ Kubikmeter Wasser. Wenn es gelänge, Tafeleisberge ins Schlepptau zu nehmen und die Verluste durch Abschmelzen möglichst gering zu halten, könnten sie eine Trinkwasserquelle für trockene Wüstenregionen sein, beispielsweise die Atacamawüste in Chile, die Namibwüste in Namibia, Saudi-Arabien und große Teile von Australien.

EISBRECHER

ROBERT K. HEADLAND

Unter Eisbrechern versteht man eine Kategorie von hochspezialisierten Schiffen mit vielen Gemeinsamkeiten. Firmen in Murmansk und Wladiwostok setzen sie intensiv im Nordpolarmeer ein, um die nördliche Seeroute länger befahrbar zu halten. Außerdem haben Eisbrecher die Aufgabe, Arktisstationen mit Nachschub zu versorgen und Waren in die Hudsonbai, die großen nordamerikanischen Seen und die Ostsee zu transportieren.

Das Eis, das sie durchfahren, ist sehr unterschiedlich; so ist beispielsweise Süßwassereis brüchiger als das nahezu elastische Eis aus Salzwasser. Auch Dicke und Dichte des Eises sind variable Größen. Die stärksten Eisbrecher haben Atomantrieb; die größten fünf kommen aus Rußland und können mit jeder der drei Schiffsschrauben eine Leistung von 18,43 Megawatt (25 000 PS) entwickeln, zusammen 55,3 Megawatt (75 000 PS). Die meisten haben dieselelektrischen Antrieb, was eine ungemein flexible Steuerung ermöglicht.

Der Rumpf muß besonders geformt und äußerst stark sein. Außerdem ist eine innere Hülle inzwischen Sicherheitsstandard. Es gibt nur sehr wenige Öffnungen im Rumpf, und äußere Stabilisatoren sind unmöglich. Aufgrund des schweren Rumpfes liegt der Schwankpunkt hoch, so daß eine ziemlich große Stabilität erreicht wird. Dennoch ist die Fahrt auf einem Eisbrecher wenig komfortabel. Der Rumpf muß so breit sein, daß ein weiteres Schiff dem Eisbrecher durch die entstandene Gasse folgen kann. Ein abgeschrägter Bug ist das wichtigste Charakteristikum, das es dem Schiff ermöglicht, sich auf das Eis zu schieben und selbst dicke Platten durch sein Gewicht zu zerbrechen.

32 Der schwedische Eisbrecher Oden erreichte den Nordpol 1991 und 1996. Foto: Martin Jakobsson

Viele Eisbrecher haben folgende weitere Merkmale: Rumpfseiten, die so geformt sind, daß das Eis am Rumpf entlanggleiten kann, einen Eisschneider, um bei der Vorwärtsbewegung durchs Eis zu schneiden, ein ›Eishorn‹, um das Ruder bei der Rückwärtsbewegung zu schützen, und mitunter Ummantelungen zum Schutz der Schiffsschrauben. Bei manchen soll eine neu entwickelte Kunststoffbeschichtung dafür sorgen, daß das Schiff nicht zwischen Eisschollen steckenbleiben kann. Häufig wird ein System von Düsen eingesetzt, die Preßluft ausstoßen, um den Rumpf bei der Fahrt durch dicke Eisschichten gleitfähiger zu machen.

Innerhalb des Rumpfes sorgt ein verbundenes System von großen Ballasttanks und Pumpen dafür, daß das Schiff in jede beliebige Richtung bewegt werden kann. Zudem wird eine umfangreiche technische Ausrüstung mitgeführt, mit deren Hilfe auch größere Reparaturen auf hoher See ausgeführt werden können. Oft haben die Eisbrecher auch zusätzliche Schaufeln für die Schiffsschrauben an Bord, obwohl diese so geschützt angebracht sind, daß sie nur selten zerbrechen. Jedenfalls können auf vielen Eisbrechern entsprechende Reparaturen durchgeführt werden.

ERFRIEREN

Mit dem Absinken der Körpertemperatur verlangsamt sich der Stoffwechsel, Puls- und Atemfrequenz sinken. Bei 35 Grad Celsius treten bereits psychische Veränderungen auf – der Betroffene ist verwirrt. Bei 30 Grad Celsius verliert er das Bewußtsein. Weitere Unterkühlung schädigt unwiderruflich das Atemzentrum im Gehirn, das Herz schlägt arhythmisch. Schließlich tritt der Tod ein. K. B.

DIE ERKUNDUNG DER ANTARKTIS
ROBERT K. HEADLAND

Die Erforschung der Antarktis verlief weitaus geradliniger als diejenige der Arktis – was sich ausschließlich aus geographischen Faktoren erklärt, denn die physischen Schwierigkeiten, mit denen die Forscher zu kämpfen hatten, waren im Grunde die gleichen. Es bietet sich an, die Geschichte der Antarktisforschung in verschiedene Phasen zu unterteilen. Die von mir vorgeschlagenen Bezeichnungen für diese Phasen nennen nur Leitmotive, denn es fanden immer auch andere Forschungsunternehmen statt. Auch die Daten sind nur als Richtwerte zu verstehen, da es im Kontinuum der Geschichte keine festen Grenzen gibt.

Terra australis

Die früheste Phase, die Suche nach der Terra australis, dauerte bis etwa 1780. Die Anfänge dieser Suche nach dem legendären Südkontinent reichen bis in die Antike zurück und waren zunächst rein theoretischer Natur: Immer wieder stellten Geographen die Hypothese auf, daß die südlichen Regionen der Erdkugel von einer großen Landmasse, der sogenannten Terra australis, bedeckt seien, die das notwendige Gegengewicht zu der teils bekannten arktischen Landmasse bilde und die Stabilität der rotierenden Erdkugel gewährleiste. Es gab Expeditionen, die gezielt auf die Suche nach dem hypothetischen Kontinent gingen, doch hauptsächlich ergaben sich Aufschlüsse indirekt aus Entdeckungsreisen in andere südliche Regionen; keiner dieser Forscher stieß im äußersten Süden auf Land, und der Umfang der hypothetischen Terra australis reduzierte sich immer weiter. Nach der Reise von Abel Janszoon Tasman (1644) trennten Kartographen Australasien von dem noch unerforschten antarktischen Kontinent ab, wodurch dessen angenommene Größe nochmals schrumpfte. Das Ende dieser Phase wurde mit den drei Reisen von James Cook und den beiden Reisen von Yves-Joseph de Kerguelen de Trémarec erreicht.

Cook war der bedeutendere von beiden, denn er war der erste, dem eine Erdumsegelung in hohen südlichen Breiten gelang. Am 17. Januar 1773 überquerten seine Schiffe erstmals den Südlichen Polarkreis und drangen am 30. Januar 1774 bei 71° 17' südlicher Breite und 106° 90' westlicher Länge weiter nach Süden vor, als es je ein Mensch zuvor getan hatte. Am 17. Januar 1775 landete Cook in Südgeorgien und ergriff im Namen des englischen Königs Georg III. Besitz von der Insel – es war das erste Mal, daß im Bereich der Antarktis Gebietsansprüche geltend gemacht wurden. Am Ende seiner Reisen hatte sich der Traum von einem südlichen Kontinent, der sich bis in gemäßigte Breiten erstreckte, endgültig als Illusion erwiesen.

Robbenfang

James Cook brachte von seinen Reisen nicht nur neue Karten mit, sondern dazu zwei weitere wichtige Erkenntnisse, die dafür sorgen sollten, daß die Geschichte der antarktischen Region in eine neue Phase eintrat: Zum einen berichtete er von reichen Pelzrobbenvorkommen auf den Inseln der Antarktis, zum anderen hatte er fest-

ERKUNDUNG

gestellt, daß sich Robbenfelle in China außerordentlich gewinnbringend verkaufen ließen. Danach bestimmte der Robbenfang die Geschichte der Antarktis von etwa 1780 bis 1892. In diesem Zeitraum kamen überwiegend Robbenfänger in die antarktische Region, und sie entdeckten und besuchten viele der dem antarktischen Kontinent vorgelagerten Inseln. Die meisten Robbenfänger stammten aus Großbritannien und den Vereinigten Staaten (insbesondere aus den Neuenglandstaaten), obwohl andere auch von Australien, der Kapkolonie, Frankreich und Neuseeland aus operierten. Sie landeten als erste auf dem antarktischen Festland (1821) und waren auch die ersten, die den Winter in der antarktischen Region verbrachten. (Bekannt wurden jene, die 1821 und 1877 unfreiwillig auf den Süd-Shetland-Inseln überwinterten.)

Die wenigen Forschungsreisen, die in dieser Zeit unternommen wurden, brachten wichtige Entdeckungen. So umsegelte Fabian Gottlieb von Bellingshausen im

33 Südpolarkarte von V. v. Haardt, Georg von Neumayer gewidmet, Nebenkarten, Strömungen und Forschungsreisen, 1:10 000 000, Wien 1895, 4-teilig, Staatsbibliothek Berlin, Preußischer Kulturbesitz, Kartenabteilung

russischen Auftrag mit der Wostok und der Mirny erneut den antarktischen Kontinent in höheren südlichen Breiten. Er näherte sich an zwei Stellen bis auf Sichtweite der Prinzessin-Martha-Küste und der Prinzessin-Ragnhild-Küste, erkannte jedoch nicht, daß es sich um Festland handelte. Das erste Mal, daß die Expeditionsteilnehmer bewußt Land sahen, war am 27. Januar 1820, bei der Vermessung des Schelfeises auf 69° 35' südlicher Breite und 2° 23' westlicher Länge. Damit war zugleich der Beweis erbracht, daß es jenseits des Südlichen Polarkreises überhaupt Land gab.

Zwischen 1837 und 1843 fanden gleich drei in vielerlei Hinsicht konkurrierende Forschungsreisen statt. Sie standen unter der Leitung des Franzosen Jules-Sébastien-César Dumont d'Urville mit der Astrolabe und der Zélée (1837–1840), des Amerikaners Charles Wilkes mit der Vincennes und fünf weiteren Schiffen (1838–1842) sowie des Briten James Clarke Ross mit der Erebus und der Terror (1839–1843). Eines der Hauptziele dieser Expeditionen war die Bestimmung des

34 Antarktis, Foto: Stuart Klipper

magnetischen Südpols, der für die Schiffahrt von großer Bedeutung war; außerdem erkundeten alle drei Unternehmungen Teile des antarktischen Kontinents und einige der vorgelagerten Inseln. Dabei stieß die Erebus am weitesten nach Süden vor und erreichte am 23. Februar 1842 auf 78° 17' südlicher Breite eine neue Rekordmarke.

Mochten diese Expeditionen auch ein Wettstreit um neue Entdeckungen sein, so führten sie doch zu einer enormen Erweiterung des Wissens über die Antarktis. Die nächsten bedeutenden Forschungsreisen in den tiefen Süden ließen fast ein halbes Jahrhundert lang auf sich warten. In der zweiten Hälfte des 19. Jahrhunderts begann die internationale Zusammenarbeit in der Polarforschung: So schickten Großbritannien, Frankreich, Deutschland und die Vereinigten Staaten anläßlich des Sonnendurchgangs der Venus im Jahr 1874 wissenschaftliche Expeditionen auf mehrere der subantarktischen Inseln, und im ersten Internationalen Polarjahr (1882/83) arbeiteten in der antarktischen Region französische, deutsche und brasilianische Forschungsstationen zusammen.

Nach unserem heutigen Wissensstand fanden während der Robbenfangperiode rund 1 000 Robbenfangexpeditionen und 25 wissenschaftliche Forschungsreisen statt.

Die Erforschung des Kontinents

Die Phase der Erforschung des Kontinents dauerte von der ersten Reise der Jason (1892/93) bis zum Ende des Ersten Weltkriegs und umfaßt die ›Heroische Epoche‹ sowie die Anfänge der modernen Walfangindustrie. Das Interesse an der Antarktis war sehr groß in dieser Zeit, was unter anderem auf der Fünften Internationalen Geographischen Konferenz in London 1895 zum Ausdruck kam. So lautete die dort verabschiedete dritte Resolution: »Dieser Kongreß ist der Ansicht, daß die Erforschung der antarktischen Region die größte Aufgabe darstellt, die der geographischen Forschung noch zu lösen bleibt. In Anbetracht der neuen Erkenntnisse, welche von einer solchen wissenschaftlichen Erforschung auf allen Gebieten der Wissenschaft zu erwarten sind, empfiehlt der Kongreß den wissenschaftlichen Vereinigungen weltweit, sich in geeigneter Weise nachdrücklich dafür einzusetzen, daß diese Aufgabe noch vor Ende des Jahrhunderts in Angriff genommen wird.« Die Resolution wurde der Vollversammlung am 1. August 1895 von Professor Karl von der Steinen (einem Mitglied der deutschen Expedition nach Südgeorgien im Internationalen Polarjahr von 1882/83) vorgelegt und einstimmig verabschiedet. Damit waren die Weichen für die Phase der Erforschung des Kontinents gestellt.

Argentinien, Australien, Belgien, Großbritannien, Frankreich, Deutschland, Norwegen und Schweden rüsteten größere Expeditionen aus. 1898 überwinterten erstmals 18 Männer südlich des Polarkreises an Bord der Belgica, und im darauffolgenden Jahr verbrachten zehn Männer am Kap Adare den ersten Winter auf dem antarktischen Festland. Nach diesen Anfängen nahm die Zahl der Überwinterungen rapide zu und erreichte mit acht Winterstationen (fünf auf dem antarktischen Festland und drei auf den vorgelagerten Inseln) im Jahr 1912 einen Höhepunkt. Binnen weniger Jahre wurde auch die Rekordmarke des südlichsten je von Menschen erreichten Punktes immer weiter vorgeschoben, bis die Erkundungen am 14. Dezember 1911 mit der Erreichung des Südpols ihren Abschluß fanden.

Die Polarforscher dieser Zeit hatten noch eine Reihe anderer wichtiger Rekorde zu verbuchen: die ersten Filmaufnahmen der Antarktis, die 1898 bei der Expedition der Southern Cross entstanden; die Entdeckung der letzten subantarktischen Inseln (Scott Island, 1902); der erste Blick aus der Luft auf den Kontinent (aus dem Ballon Eva im Jahr 1902). Außerdem wurde im Jahr 1903 auf den Süd-Orkney-Inseln die erste permanente Wetterstation errichtet, Walfänger eröffneten die erste Landstation zur Tranverarbeitung (1904 in Südgeorgien), und es kam zu ersten interkontinentalen Funkkontakten (zwischen der antarktischen Commonwealth Bay und Australien, über eine Relaisstation auf den Macquarie Islands).

Über die Ausmaße des antarktischen Kontinents gewann man in dieser Zeit relativ rasch Klarheit. Die Ansprüche, die Frederick Cook (1908) und Robert Peary (1909) erhoben, jeweils als erster am Nordpol gewesen zu sein, lenkten die Aufmerksamkeit auch auf den Südpol. Dieser wurde im Sommer 1911/12 gleich zweimal bezwungen: Zuerst durch Roald Amundsens norwegische Expedition am 14. Dezember 1911, dann durch Robert Scotts britische Expedition, die 33 Tage nach dem Aufbruch der Norweger am Südpol eintraf. Die erste Expedition war ein voller Erfolg. Die zweite endete mit einer Tragödie: Sämtliche Teilnehmer kamen auf dem Rückweg vom Pol ums Leben. Das enorme öffentliche Interesse an den Polarexpeditionen hielt jedoch auch weiterhin an, und so versuchten zwei Expeditionen, den Kontinent vom Weddellmeer zum Rossmeer zu durchqueren. Beide scheiterten – die geplante Durchquerung gelang erst 1958.

Nach dem Ausbruch des Ersten Weltkriegs nahm die Zahl der Forschungsexpeditionen am Pol und anderswo rasch ab, und diese Phase der Erforschung der Antarktis endete im Jahr 1917 mit der Rettung der in Not geratenen Shackleton-Expeditionen aus der Antarktis.

Walfang

Der Walfang in antarktischen Gewässern begann im Jahr 1904 und war von etwa 1919 bis 1942, in der Zeit zwischen den Weltkriegen, die Hauptaktivität in der Region. Die Mehrzahl der Schiffe auf den südlichen Weltmeeren gehörte entweder der norwegischen Walfangflotte an oder betrieb wissenschaftliche Untersuchungen, die im Zusammenhang mit der Walfangindustrie standen. In der Saison von 1930/31 erreichten die Aktivitäten in südlichen Gewässern einen ersten Höhepunkt: Es befanden sich gleichzeitig neun schwimmende Fabriken, 32 Fabrikschiffe und sechs Landstationen mit insgesamt 232 Walfangschiffen und diversen anderen Transportschiffen im Einsatz. Somit tummelten sich insgesamt rund 300 Schiffe in antarktischen Gewässern, und quasi nebenbei wurden zahlreiche neue Erkenntnisse gewonnen – bislang unbekannte Küstenstriche wurden kartographisch erfaßt und andere Entdeckungen bestätigt. Nach Entdeckungen norwegischer Walfänger erhob die norwegische Krone Anspruch auf das Königin-Maud-Land.

Neben den wissenschaftlichen Expeditionen, die das Leben der Wale untersuchten, gab es noch eine Reihe anderer Forschungsprojekte verschiedener Staaten, die oft von den Walfangflotten unterstützt wurden. Vielen von ihnen dienten die Walfangschiffe als Transportmittel für Brennstoff und andere Vorräte sowie als ortskundige Führer. Außerdem waren die Walfänger eine Art Rückversicherung für Expeditionen, die in Not gerieten.

Nachdem die allgemeine geographische Gestalt des Kontinents und der vorgelagerten Inseln bekannt war, stand nun eine Reihe von problematischeren Regionen im Mittelpunkt des Interesses. Erstmals gelang in dieser Zeit ein Flug mit einem Starrflügelflugzeug in der Antarktis, eine Entwicklung, die die Erforschung und Kartierung des Landesinneren entscheidend vereinfachte. Die Frage, ob es sich bei der Antarktischen Halbinsel (Grahamland) um einen Archipel oder einen Teil des kontinentalen Festlandes handelte, wurde auf der Grundlage von Beobachtungen der Walfänger und von frühen Flugberichten diskutiert. Doch erst der britischen Grahamlandexpedition von 1934 bis 1937 gelang es, diese Frage zu klären. Am Ende waren Teile der sogenannten Phantomküste südlich der Bellingshausensee praktisch die einzigen längeren Küstenstreifen des antarktischen Kontinents, die nach wie vor unbekannt waren.

Forschungsstationen und Gebietsansprüche

Mit dem Zweiten Weltkrieg begann der Niedergang der Walfangindustrie, denn ein Großteil der Flotte war verlorengegangen, und die Population der Wale war bereits stark dezimiert. Obwohl der Walfang noch einmal eine kurze Renaissance erlebte, erreichte er nie wieder seine einstige Bedeutung. Politische Rivalitäten, die es in mehr oder weniger starkem Umfang immer gegeben hatte, wurden zum bestimmenden Faktor bei der weiteren Erforschung der Antarktis. Von etwa 1943 bis 1958 prägten die alljährlich stattfindenden Expeditionen einer stetig wachsenden Zahl von Ländern das Bild der Antarktis. Die ersten ständig besetzten Forschungsstationen in der Antarktis wurden 1943 (Port Lockroy, Wiencke Island) und 1944 (Hope Bay, Antarktische Halbinsel) errichtet. Im Sommer der Jahre 1946/47 und 1947/48 unternahmen die Vereinigten Staaten außerdem zwei großangelegte Marineexpeditionen, die Operationen Highjump und Windmill, die vorwiegend mit Hilfe von Flugzeugen große

ERKUNDUNG

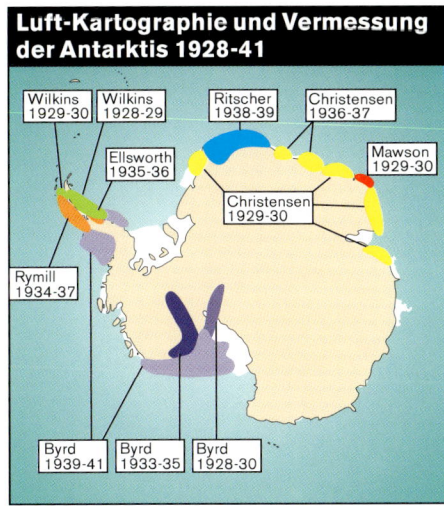 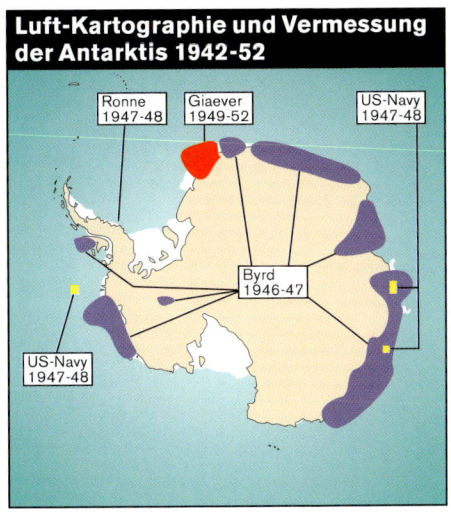

35 Die Erforschung der Antarktis
1928–1952

Teile der Antarktis kartierten. Zahlreiche Länder erneuerten in dieser Zeit ihre Hoheitsansprüche in der Antarktis, und das Konfliktpotential war entsprechend groß.

Das Internationale Geophysikalische Jahr (1957/58), in dem sich zwölf Länder mit eigenen Forschungsstationen in der Antarktis auf eine gezielte Zusammenarbeit an einer Reihe von Forschungsvorhaben verständigten, war ein Meilenstein in der Entwicklung der wissenschaftlichen Forschung und zog einen Schlußstrich unter diese Phase. Argentinien, Australien, Belgien, Großbritannien, Chile, Frankreich, Neuseeland, Norwegen, Südafrika, die Sowjetunion, Schweden und die Vereinigten Staaten hatten allesamt Winterstationen, die überwiegend als permanente Forschungsstationen gedacht waren.

Verträge

Diese Phase in der Geschichte der Antarktis begann mit dem Internationalen Geophysikalischen Jahr und den anschließenden Verhandlungen über den Antarktisvertrag. Die gezielte wissenschaftliche Zusammenarbeit in der Antarktis im Kontext des Internationalen Geophysikalischen Jahrs schärfte das Bewußtsein für die Vorteile einer solchen Kooperation, und das führte im Februar 1958 zur Bildung des Special (später Scientific) Committee on Antarctic Research (SCAR; Wissenschaftliches Komitee für Antarktisforschung). Dieser und andere Faktoren brachten eine Diskussion in Gang, die im Jahr 1959 zur Unterzeichnung des Antarktisvertrags durch die zwölf Länder mit Forschungsstationen in der Antarktis führte. Der Vertrag trat 1961 in Kraft und bestimmt seither die Geschicke der Antarktis. Der Antarktische Kontinent wurde der Wissenschaft übergeben, und der Sprengstoff der konkurrierenden Hoheitsansprüche war entschärft.

Die Internationalisierung und die wachsende wissenschaftliche Zusammenarbeit führten zu zahlreichen neuen Erkenntnissen. Die Oberfläche des Kontinents wurde immer besser kartiert, so daß schließlich nur noch der felsige Untergrund unter den Eismassen zu erforschen blieb. Nach 25jährigen gemeinsamen Anstrengungen, in Kooperation mit zahlreichen nationalen Programmen, war dieser Vorgang im Jahr 1984 weitgehend abgeschlossen.

Der jüngste Fortschritt in der Erforschung der Antarktis liegt nur wenige Jahre zurück – das Erstellen einer neuen Karte der Antarktis durch eine Arbeitsgruppe des

Scientific Committee on Antarctic Research, das die Arbeit vieler Teilnehmerstaaten mit Satellitenaufnahmen und anderen Daten koordiniert hat. Ende 1993 wurde die erste vollständige und vereinheitlichte Karte des sechsten Kontinents gedruckt, ein Meilenstein in der Geschichte der Erforschung der Antarktis.

Heute regelt der Antarktisvertrag die Beziehungen zwischen den Regierungen, und das Scientific Committee on Antarctic Research koordiniert die Forschungsvorhaben. Die Phase der Verträge hält also in der antarktische Geschichte an, und man darf hoffen, daß sie Bestand haben wird.

MAX ERNST

»Der Nordpol« – eine Taschenkosmogonie

DER KÜNSTLER ALS »SCHÖPFER«

GÜNTER METKEN

Obschon Städte – Köln, Paris, New York – wichtige Stationen in seinem Leben waren, hat die Natur Max Ernst immer angezogen. Er suchte die Einsamkeit, sei es die des Forschers oder des nomadisierenden, auf sich gestellten Artisten. Der Künstler in ihm war vom Naturbeobachter mit wissenschaftlichen Interessen schwer zu trennen. Seine Refugien im südfranzösischen Saint-Martin-d'Ardèche und in Sedona (Arizona) haben in ihrer stolzen Isolierung etwas von Eremitage und Observatorium zugleich – der Einzige und sein Eigentum.

Künstler und Forscher, sagten wir. In der Touraine lebend, hat Max Ernst 1956 ein Porträt von Leonardo da Vinci entworfen, der dort in Amboise gestorben ist. Mit ihm konnte er sich, wie auch mit dem Amateurastronomen Ernst Wilhelm Leberecht Tempel, ironisch identifizieren. Freilich trennte ihn von dem Florentiner die neuzeitliche Skepsis; er wußte mehr und glaubte weniger. Fortschrittseuphorie kam nicht länger in Frage, die Romantik war ausgeträumt. Oder doch nicht ganz?

Auf der Enzyklopädie fußend, hat das 19. Jahrhundert die Erde in lauter technische Zeichnungen zerlegt und darüber die schillernde Haut des Impressionismus gezogen. Solche Schizophrenie des Sehens hatte sich für Max Ernst zugleich mit dem Abbildproblem erledigt. Geblieben war ihm ein Hauch Naturgefühl der Frühromantik, daß der Kosmos ein in allen Teilen respondierendes Ganzes sei, wo Poesie und Wissen in eins fallen. Für den Röntgenblick des Künstlers besteht das All aus durchgehenden Formen und Schichten. Daher bei Ernst immer wieder Sternbilder, Sonnenräder, die Mondscheibe, der strudelnde Golfstrom, der gekräuselte Ozean. Als Teilung bleibt der Horizont erhalten; unter ihm die Erdlebenwelt, darüber der Raum der Gestirne.

Anstelle von Beschreibung also Zeichen, durch den fragenden Intellekt gefiltert. Dem Künstler steht ja nicht die Natur selber, sondern ihre populäre Wiedergabe mittels Holzstichen vor Augen. Im 19. Jahrhundert hatten diese einem gläubig mitgehenden Publikum den Aufbau der Welt in plausiblen Strichlagen nahegebracht. Aus solchen naiven Schemata rekonstruiert Max Ernst, stets zwischen Inspiration und Kalkül operierend, per Collage, Durchreibung oder Abklatsch eine durchwegs menschenleere, einfacher strukturierte Natur. In seinen Landschaften dominieren Nähe und Ferne, der beruhigende Mittelgrund fehlt. Es gibt das ganz Große und das ganz Kleine, keine Maßstabtreue, so als werde die Natur mit angeschnalltem Fernrohr oder durchs Mikroskop betrachtet. Meist ist ein Meer als grenzenlose Ausdehnung in der Nähe, wie die Zeichnung »La mer, la côte et le tremblement de terre« (Sp/M 508)[1] zeigt, die zudem als treuen Helfer bei der Aushebelung des gesunden Menschenverstands das Erdbeben einführt, das Ernst in seiner milden, vermutlich wellenartigen Ausbreitung bevorzugt. In seiner europäischen Zeit scheint er dem katastrophen-

36 Max Ernst, Der Nordpol, 1922, Öl auf Leinwand, Westfälisches Landesmuseum für Kunst und Kulturgeschichte, Münster

37 See-Elefantenbulle. In: Douglas Mawson, »Leben und Tod am Südpol«, Leipzig 1922

38 Max Ernst, Ohne Titel, 1921, Photo-Postkarte, Stiftung Hans Arp und Sophie Taeuber-Arp e.V., Rolandseck, Foto: Wolfgang Morell

scheuenden Goetheschen Neptunismus zuzuneigen; im amerikanischen Südwesten herrscht dann der Vulkanismus vor.

Jedenfalls stört ihn das selbstverständliche Sicheinverleiben der auszubeutenden Fremde, wie es damals die beliebten Reise- und Expeditionsberichte suggerieren. Bei F. A. Brockhaus in Leipzig erscheint 1921 von dem australischen Forscher Douglas Mawson ein solches Buch mit dem vielsagenden Titel »Leben und Tod am Südpol«, worauf Stephan Andreae freundlicherweise hinweist. Max Ernst und Hans Arp, die gerade in Köln an »FATAGAGA« (Fabrication de Tableaux Géométriques Garantis) zusammenwirken, entnahmen der Publikation die Abbildung eines See-Elefanten. Schon dieser Name muß für die boshaften Dioskuren ein Programm gewesen sein. Durch das Einkleben anatomischer Einzelheiten – Hände, Füße – wird der komisch aufgeblähte Exot in eine fesselballonartige Dimension entrückt – die antarktische Fauna als Zirkuseinlage.

»Entre les deux pôles de la politesse« heißt eine Collage (Sp/M 486), die 1922 als Illustrationsvorlage für Paul Eluards Paramythen »Les malheurs des immortels« entstand. Sie enthält im Vordergrund auf quadriertem Grund eine Anatomie und eine reflektierende Kugel, dahinter eine gezackte weiße Bergkette, die durch die perspektivische Verkleinerung in weite Ferne gerückt scheint. Zur Verrätselung benutzt der Künstler Klischees aus den exakten Disziplinen Medizin, Physik und Geographie. Vermessen und Tabellen anlegen wird durch die Disparatheit der Motive ad absurdum geführt. Und der Titel stellt die Logik vollends auf den Kopf. Ausgehend von Pol, französisch »pôle«, ist es ein Spiel mit Worten und Assonanzen. Zwischen den beiden Polen, das deutet, wie auch die Linie der Schneeberge, auf Arktis/Antarktis hin. Doch »politesse« meint dann nicht nur die Höflichkeit, sondern im sprachspielerischen Anklang auch das Polierte der Glassphäre.

In anderen Arbeiten des gleichen Jahres kommen uns die weißen Felsen, die auch Eisberge sein könnten, wesentlich näher, ohne topographisch faßbar zu werden; sie bleiben Versatzstücke der Imagination. So auf einer kleinen, gemalten »Landschaft mit Meer« (Sp/M 503). Der Einschnitt in der Mitte erinnert sofort an die Kreidefelsen auf der Insel Rügen und an Caspar David Friedrichs dort situiertes Bild gleichen Namens in der Stiftung Oskar Reinhart zu Winterthur. Damit wäre auch die Verbindung zu diesem romantischen Maler der Entfremdung und seiner von Max Ernst gern zitierten Berufung auf das »Innere Gesicht« hergestellt. Für den modernen Nachfahren Friedrichs war der Stellenwert solcher Visionen offenbar groß, denn man findet die Polarlandschaft, nun mit kreisenden Vorgängen am Himmel gekoppelt, als Folie von »Au rendez-vous des amis« (Sp/M 505) wieder, dem änigmatischen Freundschaftsbild des Frühsurrealismus, mit André Breton im Prophetengestus als einschwebendem Verkündigungsengel der Neuen Lehre und Max Ernst selbst auf den Knien Dostojewskis. Diese sechzehn Herren mit Dame – Gala Eluard – sind aber nicht ganz von dieser Welt. Ihre ernsthaften Spiele, über die sie sich in Taubstummensprache verständigen, haben es mit den Abgründen der Normalität zu tun, den Tiefenzonen des Bewußtseins und den eisklaren, nietzscheanisch-engadinischen Höhen voraussetzungslosen Denkens jenseits von Gut und Böse.

In diesen Zusammenhang gehört »Le pôle nord«, eine kleine Taschenkosmogonie. Unten die Spuren von Urknall beziehungsweise sanftem Beben. »Un tremblement de terre fort doux« heißen paradox genug solche unmerklichen Verschiebungen der Erdkruste bei dem Künstler-Seismographen. Aufsteigend ist das Bild als gleichsam vertikales Diptychon halbiert. Annähernd durch die Mitte läuft eine imaginäre Gesichtslinie, der wieder Eisberge oder schneeweiße Felsen aufliegen.

Am Pol, so die naive Vorstellung, kippt unsere Erde um, wird zur ›Verkehrten Welt‹. In der unteren Hälfte würde man, nicht zuletzt wegen des steinigen Küstenstreifens, das Meer erwarten. Statt dessen entfaltet sich dort ein Nordlicht, Aurora borealis. Allerdings sind in dieser Zone auch Berggipfel und Risse im Globus auszumachen. Oben dagegen uranfängliche Grätenwälder und wie mit Kämmen oder durch Kratzspuren erzielte Wasserwellen, in denen sich ein Meeresungeheuer archaischen Zuschnitts tummelt. Sollte es sich um den schon erwähnten See-Elefanten handeln, diesmal als aquatische Version?

Die Bildregister sind wie in alten Weltansichten streifenförmig und ohne Rücksicht auf Hierarchie angeordnet, Naturgeschichte findet simultan statt, Surrealismus und frühe Kartographie decken sich. Der Kosmos ist in großem Abstand, wie aus der Vogelschau gesehen, so als ob »Gott« selber am Werk wäre. Die bekannte, von Max Ernst belächelte Metapher vom Künstler als Schöpfer wird hier milde lächelnd beim Wort genommen.

Anmerkung
1 Die Arbeiten werden zitiert nach: Spies, Werner (Hg.), Max Ernst, Werke 1906–1925, Œuvre-Katalog, bearb. von Werner Spies, Sigrid und Günter Metken (= Sp/M), Köln 1975

ESKIMO

Bevölkerung der arktischen und subarktischen Zone Alaskas, Kanadas, Grönlands und Ostsibiriens. Der Ursprung der Bezeichnung Eskimo, die sich seit dem 16. Jahrhundert in Europa eingebürgert hat, ist umstritten. Die einen behaupten, sie stamme aus der Sprache benachbarter Indianer und bedeute »Rohfleischesser«. Andere übersetzen den Namen mit »Schneeschuh-Netzer«. Die Eskimos selbst bezeichnen sich als »Menschen« – was je nach Region Yuit (Sibirien), Inupiat (Nordalaska), Inuvialuit (Mackenziedelta) oder Inuit (östlich des Mackenzie) heißt. K. B.

 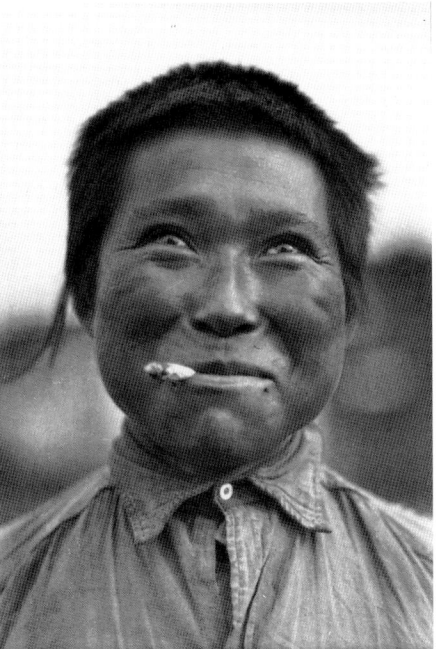

39/40 Alaska 1923, Foto: Knud Rasmussen, Dänisches Nationalmuseum, Ethnographische Sammlung, Kopenhagen

FANGTIERE

»Die größte Gefahr des Lebens liegt darin, daß die Nahrung des Menschen aus lauter Seelen besteht.«

Knud Rasmussen, Rasmussens Thulefahrt, Frankfurt a. M. 1926, S. 247

41 »Legt man die Köpfe der bereits gefangenen Polardorsche in Richtung Fangloch, kommt der nächste Dorsch zurück und beißt willig an.« Knud Rasmussen 1921, Dänisches Nationalmuseum, Ethnographische Sammlung, Kopenhagen

»Es war einmal ein Mädchen, das wollte nicht vermählt werden. Sie lebte zu Hause bei ihrem Vater und verschmähte alle Männer, die zu ihr kamen. Eines Tages, als der Vater auf der Jagd war, kam ein Mann im Kajak und legte an ihrem Wohnplatz an. Er rief zum Hause hinauf:
›Die nicht heiraten will, soll herauskommen!‹
›Das muß wohl ich sein,‹ sagte die Jungfrau, und sie, die sonst immer nein zu allen Aufforderungen gesagt hatte, holte ohne ein Wort ihre kleine Tasche heraus, welche aus dem Gewebe bestand, das die Walroßniere zusammenhält, und stieg zu dem fremden Mann in den Kajak. Er saß hoch im Sitz und hatte Brillen vor den Augen. Sie setzte sich oben auf den Kajak, und er ruderte mit ihr fort. Als sie ein Stück hinaus gekommen waren, legte er bei einer kleinen Eisscholle an, und indem er ausstieg, begann er sie auszuhöhnen:
›Siehst Du nun, daß ich auf einem Schemel sitze? Siehst Du nun meine Augen?‹ Und das Mädchen sah, daß seine Augen rot und häßlich waren, und daß ein kleiner Mann vor ihr stand, der nur groß aussah, weil er auf einem Schemel saß. Sie brach in Tränen aus, aber der Mann verlachte sie. Er war ein Sturmvogel in Menschengestalt.
Danach entführte er sie zu seinem Wohnplatz, und hier lebte sie in seinem Zelt, das aus lauter blanken schwarzen Häuten von jungen Robben genäht war, die in der Sonne strahlten. Nach einiger Zeit bekam sie ein Kind.
Der Vater des Mädchens sorgte sich um seine Tochter, und er reiste aus und fand sie eines schönen Tages, während der Sturmvogel draußen auf Jagd war, und nahm sie mit sich nach Hause. Der Sturmvogel entdeckte jedoch die Flüchtenden und holte sie ein.
Da der Vater ihn kommen sah, deckte er die Tochter mit einer Haut zu, so daß sie ganz verborgen blieb. Aber der Sturmvogel umkreiste sie und rief:

›Laß mich doch nur die lieben, kleinen Händchen sehen!‹
Der Vater erwiderte höhnend: ›Hat denn so einer wie Du Frauen mit kleinen Händchen? Du bist ja lauter Schemel, Du bist ja lauter Brille!‹
Da wurde der Sturmvogel böse und flog über das Frauenboot hin. So stark schlug er mit den Flügeln, daß ein Sturm zu blasen anhob. Die See bäumte sich hoch, und das Boot zog Wasser.
Wiederum rief der Sturmvogel: ›Nur ihre Hände, ihre lieben kleinen Hände muß ich sehen dürfen!‹
Aber niemand antwortete.
Da flog der Sturmvogel wieder rund ums Frauenboot, und als er mit steifen, ausgebreiteten Schwingen darüber hinfuhr, ging ein solcher Windstoß von seinen Schwingen aus, daß das Boot zu kentern begann. Da wurde dem Vater bange, und er warf seine Tochter über Bord. Als sie sich an den Bootsrand klammerte, schlug er ihr das äußerste Glied der Finger ab. Als die Glieder ins Wasser fielen, tauchten ums Boot Seehunde auf, und da sie sich immer noch mit den Stümpfen ihrer Hände anklammerte, schlug er mehrere Glieder von den Händen ab; diesmal tauchten bartige Seehunde und Walrosse auf. Schließlich hatte sie nur noch die Armstümpfe übrig; da konnte sie sich nicht länger festhalten und sank unter. Sie sank auf den Grund des Meeres, dort wurde sie zum Weibe, das über die Seetiere herrscht. Wir nennen sie Takanalukarnaluk (das Weib in der Tiefe).
Der Vater, der bereute, daß er seine Tochter geopfert hatte, ging nach Hause, legte sich auf den Strand und ließ sich von der Flut hinwegspülen. Auf diese Weise kam er zu ihr hinab. Während das Mädchen sich an den Menschen rächt, indem sie ängstlich über alle Fangtiere wacht, liegt ihr Vater auf der Schlafbank und straft alle die Menschenseelen, die hier im Leben gesündigt haben. Sie müssen auf dem Meeresgrund erst geläutert werden, ehe sie ins Land der Toten kommen.«

Knud Rasmussen, Rasmussens Thulefahrt, Frankfurt a. M. 1926, S. 62–64

FARBEN

»Bei grauem Eisenhimmel war sein Wasser (das des Beverlysunds im Norden Spitzbergens) schieferblau, der Schnee seiner Schollen reflexionslos, tot. Wenn man sich nach Norden wandte, wo kein Land mehr zu sehen war, ergaben diese Farben, projiziert auf eine Endlosigkeit, die Metapher der absoluten Leere. …
In größtem Gegensatz dazu entstand das Bild

des arktischen Ozeans, wenn das Firmament einen Zustand höchster Reinheit erreichte. Dann wurden das Blau des Himmels und das Blau des Wassers sich völlig gleich; in dem gleichen durchsichtigen Hellblau, das nur am oberen und unteren Rand sich dunkler färbte, umflossen sie die Konturen strahlender Schnee-Archipele. ... Doch am seltsamsten illuminierte sich das Meer, wenn eine sehr hohe Wolkendecke über ihm sich langsam auflöste und durch den Stratokumulus das Licht in gebündelten Strahlen drang; dann spielte das Wasser in allen Tönungen zwischen seidigem Oliv und reinem Gold, während die Treibeistafeln, die es umgab, doch in einem kalten, bläulichen Weiß verharrten, in einer Art von Waschblau. Dieser Gegensatz zwischen einem erregten und einem kühlen Grundton versetzte uns in Spannung; er spiegelte die Dialektik der Erde an ihrer extremen Grenze.«

Alfred Andersch, Hohe Breitengrade, Zürich, S. 126

42 Arktis, Foto: Stuart Klipper

FATA MORGANA
LUFTSPIEGELUNGEN

ROBERT GREENLER

Luftspiegelungen sind keine Phantasiegebilde. Ein Freund, der neben Ihnen steht, sieht das gleiche wie Sie, und Sie können die seltsamen Erscheinungen in weiter Ferne sogar fotografieren. Was Sie sehen, ist ein echtes Abbild der Wirklichkeit, allerdings verzerrt, denn die Atmosphäre, die es übermittelt, ist nicht gleichmäßig. Wenn sich die Lufttemperatur mit zunehmender Höhe rapide verändert, kommen die Lichtstrahlen nicht mehr in gerader Linie vom Objekt zum Auge des Betrachters, sondern werden an den Grenzflächen zwischen Luftschichten unterschiedlicher Temperatur reflektiert; sie beschreiben eine Kurve, durch die das betrachtete Objekt niedriger oder höher liegend gesehen wird, als es in Wirklichkeit der Fall ist. Verschiedene Punkte des Gegenstandes können unterschiedlich stark nach oben oder unten verschoben erscheinen, so daß das wahrgenommene Objekt in der Vertikalen komprimiert oder gedehnt wirkt. Außerdem können Lichtstrahlen, die von derselben Stelle des Gegenstandes ausgehen, auf mehr als einem Weg zum Auge gelangen und mehrere Zerrbilder des gleichen Gegenstandes erzeugen, die auch auf dem Kopf stehen können. Bei so vielen Möglichkeiten ist es bisweilen schwierig, den ursprünglichen Gegenstand zu erkennen, dessen Bild man in der Luft gespiegelt sieht.

In der Arktis und Antarktis treten Luftspiegelungen häufig dann auf, wenn die höheren Luftschichten wärmer sind als die darunterliegenden. Das ist etwa der Fall, wenn der Boden kälter ist als die Luft oder wenn weiter oben in der Atmosphäre eine Temperaturumkehrung (Inversion) vorliegt. Die Lichtstrahlen beschreiben dann eine Parabel durch die Atmosphäre und treffen von oben auf das Auge des Betrachters. Ein Objekt, das unter solchen Bedingungen wahrgenommen wird, scheint höher zu liegen, als es in Wirklichkeit liegt. Man kennt dieses Phänomen aus den Berichten

43 Gletscherwand jenseits des Meereises, eine Luftspiegelung, Point Barrow, Alaska, Foto: Robert Greenler

44 Fata Morgana infolge einer Temperaturinversion. Das rauhe Meereis wirkt vertikal vergrößert. Foto: Robert Greenler

von Arktisreisenden, die beschreiben, wie die Oberfläche des Eises mit zunehmender Entfernung weiter anzusteigen scheint, so daß es ihnen vorkommt, als ständen sie im Mittelpunkt eines riesigen flachen Kraters. Durch solche reflektierten Lichtstrahlen kann man unter Umständen auch weit entfernte Schiffe oder Länder sehen, die normalerweise durch die Erdkrümmung hinter dem Horizont verborgen wären.

Es gibt Anhaltspunkte dafür, daß Erik der Rote (der vor über 1 000 Jahren, als er aus Island verbannt wurde, aufs Meer hinausfuhr und dabei Grönland entdeckte), solche arktischen Luftspiegelungen sah und so darauf kam, daß es im fernen Nordwesten Land geben müsse. Seine Route führte ihn von Island geradewegs zum nächstgelegenen Punkt der grönländischen Küste. Diese Küste war normalerweise durch die Erdkrümmung von Island aus nicht zu sehen, nicht einmal von den höchsten Bergen aus, doch wenn die Bedingungen für eine Luftspiegelung günstig waren, lieferten gekrümmte Lichtstrahlen aus dem Bereich hinter dem Horizont ein verschwommenes Bild von etwas, das weder Eis noch Wasser war.

Solche Luftspiegelungen haben auch in jüngerer Zeit eine Rolle bei der Erforschung der Arktis gespielt. So berichtete Robert Peary 1906, daß er nordwestlich von Axel Heiberg Island in der Ferne Land gesichtet habe. Er gab ihm den Namen Crocker Land, und es blieb auf den Landkarten verzeichnet, bis acht Jahre darauf eine Expedition unter der Leitung von MacMillan aufbrach, um Crocker Land zu erkunden: An der Stelle, an der Pearys Entdeckung liegen sollte, fanden sie arktische Luftspiegelungen – aber kein Land. Eine andere häufig auftretende Form der arktischen Luftspiegelung ist die vertikale Vergrößerung eines Teils der weiter entfernt liegenden Eisoberfläche. Durch dieses Phänomen kann der Eindruck entstehen, als rage eine Steilwand oder -klippe aus dem Eis empor (Abb. 43), Eisrücken oder Eisblöcke werden zu Säulen oder Kirchtürmen, und manche Betrachter glaubten die Bögen und Säulen sagenhafter Städte zu sehen (Abb. 44). Luftspiegelungen sind keine Phantasiegebilde, sie sind real, doch die Deutung des Gesehenen wird nicht selten beeinflußt von Erfahrungen und Überzeugungen des Betrachters.

»Endlich, gegen sechs Uhr abends, zeigte sich über dem Meeresspiegel ein Dampf von unbestimmter Gestalt, aber merklich hoch aufsteigend, fast wie eine Rauchsäule. Bei völlig reinem Himmel konnte man's nicht für eine Wolke halten; mitunter verschwand er, dann kam er wieder zum Vorschein, wie in heftiger Bewegung.

Hatteras beobachtete die Erscheinung zuerst, richtete sein Fernrohr auf den unerklärlichen Dampf und beobachtete ihn eine volle Stunde unausgesetzt.

Plötzlich kam ihm vermutlich ein sicheres Kennzeichen zum Anschauen; er streckte den Arm nach dem Horizont aus und rief mit lauthallender Stimme:

›Land! Land!‹

Bei diesem Wort sprang jeder auf, wie von einem elektrischen Schlag getroffen.

Eine Art Rauch stieg merklich hoch über der Meeresfläche auf.

›Ich sehe es! Ich seh's!‹ rief der Doktor aus.

›Ja! Gewiß! ... Ja‹, fiel Johnson ein.

›Eine Wolke‹, sagte Altamont.

›Land! Land!‹ erwiderte Hatteras mit unerschütterlicher Überzeugung.

Die fünf Seemänner fuhren fort, mit gespanntester Aufmerksamkeit zu beobachten.

Aber wie es oft geschieht, wenn man der Entfernung wegen Gegenstände unbestimmt sieht, der beobachtete Punkt schien wieder verschwunden. Endlich konnten die Blicke ihn von neuem wahrnehmen, und der Doktor glaubte sogar zwanzig bis fünfundzwanzig Meilen weit nordwärts einen flüchtigen Schimmer zu erkennen.

›'s ist ein Vulkan!‹ rief er aus.

›Ein Vulkan?‹ fragte Altamont.

›Ganz gewiß.‹

›Unter so hohem Breitengrad!‹

›Und warum nicht?‹ fuhr der Doktor fort. ›Ist nicht Island ein vulkanisches Land und sozusagen durch Vulkane entstanden?‹

›Ja! Island‹, versetzte der Amerikaner, ›aber so in der Nähe des Pols!‹«

Jules Verne, Die Abenteuer des Kapitän Hatteras, Berlin 1984, S. 178–179

FILCHNER WILHELM

(1877–1957), deutscher Vermessungskundler. Leitete 1911/12 die zweite deutsche Antarktisexpedition, die ein Schelfeis entdeckte, das heute Filchners Namen trägt. In den 20er und 30er Jahren unternahm er mehrere Forschungsreisen nach China und Tibet. K. B.

FINNESKO

Pelzgefütterte Stiefel aus Rentierhaut. In den reichlich groß geschnittenen Finneskos werden etliche Paar wärmende Wollstrümpfe getragen. Außerdem stopft man sie rund um den Fuß mit Gras aus. Die Halme saugen das Schwitzwasser auf und verhindern damit ein Festfrieren der Socken an der eiskalten Schuhsohle. K. B.

FLENSEN

Aufschneiden der Walhaut. K. B.

FLUGZEUGE IN DEN POLARREGIONEN

ERIC DYRING

Flugtransporte sind heute ein integraler Bestandteil der Infrastruktur in den Polarregionen. Menschen und Material werden mit Helikoptern und Flugzeugen schnell an die am schwersten zugänglichen Orte der Arktis und der Antarktis gebracht, und zwar ungeachtet der aktuellen Eisverhältnisse. Nur die Macht des Wetters kann zu Einschränkungen führen. Entlang der russischen Eismeerküste sind heute Tausende russischer Langstreckenhelikopter (MI-8) stationiert, die die Verbindung zum nördlichen Sibirien sicherstellen.

Der erste, der die Luftfahrt für den effektivsten Transportweg in die Polarregionen hielt, war der Schwede Salomon A. Andrée. Sein Versuch, 1897 den Nordpol mit einem Ballon zu erreichen, endete jedoch in einer Katastrophe. Zwischen 1906 und 1909 scheiterte der Amerikaner Walter Wellman zwei Mal bei dem Versuch den Nordpol von Svalbard aus mit dem motorisierten Luftschiff America zu erreichen.

Der Australier Douglas Mawson, Leiter der Australasien Antarctic Expedition 1911 bis 1914, nahm als erster ein Flugzeug in die Antarktis mit. Es kam jedoch nie zum Einsatz, denn die Technik versagte im Polarklima.

Schon im August 1914 fand der erste erfolgreiche Polarflug statt. Der russische Pilot Jan Nagurski flog entlang der Barentsseeküste, um nach Georgi Sedows verschwundener Expedition zu suchen. Die Russen erkannten, daß die Luftfahrt die Erkundung des ewigen Eises revolutionieren würde, und so unternahm der russische Pilot Boris G. Tschuchnowski Flüge über die Barents- und die Karasee für die Northern Hydrographic Expedition. Sie war der Auftakt zu umfangreichen russisch-sowjetischen Flugeinsätzen in der Arktis – ein Umstand, der im Westen lange verborgen geblieben war.

Der endgültige Durchbruch in der Polarluftfahrt kam 1926. Mit einer Reihe kühner Flüge über die Weiten des Eises gingen Richard E. Byrd, George H. Wilkins, Umberto Nobile und Lincoln Ellsworth in die Geschichte ein. Angezweifelt wird jedoch, ob Byrd im Jahr 1926 tatsächlich den Nordpol von Spitzbergen aus erreicht hat. Der erste gesicherte Flug über den Nordpol glückte dem Luftschiff Norge mit Roald Amundsen, Lincoln Ellsworth und dem Piloten Umberto Nobile im Mai 1926. George H. Wilkins überflog als erster 1928 das Eismeer. Zur arktischen Fluggeschichte gehören natürlich auch die Havarie des Luftschiffes Italia von 1928 und die Flüge des Grafen Zeppelin im Jahr 1931.

1928 erreichte der Flugverkehr auch die Antarktis. George H. Wilkins unternahm den ersten kurzen Flug in der Nähe der Deceptioninsel am 16. November 1928. Einen Monat später flog er entlang der Antarktischen Halbinsel und erreichte

45 Hubschrauberlandung auf dem schwedischen Eisbrecher Oden, Foto: Eric Dyring

71° südlicher Breite. Gleichzeitg errichtete Richard E. Byrd die Basis Little America an der Walbucht im Ross-Schelfeis und startete ein umfängliches Flugprogramm. Es erreichte seinen Höhepunkt, als Byrd zusammen mit drei Männern am 29. November 1929 den Südpol überflog. Nun war der Luftverkehr eine feste Größe in der Erforschung des gewaltigen Eiskontinentes geworden.

Nazi-Deutschland hatte ebenfalls antarktische Ambitionen. 1938 leitete Alfred Ritscher die Schwabenlandexpedition. Sie sollte, nicht zuletzt, um deutsche Ansprüche auf Teile der Antarktis zu manifestieren, Luftbildaufnahmen machen. Das Schiff Schwabenland fungierte als Basis für zwei Dornier-Wasserflugzeuge, die mit Hilfe von Katapulten gestartet wurden. Innerhalb von drei Wochen entstanden Tausende von Farbluftbildern, die circa 250 000 Quadratkilometer der Antarktis abdeckten. Gleichzeitig setzte man markierte Aluminiumpfeile ab, um den deutschen Anspruch auf das Land zu verdeutlichen. Aber die reiche Ernte von Luftaufnahmen hatte für die Kartierung nur begrenzten Wert. Man hatte vergessen, auf dem Boden exakte geographische Positionsbestimmungen vorzunehmen.

Nach dem Zweiten Weltkrieg wurde die Erforschung der Antarktis wieder aufgenommen, und dem Luftverkehr kamen immer wichtigere Aufgaben zu. Am riesigen US-Navy-Projekt Operation Highjump von 1947 nahmen beispielsweise 23 Flugzeuge teil. 70 000 Luftbilder wurden für die Kartierung der antarktischen Küste und des Inlandes gemacht. Von Flugzeugträgern startende Helikopter plazierten feste präzisionsbestimmte Meßpunkte, so daß die Bilder in Karten umgewandelt werden konnten. Von den 30er Jahren an war der Luftverkehr in der Arktis ein wichtiger Bestandteil der sowjetischen Ambitionen, um das Eismeer ihrem Einflußgebiet einzuverleiben. Kühne Flüge und Landungen auf treibenden Eisschollen schufen die Grundlage für die 31 schwimmenden Stationen zur Erforschung des Eismeeres (s. Drift).

FORSTER GEORG (1754–1794), deutscher Naturforscher und Reiseschriftsteller. Er begleitete gemeinsam mit seinem Vater 1772 bis 1775 James Cook auf dessen Fahrt ins Südpolar-

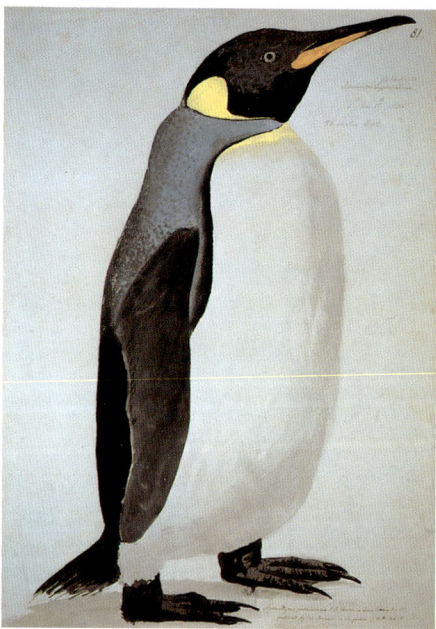

46 Georg Forster, Königspinguin (Aptenodytes patagonicus), 1775, Natural History Museum, London

47 Georg Forster, Zügelpinguin (Pygoscelis antarctica), 1781, Natural History Museum, London

meer und zeichnete die dortige Tierwelt. Nach ihm ist der Kaiserpinguin, Aptenodytes forsteri, benannt. Forster lehrte Naturwissenschaften in Kassel und Wilna. Nach der Französischen Revolution setzte er sich für deren Ideen ein und plädierte für den Anschluß des linksrheinischen Deutschlands an Frankreich. K. B.

FRAM

Der renommierte norwegische Schiffsbauer Colin Archer (1832–1921) fertigte die Fram (norwegisch: vorwärts) 1891/92 nach den Ideen Fridtjof Nansens. Der knapp 40 Meter lange und elf Meter breite Dreimaster hatte einen abgerundeten Bug, damit er sich unter dem Druck der Eismassen auf das Eis schob. Das Konzept ging auf: Von Ende 1893 bis Sommer 1896 driftete die im Eis gefangene Fram durch den arktischen Ozean, ohne Schaden zu nehmen. 1897 baute Colin Archer das Schiff für eine Expedition unter Otto Sverdrup um – ein neues Deck wurde eingezogen, die Unterkünfte wurden vergrößert. Von 1898 bis 1902 war die Fram bei Grönland und im kanadischen Archipel unterwegs.

1909 stellte die norwegische Regierung das Schiff Roald Amundsen zur Verfügung. Er ließ es erneut umbauen und segelte damit in die Antarktis. Nach der Rückkehr lag die Fram jahrelang ungeschützt in einer Werft und verfiel zusehends. Dank privater Initiative, unter anderem von Otto Sverdrup, wurde das berühmte Polargefährt restauriert, 1935 in Oslo an Land geholt und in einem eigens errichteten Bootshaus untergebracht (s. Fridtjof Nansen). K. B.

FRANKLIN
POLARFORSCHUNG IM VIKTORIANISCHEN STIL

ROBERT K. HEADLAND

John Franklin erblickte am 16. April 1786 in der englischen Grafschaft Lincolnshire das Licht der Welt. Nach dem Willen seiner Eltern sollte er Priester werden, doch schon nach kurzer Bekanntschaft mit dem Leben auf See entschied er sich für eine Laufbahn bei der Royal Navy. Auf einer seiner ersten Reisen begleitete er Matthew Flinders an die Ostküste Australiens, die im Verlauf dieser Unternehmung umfassend erkundet und kartographisch erfaßt wurde. Dank seiner Beobachtungsgabe und seiner stets präzisen Berechnungen erhielt Franklin einen Posten am ersten australischen Observatorium, das Flinders unter der Schirmherrschaft des Gouverneurs von Neusüdwales errichtete.

Wer zu Beginn des letzten Jahrhunderts eine Laufbahn bei der Marine einschlug, mußte mit kriegerischem Einsatz rechnen, und Franklin nahm an einer Reihe von Seeschlachten teil, darunter an der Schlacht von Trafalgar. Er hatte jedoch das Glück, daß sich in dieser Zeit der Übergang von einer Epoche des Seekriegs zu einer Epoche der Pax Britannica auf den Weltmeeren vollzog – ein Zeitalter, das keine große Kriegsmarine mehr brauchte. So sah sich Großbritannien zu Beginn dieser Ära mit der Aufgabe konfrontiert, ein neues Betätigungsfeld für seine gewaltige Flotte zu finden, und große Hoffnungen wurden auf eine direktere Handelsroute zum Pazifik gesetzt; entsprechend wichtig wurde es, einen Weg durch das Nordpolarmeer oder durch die noch immer unentdeckte Nordwestpassage zu finden.

Im Jahr 1818 brach Franklin als Kapitän der Trent zu seiner ersten Arktisexpedition auf; der Leiter der Unternehmung, David Buchan, befand sich an Bord des zweiten Schiffes, der Dorothea. Die Expedition hatte es sich zum Ziel gesetzt, von Großbritannien aus den Nordpol zu erreichen und von dort durch die Beringstraße in den Pazifik vorzudringen. Die Schiffe erwiesen sich jedoch als ungeeignet für eine solche Unternehmung und kehrten nach einer Reihe von Mißgeschicken unmittelbar vor Wintereinbruch nach London zurück. Doch Franklin hatte die Arktis kennen-

48 Lady Jane Franklin als junge Frau im Jahre 1816. Sie finanzierte vier Expeditionen zwischen 1850 und 1857 zur Suche nach ihrem Mann. Foto: Royal Geographical Society, London

49 John Franklin, Foto: Royal Geographical Society, London

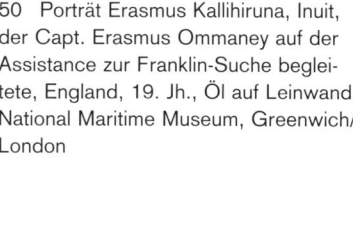

50 Porträt Erasmus Kallihiruna, Inuit, der Capt. Erasmus Ommaney auf der Assistance zur Franklin-Suche begleitete, England, 19. Jh., Öl auf Leinwand, National Maritime Museum, Greenwich/London

gelernt, und die Faszination des Polarmeers sollte ihn sein Leben lang nicht mehr loslassen.

Im darauffolgenden Jahr übertrug man ihm die Leitung einer Landexpedition, die erstmals Teile der arktischen Küste Nordamerikas kartographisch erfassen sollte. Diese Expedition begann am 23. Mai 1819 und entwickelte sich zu einem weit schwierigeren Unterfangen als erwartet, denn es gab unvorhergesehene Rivalitäten zwischen den verschiedenen Handelskompanien, und der versprochene Nachschub blieb aus. Hinzu kamen ein harter Winter, ein Mord mit Hinrichtung des Schuldigen, eine entbehrungsreiche Reise über die kanadischen Barren Grounds und die schließliche Rettung durch befreundete Indianer. Am 7. September 1822 kehrte Franklin nach England zurück. Trotz der beträchtlichen Schwierigkeiten hatte er auf seiner fast 9 000 Kilometer langen Reise bedeutende kartographische und naturgeschichtliche Erkenntnisse gewinnen können.

Anfang 1824 schlug Franklin der Admiralität erneut eine Arktisexpedition vor. Kurz vor dem Aufbruch am 16. Februar 1825 heiratete er. Seine Frau starb schon bald nach seiner Abreise und hinterließ ihm eine Tochter. Bei dieser zweiten Expedition drang er weiter nach Westen vor als bei der ersten und erforschte die arktische Küste bis weit nach Alaska hinein. Die Reise verlief weder so aufregend noch so tragisch wie die vorherige, erbrachte aber noch mehr geographische Erkenntnisse – bei beiden zusammengenommen war etwa die Hälfte der arktischen Festlandküste Nordamerikas kartographisch erfaßt worden. Nach seiner Rückkehr am 26. September 1827 wurde Franklin in den Adelsstand erhoben und mit zahlreichen Ehrungen überhäuft.

Noch nicht einmal ein Jahr nach seiner Rückkehr aus der Arktis heiratete Franklin erneut, und seine zweite Ehefrau, Lady Jane, hatte einen prägenden Einfluß auf sein Leben. Während der nächsten Jahre hatte er das Kommando über eine Reihe von Schiffen, die im Mittelmeer operierten. Im Jahr 1836 stieg er zum Gouverneur der Kolonie Van Diemen's Land (des heutigen Tasmanien) auf, wo er am 6. Ja-

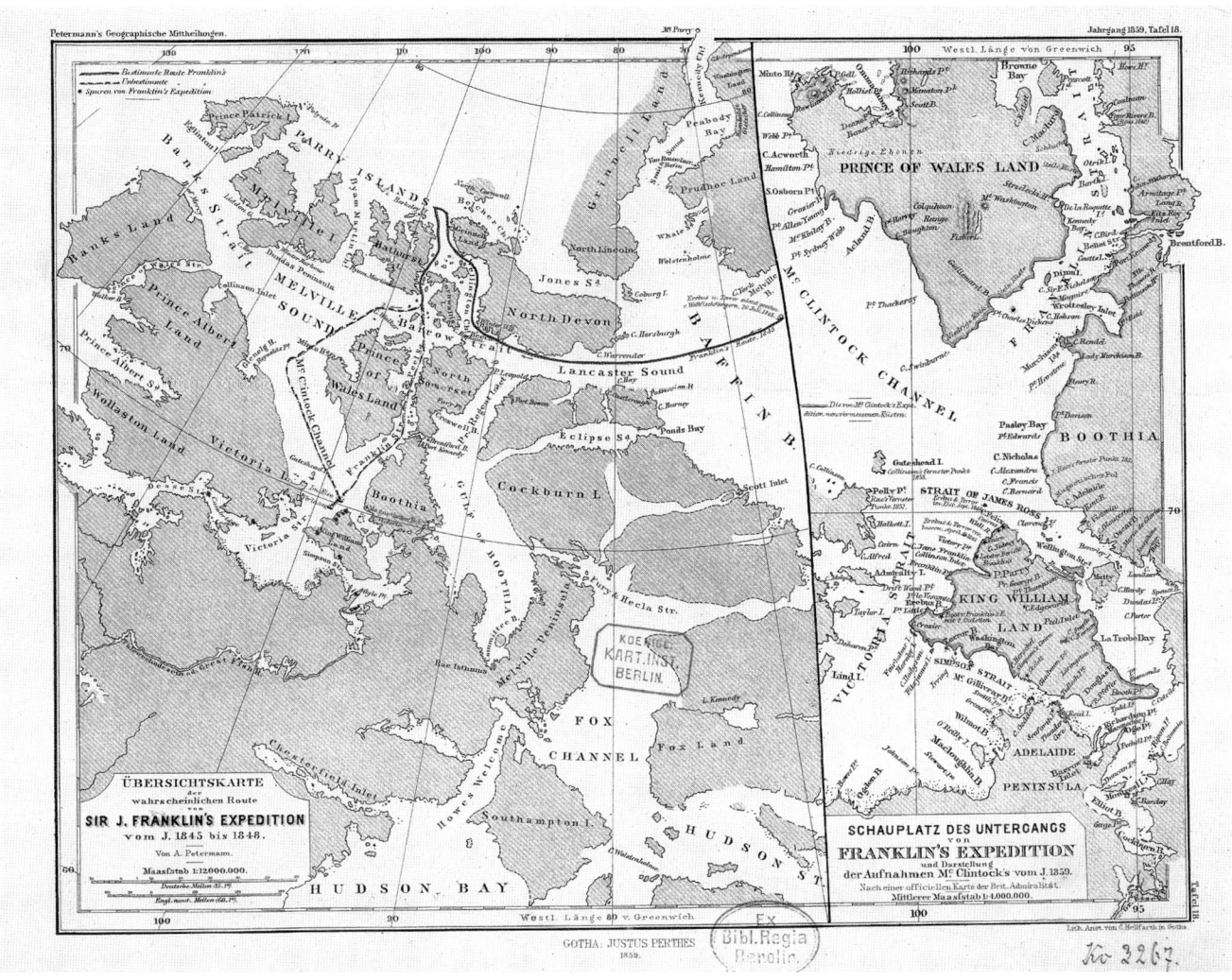

51 Übersichtskarte der vermutlichen Route Sir J. Franklins, von August Petermann 1859, Staatsbibliothek zu Berlin, Preußischer Kulturbesitz, Kartenabteilung

nuar 1837 eintraf. Das viktorianische Zeitalter hatte begonnen (die bislang längste Regierungszeit einer britischen Monarchin, 1837–1901) und sollte den Rest des Jahrhunderts prägen. In dieser Zeit der Pax Britannica entsandten viele Länder Forschungsexpeditionen, und es war eine Epoche, in der die europäischen Mächte ihre Herrschaftsbereiche mit Riesenschritten ausdehnten.

Im Laufe seiner Amtszeit in Tasmanien führte Sir John Franklin zahlreiche politische und soziale Reformen durch und gründete unter anderem die Royal Society in Hobart und ein Observatorium in Rossbank. Letzteres entstand im Zuge der Antarktisexpedition, die James Clark Ross, der Entdecker des magnetischen Nordpols, mit den Schiffen Erebus und Terror auf der Suche nach dem geomagnetischen Südpol unternahm.

Im Januar 1844 war Franklin wieder in London und übernahm trotz seines fortgeschrittenen Alters die Führung einer Expedition, die endgültig Klarheit in der Frage nach der Nordwestpassage bringen sollte. Nach umfassenden Vorbereitungen stach Franklin am 19. Mai 1845 mit der Erebus und der Terror in See. Die beiden Schiffe hatten eine Besatzung von 129 Mann und nahmen Vorräte für drei Jahre an Bord. Am 26. Juli 1845 wurden sie letztmals von Walfängern gesichtet – dann verschwanden Schiffe und Besatzung für immer. Die Royal Navy hatte die Expedition mit dem Besten an Kleidung und Ausrüstung versehen, was ihr zur Verfügung stand; trotzdem

52 Die sterblichen Überreste von sieben Mitgliedern der Franklin Expedition, 1931 entdeckt in der Douglas Bay im arktischen Kanada, Foto: W. Gibson, Royal Geographical Society, London

stellte sich heraus, daß diese Ausrüstung nicht so geeignet war wie die von den Bewohnern der Arktis selbst verwendeten Gebrauchsgegenstände. Spätere Expeditionen haben daraus gelernt.

Die Suche nach den Vermißten begann im Jahr 1847 und dauerte bis 1880. Anfangs suchte man noch nach Überlebenden, später ging es nur noch darum, das Schicksal der Verschollenen zu klären. Bei den Versuchen, mögliche Überlebende ausfindig zu machen, kam eine Reihe von äußerst einfallsreichen und teils durchaus praktischen Methoden zum Einsatz (unter anderem Wasserstoffballons, mit Ohrmarken versehene Füchse und gravierte Knöpfe für die Eskimos), aber keine führte zum erhofften Erfolg. Die Suchtrupps fanden zwar allerlei Gegenstände und einige schriftliche Aufzeichnungen, doch das genaue Schicksal der Expeditionsteilnehmer blieb ungeklärt. Selbst heute tauchen immer noch Relikte der Franklinexpedition auf. Bekannt ist, daß die Erebus und die Terror den Winter über im Eis festsaßen und auch im darauffolgenden Sommer, in dem Franklin am 7. Juni 1847 starb, nicht freikamen. Im April 1848 setzte sich die Mehrzahl der 105 Überlebenden in Richtung Süden in Bewegung, aber sie erlagen nach und nach dem Hunger, dem Skorbut und anderen Krankheiten.

Von beiden Seiten der Nordwestpassage aus brachen Suchtrupps auf, ausgesandt von der britischen Admiralität, der Marine der Vereinigten Staaten, der Hudson Bay Company und von Privatpersonen. In vielen Fällen ging die Initiative von der unermüdlichen Lady Jane Franklin aus.

Ironischerweise hat Franklins Scheitern die Erforschung der nordamerikanischen Arktis weiter vorangetrieben, als es eine erfolgreich abgeschlossene Expedition je hätte tun können. Einer der Suchtrupps unter der Leitung vom Robert McClure bezwang erstmals die Nordwestpassage, auch wenn das Mittelstück im Winter mit Schlitten über das Meereis zurückgelegt wurde. Erst Amundsen gelang es auf seiner Fahrt mit der Gjøa zwischen 1903 und 1906, die Nordwestpassage ganz mit dem Schiff zu durchqueren.

Die Kosten und Mißerfolge so vieler Unternehmungen in der Zeit John Franklins führten dazu, daß die Briten bis 1875 keine weiteren Polarexpeditionen mehr ausrüsteten. Erst zum Ende des Jahrhunderts mehrten sich die Aktivitäten wieder, als das ›Heroische Zeitalter‹ der Erforschung der Antarktis begann.

53 John Wilson Carmichael, Erebus und Terror in der Antarktis, 1847, Öl auf Leinwand, National Maritime Museum, Greenwich/London

»Mein Vater war zusammen mit zwei anderen Jägern auf Robbenjagd auf der Westseite von King-Williams-Land, als sie Rufe hörten und drei weiße Männer sahen, die am Lande standen und ihnen zuwinkten. Es war im Frühjahr. Längs dem Ufer war schon offenes Wasser, und man konnte deswegen nicht zu ihnen hinkommen, bevor Ebbe eintrat. Die Weißen waren sehr mager, hatten eingefallene Wangen und sahen krank aus. Sie gingen in europäischen Kleidern, hatten keine Hunde und reisten mit Zugschlitten. Sie kauften Robbenfleisch und Speck und bezahlten mit einem Messer. Beide Teile waren sehr froh über diesen Handel, und die weißen Männer kochten sofort das Fleisch und den Speck und verzehrten es. Schließlich gingen die Fremden mit zu Vaters Zeltplatz und blieben hier die Nacht über, bevor sie wieder zu ihrem eigenen kleinen Zelt zurückgingen, welches nicht aus Tierfellen bestand, sondern weiß wie Schnee war. Es gab damals schon Renntiere auf King-Williams-Land, aber die Fremden schienen nur Vögel zu jagen. Es gab namentlich viel Eidervögel und Schneehühner. Die Erde war noch nicht lebendig, und die Schwäne waren noch nicht ins Land gekommen. Vater und seine Nachbarn wollten den weißen Männern gern helfen, konnten sie aber nicht verstehen. Sie suchten sich durch Zeichen zu verständigen und erfuhren auf diese Weise auch allerlei. Die Weißen waren früher einmal zahlreich gewesen, jetzt waren sie nur noch ganz wenige. Ihr Schiff hatten sie draußen im Eis verlassen. Sie zeigten nach Süden, und man verstand, daß sie über das Land nach Hause wollten. Man traf sie nicht mehr, und niemand weiß, was aus ihnen geworden ist.«

Knud Rasmussen, Rasmussens Thulefahrt, Frankfurt a. M. 1926, S. 302

FRAUEN

Bis in die jüngste Vergangenheit galt die Regel: Die Antarktis ist kein Platz für Frauen. Obwohl es dafür keinerlei physiologischen und psychologischen Grundlagen gab, rekrutierten die Nationen ihre Forschungs- und Überwinterungsmannschaften ausschließlich aus Männern. Die USA hoben ihre Sperre erst 1969 auf. Frauen hatten den weißen Kontinent allerdings schon lange vorher betreten. Meist kamen sie als Begleiterinnen von Kapitänen und Expeditionsteilnehmern. Als erste überwinterten 1947 Edith Rønne, die Frau des Expeditionsleiters Finn Rønne, und Jennie Darlington, die Ehefrau des Chefpiloten Harry Darlington. In der Sommersaison 1969/70 schickten die USA eine reine Wissenschaftlerinnengruppe gen Süden. Die Forscherinnen flogen während ihres Aufenthalts zum Südpol und betraten als erste ihres Geschlechts 90° Süd. 1990 überwinterte eine Crew von neun Frauen in der deutschen Georg-von-Neumayer-Station. K. B.

FROBISHER MARTIN

(ca. 1535–1594), englischer Pirat und Seefahrer. Befehligte 1576 bis 1578 drei Expeditionen auf der Suche nach der Nordwestpassage und zur Gewinnung angeblich goldhaltigen Erzes. Er entdeckte die Frobisher Bay und segelte in die Hudson Straße. Unterwegs traf er auf Eskimos, mit denen sich Kämpfe entspannen. Frobisher verschleppte einen Eskimo nach England, der dort großes Aufsehen erregte. K. B.

FROSTBEULE

Geschwollene, zunächst gerötete, später graublau verfärbte Hautstelle. Die Verletzung entsteht durch die Bildung von Eiskristallen im Gewebe und die drastische Verringerung des Blutflusses. Frostbeulen sind das Anfangsstadium einer Erfrierung. Bei weiterer Kälteeinwirkung bilden sich dicke Blasen. Im schlimmsten Fall stirbt das von der Blutzufuhr abgeschnittene Gewebe ab und wird schwarzblau. Bei derart weit fortgeschrittenem Wundbrand ist eine Amputation meist unvermeidbar. K. B.

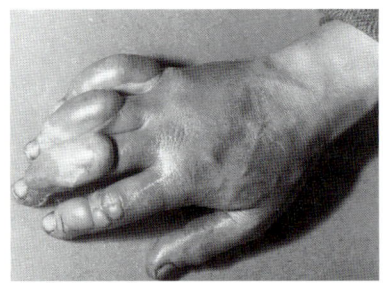

54 Dr. Atkinsons Hand, um 1910,
Foto: Herbert Ponting, © Popperfoto

»Es zeigte sich, daß es während der Nacht, wo wir draußen waren, 54 °C gefroren hatte. Dann aßen wir, erzählten und machten es uns behaglich. Patdloq wurde nach meiner Ladung ausgeschickt, die nur eine halbe Stunde Fahrt vom Schneehaus entfernt lag, und dann legte ich mich zum Schlafen hin. Unmittelbar nach meiner Ankunft war an meinen Füßen nichts Auffallendes zu sehen gewesen, so daß ich schon glaubte, ich sei mit dem Schrecken davongekommen. Aber nach einigen Stunden erwachte ich von einem gewaltigen Schmerz, und als ich mir den Fuß betrachtete, zeigte es sich, daß er weg war. Statt dessen hatte ich am Ende des Beines einen Fußball sitzen; es war eine riesengroße, geschwollene Blase, zum Gehen völlig ungeeignet. Wir glaubten sofort, daß der Fuß von der Hacke bis zum Zeh verloren sei. Es blieb uns deshalb nichts anderes übrig, als umzukehren. Mit diesem Bein konnte ich nirgendwo in der Welt reisen. Wir ließen Pemmikan, Petroleum und die Handelswaren als ein Depot für Mathiassens spätere Reise zurück und fuhren mit leichtem Schlitten heimwärts.

Patdloq munterte mich mit Erzählungen von Leuten auf, die ihre Glieder verloren hatten. Einer Frau aus seiner Bekanntschaft waren beide Füße abgefroren, weswegen man sie nach einigen Jahren totschlug. Einem Manne weit im Norden fehlte eine Hand, weil er einmal seinen Fausthandschuh verloren hatte usw. Zwischen den Geschichten sang er über meinen Fuß. Einige Gesänge waren so düster und sein Gebrüll war so gewaltig, daß von neuem Wachstum in die Zehen kam; wenn er nur lange genug singt, werden alle Zehen gerettet werden.«

Peter Freuchen in: Knud Rasmussen, Rasmussens Thulefahrt, Frankfurt a. M. 1926, S. 218

FROSTMUSTERBODEN

Wie von Geisterhand sortiert, bilden sich auf unvergletscherten Polararealen oft runde, rechteckige oder vieleckige Flächen aus feinem Verwitterungsmaterial, eingerahmt von einem Netz aus grobem Gestein. Die typischen Muster entstehen durch das Auftauen und Wiedergefrieren des Erdreichs im Tages- oder Jahresrhythmus. Beim Ausdehnen und Schrumpfen der Bodendecke verschieben sich die Steine immer wieder. Grobe Stücke und feinkörniges Material wandern unter Schwerkrafteinfluß verschieden und lagern sich jeweils zusammen. K. B.

55 Frostmusterboden, Antarktis, Foto: Herbert Grimm, Erfurt

FROSTSCHUTZ

Selbst unter null Grad Celsius gibt das Leben sich nicht geschlagen. Organismen der Polarregionen haben effiziente Strategien entwickelt, um in der eisigen Umwelt zu überleben. Große Säugetiere sind durch dichtes Fell und eine dicke Fettschicht gut isoliert. Ihr Stoffwechsel heizt außerdem gegen die Minusgrade an. Wechselwarme Tiere, deren Körpertemperatur der Außentemperatur entspricht, trotzen der Kälte dank eines physiologischen Tricks: Sie produzieren Gefrierschutzmittel – Alkohole wie Glykol und Glyzerin oder Zucker. Die Substanzen senken den Gefrierpunkt der Körperflüssigkeit, so wie Streusalz das Eis auf der Straße tauen läßt. Mit dem natürlichen Frostschutz überleben in der Antarktis vorkommende Springschwänze und Milben minus 35 Grad Celsius. Fische der Polarmeere halten ihr Blut mit Eiweißen und Eiweiß-Zucker-Verbindungen – »Glykoproteinen« – flüssig. Die Stoffe heften sich auf die Oberfläche erster winziger Eiskristalle und verhindern deren weiteres Wachstum. Organismen vor allem der Arktis verfolgen eine entgegengesetzte Taktik: Sie bilden Eiweiße, die als Kristallisationskeime ein langsames kontrolliertes Einfrieren auslösen. Eis bildet sich dabei lediglich zwischen den Zellen, die dadurch unbeschädigt bleiben. Froscharten in Nordkanada überstehen so schadlos Frostperioden zwischen minus drei und minus sieben Grad Celsius, selbst wenn 65 Prozent ihrer Körperflüssigkeit erstarrt sind. Herz und Kreislauf stehen bei diesen Überlebenskünstlern dann zwar still, aber, gespeist aus Stärkedepots, betreiben die Zellen Stoffwechsel auf Sparflamme. K. B.

FURIOUS FIFTIES

Englisch: Rasende Fünfziger. Gemeint sind die Seegebiete der entsprechenden südlichen Breite. Neben den Furious Fifties kennen Seeleute auch die Roaring Forties (Brüllende Vierziger) und die Screaming Sixties (Heulende Sechziger). Die Namen verdeutlichen, daß die Antarktis von den rauhesten Meeren der Erde umgeben ist. K. B.

GEOMAGNETISMUS

DAVID GUBBINS

Die Kompaßnadel zeigt nach Norden, weil die Erde ein Magnetfeld hat, etwa so, als befände sich in ihrem Mittelpunkt ein annähernd Nord-Süd ausgerichteter Stabmagnet. Als geomagnetischen Nord- und Südpol bezeichnet man die Punkte, an denen die Achse dieses hypothetischen Stabmagneten die Erdoberfläche durchstößt. Diese Punkte liegen nicht genau an den geographischen Polen: Derzeit befindet sich der eine in der kanadischen Arktis und der andere an der Küste der Antarktis, in gerader Linie südlich von Melbourne. Die Magnetpole haben sich im Laufe der Zeit beträchtlich verschoben. Zwar scheint ihr Abstand zu den geographischen Polen weitgehend konstant zu bleiben (rund 1 000 Kilometer), doch ihre Position unterliegt unberechenbaren Schwankungen, deren Diskrepanz sich im Durchschnitt in Zehntausenden von Jahren ausgleicht. Diese Diskrepanz erklärt auch die Deklination oder Mißweisung der Kompaßnadel, die immer nur ungefähr nach Norden zeigt. Die Abweichung von der geographischen Nordrichtung variiert von Ort zu Ort und nimmt in der Nähe der geographischen Pole immer weiter zu, so daß ein Schiffskompaß in der Hudsonbai so gut wie nutzlos ist. Da sich die Magnetpole bewegen, ändert sich auch die Deklination, und diese Veränderungen vollziehen sich immerhin so schnell, daß Seekarten alle fünf Jahre überarbeitet werden müssen. Mancherorts zeigt die Kompaßnadel zufällig exakt nach Norden: Im Augenblick gilt das auf einer Linie, die an der Ostküste von Nord- und Südamerika verläuft, aber diese Linie ist im Laufe der letzten Jahrhunderte über den Atlantik gewandert. Als die Portugiesen regelmäßig Afrika umsegelten, wußten sie, daß der Kompaß am südlichsten Punkt ihrer Route genau stimmte; heute beträgt die Abweichung dort rund 20° nach West bei Nord.

56 John R. Wildman, Porträt Captain Sir James Clark Ross (1800–1862), Öl auf Leinwand, National Maritime Museum, Greenwich/London. Ross entdeckte 1831 den magnetischen Nordpol.

Bisweilen kommt es zu einer spontanen Umpolung, bei der sich die Ausrichtung des geomagnetischen Feldes umkehrt (Abb. 58). Eine solche Änderung der Magnetisierungsrichtung gab es zuletzt vor rund 700 000 Jahren, der ganze Vorgang dauerte weniger als 10 000 Jahre. Auch in unserem ›Chron‹, der derzeitigen Epoche der Erdgeschichte, haben sich die Pole mehrfach verschoben und sind bis zum Äquator und darüber hinweg gewandert, jedoch stets wieder zu ihrer ursprünglichen Ausrichtung zurückgekehrt. In jüngster Zeit hat man, allerdings noch umstrittene, Belege dafür entdeckt, daß es für die Nord-Süd-Wanderung der Pole zwei bevorzugte Routen gibt. Umpolungen des Erdmagnetfelds hat es in den vergangenen 80 Millionen Jahren mehrfach gegeben, und sie haben ein geomagnetisches Streifenmuster auf dem Meeresboden hinterlassen, der kontinuierlich am Mittelozeanischen Rücken neu gebildet wird und sich von dort ausdehnt, so daß er mit zunehmender Entfernung

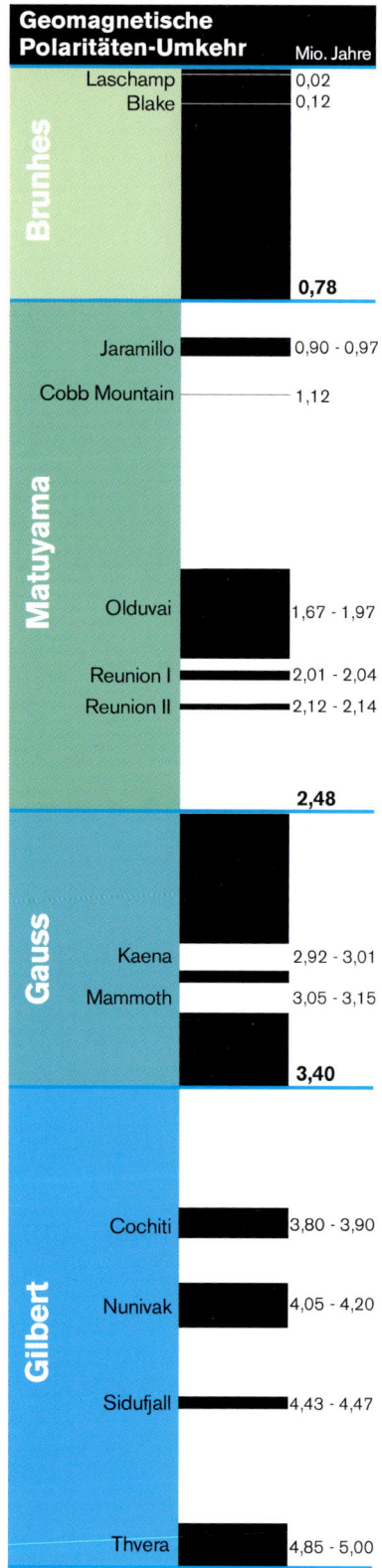

57 Am 1. Juni 1831 lokalisierte James Clark Ross den magnetischen Nordpol während einer Schlittenexpedition an der Westküste der Boothia-Halbinsel. Das Phantasiebild zeigt Ross beim Aufstellen der englischen Flagge mit glühender Aurora und Harpunieren beim Freudentanz. In: »The last Voyage of Capt. John Ross.R.N.«, London 1854

59 Der Schnitt in die Erde. Das Magnetfeld wird im flüssigen äußeren Kern erzeugt und stark vom festen inneren Kern und der Erdrotation beeinflußt.

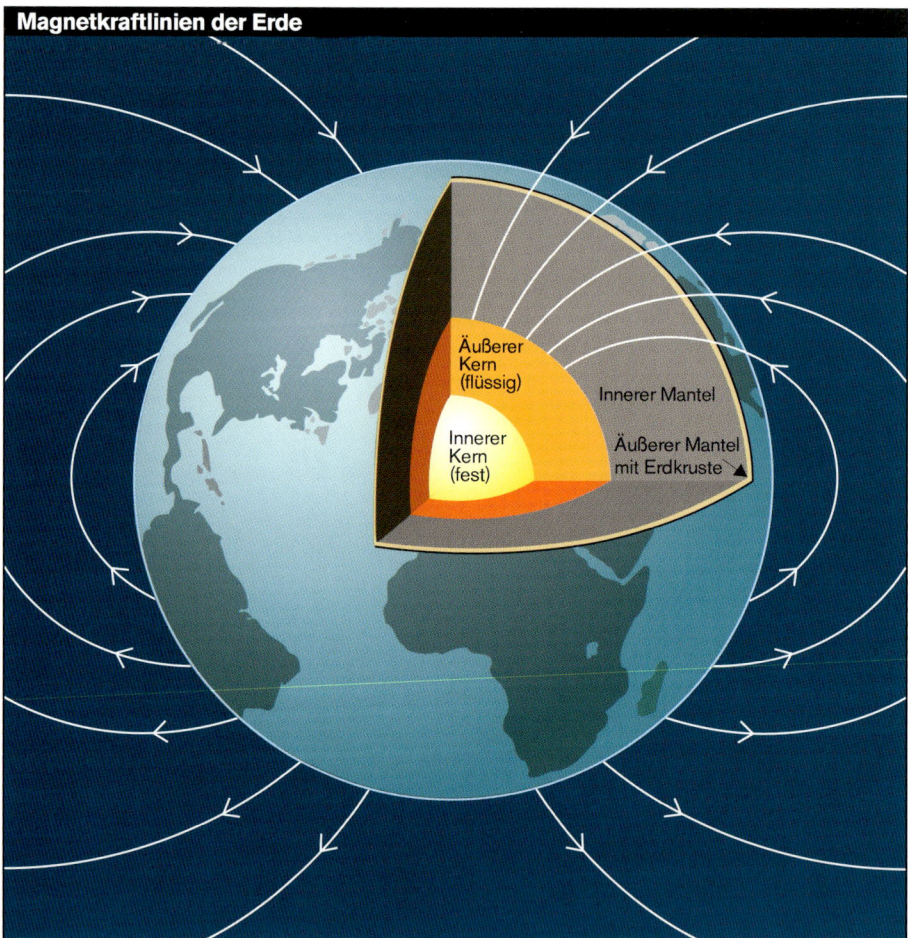

58 Umgekehrte Chronologie für die letzten fünf Millionen Jahre. Die langen stabilen Perioden wurden nach berühmten Wissenschaftlern benannt. Die kleineren Intervalle tragen die Namen der Orte, an denen sie entdeckt wurden.

vom Mittelozeanischen Rücken immer älter wird. Nur während der Kreidezeit vor rund 83 bis 115 Millionen Jahren, der Zeit, aus der die ältesten Teile des Meeresbodens an den Atlantikküsten und im äußersten Westen des Pazifiks stammen, gab es überhaupt keine Umkehrungen des geomagnetischen Feldes.

Natürlich gibt es im Mittelpunkt der Erde keinen Stabmagneten. Bei den dort herrschenden hohen Temperaturen läßt sich Materie überhaupt nicht magnetisieren. Das Magnetfeld der Erde entsteht durch flüssiges Eisen, das mit einer Geschwindigkeit von etwa 20 Kilometern pro Jahr im äußeren Erdkern fließt, wodurch die Erdkugel wie eine Art Dynamo wirkt. Kräfte, die durch die Erdrotation entstehen, sorgen dafür, daß die Magnetachse ungefähr mit der Rotationsachse der Erde übereinstimmt. Der eigentliche Erdkern besteht aus festem Eisen (Abb. 59). Die Dynamowirkung ist an der Reibungsfläche mit diesem festen inneren Kern besonders stark, und das könnte der Grund sein, warum die Magnetpole um die geographischen Pole oszillieren und nicht mit ihnen zusammenfallen. Das Phänomen der Umkehrungen des geomagnetischen Feldes erscheint vielleicht nicht ganz so überraschend, wenn man die Fließgeschwindigkeit im Erdkern bedenkt; schwerer zu verstehen ist, wie diese Umpolungen plötzlich innehalten konnten, wie es vor 115 Millionen Jahren geschah. Die plausibelste Erklärung ist, daß eine Veränderung des festen äußeren Erdmantels zu dieser Zeit die Bewegung des flüssigen Erdkerns derart beeinflußte, daß der Dynamo für einige zehn Millionen Jahre stillstand.

DE GERLACHE ADRIEN

(1866–1934), belgischer Marineoffizier. Leitete die erste rein wissenschaftlich ausgerichtete Antarktisexpedition 1897 bis 1899 mit der Belgica. Die internationale Crew – 19 Männer aus fünf Nationen, darunter Roald Amundsen und Frederick Cook – erkundete Grahamland. In der Bellingshausensee wurde das Schiff vom Eis eingeschlossen und driftete ein Jahr lang vor der Küste. K. B.

GLETSCHER

Fast das gesamte Gletschereis der Erde lastet auf der Antarktis und Grönland: 85 Prozent auf dem weißen Kontinent, durchschnittlich 2 000 Meter, an einer Stelle sogar 4 770 Meter dick; zwölf Prozent auf der Insel am Nordpol, bis zu 3 500 Meter mächtig. Der Rest verteilt sich auf Gletscherströme in den Alpen, im Himalaya und anderen Hochgebirgen. Der Eispanzer der Antarktis drückt den Kontinent mehrere hundert Meter tief in die Erdkruste, so tief, daß weite Teile unter dem Meeresspiegel liegen. Die gewaltigen Eismassen, deren Untersuchung sich die Glaziologen (lat. glacies: Eis) widmen, haben ihren Ursprung in zarten Schneeflocken. Diese verdichten sich unter dem wachsenden Druck neuer Schneefälle zu Gletschereis. Obwohl ein Festkörper, ist das Eis ständig in Bewegung: Die Ebenen der Kristalle verschieben sich gegeneinander wie ein Stapel Spielkarten. Außerdem gleiten die Eismassen auf einem Schmelzwasserfilm an ihrer Basis.

Gletscher fließen unterschiedlich schnell: Der Lambertgletscher in der Ostantarktis schiebt sich Jahr für Jahr um etwa 350 Meter vorwärts, das Ameryschelfeis kommt jährlich 1 200 Meter gen Meer voran. Im Ozean ›kalben‹ die Gletscher und entlassen gigantische Eisberge in die See, manche größer als das Saarland. Die polaren Eisschilde haben unter anderem durch ihre hohe Albedo einen großen Einfluß auf das irdische Klima. Aus Bohrkernen des Inlandeises lassen sich das Klima und die Zusammensetzung der Atmosphäre vor zigtausend Jahren ermitteln. K. B.

GLOBAL POSITIONING SYSTEM

Ohne Empfänger für das Global Positioning System (GPS) wagt sich heutzutage wohl keine Expedition mehr ins Eis. Das Gerät, groß wie ein Handy und vollgestopft mit Mikroelektronik, bestimmt die eigene Position binnen kurzem auf rund 100 Meter genau. Das ist möglich durch eine Flotte von 24 Satelliten, die in 20 000 Kilometern Höhe um die Erde kreisen und Mikrowellen abstrahlen. Der GPS-Empfänger mißt, wie lange die Signale von vier künstlichen Leitsternen jeweils bis zur Erde brauchen und errechnet daraus den exakten Aufenthaltsort. Mit speziellen Empfängern und durch verfeinerte Auswertung läßt sich die Genauigkeit des GPS, das vom US-Verteidigungsministerium betrieben wird, auf Zentimeter, ja sogar Millimeter steigern. Es wird daher zunehmend in der Geodäsie genutzt – bei der Landvermessung, in der Kartographie und beim Ermitteln der Kontinentaldrift. K. B.

GLOBALE UMWELTFORSCHUNG
MAX TILZER

Die Polarregionen sind die abgelegensten und lebensfeindlichsten Gebiete unserer Erde. Dennoch leistet ihre Erforschung wesentliche Beiträge zum Verständnis der globalen Umwelt. Dies hat in erster Linie zwei Gründe:

1. Wichtige, in den Polarregionen ablaufende Prozesse haben entscheidende Bedeutung für die Umweltbedingungen auf der ganzen Erde. Durch ihre Untersuchung werden die Schlüsselprozesse des Gesamtsystems erfaßt.

2. Änderungen in den globalen Umweltbedingungen wirken sich in Polarregionen früher und deutlicher aus als in anderen Teilen unseres Planeten. Aus diesem Grund sind die Polargebiete Frühwarnsysteme. Es lassen sich Umweltveränderungen erkennen, die sich später auch in anderen Teilen der Erde auswirken werden.

Die Dynamik des Erdsystems

Das Erdsystem ist hochgradig dynamisch und interaktiv. Nur während drei Prozent der gesamten überschaubaren Erdgeschichte war es hinreichend kalt, so daß sich in den Polarregionen Eiskappen bilden konnten. Die jetzige Kaltzeit setzte vor 70 Millionen Jahren ein. Vor etwa 40 Millionen Jahren begann sich auf dem antarktischen Kontinent Eis zu bilden, auf Grönland setzte die Vereisung erst vor zehn Millionen Jahren ein. Vor zweieinhalb Millionen Jahren war es so kalt geworden, daß sich zyklische Veränderungen mit einer Zeitskala von 100 000 Jahren deutlich auswirken können: die Veränderungen der Bahnelemente des Umlaufs der Erde um die Sonne, durch welche sich die globale Wärmebilanz periodisch ändert. Als Folge kommt es zu einem Wechsel von Warm- und Eiszeiten, die sich mit einer Periodizität von etwas über 100 000 Jahren abwechseln. Da sich verschiedene Veränderungen der Bahnelemente in unterschiedlichen Perioden vollziehen, kommt es zu einer komplexen Überlagerung dieser Zyklen. Die Folge ist ein unregelmäßiger, dennoch grundsätzlich vorhersagbarer Verlauf der Klimaänderungen. Daneben gibt es aperiodische Einflüsse auf das Klima.

Polarforschung ist multidisziplinär

Nur durch das Zusammenwirken zahlreicher naturwissenschaftlicher Fachdisziplinen ist es möglich, die Komplexität des Erdsystems zu erfassen. Daher wird die Umwelt-

GLOBALE UMWELTFORSCHUNG

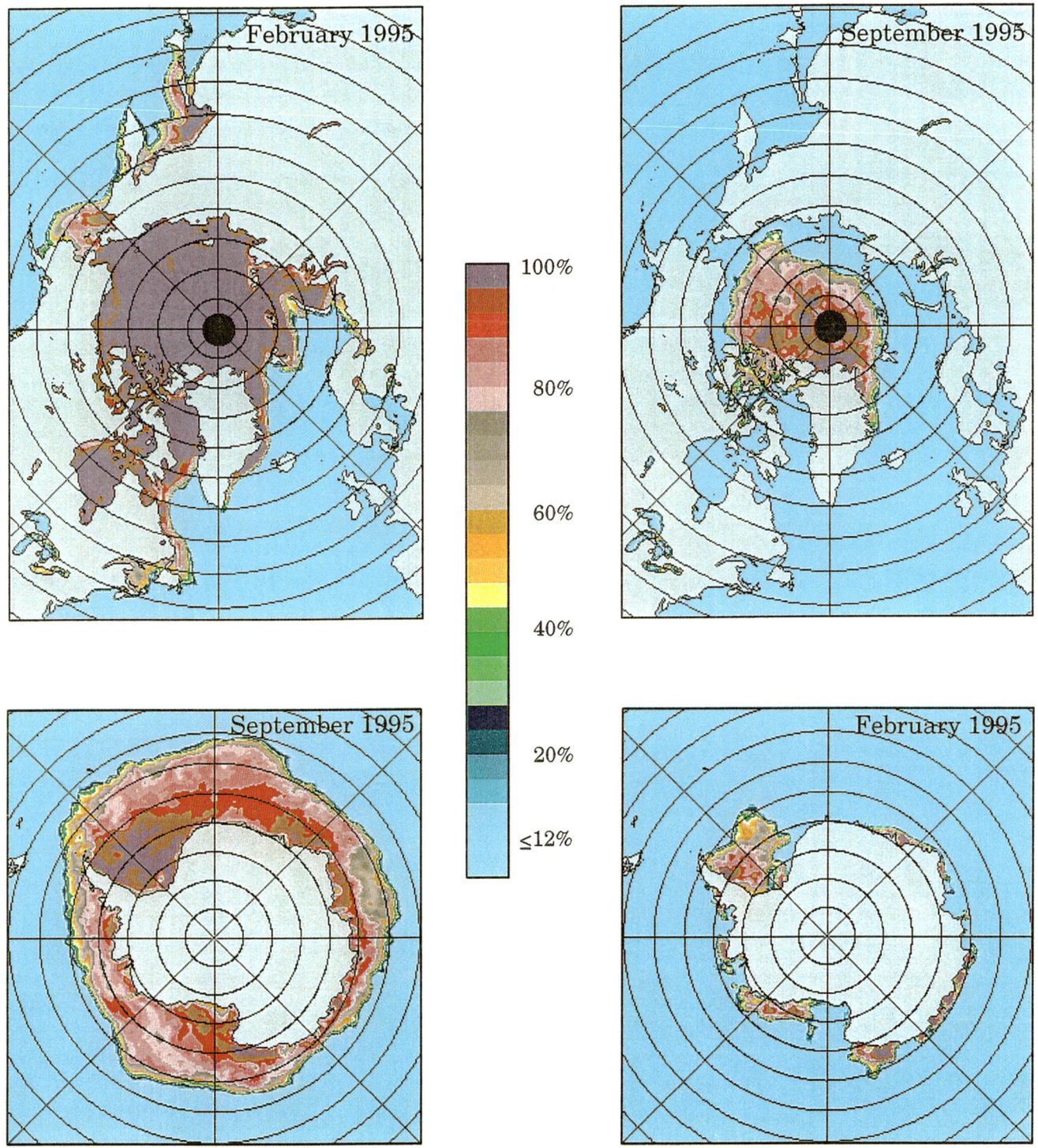

60 Die Eisbedeckung der Arktis und Antarktis 1995. In der Arktis erreicht der Eispanzer das Maximum im Februar und das Minimum im September, in der Antarktis genau umgekehrt. Die Messungen wurden per Satellit mit Mikrowellensensoren durchgeführt. Lila zeigt 100 Prozent Eisbedeckung, blau weniger als 12 Prozent. Nasa Goddard Space Flight Centre, Dr. Claire Parkinson

forschung und damit auch die Polarforschung der Zukunft noch stärker multi- und interdisziplinär angelegt sein müssen, als sie dies bereits heute ist.

Ein wesentliches Merkmal der modernen und künftigen Polarforschung ist neben dem Zusammenwirken verschiedener Fachdisziplinen die Untersuchung heute ablaufender Prozesse und ihre Rekonstruktion in der geologischen Vergangenheit. Nur wenn die zeitliche Variabilität von Prozessen und ihre gegenseitige Beeinflussung im Umweltgeschehen bekannt ist, lassen sich zukünftige Veränderungen abschätzen. Vorhersagen möglicher künftiger Veränderungen des Erdsystems sind eine wichtige Aufgabe der globalen Umweltvorsorge.

Im folgenden sollen grundlegende Fragestellungen definiert werden, welche die Polarforschung im 21. Jahrhundert in die Lage versetzen werden, wesentlich zum Verständnis globaler Umweltprobleme beizutragen. Es wird wiederholt auf andere Beiträge in diesem Katalog verwiesen, in denen die angesprochenen Prozesse im Detail dargestellt sind.

Studium zum Verständnis aktueller Prozesse

Meeresströmungen
Ein wichtiger Prozeß zur Steuerung der Wärmeverteilung auf der gesamten Erde geht von den Polargebieten aus: das globale System der Meeresströmungen (s. S. 129). Die Quantifizierung dieser Prozesse sowie die Erfassung der Variabilität der Meeresströmungen wird die Forschung auch im 21. Jahrhundert beschäftigen. Die Etablierung eines weltweiten ozeanischen Beobachtungssystems (GOOS) ist eine der Herausforderungen an die internationale Wissenschaft. Das Studium der Empfindlichkeit des globalen Systems der Meeresströmungen gegenüber Änderungen der Umweltbedingungen ist von entscheidender Bedeutung, um die Stabilität des globalen Klimasystems insgesamt abschätzen zu können. Meeresströmungen beeinflussen das Klima weiter Gebiete. Ein gut bekanntes Beispiel ist der Golfstrom. Es wird vermutet, daß Änderungen der Meeresströmungen ein wesentlicher Auslöser für die raschen und drastischen Klimaschwankungen waren, welche bis nach dem Ende der letzten Eiszeit auftraten.

Die Rolle des Meereises bei der Steuerung des Klimas
Neben den Meeresströmungen spielt das Meereis eine entscheidende Rolle bei der Klimasteuerung. Das Meereis legt sich wie eine Decke auf die offenen Wasserflächen und unterbindet weitgehend den Übergang von Wärme zwischen dem Wasser und der darüberliegenden Atmosphäre.

Mit Hilfe von Forschungsflugzeugen ist es in den letzten Jahren gelungen, den Austausch von Energie zwischen dem Meer und der darüberliegenden unteren Atmosphäre zu untersuchen. Infolge der beträchtlichen Temperaturunterschiede, des geringen Wasserdampfgehaltes und der hohen Windhäufigkeit kommt es im arktischen Ozean zu Wärmeflüssen, die zu den höchsten der ganzen Erde gehören. Veränderungen in der Gesamtausdehnung des Meereises würden zu Veränderungen der Wärmebilanz der Erde und damit des Klimas führen. Die Kenntnis der aktuellen Austauschprozesse zwischen dem Meer und der Atmosphäre und ihre Beeinflussung durch das Meereis ist daher eine wichtige Voraussetzung für die Erarbeitung von realitätsnahen Klimaszenarien für die Zukunft.

Die Bedeutung der Weltmeere für den globalen Kohlenstoffkreislauf
Welche Rolle die Weltmeere im globalen Kohlenstoffkreislauf spielen, ist von entscheidender Wichtigkeit für das Verständnis des Klimasystems. In den polaren Regionen kommt es durch die Tiefen- und Bodenwasserbildung, aber auch durch das Absinken sich abkühlender Wassermassen in eisfreien Regionen zu einem Transport von gelöstem Kohlendioxid in tiefere Wasserschichten. Zusätzlich führt das Absinken abgestorbener Planktonorganismen und von Kalkschalen, die von diesen gebildet

werden, zu einem Fluß von Kohlenstoff aus oberflächennahen Wasserschichten zum Meeresboden. Es ist noch ungeklärt, in welchem Ausmaß der Atmosphäre durch den Ozean Kohlenstoff entzogen wird oder ob aus dem Meer Kohlendioxid in die Luft abgegeben wird. Dies gilt insbesondere für das Südpolarmeer. Die Rolle der Meere bei der Entfernung des Kohlendioxids aus der Atmosphäre wird daher ein wichtiger Forschungsgegenstand bleiben. Änderungen der Meereisbedeckung beeinflussen den Gasaustausch mit der Atmosphäre. Auch auf diese Weise besitzt das Meereis große Bedeutung für die Steuerung des globalen Klimas.

Die Massenbilanz der polaren Eiskappen und ihre Bedeutung für das Niveau des Meereisspiegels
Die Massenbilanz der Eisschilde Grönlands und der Antarktis ist von der Temperatur und der Niederschlagsmenge über den vergletscherten Landmassen abhängig. Da sich beide Größen durch Klimaschwankungen gleichzeitig ändern, ist die Verschiebung der Eismassenbilanz schwer vorherzusagen. Eine Erwärmung kann zwar zu einem erhöhten Abschmelzen von Eis führen, sie hat aber auch eine Zunahme des Niederschlags in Form von Schnee zur Folge. Die Verschiebung der Eismassenbilanz in jedem konkreten Fall hängt davon ab, welcher dieser Vorgänge dominiert.

Würde sämtliches Eis auf Grönland abschmelzen, käme es weltweit zu einem Anstieg des Meeresspiegels um sechs Meter. Würde der gesamte antarktische Eisschild abschmelzen, würde der Meeresspiegel um 70 Meter ansteigen. Tatsächlich war der Meeresspiegel während der Eiszeiten wesentlich niedriger als heute. Flächendeckende Messungen über den polaren Eiskappen ermöglichen es, die aktuelle Massenbilanz des Eises zu bestimmen. Sind außerdem die meteorologischen Randbedingungen bekannt, kann man mit Hilfe von Modellrechnungen vorhersagen, welche Folgen Klimaschwankungen auf die Ausdehnung der polaren Eisschilde und das Niveau des Meeresspiegels hätten. Es bestehen noch erhebliche Unsicherheiten.

Die Rekonstruktion der Vergangenheit aus polaren Klimaarchiven
Die Ablagerungen am Grunde der polaren Meere sowie Ablagerungen in Binnenseen, in Eisschilden und im Permafrost enthalten wichtige Informationen über die Veränderung der Klimabedingungen in der Vergangenheit. Die Klimaveränderungen der letzten 200 000 bis 300 000 Jahre sind in den Eispanzern des antarktischen Kontinents und Grönlands mit sehr hoher zeitlicher Auflösung gespeichert. Sie werden im Beitrag von Heinz Miller (s. S. 32) beschrieben.

Durch Untersuchungen von Ablagerungen am Meeresboden und auf dem Boden von Binnenseen werden Ergebnisse aus Eisbohrungen in vielfacher Weise ergänzt. Aus den ozeanischen Sedimenten können Informationen über den Verlauf von Meeresströmungen, über die Häufigkeit von Eisbergen, über die Ausdehnung der Eisbedeckung sowie über die Lebensbedingungen im Ozean gewonnen werden. Aus Pflanzenpollen, die in den Sedimenten von Binnenseen abgelagert sind, kann die Vegetation in der Umgebung dieser Seen bis in die Einzelheiten rekonstruiert werden. Durch Kombination aller dieser Ergebnisse, die einer Detektivarbeit nicht unähnlich ist, lassen sich umfassende Vorstellungen über die Veränderungen weiter Gebiete während der jüngeren geologischen Vergangenheit entwickeln.

Ziele der Polarforschung für die Zukunft

Neben den bisher beschriebenen Fragen werden in den nächsten Jahrzehnten auch die folgenden Themen die Polarforschung intensiv beschäftigen:

1. Abtrennung natürlicher von anthropogenen Einflüssen auf das Klima: Die Diskussion über die Beeinflussung des Klimas durch den Menschen wird dadurch erschwert, daß natürliche Schwankungen aller Wahrscheinlichkeit nach größere Amplituden aufweisen als durch den Menschen ausgelöste Änderungen des Klimas. Außerdem ist, wie bereits erwähnt, die Auswirkung von Treibhausgasen zur Zeit noch nicht in allen Einzelheiten quantifizierbar.

2. Globale Verteilung von Klimaschwankungen, insbesondere im Hinblick auf die Temperatur- und Niederschlagsverteilung: Die Frage der regionalen Verteilung des Klimas ist entscheidend für die Lebensbedingungen auf dieser Erde, die Ernährung der Menschen durch die Landwirtschaft sowie das Auftreten von Naturkatastrophen. Nur durch weltweite Beobachtungsdaten als Basis für mathematische Modelle wird es möglich sein, gültige Voraussagen zu treffen.

3. Bedeutung des Permafrostbodens für die globalen Stoffkreisläufe: Der Permafrostboden bedeckt weite Areale der nördlichen Hemisphäre. Ungeheure Mengen an Kohlenstoff sind in Form von organischer Substanz, Methan- und Kohlendioxidgas in ihm gespeichert. Eine Antwort auf die Frage, wie sich die Stoffbilanz des Permafrostbodens im Falle möglicher Erwärmungen und damit des Auftauens bis in tiefe Schichten verändern würde, ist nicht bekannt. Nur durch ein detailliertes Studium wichtiger Einzelprozesse und ihrer Veränderung im Gefolge des Auftauens von Permafrost wird es möglich sein, hier Vorhersagen mit einiger Sicherheit zu treffen.

Die moderne Polarforschung erfordert nicht nur starken persönlichen Einsatz des Menschen in lebensfeindlichen, entlegenen Gebieten, sie erfordert auch einen erheblichen technischen und damit finanziellen Aufwand. Erkenntnisse, die hier gewonnen werden, haben Relevanz für die gesamte Erde. Um anthropogene Eingriffe und ihre Auswirkungen identifizieren zu können, ist es entscheidend, zunächst die natürliche Variabilität der Umweltbedingungen zu kennen. Erst dann ist es möglich, menschliche Einflüsse zu identifizieren und Strategien zur Abwendung der ausgelösten Umweltveränderungen zu entwickeln. Polarforschung ist daher eine wichtige Komponente der globalen Umwelt- und Vorsorgeforschung.

GMELIN JOHANN GEORG (1709–1755), deutscher Naturwissenschafter und Arzt. Von 1731 an war Gmelin Professor für Chemie und Naturgeschichte an der Akademie in St. Petersburg. Von 1733 bis 1743 nahm er als dritter deutscher Wissenschaftler neben Gerhard Müller und Georg Steller an der Großen Nordischen Expedition teil. Auf den Reisen in Sibirien erforschte er vor allem die Pflanzenwelt im Osten Rußlands. K. B.

GONDWANA Urkontinent aus den heutigen Erdteilen Südamerika, Australien, Afrika, Madagaskar, Indien und Antarktis; benannt nach den Gond, einem Volk in Zentralindien. Vor etwa 180 Millionen Jahren begann Gondwana zu zerfallen. Zunächst bildeten sich zwei Teile, aus dem westlichen gingen später Südamerika und Afrika hervor. Als letzter Kontinent bewegte sich vor 100 Millionen Jahren Australien von Antarktika weg. Seither sind die Bruchstücke, wie von Alfred Wegener in seiner Kontinentaldrifttheorie postuliert, in ihre heutige Position gewandert. Daß die Südkontinente vor Urzeiten eine Landmasse bildeten, belegen Fossilfunde. So wurden bereits Ende des 19. Jahrhunderts auf antarktischen Inseln Abdrücke von Pflanzen entdeckt, die auch aus Afrika und Südamerika bekannt waren. Typisch für ganz Gondwana ist Glossopteris, eine Gattung baumartiger Gewächse. 1967 wurden die Überreste des ersten Landtieres gefunden – einer Amphibie namens Labyrinthodon, die vor rund 220 Millionen Jahren auch in Südafrika und Südamerika lebte. Eine Sensation war 1982 der Fund eines rattengroßen Beuteltieres auf der Seymourinsel. Die vielfältigen Fossilien zeigen auch, daß die Antarktis eine bewegte Klimageschichte hinter sich hat. Vor mehreren hundert Millionen Jahren erlebte die in Gondwana eingebundene Antarktis schon einmal eine Eiszeit. Später wanderte sie in den wärmeren Norden, verlor ihren Gletscherpanzer und war mit tropischem Urwald bedeckt. Aus dem Urkontinent herausgebrochen und nach Süden gedriftet, wurde der sechste Kontinent am Pol isoliert, das reiche Leben erstarb, und vor rund 40 Millionen Jahren begann sich erneut eine Eiskappe zu formen. K. B.

GRAMMOPHON

Auf den langen Reisen und in der scheinbar endlosen Winternacht boten Grammophone den Polfahrern zu Beginn des 20. Jahrhunderts etwas Abwechselung. Während der ersten Antarktisexpedition des Franzosen Jean-Baptiste Charcot 1903 bis 1905 wurden nur sonntags Platten aufgelegt – um der Lieblingslieder nicht überdrüssig zu werden. Mit einem Edison-Phonograph, der anders als ein Grammophon auf einer Walze auch Töne aufnehmen kann, hielt Erich von Drygalski während seiner Antarktisfahrt 1901 bis 1903 die ›Unterhaltungen‹ der Pinguine fest. K. B.

»Dann setzte man sich an den Tisch, der sich unter Lindströms Meisterwerken der Back- und Kochkunst förmlich bog. Ich benutzte diesen Augenblick, um rasch hinter den Türvorhang meiner Kabine zu treten und das Grammophon in Gang zu setzen. Horch! Herold, unser dänischer Heldentenor singt: ›O du fröhliche, o du selige, gnadenbringende Weihnachtszeit!‹ Der Gesang verfehlte seine Wirkung nicht. In der gedämpften Beleuchtung war es schwer zu unterscheiden, aber ich glaube, daß unter der Schar abgehärteter Männer ... nicht einer war, dem nicht eine Träne im Auge geglänzt hätte. Aller Gedanken nahmen dieselbe Richtung. ... Heimwärts flogen sie, den langen Weg zurück, den wir hergefahren waren.«

Roald Amundsen, »Weihnachten 1910«.
In: Die Eroberung des Südpols,
München 1912, S. 254

61 Scotts Polarexpedition in die Antarktis, 1910, Foto: Herbert Ponting, © Popperfoto

GREENPEACE

Seit Mitte der 70er Jahre setzte sich Greenpeace immer wieder mit spektakulären Kampagnen für die Biosphäre der polaren Regionen ein. Die Aktivisten blockierten Walfänger und demonstrierten gegen Ölverschmutzungen in Sibirien. In Kanada retteten sie Robbenjunge eigenhändig vor den Keulen der Jäger. Als Folge des Medienfeldzuges brachen die Fellmärkte zusammen, und viele Eskimos verloren ihre Lebensgrundlage.

Seit Anfang der 80er Jahre machte Greenpeace Druck, die Antarktis zum Weltpark zu erklären und sie damit vor der Rohstoffausbeutung zu bewahren. Als bislang einzige regierungsunabhängige Institution unterhielt die Umweltorganisation eine eigene Überwinterungsstation auf dem weißen Kontinent – von 1987 bis 1992. Greenpeace-Mitarbeiter spielten rund um den Südpol eine Wachhundrolle: Sie tauchten unangekündigt bei anderen Stationen auf, dokumentierten deren Umweltsünden und machten sie publik. K. B.

GRÖNLAND

Am 24. Mai 1868 stach das Segelschiff Grönland vom norwegischen Bergen aus zur ersten deutschen Nordpolarexpedition in See. Treibende Kraft hinter der Fahrt war der Gothaer Geograph August Petermann (1822–1878), einer der Begründer der deutschen Polarforschung. Der Herausgeber von »Petermanns Geographischen Mitteilungen« hatte bereits 1865 eine Expedition zur Erkundung des Nordens gefordert – auf jener Versammlung der Deutschen Geographen und Hydrographen in Frankfurt, auf der Georg von Neumayer eine Südpolarexpedition initiiert hatte. Petermann hoffte, durch die Reise in den hohen Norden seine These von einem offenen, schiffbaren arktischen Ozean rund um den Pol belegen zu können. Um in diese Gewässer zu gelangen, müßte ein Schiff lediglich den vorgelagerten Eisgürtel durchbrechen.

Die knapp 30 Meter lange und sechs Meter breite Grönland kreuzte unter dem jungen Kapitän Carl Koldewey (1837–1908) vier Monate zwischen Grönland und Spitzbergen und erreichte nördlich von Spitzbergen mit 81° 45' den nördlichsten Punkt, bis zu dem ein Schiff damals nachweislich vorgedrungen war. Nach der erfolgreichen Pionierfahrt der Grönland forcierte Petermann eine zweite Expedition. Dank des Bremer Comités für die zweite deutsche Nordpolfahrt kamen genug Spenden für den Bau des Dampfschiffs Germania zusammen. In Begleitung des Seglers Hansa lief das erste deutsche Polarforschungsschiff unter Kapitän Koldewey im Juni 1896 in Richtung grönländische Ostküste aus. An Bord waren mehrere Wissenschaftler, darunter Astronomen, Geophysiker und Botaniker. Am Ostrand des Packeises verloren die beiden Schiffe den Kontakt. Die Hansa wurde im Eis gefangen und sank im Oktober. Die Besatzung verbrachte den Winter auf einer Eisscholle, auf der sie nach Süden driftete. Im Juni 1870 landete sie im südwestgrönländischen Frederiksdal. Koldewey erreichte mit der Germania die Küste Ostgrönlands und überwinterte dort. Bis zum Juli 1870 erkundeten die Männer in mehreren Schlittenexkursionen die Region. Im September lief die Germania wieder in Bremerhaven ein – mit einer großen Zahl botanischer und zoologischer Funde und einer Fülle astronomischer und meteorologischer Daten. Aber ohne Petermanns offenen Polarozean entdeckt zu haben. K. B.

GROSSE NORDISCHE EXPEDITION

ERIC DYRING

Die Große Nordische Expedition (1733–1743) war ein enormer Kraftakt, um das Wissen über Sibirien zu vergrößern und den russischen Herrschaftsbereich auszudehnen. Ende des 17. Jahrhunderts war Sibirien russisch, aber große Teile des gewaltigen Landes waren unbebaut, unerforscht und nicht kartiert. Die Macht wurde durch ein lockeres Netz von militärischen Außenposten und Handelszentren aufrechterhalten, der Rest war ein politisches Vakuum. Nach Moskau und St. Petersburg gelangten Berichte über Gewalt, Rechtlosigkeit und diktatorische Beamte. Sibirien war erobert, aber nicht kolonisiert worden.

Zar Peter der Große (1672–1725) wollte Rußland reformieren. Sein Interesse für Technik und Wissenschaft ging Hand in Hand mit seinen politischen Ambitionen, die russische Machtsphäre auszudehnen. Die Reserven der russischen Wirtschaft waren jedoch nach dem Krieg gegen die Nachbarländer erschöpft. Rußland brauchte neue Einkommensquellen. In Kamtschatka und an der arktischen Küste lockten ungenutzte Pelztierressourcen. Es lockte auch das Land hinter dem östlichen Ufer des Pazifik – Amerika. Peter der Große setzte auf Erforschung, Kartierung und Expansion.

1725, kurz vor seinem Tod befahl er die erste Kamtschatka-Expedition. Der Däne Vitus Bering, ein Offizier der russischen Flotte, erhielt den Befehl, in nördlicher Richtung entlang der Pazifikküste zu segeln, um herauszufinden, ob Asien und Amerika zusammenhängen. Bering gelang es, durch die Meerenge zu segeln, die später seinen Namen tragen sollte. Aber er realisierte nicht, daß dieser Sund Asien und Amerika trennte. Es herrschte nämlich Nebel. Außerdem war er nicht der erste. Der Kosake Semjon Deschnew hatte bereits 80 Jahre früher von Norden nach Süden diese Meerenge durchfahren.

In St. Petersburg war man unzufrieden mit dem Ergebnis der Expedition, aber Bering bekam dennoch den Auftrag, auch die zweite Kamtschatka-Expedition zu leiten, die in der Geschichtsschreibung gewöhnlich die Große Nordische Expedition genannt wird. 1733 verließ man St. Petersburg mit einer luxuriösen Ausrüstung. An der Expedition nahmen Sekretäre, Forscher, Assistenten, Zeichner, Tiermaler, Dolmetscher, Ärzte, Köche, Kellner, Musiker und Militär teil. Die Welt hatte bis dahin noch nichts Vergleichbares gesehen. Das Vertrauen in die wissenschaftliche Kompetenz war imponierend. Mehrere ausländische Wissenschaftler nahmen teil, unter anderem drei Deutsche: der Historiker Gerhard Friedrich Müller sowie die Naturwissenschaftler Johann Georg Gmelin und Georg Wilhelm Steller. Letzterer war ein bemerkenswerter Forscher und verhalf der Expedition zu einem wissenschaftlichen Erfolg (s. S. 206). Bering leitete höchstpersönlich die Fahrten Richtung Osten über den Pazifik. Er erreichte den Golf von Alaska, entdeckte die Insel Kodiak und einige Inseln der Aleuten. Die Expeditionsteilnehmer wurden jedoch von Skorbut befallen, an dem Bering und einige andere starben.

Die Große Nordische Expedition wird in der Regel mit dem Namen Vitus Bering verknüpft. Aber die Erforschung und Kartierung der langen sibirischen Eismeerküste unter schwersten Strapazen ist bei weitem die imponierendste Leistung, und die wurde ohne Bering vollbracht. Das Unternehmen war nach den großen sibirischen Flüssen in fünf Teilprojekte gegliedert: Dwina – Ob (1734–1739), Ob – Jenissej (1734–1737), östlich des Jenissej (1738–1742), westlich der Lena (1735–1742) und östlich der Lena (1735–1741). Hinter den Erfolgen verbarg sich der Tod von vielen Männern, deren Namen nie in die Geschichtsbücher eingingen.

Vitus Bering ist dagegen weiterhin bekannt. Einige Forscher möchten seine Leistung heute indes neu bewerten. Er war der Administrator der Expedition mit Hauptquartier in Jakutsk – einer Poststation für Kontakte zwischen St. Petersburg und den Menschen draußen. Oft erfolgte die Kontaktaufnahme direkt ohne Berings Mitwirkung.

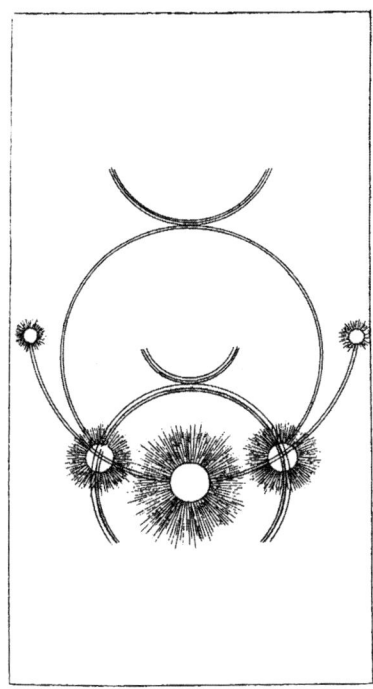

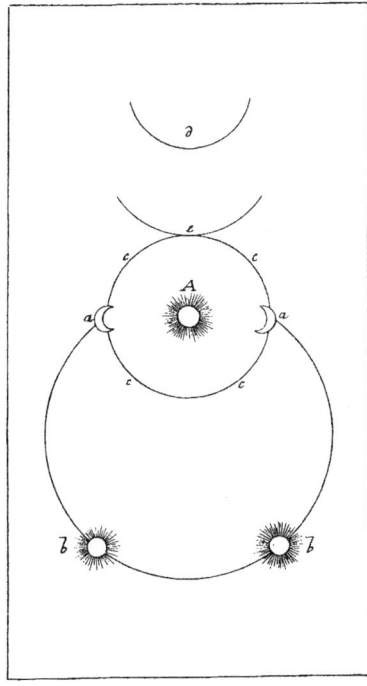

62 Halos beobachtet am 6. Dezember 1734 und am 1. Dezember 1742 von Johann Georg Gmelin, ein Wissenschaftler, der an der Großen Nordischen Expedition teilnahm. In: Johann Georg Gmelin, »Reise durch Sibirien von dem Jahr 1733 bis 1743«, Göttingen 1751

HALLUZINATION

Wahrnehmungseindruck ohne entsprechende Reizung eines Sinnesorgans. Halluzinationen treten bei Erschöpfung und völliger sensorischer Isolation auf, etwa in einer schalltoten, dunklen Kammer. Wenn dem Bewußtsein Eindrücke fehlen, erschafft es sich oft selbst eigene. K. B.

HALO

ROBERT GREENLER

Hier stehe ich also am Südpol. Die Luft glitzert und funkelt. Winzige Lichtreflexe blitzen in nächster Nähe, direkt vor meiner Nase und rings um mich her. Die Sonne strahlt und erleuchtet eine endlose weiße Ebene, die in der Ferne den Himmel berührt – nur die große geodätische Kuppel und ein paar andere Gebäude der amerikanischen Amundsen-Scott-Forschungsstation liegen dazwischen. Beherrscht wird diese antarktische Szene von einem gewaltigen Lichthof um die Sonne, einem Halo, effektvoll eingerahmt von zwei strahlenden, rotgeränderten Nebensonnen. Von der Oberseite des Halos geht ein nach oben offener Bogen aus, und parallel zum Horizont, durch Nebensonnen und Sonne, läuft ringsum ein Lichtkreis über den ganzen Himmel. Und zur Krönung des Lichterspiels erhebt sich ein leuchtender Bogen in allen Farben des Spektrums hoch über der Sonne. Solche Bögen habe ich auch in gemäßigteren Breiten schon gesehen. Sie beschreiben einen Teil eines Kreises, dessen Mittelpunkt der Zenit ist, direkt über mir, und werden deshalb Zirkumzenitalbögen genannt. Das sind ein paar der Dinge, derentwegen ich ans Ende der Welt gereist bin – ein Schauspiel von einer Farbenpracht und Schönheit, daß ich am liebsten loslaufen und unter der antarktischen Sonne laut jauchzend einen Freudentanz aufführen würde.

Ich weiß, daß diese Erscheinungen hervorgerufen werden durch das Wechselspiel von Sonnenlicht und winzigen sechseckigen Eiskristallen in der Luft. Genauer gesagt haben wir festgestellt, daß an vielen dieser Haloerscheinungen zwei spezielle Typen von hexagonalen Eiskristallen beteiligt sind: Die einen sind flach und haben die Form eines sechseckigen Tellers, die anderen sehen aus wie eine sechseckige Säule (Abb. 63). Manchmal, wenn die Kristalle die richtige Größe haben, drehen sie sich beim Fallen nicht willkürlich, sondern behalten eine bestimmte Ausrichtung bei: Bei den tellerförmigen Kristallen bleibt dann die flache Seite in der Horizontalen, bei den säulenförmigen die Längsachse. Das Licht, das von der Oberfläche dieser Kristalle reflektiert wird, und das Licht, das sich in ihnen bricht wie in einem winzigen Prisma, kann die schönsten Effekte produzieren, von denen wir viele erforscht haben. Doch in den prachtvollen und nicht einmal seltenen Lichterscheinungen der Arktis und Antarktis finden wir Effekte, die nie zuvor beobachtet wurden. Unsere mikroskopische Untersuchung der Kristalle, die diese Erscheinungen hervorrufen, und die Erforschung der Witterungsbedingungen, unter denen solche Kristalle entstehen, werden uns helfen, diese großartigen Phänomene besser verstehen zu lernen.

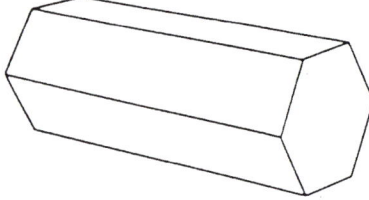
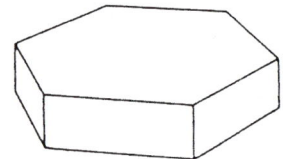

63 Die häufigsten Formen von Eiskristallen. Die Originalgröße beträgt etwa ⌀ 0,1 mm.

64 Nebensonnen eines 22°-Halos, Point Barrow, Alaska, Foto: Robert Greenler

65 Halos am Südpol am 2. Januar 1990, Foto: Walter Tape

HOLZ

Für die Menschen in den baumlosen arktischen Lebensräumen war Treibholz ein Geschenk des Meeres. Stämme, Äste und noch so kleine Bruchstücke dienten als wertvolles Baumaterial für Boote, Schlitten und Werkzeuge – oder sie wurden verfeuert. K. B.

66 Bewohnerin der Hudson Bay, 1921, Foto: Knud Rasmussen, Dänisches Nationalmuseum, Ethnographische Sammlung, Kopenhagen

HORIZONT Grenzlinie, an der Himmel und Erde zusammenzustoßen scheinen. Von einem Blickpunkt in 1,5 Meter Höhe aus ist der Horizont ungefähr 4,5 Kilometer entfernt. Aufgrund der an den Polen abgeplatteten Erdgestalt kann man in der Arktis und Antarktis etwa elf Kilometer weit sehen. K. B.

67 Antarktis, Foto: Stuart Klipper

HUDSON HENRY (ca. 1550–1611), englischer Seefahrer. Er brach als erster gen Nordpol auf, um eine neue Route in den Orient zu finden. Von 1607 bis 1611 unternahm er vier Reisen auf der Suche nach einer Nordwest- und Nordostpassage. Er entdeckte den Hudsonfluß und die Hudsonbai. Auf der letzten Fahrt meuterte die Mannschaft nach einer unfreiwilligen miserablen Überwinterung im Eis und setzte Hudson mit seinem Sohn und sieben weiteren Getreuen in einem kleinen Boot aus. Sie wurden nie mehr gesehen. K. B.

HUNDE Seit jeher sind Hunde geschätzte Gefährten der arktischen Völker – als Zugtiere und Jagdhelfer. In der Mythologie der Eskimos spielen sie eine herausragende Rolle.

Die unter Nordlandhunde zusammengefaßten Rassen zeichnen sich durch ihren kompakten Körperbau und ihr dichtes Fell aus. Sie können noch bei minus 40 Grad Celsius ungeschützt im Schnee schlafen. In einem Gespann herrscht dabei eine ausgeprägte Hierarchie. Die Meute zu steuern erfordert große Erfahrung. Die Erkundung der polaren Regionen ohne Schlittenhunde ist undenkbar. Der Norweger Fridtjof Nansen machte sich mit ihrer Hilfe 1895 zum Nordpol auf, ebenso Robert Peary und Frederick Cook. Roald Amundsen ließ sich von den ausdauernden Tieren zum Südpol ziehen. Die Hunde dienten den Polfahrern zugleich als ›laufender Proviant‹. Einige wurden unterwegs getötet und an ihre Artgenossen verfüttert – manchmal stillten auch die Menschen auf diese Weise ihren Hunger auf ein Stück Frischfleisch. Unter einflußreichen Führern britischer Antarktisexpeditionen galt es zu Beginn des Jahrhunderts als grausam und verpönt, Hunde als Zugtiere einzusetzen. Die Männer benutzten Ponys oder zogen ihre Schlitten selbst – gemäß dem heroischen Ethos der königlichen Marine, ein britischer Offizier könne jedes Hindernis überwinden. Nicht zuletzt der Verzicht auf Hunde führte zum Scheitern von Robert Scotts Reise zum Südpol. In der Antarktis ist die Zeit der Hundeschlitten mittlerweile vorbei. Es dürfen keine Tiere mehr auf den Kontinent gebracht werden, um eine Ansteckung einheimischer Arten mit Viren zu verhindern. K. B.

68 Scotts Antarktis-Expedition 1910, Dr. Hussey mit Samson, Foto: Frank Hurley, Royal Geographical Society, London

»Zu sagen, daß sie (die Hunde) den Aktionsradius nicht enorm vergrößerten, ist absurd; zu behaupten, dies lasse sich ohne Schmerzen, Leid und Tod der Tiere erreichen, ist gleichermaßen sinnlos. Die Frage ist, ob der Gewinn die Grausamkeiten rechtfertigt, und ich denke, daß es logischerweise so sein mag; aber die Einführung solch schäbiger Notwendigkeit nimmt einer Schlittenreise viel von ihrem Glanz. Nach meiner Ansicht kann eine Reise mit Hunden niemals die Erhabenheit eines solch feinen Plans erreichen, der verwirklicht wird, wenn eine Gruppe von Männern sich Mühsal, Gefahren und Schwierigkeiten nur mit ihren eigenen Kräften stellt und durch Tage und Wochen harter körperlicher Arbeit eine große Aufgabe löst. Dieser Sieg ist sicher viel nobler und glanzvoller.«

Robert Scott, The voyage of the »Discovery«, London 1905, Bd. 1, S. 467

»Es war einmal ein Mädchen, das alle Männer verschmähte. Schließlich wurde ihr Vater so aufgebracht gegen sie, daß er sie eines Tages mit ihrem Hund zu einer Insel hinausruderte, welche im See Haningajok liegt. Der Hund nahm das Mädchen zur Frau, und sie lebten zusammen draußen auf der Insel. Als einige Zeit vergangen war, wurde das Mädchen schwanger und gebar zahlreiche Hündlein. Der Vater des Mädchens brachte Fleisch auf die Insel, damit sie nicht verhungern sollten. Eines Tages, als die Hündlein groß geworden waren, sprach ihre Mutter zu ihnen:
›Wenn Euer Großvater das nächstemal kommt, sollt Ihr ihm entgegenschwimmen und seinen Kajak umkippen.‹
Das taten die Hunde, und der Großvater ertrank. So nahm das Mädchen Rache an ihrem Vater, weil er sie einst gezwungen hatte, einen Hund zu heiraten. Nun aber, wo der Großvater tot war, brachte niemand den Hunden Fleisch mehr. Da schnitt das Mädchen die Sohlen aus ihren Pelzstiefeln und legte sie ins Wasser. Dann sprach sie einen Zauber über die eine, setzte einige von den Hunden darauf und sprach:
›Reist in die Welt hinaus und werdet kunstfertig in all Eurer Arbeit.‹
Die Hunde trieben von der Insel fort. Als sie ein wenig auf die See hinausgekommen waren, verwandelte sich die Sohle in ein Schiff. Sie segelten fort ins Land der Weißen und wurden weiße Männer. Von ihnen, so sagt man, stammen alle weißen Männer ab.
Die übrigen Hunde aber setzte das Mädchen auf die andere Stiefelsohle, ließ sie von der Insel wegtreiben und sprach diesen Zauber über sie:
›Rächt, was Euer Großvater an mir getan hat, und zeigt Euch blutdürstig gegen jeden Menschen vom Inuit-Volke, dem Ihr begegnet.‹
Und die Sohle trieb fort zu einem fremden Lande; hier wanderten die Hunde ins Land hinein und wurden Itqidlit. Von diesen stammen die Indianer, vor denen sich unsere Vorväter fürchteten, weil sie alle Inuit, deren sie sich bemächtigen konnten, töteten. Und das taten sie, bis ihre Brüder, die weißen Männer vom See Anarnigtoq, sich in ihrem Lande niederließen und ihnen einen milderen Sinn gaben. (Erzählt von Igjugarjuk)«

Knud Rasmussen, Rasmussens Thulefahrt, Frankfurt a. M. 1926, S. 154

»Mittwoch, 11. Oktober 1893. Heute nachmittag wurde ›Hiob‹ von den anderen Hunden zerrissen. Wir fanden ihn eine gute Strecke vom Schiff entfernt. ›Suggen‹ bewachte seine Leiche, so daß kein anderer Hund herankommen konnte.
Es sind Schufte, diese Hunde. Kein Tag vergeht ohne Kampf. Bei Tag ist gewöhnlich einer von uns zur Hand, um einer Rauferei ein Ende zu machen, aber keine Nacht vergeht, ohne daß sie über einen ihrer Kameraden herfallen und ihn beißen. Der arme ›Barabbas‹ hat vor Furcht fast den Verstand verloren; er bleibt jetzt an Bord und wagt sich nicht mehr auf das Eis. Nicht eine Spur von Ritterlichkeit steckt in diesen Kötern: wo ein Kampf stattfindet, stürzt sich die ganze Bande wie wilde Tiere auf den Unterliegenden.«

Fridtjof Nansen, In Nacht und Eis, Leipzig 1985, S. 77

69 Shackletons Antarktis-Expedition 1914–1916, Tom Crean mit Welpen, Foto: Frank Hurley, Royal Geographical Society, London

HUNGER

Durch Nahrungsmangel ausgelöste, angeborene Empfindung, die beim Menschen auf die Magengegend projiziert wird. Gesteuert wird das Hungergefühl durch den Hypothalamus, eine kleine Struktur des Mittelhirns, die auch andere vitale Bedürfnisse wie Durst, Schlaf und Sexualität koordiniert. Die Schaltzentrale nutzt vermutlich

Signale aus verschiedenen Körperregionen: Spezielle Fühler, Rezeptoren, melden einen leeren Magen, einen niedrigen Blutzuckerspiegel oder Mangel an Körperfett. Ein Mensch gilt als hungrig, wenn es ihm an Nahrungsenergie fehlt, aber auch wenn er zu wenig Eiweiß, essentielle Fettsäuren oder Vitamine erhält, was etwa zu Skorbut führt. Ein guternährter Mensch kann 50 bis 70 Tage ohne Nahrung auskommen – wenn er ausreichend Wasser trinkt. Ohne Flüssigkeitszufuhr überlebt er nur knapp zwei Wochen. Nach einigen Tagen schwindet bei Fastenden meist sogar das Hungergefühl. Manche werden dann euphorisch, andere depressiv. Bei chronischem Hunger verzehrt sich der Organismus langsam selbst. Er verbraucht zunächst die Fettreserven und greift anschließend die Skelettmuskeln an. Weil er Körpereiweiß verbrennt, gehen auch die Abwehrkörper im Blut zurück. Dadurch wird der Organismus anfälliger für Infektionen. Durch den Mangel an Mineralstoffen werden die Knochen brüchig. Letztlich zehrt ein Verhungernder auch lebenswichtige Organe wie Herz und Hirn auf. Auf frühen Polexpeditionen plagte die Männer oft ständiger Hunger. Wegen der beschränkten Transportkapazitäten luden sie auf ihre Schlitten nur gerade so viel Lebensmittel, daß sie bei Kräften blieben. Immer wieder unterschätzten sie dabei den Energiebedarf des Organismus. Für das Anheizen gegen die polare Kälte und die schwere körperliche Arbeit beim Schlittenziehen oder -steuern braucht ein Mann zwischen 14,6 und 20,9 Megajoule (3 500 bis 5 000 Kilokalorien) täglich – ein Büromensch in unseren Breiten kommt mit etwa 9,5 Megajoule (2 000 Kilokalorien) aus. K. B.

»Dann kam das Dessert; aber das zu verzehren war keiner von uns imstande. Es bestand aus fetten, rohen Larven von Renntierbremsen, welche aus dem Fell der frisch geschossenen Tiere herausgekratzt worden waren. Sie wimmelten in einer großen Fleischschüssel wie Riesenmaden, und wenn man in sie hineinbiß, gab es einen kleinen Knacks. Der immer aufmerksame Igjugarjuk sah meine Verlegenheit und sagte freundlich:
›Niemand wird sich darüber verletzt fühlen, daß Ihr unsere Speise nicht versteht; jeder Mensch hat seine Gewohnheit.‹ Aber dann fügte er neckend hinzu: ›Im übrigen esst Ihr ja soeben Renntierfleisch, und was essen wir jetzt anderes als die kleinen Eier, die sich durch die Lebenssäfte des Renntieres entwickelt haben!‹«

Knud Rasmussen, Rasmussens Thulefahrt, Frankfurt a. M. 1926, S. 126

Bericht des Schamanen Samik:
»Viele Menschen haben Menschenfleisch gegessen, aber sie taten es niemals aus Lust, sie taten es nur, um ihr Leben zu retten, wenn die Leiden langer Zeiten so stark an ihnen gezehrt hatten, daß sie oft völlig von Verstand waren. Der Hunger birgt Schrecknisse, der Hunger ist oft von Träumen und Gesichten begleitet, die selbst den stärksten Mann zerbrechen und zu Dingen treiben können, vor denen er sonst Abscheu hat. Daher verurteilen wir sie auch niemals, sondern fühlen nur Mitleid. So viele haben Menschenfleisch gegessen in unserem Stamm, daß sogar die Taburegel besondere Rücksicht auf solche Fälle nimmt, namentlich wird streng darüber gewacht, daß solche Menschen niemals Fleisch von Bären oder Raben essen. …
Das Schrecklichste von allem, was ich erlebt habe, geschah Nagfaq, Inugssaks Mutter. Sie gebar einmal während eines Mißfangs ein Kind, während die Leute um sie herum lagen und vor Hunger starben. Was sollte das kleine Kind hier? Wie konnte es leben, wenn die Mutter, die ihm Leben geben sollte, selbst eingeschrumpft und verdorrt war?
Da erwürgte sie es und ließ es gefrieren, und schließlich aß sie es auf. Am Tage nachher wurde ein Seehund gefangen, und man rettete ihr Leben. Aber seit der Zeit war sie lahm und konnte ihr Wasser nicht mehr halten. Das war, sagte man, weil sie einen Teil von sich selbst gegessen hatte.«

Knud Rasmussen, Rasmussens Thulefahrt, Frankfurt a. M. 1926, S. 358

(1885–1962), australischer Fotograf. Er begleitete 1911 bis 1914 Douglas Mawson in die Antarktis. Nach der Rückkehr schloß er sich der unglücklichen Expedition Ernest Shackletons auf den weißen Kontinent an. K. B.

**HURLEY
JAMES FRANCIS (FRANK)**

70 Frank Hurley, Foto: Royal Geographical Society, London

71 Frank Hurley filmt vom Mast der Endurance, 1914–1916, Foto: Royal Geographical Society, London

In der Sprache der Eskimos bezeichnet Iglu ein Haus, ganz gleich ob aus Steinen und Grassoden oder Schnee. Im Sprachgebrauch der Europäer und Nordamerikaner ist der Begriff indes beschränkt auf ein kuppelförmiges Gebäude aus Schneeblöcken. K. B.

IGLU

72 Northwest Territories, Kanada, Foto: B. &. C. Alexander

Bei den Inseln im Nordpolarmeer handelt es sich sowohl um verschiedene Inselgruppen als auch um einzelne Inseln. Sie weisen viele Gemeinsamkeiten mit den antarktischen Inseln auf. Auf keiner dieser entlegenen arktischen Inseln gab es frühe menschliche Ansiedlungen. Aufgrund des sehr viel schmaleren Festlandsockels sind Amerika keine ähnlichen Inselgruppen vorgelagert. Die ein komplexes Muster bildenden Inseln der kanadischen Nordwestgebiete sind wegen ihrer bedeutend engeren Verbindung mit dem Kontinent nicht mit den arktischen Inseln vergleichbar.

INSELN

ROBERT K. HEADLAND

INSELN

73 Sewernaja Semlja, Bolschewik-Insel, Foto: Magnus Elander

74 Neusibirische Inseln, Foto: Henrik Ekman

Einige Beispiele sind:

Svalbard (Spitzbergen), 76° 50' – 80° 80' Nord, 10° – 34° Ost, Norwegen; vier große und 150 kleine Inseln, Fläche: 62 800 km², 60% vergletschert. Seit langer Zeit Walfang, Robbenfang, Jagd und Fallenstellen; seit 1906 ständiger Kohleabbau; heute drei Kohlenbergwerke und vier Forschungsstationen; zunehmender Tourismus.

Semlja Franza-Iossifa (Franz-Joseph-Land), 79° 73' – 81° 93' Nord, 37° – 85° 50' Ost, Rußland, 191 Inseln, Fläche: 12 334 km², 85% vergletschert. Polarstation seit 1929.

Nowaja Semlja (Neues Land), 70° 67' – 77° Nord, 51° – 69° Ost, Rußland; zwei große und mehrere kleine Inseln, Fläche: 81 280 km², 27% vergletschert. Polarstation seit 1877, heute zwei Stationen und zwei Militärstützpunkte.

INSELN

Nichtexistente antarktische Inseln

In den südlichen Gewässern um Antarktika sind eine faszinierende Fülle von Inseln und Felsen angegeben, die gar nicht existieren. Sie sind alle irgendwann einmal in offiziellen Karten verzeichnet worden. Derlei Phänomene gibt es in allen Ozeanen, doch im Gebiet des Südpolarmeeres ist ihre Zahl unverhältnismäßig groß. Nur im Nordpolarmeer sind noch mehr bekannt. In diesem Zusammenhang sollte man bedenken, daß die Realität der nichtexistenten Aurora-Inseln zu Beginn des letzten Jahrhunderts als nahezu ebenso gesichert galt wie die Existenz von Australien (und beide waren sie fester verankert als die Existenz von Antarktika).

Sind derlei Inseln einmal auf Karten eingezeichnet, bleiben sie auch dort, weil Kartographen aus Gründen der Vorsicht lieber einen Irrtum in Kauf nehmen. Es ist nun mal sicherer, eine Insel oder einen Felsen einzuzeichnen, selbst wenn begründete Zweifel bestehen, um jedes Risiko auszuschließen, daß es zu einem Schiffsunglück kommt. Häufig werden solche Inseln mit dem Zusatz »E.D.« (existence doubtful) oder »P.D.« (position doubtful) versehen. Allerdings kann das auch unglückselige Folgen haben: Das Verzeichnen einer nicht existierenden Insel kann durchaus Menschenleben kosten, und zwar dann, wenn Schiffbrüchige oder beschädigte Schiffe versuchen, sich dorthin zu retten. Bevor eine hydrographische Behörde eine Korrektur bekanntgibt, bei der eine Insel aus den Karten gestrichen werden soll, findet stets eine gründliche Untersuchung statt.

Die Ursprünge von nichtexistenten Inseln sind vielfältig und oft komplex. Ein gerade in antarktischen Gewässern häufiger Fehler ist die Verwechselung von Eisbergen mit Inseln, wobei besonders Moräneneisberge täuschend echt aussehen. Derartige Verwechselungen passieren vor allem bei schlechter Sicht, Nebel und langanhaltender Dunkelheit oder Dämmerlicht; außerdem wird mitunter Treibgut (Schiffswrackteile, treibende Walkadaver, treibender Tang, Bimssteinbrocken etc.) versehentlich als Land gedeutet. In der dichten, kalten Refraktionsluft der Polargebiete kommt es zudem häufig zu Luftspiegelungen. Das alles, in Verbindung mit Wolken und anderen meteorologischen Phänomenen, kann zu Fehlbeobachtungen führen. Ein weiteres Naturphänomen, die vulkanische Aktivität, hat bekanntermaßen vielfach Inseln geschaffen oder zerstört.

Mangelhafte Navigation kann dazu geführt haben, daß tatsächlich existierende Inseln mit falscher Ortsangabe gemeldet wurden. Dies gilt besonders für frühe Meldungen, die jedoch durch die ständig verbesserten Navigationsmethoden seltener geworden sind, vor allem nachdem es mit Hilfe des Schiffschronometers möglich wurde, die geographische Länge exakt zu bestimmen. Eine weitere Fehlerquelle waren Ungenauigkeiten bei der Kartenerstellung und beim Kopieren von Karten, vor allem wenn numerische Transkriptionen vorgenommen wurden.

Es gibt auch Hinweise, daß einige Inseln vorsätzlich falsch angegeben wurden. Dafür sind vor allem die frühen Robbenfänger verantwortlich, die einige Zeit und Mühe darauf verwandten, ihre Konkurrenten in die Irre zu leiten. Verschiedene ähnliche Phantasieprodukte, wobei der Rum oftmals der geistige Vater war, sind aus der Literatur bekannt.

Wenn eine nichtexistente Insel erst einmal auf einer Karte eingezeichnet ist, mag die dadurch geweckte Erwartungshaltung die Chancen einer ›Neuentdeckung‹ noch steigern, wodurch wiederum ihre Existenz auf der Karte gefestigt wird. So verzeichnet beispielsweise ein weltberühmter Atlas in seiner Ausgabe von 1995 immer noch Swain's Island. Obendrein wurde sogar noch eine stärkere Umrandung vorgenommen, um die Existenz der Insel hervorzuheben. In den Tagen der Segelschiffe konnte eine unzugängliche Insel bei schlechten Wetterbedingungen am besten dadurch bestätigt werden, daß man sie umschiffte und dabei die umlaufenden Meerestiefen maß. Dieses Verfahren widerstrebte den meisten Kapitänen, die solche unbekannten Größen gefährlich fanden und sie am liebsten weiträumig umfuhren.

Einige Beispiele:

Emerald Island, 57° 50' Süd, 162° 20' Ost, 1821 (William Elliott, Emerald). Vermutlich ist es eine Robbenfängerfinte.

Elizabethides, 55° 50' Süd, 75° West, 1578 (Francis Drake, Golden Hind). Es könnte sich um einen Vulkankrater gehandelt haben, der schon vor Jahrhunderten verschwunden ist. Der Ozean an dieser Stelle ist nicht sehr tief und liegt über einer aktiven tektonischen Verwerfung.

Burdwood's Island, 54° 15' Süd, 59° 60' West, 1828 (T. Burdwood, Kains). Wahrscheinlich ist ein auf Grund gelaufener Eisberg oder Treibgut für diese Beobachtung verantwortlich; die Wassertiefe dort ist recht gering.

New South Greenland, 62° – 69° Süd, 48° West, 1823 (Benjamin Morrell, Wasp). Die Meldung dieser großen Insel stammte von einem Mann, der als »der größte Lügner im Pazifischen Ozean« galt.

Die antarktischen Inseln

Hier handelt es sich um eine ganze Menge einzelner Inseln im Südpolarmeer und in den südlichsten Teilen einiger anderer Meere. Sie haben mehrere Gemeinsamkeiten mit der eurasisch-arktischen Inselgruppe. Wie in Antarktika hat es auch auf diesen Inseln keine Ureinwohner gegeben. Die Gebietsansprüche auf manche Inseln sind umstritten.

Einige Beispiele sind:

Îles Crozet (Crozet-Inseln), 45° 90' – 46° 50' Süd, 50° 30' – 52° 60' Ost, Frankreich; zwei Inselgruppen, Fläche: 325 km^2, Gletscherfrei. Erste ständige Nutzung durch Robbenfänger; seit 1963 ganzjährige Forschungsstation.

Îles Kerguelen (Kerguelen), 48° 60' – 49° 70' Süd, 68° 70' – 70° 60' Ost, Frankreich, eine Hauptinsel und rund 300 Nebeninseln; Fläche: 7 215 km^2, 10% vergletschert. Erste ständige Nutzung durch Robbenfänger; Robben- und Walfangstation 1908 bis 1914, 1920 bis 1929 und 1951 bis 1956; seit 1951 ganzjährige Forschungsstation.

Macquarie-Inseln, 54° 62' Süd, 158° 97' Ost, Australien. Die Hauptinsel war lange Zeit eine wichtige Basis für Robbenfänger. Es gibt nur zwei relativ ungünstige Ankerplätze und eine hohe Zahl von Schiffbrüchen. Zwischen 1888 und 1917 wurden auf der Insel Robben- und Pinguinöl hergestellt. An vielen Stränden findet man noch heute Überreste der Behausungen, Apparaturen zur Extraktion des Öls und dergleichen mehr. Die ersten interkontinentalen Funksprüche der von Douglas Mawson geleiteten Antarktisexpedition wurden im Jahr 1913 über ein Relais auf den Macquarie-Inseln nach Australien übermittelt. Die seit 1948 bestehende australische Forschungsstation wird mehrmals jährlich von Schiffen angesteuert.

Balleny-Inseln, 66° 30' – 67° 60' Süd, 162° 50' – 165° 00' Ost, Neuseeland, unter Antarktisvertrag. Als die Balleny-Inseln entdeckt wurden, beobachtete man einen gewaltigen Vulkanausbruch; ein weiterer ereignete sich im Jahr 1900. Die Inseln haben überwiegend schroffe Steilküsten, teils mit Felsüberhängen, und die Eisklippen machen sie nahezu unzugänglich. Es gibt keine geschützten Ankerplätze, und Packeis tritt in der Gegend häufig auf. Nur an wenigen Stellen ist eine Landung von der Seeseite her möglich. Die Inseln beherbergen eine Reihe von automatischen Wetterstationen, die mit Hilfe von Hubschraubern gewartet werden.

Süd-Shetland-Inseln, 61° 00' – 63° 40' Süd, 53° 80' – 62° 80' West, Großbritannien; auch von Argentinien und Chile beansprucht; unter Antarktisvertrag. Bereits zu einem frühen Zeitpunkt ungeplante Überwinterung durch Robbenfänger und Forschungsexpeditionen; ständige Forschungsstationen seit 1943 von mittlerweile zwölf Nationen; 1912 bis 1931 sommerliche Walfangstation auf der Deception-Insel.

Süd-Orkney-Inseln, 60° 50' – 60° 80' Süd, 44° 30' – 46° 30' West, Großbritannien; auch von Argentinien beansprucht; unter Antarktisvertrag. Längste ständige Nutzung in der Antarktis; 1903 Errichtung einer meteorologischen Beobachtungsstation durch die Scottish National Antarctic Expedition; wird bis heute von Argentinien unterhalten; 1920 bis 1926 sommerliche Walfangstation auf der Insel Signy.

Südgeorgien, 53° 50' – 55° 00' Süd, 35° 50' – 38° 70' West, Großbritannien; auch von Argentinien beansprucht. Erste Überwinterung durch Robbenfänger und Forscher; seit 1904 Walfang- und Forschungsstation und Garnison; im ersten Internationalen Polarjahr 1882/83 deutsche Station auf Royal Bay; 1904 bis 1965 Wal- und Robbenfangstationen.

INTERNATIONAL ICE PATROL

Der Untergang der Titanic nach einer Kollision mit einem Eisberg im April 1912 war Anlaß für die Gründung der Internationalen Eispatrouille. Seit 1914 hat die US-Küstenwache die Aufgabe übernommen, die von vielbefahrenen Schiffsrouten durchzogene und nebelreiche Region von der Labradorsee bis zum 40. Breitengrad, der Höhe von New York, zu kontrollieren. In der Eissaison, also etwa von Februar bis August, überfliegen die Piloten der Coast Guard regelmäßig den Nordatlantik und registrieren die Gletscherreste, die mit dem kalten Labradorstrom meist von der Westküste Grönlands gen Süden getrieben sind. Im Abstand von zwölf Stunden wird ein Eisbulletin mit der Eisgrenze und den Positionen der gefährlichsten Eisberge gesendet. K. B.

INTERNATIONALES GEOPHYSIKALISCHES JAHR

Mit dem Internationalen Geophysikalischen Jahr (IGJ) starteten 67 Nationen einen einzigartigen wissenschaftlichen Großangriff auf die Erde. Neben einem Weltraumprogramm war die Erforschung der Antarktis ein Schwerpunkt. Hunderte Wissenschaftler studierten vom 1. Juli 1957 bis 31. Dezember 1958 auf dem weißen Kontinent Fragen der Ozeanographie, Meteorologie, Glaziologie und Geologie, sie untersuchten die Aurora Australis und die Biologie des Polarmeers. Im Rahmen des IGJ errichteten die Vereinigten Staaten unter enormem Aufwand am Südpol die Amundsen-Scott-Station, die Sowjetunion installierte in der Nähe des geomagnetischen Pols die Station Wostok. Der Erkundungsdrang ließ viele Staaten ihre Territorialstreitigkeiten in der Antarktis zurückstellen. So kooperierten in der heißen Phase des Kalten Krieges sogar die beiden Kontrahenten USA und Sowjetunion.

Das Internationale Geophysikalische Jahr hatte seinen Ursprung in zwei früheren länderübergreifenden Kooperationen: den internationalen Polarjahren 1882/83 und 1932/33, in denen sich die Wissenschaftler allerdings hauptsächlich der Arktis widmeten. K. B.

JAGD UND HANDEL IN DER ARKTIS

ERIC DYRING

Tiere bilden die Grundlage für die Existenz des Menschen in der Arktis. Rentier, Robbe, Polarfuchs, Eisbär, Walroß und Wal sind seit Tausenden von Jahren eine Voraussetzung für das Überleben der arktischen Urbevölkerung in dem harten Polarklima. Sie geben Nahrung und Material für Kleidung, Gerätschaften und Wohnungen. Und sie stellen außerdem eine wichtige Handelsware dar.

Vor ungefähr 1 000 Jahren tauchten zum ersten Mal arktische Pelz- und Knochenprodukte auf den europäischen Märkten auf. Der deutsche Theologe Albertus Magnus berichtet zum Beispiel, daß im Mittelalter Walroßhäute für die Herstellung von Schiffstauen auf dem Markt in Köln verkauft wurden. Sogar Walroßstoßzähne und Zähne von Narwalen fanden Käufer. Arktische Produkte waren auch einzigartige und prestigeträchtige Geschenke an den europäischen Höfen, beim Adel und bei wohlhabenden Bürgern.

Es sollte jedoch noch einige hundert Jahre dauern, bis die arktischen Handelswaren regelmäßig auf den europäischen Märkten zu finden waren. Am gefragtesten waren Pelze, Zähne von Walroß und Mammut sowie Speck, Tran und Barten von Walen.

Während des 16. Jahrhunderts gedieh der Pelzhandel mit der Arktis. Handelsunternehmen entstanden und erhielten das Monopol für die Kolonisierung und die Entwicklung des Handels in den arktischen Gebieten. Das den privaten Unternehmen verliehene Monopol förderte die Ausweitung des Handels, war aber auch Anlaß für Streitigkeiten.

Im Jahr 1555 verlieh Königin Elizabeth I. dem Unternehmen Muscovy Company das Monopol für den Handel in der Arktis. Die Hudson's Bay Company erhielt das gleiche Recht von Charles II. für den Pelzhandel im arktischen Nordamerika im Jahr 1670. 1799 verlieh Zar Paul I. das Pelzhandelsmonopol für Alaska und die Inselgruppe der Aleuten der Russian-American Company. Die Monopole dieser privaten Unternehmen umfaßten sogar Gerichtsbarkeit, militärische und administrative Macht.

Eine Ausnahme bildete die dänische Royal Greenland Trading Company, die 1774 für die Entwicklung des Pelzhandels auf Grönland gegründet wurde. Sie glich eher einem Ministerium, das der dänischen Regierung angegliedert war.

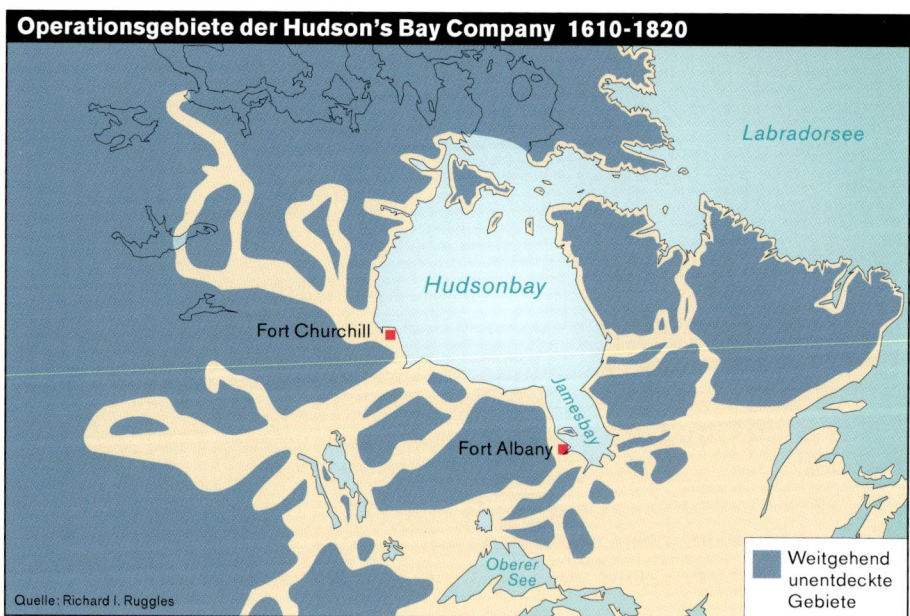

75 Operationsgebiete der Hudson's Bay Company 1610-1820

Quelle: Richard I. Ruggles

JAGD

76 Kommissar der Hudson's Bay Company auf einer Winterreise. Stich von R. M. Ballantyne. In: »Hudson's Bay or Everyday Life in the Wilds of North America«, London, o. J.

Nowgorod

Schwedische Wikinger gründeten Ende des 9. Jahrhunderts die Stadt Nowgorod etwa 150 Kilometer südöstlich von St. Petersburg. Die Stadt entwickelte sich zu einer selbständigen Republik mit expansiven Handelsbeziehungen. Diese Expansion wurde jedoch im Westen durch die starken Königreiche Schweden und Norwegen behindert; im Süden drohten Auseinandersetzungen mit den streitlustigen Tartaren. Für die wachsende wirtschaftliche Großmacht Nowgorod war nur der Weg nach Norden und Osten offen. Im 11. und 12. Jahrhundert drängten ihre Bürger entlang der großen Flüsse in Richtung Norden. In den unendlichen Wäldern, in der Tundra und entlang der Eismeerküste gab es reichlich Pelztiere.

77 Wappen der Hudson's Bay Co.

Dokumente von 1137 belegen, daß Menschen aus Nowgorod Pelztierjagd und Handel entlang den Flüssen trieben, die in das Weiße Meer münden – Onega, Dwina und Pinega. Die Halbinsel Kola sowie die Küstengebiete an der Barentssee und der Karasee wurden bald dem Herrschaftsbereich Nowgorods einverleibt.

Nowgorod wurde ein Umschlagplatz für arktische Produkte. Von hier aus gelangten sie auf den europäischen Markt. Es entstand eine Art arktische Hanse. Drohungen und Gewalt wurden eingesetzt, um von der Bevölkerung einen Tribut in Form von Tierhäuten und anderen Waren zu erhalten.

Moskau betrachtete Nowgorods ökonomische Erfolge zunehmend begieriger, so daß zwischen beiden Städten Streitigkeiten ausbrachen. Im Jahr 1478 beendete Zar Iwan III. Nowgorods Souveränität, und Moskau konnte den lukrativen Handel mit dem Norden übernehmen.

Der Kolonisierung Nordrußlands folgte die Christianisierung. Klöster entstanden entlang der Wasserwege. Im 15. Jahrhundert wurde zum Beispiel das berühmte Kloster Solowezki auf der Solowezkiinsel im Weißen Meer gegründet.

Muscovy Company

In England erwachte das Interesse für die Arktis und ihr ökonomisches Potential im 16. Jahrhundert. Vor allem reizte der Gedanke an nördliche Seewege zu den Reichtümern des Orients. Eine Gruppe von Kaufleuten aus London gründete ein Unternehmen mit Namen The Company of the Marchants adventures for discovery of Regions, Dominions, Islands and places unknown. 1553 schickte das Unternehmen drei Fahrzeuge auf den Weg, um einen nordöstlichen Seeweg nach Asien zu suchen. Es gelang nicht, die Nordostpassage zu durchsegeln, aber Kapitän Stephen Borrough eröffnete Handelsverbindungen mit dem Norden Rußlands.

1555 wurde die Gesellschaft in die Muscovy Company umgewandelt und erhielt das Monopol für den Handel mit Rußland und alle Gebiete »lying Northwards, North-westwards and North-eastwards«. Einige Zeit lang machten ihnen holländische Jäger Konkurrenz. Bald jedoch übernahmen die Russen die Herrschaft über den lukrativen Pelzhandel.

»Rußlands weiches Gold«

Ende des 16. Jahrhunderts begannen die Russen neue Jagdreviere im Osten zu erobern. Mit leicht zu manövrierenden Booten bewegten sich die russischen Pioniere schnell auf den Wasserwegen und entlang der sibirischen Nordküste. Um 1620 – es hatte nur 40 Jahre gedauert – war das gesamte riesige Sibirien erobert. Militärische Forts und Handelszentren entlang der Flüsse markierten Moskaus Oberhoheit. Der Urbevölkerung wurden Steuern in Form von Tierhäuten – Yasak – abverlangt, mit denselben effektiven, aber grausamen Methoden, die seit langem sowohl von den Russen als auch den Mongolen angewandt wurden.

Auf diese Weise konnte Moskaus sibirisches Pelzimperium im 17. Jahrhundert expandieren. Zu Anfang dominierten Zobelfelle, bis zu 150 000 wurden Mitte des 17. Jahrhunderts jährlich von Sibirien nach Moskau geschickt. Demgegenüber handelte man nur in geringem Maße mit Häuten von Rotfuchs, Polarfuchs, Biber, Eichhörnchen, Vielfraß und Hermelin. Außerdem waren Walroßzähne eine äußerst attraktive Handelsware. Es ist deshalb auch nicht verwunderlich, daß Moskau diese Reichtümer für sich allein haben wollte.

Mangaseja

Mangaseja war eine sehr bedeutende nordsibirische Handelsstadt. Sie wurde Anfang des 17. Jahrhunderts im Zuge eines für damalige Verhältnisse enormen Baubooms am Zusammenfluß von Taz und Mangaseja gegründet, dort, wo die Taiga in die Tundra übergeht. Wie andere sibirische Städte war sie ganz aus Holz gebaut. Die Bevölkerung bestand aus gut 700 Menschen, aber die Stadt wurde alljährlich von etwa 1 500 Geschäftsleuten besucht. Im Jahr 1619 hatte der Zar den Seeweg in die Stadt für die englischen und holländischen Pelzhändler geschlossen.

Dann kam ein Unglück nach dem anderen: Feuersbrünste, interne Streitigkeiten und Angriffe der Urbevölkerung. 1672 war der Boom vorüber, die Stadt ging zugrunde, und der Pelzhandel nahm andere Wege.

Sibiriens Elfenbein

Im ständig gefrorenen Boden lagen ungezählte Kadaver des vor etwa 10 000 Jahren ausgestorbenen Mammuts begraben. Die Zähne waren – wie die Stoßzähne der Elefanten – schon früh sehr begehrt. Nach Mammutzähnen zu graben oder Reste, die durch den gefrorenen Boden an die Oberfläche gelangt waren, zu finden, wurde ein einträgliches Geschäft, das sich im 17. Jahrhundert zu einer Industrie entwickelte. Gewaltige Mengen dieser fossilen Mammutzähne wurden aus Sibirien zu den Märkten in Rußland, China und Europa exportiert. Zwischen 1650 und 1900 sind schätzungsweise Zähne von mehr als 40 000 Tieren aus Sibirien exportiert worden, jeder Zahn dürfte bis zu 100 Kilo gewogen haben. Eine Notiz berichtet, daß mehr als 30 000 Kilo in den Jahren 1825 bis 1833 verschifft worden sind. Die ›Mammutjagd‹ fand in ganz Nordsibirien statt. Die großen Fossiliengruben waren – und sind – jedoch die Neusibirischen Inseln. Heute ist der Handel mit Mammutstoßzähnen verboten.

Die Große Nordische Expedition

Zar Peter der Große initiierte eines der größten Forschungsprojekte der Geschichte – die Große Nordische Expedition. Er wollte das arktische Sibirien kartieren lassen, die Kontrolle über die großen Gebiete östlich des Ural erlangen und Rußlands Herrschaftsbereich Richtung Nordamerika auf der anderen Seite des Pazifik ausdehnen. Eine wichtige Triebfeder war der Wunsch, den einträglichen Handel mit Fellen und Zähnen unter Kontrolle zu bekommen. 1733 bis 1742 erfolgte unter der Leitung von Vitus Bering die Kartierung der sibirischen Küste (s. S. 78).

Die Pomoren

Die Nachkommen der Erbauer Nowgorods an der arktischen Küste spielten eine wichtige Rolle bei der russischen Eroberung der Arktis. Sie waren kühne Jäger und Seefahrer, die weit in die arktischen Gewässer hinausfuhren. Im 18. Jahrhundert – vielleicht auch schon früher – wurden Jäger in kleinen, stabilen Booten Richtung

78 Frühe Pomorensiedlung und russisch-orthodoxes Kreuz bei Russöa, 80° Nord, Spitzbergen, Foto: Eric Dyring, 1957

Spitzbergen und Nowaja Semlja ausgesandt. Sie wohnten in einfachen Hütten und jagten Polarfüchse, Eisbären und Robben. Nach einigen Jahren wurden sie mit ihrem Fang abgeholt und kehrten heim an die russische Nordküste. Gut 100 Jahre später begannen die Norweger unter ähnlichen Bedingungen auf Spitzbergen Jagd zu treiben.

Hudson's Bay Company

Als erste haben Fischer nordamerikanische Felle nach Europa importiert. Das geschah im 16. Jahrhundert und betraf vor allem Biberfelle, die dann in Frankreich in erster Linie zu eleganten Mützen verarbeitet wurden, eine Mode, die um das Jahr 1600 ihren Höhepunkt erreichte. Den Handel betrieben französische Firmen, die das Monopol von der französischen Krone erhalten hatten. Aber der französische Markt brach zusammen, und unabhängige Händler, sogenannte ›woodrunners‹ oder ›woodmen‹, übernahmen die Geschäfte Mitte des 17. Jahrhunderts. Zwei von ihnen schlugen 1665 in London die Etablierung einer Pelzhandelsorganisation in der Hudsonbai in Kanada vor. Eine Gruppe von Engländern gründete schließlich 1670 die Hudson's Bay Company. Sie erhielt das Monopol für den Pelzhandel in einem riesigen Gebiet, das definiert wurde als »all land upon the Coastes and Confynes of the Seas Streighters Bayes Lakes Rivers Creekes and Sounds lying within the entrance of the Streightes commonly called Hudson Streightes«. Dieser Bereich wurde nach dem ersten Chef des Unternehmens Rupert's Land genannt.

Die Hudson's Bay Company wurde in den ersten 100 Jahren ihrer Geschichte mit eiserner Hand von London aus geleitet. Jeden Sommer entsandte man zwei bis drei Schiffe auf den Weg zu den Handelsstationen rund um die Hudsonbai. Sie waren beladen mit Messern, Äxten, Decken, Tabak und Dingen des täglichen Bedarfs, und die Urbevölkerung kam mit den Fellen ihrer Winterjagd. Die Schiffe kehrten nach London zurück, schwer beladen mit Häuten von Bibern und anderen Pelztieren. Das Unternehmen war höchst einträglich, aber Indianer und Eskimos wurden oft sehr wenig human behandelt. Man kann durchaus Ähnlichkeiten zu der Brutalität feststellen, mit der die Russen von der sibirischen Urbevölkerung Tierhäute verlangten.

North West Company

Zu Beginn des 19. Jahrhunderts bekamen die Engländer Konkurrenz durch kanadische und schottische Pelzhändler, die locker in der North West Company organisiert waren. Das veranlaßte die Hudson's Bay Company dazu, ihre Geschäfte Richtung Westen bis zum Pazifik auszudehnen. Zwischen den beiden Firmen herrschte bisweilen ein regelrechter Krieg, bis die Hudson's Bay Company ihre Konkurrentin 1821 aufkaufte. Während der nächsten vier Jahrzehnte erlebte das Unternehmen eine Blütezeit, verlor aber 1869 sein Pelzmonopol. Die Hudson's Bay Company änderte danach ihr Erscheinungsbild und gründete unter anderem eine Kette von 400 Warenhäusern in Kanada mit Hauptbüro in Toronto. In dieser Form existiert sie noch heute.

Das Unternehmen trug im 19. Jahrhundert auch zur systematischen Erforschung des unbekannten arktischen Kanada bei. Kleine Expeditionen wurden mit Hundegespannen und Kanus auf lange Forschungsreisen geschickt.

JAGD 95

79 François-Auguste Biard, Walroß-jagd der Grönländer im Eismeer, um 1840, Château-Musée de Dieppe, Foto: Bulloz, Paris

Royal Greenland Trading Company

Der dänische König erhielt 1703 einen Bericht, der den Aufbau eines Pelzhandels auf Grönland vorschlug. Daraus resultierte zunächst, daß einige kleinere Firmen ein Monopol vom dänischen König erhielten, und 1774 wurde The Royal Greenland Trading Company gegründet. In veränderter Form existiert dieses Unternehmen noch heute.

Die Firma war im Gegensatz zur privaten Hudson's Bay Company von Beginn an im Besitz und unter der Kontrolle des dänischen Staates. Eine wichtige Aufgabe war die Christianisierung der Grönländer. Ein Netz von Handelszentren entstand, die sich mit der Zeit zu Gemeinden entwickelten, vor allem an der Westküste Grönlands. Das Monopol erlosch 1950. Entlang der unzugänglichen Ostküste kam der Pelztierfang erst später im 20. Jahrhundert in Gang. Vor allem Norweger bauten ein Netz von Stationen und Jagdhütten an den ostgrönländischen Fjorden auf.

Heute ist die Jagd auf Eisbären in der gesamten Arktis verboten, und die Jagd auf Zobel unterliegt in Rußland strengen Reglementierungen.

»Kresuks nackte Brust ist über und über mit Blut bespritzt, sein Gesicht verschmiert, das ölige schwarze Haar um seine Wangen mit Blut und Vogelfett verklebt. Mit den Schneidezähnen reißt er die purpurrote Ader am Brustbein auf, seine Lippen saugen an den Fleischfetzen, die noch an den rosa Rippenknochen haften. Während er daran nagt, klatscht ihm die Vogelbrust mit den herabhängenden Muskellappen gegen das glitschige Handgelenk. Neben seinem nackten Oberschenkel liegen die Überreste von neun Eiderenten, sein Knie verdeckt eine triefende Gurgel und einen Brustkorb. Sein rechtes Nasenloch ist mit weißen Fettklumpen und Stückchen von rohem Fleisch verstopft.«

T. Coraghessan Boyle, Der Polarforscher, Augsburg 1995, S. 13–14

JAMAL

IGOR KRUPNIK
WILLIAM W. FITZHUGH

Im Sommer ist die flache Tundralandschaft der Halbinsel Jamal im arktischen Teil Sibiriens übersät mit Hunderten von Seen und Myriaden träge dahinströmender Bäche und Flüsse. Im Winter ist das Land weiß, zu Eis erstarrt und beinahe leblos. Doch hie und da, an Flußufern und in der Nähe flacher Hügel, erblickt man auffallend andersartige, unnatürlich anmutende Formen, deren Silhouetten sich dunkel gegen den Himmel abzeichnen. Nähert man sich diesen kegelförmigen Gebilden, so stellt man fest, daß es sich um Ansammlungen von Zelten handelt, umgeben von Schlitten, Booten und Brennholzstapeln. Irgendwo in der Nähe weidet eine Rentierherde, bewacht von Männern auf Schlitten und ein paar bellenden Hunden. Wenn man in der Tundra reist – ganz gleich ob zu Fuß oder per Ski, Motorschlitten oder Hubschrauber –, bietet ein solches Lager eine willkommene Zuflucht: Den Fremden erwartet ein herzlicher Empfang mit heißem Tee und wohlschmeckendem frischem Fleisch oder Fisch, und er lernt die großzügige Gastfreundschaft der Einheimischen kennen, der Nenzen der Halbinsel Jamal.

Diese Halbinsel ist ein nahezu ebenes Tundragebiet, das nordöstlich des Urals rund 800 Kilometer weit ins Nordpolarmeer ragt. Ihre Südgrenze liegt unmittelbar über dem nördlichen Polarkreis, und die Nordspitze der Halbinsel mit der vorgelagerten Weißen Insel (Belyinsel) liegt bei 73° nördlicher Breite. Archäologen haben überall auf der Halbinsel Spuren prähistorischer Besiedlung gefunden, so daß man heute davon ausgeht, daß dort bereits seit vier Jahrtausenden Menschen leben. Für die Jäger der Frühzeit war die gefrorene Tundra der Halbinsel Jamal offenbar ein sicheres und reiches Land – genau wie für die rentierzüchtenden Nenzen unserer Zeit.

Die heutigen Bewohner der Halbinsel, die rund 8 200 samojedisch-sprechenden Jamal-Nenzen, leben dort bereits seit Jahrhunderten als nomadisierende Renzüchter, Pelztierjäger und Fischer. Erst vor wenigen Jahren hat man auf ihrem Land, das Außenstehenden lange Zeit völlig wertlos erschien, eines der umfangreichsten Erdgas- und Ölvorkommen der Welt entdeckt. Auf der Suche nach kommerziell lohnenden Produktionsstätten drängten die russischen Erdgaserzeuger und ihre westlichen Partner vor 25 Jahren auf die Halbinsel Jamal, bauten Straßen, richteten Camps für die Bohrtrupps ein und führten Probebohrungen durch. Heute ist die Situation auf der Jamalhalbinsel gespannt, denn eine einheimische Stammeskultur trifft auf die fortschreitende Industrialisierung, die bisher nur selten Rücksicht auf Kultur oder Umwelt genommen hat.

Auf Außenstehende wirkt ein Hirtenlager der Nenzen wie das letzte Relikt eines prähistorischen Stammes. Man fühlt sich zurückversetzt in die Zeit um 1830, zu den Indianern der Great Plains mit ihren Tipis aus Büffelhäuten und ihrer vollkommenen Isolation von der modernen Welt. Ein Nenzenlager umfaßt heute meist drei bis fünf nebeneinander aufgereihte transportable Familienzelte oder ›Tschums‹ aus Holzstangen mit einer Außenwand aus Rentierhäuten, Segeltuch oder Birkenrinde. Die Bewohner dieser Zelte, in der Regel 20 bis 40 Personen, schlafen, essen und erledigen einen Teil der Hausarbeit in den Tschums, doch der weitaus größte Teil ihres täglichen Lebens spielt sich im Freien ab: Dort werden die Rentiere angeschirrt, Schlitten beladen, Boote und Fischernetze geflickt, dort beten sie zu ihren Göttern und bringen ihnen Opfer dar. Im Winter fallen die Außentemperaturen nicht selten unter minus 45 Grad Celsius, und es wehen heftige Stürme oder Schneestürme, während es im Sommer bis zu 25 Grad warm werden kann, und mit der Wärme kommen riesige Schwärme von Tundrainsekten und Stechmücken. Ein wahrhaft hartes Leben für jemanden, der nicht im Tschum geboren ist.

Die Lebensweise der Hirten erscheint auf den ersten Blick einfach, wenn nicht gar primitiv. Von den Kindern bis zu den Stammesältesten tragen alle Fellbekleidung, die aus den Häuten der Rentiere hergestellt wird. Die Nahrung besteht aus Rentierfleisch und Fisch, Brot, Zwieback, Butter und Tee. Die Nenzen transportieren ihre Habe auf Rentierschlitten aus Treibholz oder importiertem Holz, und die handgefertigten Messer und Bogenbohrer, die sie zum Bau dieser Schlitten verwenden, sehen noch genauso aus wie die Werkzeuge, die man aus den klassischen Werken der Ethnographie des frühen 19. Jahrhunderts kennt. Im Frühjahr treiben sie ihre Herden fast 1 200 Kilometer weit vom Nordrand der Waldtundra in die kühlenden Winde am Ufer des Nordmeers; dort verbringen sie den Sommer und kehren im Herbst zurück an den Rand des schützenden Waldes.

Das Leben in der Tundra ist hart und karg, doch die heutigen Nenzen leben keineswegs in Unkenntnis des modernen Lebens und sind auch nicht von der Außenwelt isoliert. Sie sind keine ›Relikte aus der Steinzeit‹ in einer arktischen Wildnis. Tatsächlich lebt heute nur noch die Hälfte der Jamal-Nenzen als nomadisierende Renzüchter. Die andere Hälfte ist in den Dörfern und Städten der Halbinsel ansässig und verdient ihren Lebensunterhalt mit kommerziellem Fischfang und Bauarbeiten, mit dörflichen Dienstleistungen und Verwaltungstätigkeiten sowie im Erziehungswesen und in der Gesundheitsfürsorge. Dort sind sie ein ebenso aktiver Bestandteil der modernen Gesellschaft wie andere Bewohner des ländlichen Nordrußlands und der arktischen Regionen.

Tatsächlich haben alle Nenzen – mit Ausnahme der ganz alten – zumindest einen Teil ihres Lebens in einem Dorf verbracht, insbesondere die Frauen, Kinder und Jugendlichen. Kinder im Alter von sieben bis 17 Jahren besuchen acht (oder mehr) Jahre lang zunächst eine Dorfschule und anschließend ein Internat in der Stadt. Im Zuge ihrer Ausbildung lernen sie nicht nur Russisch, sondern auch Mathematik, Chemie, russische Geschichte und erhalten sogar Fremdsprachenunterricht in Englisch oder Deutsch. Die jungen Männer aus den Dörfern und aus der Tundra dienen zwei oder auch drei Jahre lang beim russischen Militär. Die Eigentumsverhältnisse an den meist etwa 1 500 bis 2 000 Rentiere umfassenden Herden sind durch eine komplizierte Vereinbarung geregelt: Zwischen einem Drittel und der Hälfte einer Herde kann sich im Besitz der jeweiligen Familie befinden; der Rest ist Staatseigentum, und die Hirten sind als bezahlte Angestellte den örtlichen Sowchosen in

80 Lager der Rentierhirten in Nord-Jamal, Foto: David Dector

81 Rentierhirten besuchen die Gas-Forschungsstation Bowanjenkowo 1994, Foto: William W. Fitzhugh

82 Tiergeister waren bei der Jagd behilflich. Schnitzerei auf einer Harpune der Beringsee-Eskimo, ca. 500 v. Chr., Foto: William W. Fitzhugh, Courtesy S. Arutiniov MAE/St. Petersburg

vollem Umfang dafür verantwortlich. Als Lohn für ihre Hirtentätigkeit beziehen sie ein geregeltes Monatseinkommen und erhalten zentral beschaffte Fertigerzeugnisse. Genau wie andere Staatsbedienstete in Rußland haben sie einen Anspruch auf Urlaub und auf kostenlose medizinische Betreuung und beziehen (zumindest theoretisch) eine Rente.

Seit bekannt ist, daß es auf der Halbinsel Jamal Gas- und Ölvorkommen gibt, bauen dort Hunderte von russischen und ukrainischen Wanderarbeitern Pipelines und Eisenbahnen, führen Probebohrungen durch und fahren mit ihren schweren Fahrzeugen durch die sumpfige Tundra. Diesen neuen Herausforderungen müssen sich die Jamal-Nenzen stellen. Und so debattieren sie heute über Erdgasförderung, Umweltverschmutzung, Gebietsansprüche und die Zerstörung ihres angestammten Lebensraumes. Viele würden die Angebote der Gasförderunternehmen am liebsten in den Wind schlagen und an ihrer traditionellen Lebensweise festhalten. Jedes neue Familienzelt, das in der Tundra errichtet wird, jedes Kind, das nach dem Internatsbesuch zu seinem Stamm zurückkehrt, jedes neue Kleidungsstück aus Fell und jeder Holzschlitten, der in einem Lager hergestellt wird, ist im Grunde ein beredtes Zeugnis für den Wunsch der Nenzen nach kultureller Kontinuität.

Ob man die Tatsache, daß die traditionelle Kultur der Jamal-Nenzen so erstaunlich lebendig geblieben ist, nun ihrer unerschütterlichen Standhaftigkeit oder der Kargheit und Abgeschiedenheit ihres Lebensraums zugute hält – fest steht, daß sie 300 Jahre russische Kolonialherrschaft ebenso überstanden haben wie 70 Jahre Sowjetregime und zwei Jahrzehnte Öl- und Gasförderung auf ihrem Land. Dieses kleine Volk von arktischen Hirten und Fischern hat sowohl das größte eurasische Kolonialreich als auch Aufstieg und Fall einer Großmacht überdauert. Und derzeit zwingen mangelnde Infrastruktur und der Preisverfall auf den internationalen Energiemärkten sogar die Ölgesellschaften dazu, ihre Aktivitäten auf der Halbinsel Jamal zumindest vorerst zu reduzieren.

Wenn Bohrstätten, Bergarbeitersiedlungen und Versorgungsstationen verlassen werden, gewinnen die Nenzen Zeit und Spielraum für ihr eigenes Leben und für die Besinnung auf ihre eigene Zukunft. Aber der kulturelle Wandel schreitet dennoch unaufhaltsam voran, denn die Nenzen nehmen in immer größerem Maße moderne Geräte wie Schneemobile und Radios an, und die Jugendlichen suchen nach der Schule Arbeit in den Dörfern oder noch weiter entfernt.

Worin liegt die besondere Faszination der Jamal-Nenzen? Der aus Alaska stammende Harvardabsolvent Sven Haakanson, der sieben Monate in einem Hirtenlager der Nenzen verbrachte, hat es so formuliert: »Meine Erfahrungen bei den Nenzen haben meine Sicht und mein Verständnis dessen verändert, was es bedeutet, tief in einer traditionellen kulturellen und religiösen Vorstellungswelt verwurzelt zu sein; dazu gehören zum Beispiel Kenntnis des Landes, eine Ehrfurcht vor der Welt, in der man lebt, eine eigene Sprache. ... Die Russen haben versucht, die Nenzen umzuziehen – durch Kollektivierung ihrer Herden, die Inhaftierung ihrer Anführer, die Erziehung der Kinder in Internaten. Das ist nicht ohne Wirkung geblieben, doch trotzdem hat sich die Kultur der Nenzen längst nicht so drastisch verändert, wie es in ganz Nordamerika geschehen ist.«

Auf der Halbinsel Jamal geht es um das Überleben einer Kultur – sie überlebt dank Widerstand, Isolation, harter Lebensbedingungen, derzeit sogar dank eines vorübergehenden Preisverfalls für Erdöl und Erdgas. Die Schicksalsfrage für die Halbinsel Jamal ist, ob es den Nenzen gelingt, sich eine eigene Zukunft aufzubauen, in der sie die Bindungen an die Tradition bewußt und in freier Entscheidung mit einer kontrollierten wirtschaftlichen Entwicklung in Einklang bringen. Das ist der wahre

KÄLTE

Kern der Kampfes um kulturelles Überleben, der erst jetzt allmählich zum Thema des neuen politischen Diskurses in Rußland wird.

KAJAK

Mit dem Kajak, der als perfektes Einmannboot gilt, haben sich die Eskimos das Meer als Jagdrevier erschlossen. Das schmale Gefährt besteht aus einem Holz- oder Walknochengerippe und ist mit wasserdicht vernähten Robbenhäuten bespannt. Der Benutzer schlüpft durch ein enges Loch in das Boot, dessen Einstiegsschürze er mit seinem Anorak wasserundurchlässig verknüpfen kann. Kajaks sind in der Vorstellungswelt der Arktisbewohner nicht nur Boote. Sie haben eine Seele und – männliches – Geschlecht. Der Steven zum Beispiel wird mancherorts als Geschlechtsorgan interpretiert. K. B.

83 Narwaljagd, Qaanaaq, Grönland, Foto: Staffan Widstrand

KÄLTE IN WOSTOK

STANISLAV FISCHER

Die antarktische Forschungsstation Wostok – oft als einer der beiden Kältepole der Erde bezeichnet – wurde am 16. Dezember 1957 von der Zweiten Sowjetischen Antarktisexpedition in der Nähe des geomagnetischen Südpols gegründet. Die imaginäre Achse des erdmagnetischen Feldes durchstößt die Oberfläche unseres Planeten nicht an den geographischen Polen, sondern recht weit davon entfernt: an der Nordwestküste von Grönland und auf der Eiskuppel der Ostantarktis. Diese geomagnetischen Pole sind zwar von höchstem Interesse für die Wissenschaft, bieten aber keinen allzu angenehmen Aufenthaltsort für den Menschen. In ganz besonderem Maße gilt das für die südliche Hemisphäre, denn die riesige antarktische Hochfläche liegt mehr als 3 000 Meter über dem Meeresspiegel und erreicht an ihrer höchsten Stelle sogar über 4 000 Meter. Dort, etwa 700 Kilometer südwestlich der Forschungsstation Wostok, liegt der eigentliche Kältepol der Erde, denn dort fallen die Temperaturen im Winter häufig unter minus 90 Grad Celsius. Die besonderen meteorologischen Bedingungen und die lebhafte atmosphärische Zirkulation in der antarktischen Region sorgen dafür, daß um den höchsten Punkt des Festlandeises die mittlere Temperatur in den Wintermonaten etwa minus 70 Grad Celsius beträgt und auch in der wärmsten Zeit, im Dezember und Januar, nur auf rund minus 30 Grad ansteigt.

Nach meiner Rückkehr von der Forschungsstation Wostok bin ich oft gefragt worden, wie man an einem solchen Ort leben kann und vor allem ob man bei derart strengem Frost überhaupt aus dem Haus gehen kann. »Ja«, habe ich geantwortet, und dabei meist ein wenig gelächelt, denn ich hatte immer Jakutien vor Augen – eine Gegend, die zwar auf der Nordhalbkugel liegt, für Europäer aber nicht minder exotisch ist als die Antarktis –, wo sogar kleine Kinder bei minus 50 Grad zur Schule gehen. »Es ist nicht nur möglich, bei mehr als minus 80 Grad die Station zu verlassen«, versuche ich meinen Zuhörern dann klarzumachen, »bei solchen Temperaturen ist es sogar das beste, im Freien zu arbeiten, wenn man am Leben bleiben will.«

Die Kälte ist nur einer von vielen physikalischen Faktoren, die den Menschen in der Antarktis zu schaffen machen. Zu nennen wären zum Beispiel Luftdruck, Wind, Temperatur, Luftfeuchtigkeit, Sonneneinstrahlung, Licht und Dunkelheit während des Polartages und der Polarnacht sowie eventuell die noch kaum erforschten Auswirkungen von geomagnetischen Stürmen und ähnlichen Naturphänomenen. Außerdem darf man bei der Betrachtung der Lebens- und Arbeitsbedingungen von Polarforschern auch die psychische Belastung durch die Isolation unter polaren Bedingungen und in extremen Grenzsituationen nicht außer acht lassen. Ich selbst hatte schon nach wenigen Tagen in Wostok Erfrierungen an der Lunge und kehrte nach zweiwöchiger Behandlung auf der Station Mirnyj mit einem der letzten Flüge zum Überwintern nach Wostok zurück. Trotzdem erschienen mir der psychische Druck und das menschliche Zusammenleben oftmals schwieriger zu ertragen als die rein physischen Strapazen.

Es mag vielleicht seltsam klingen, aber die schwierigste Phase für die Besatzung der Forschungsstation Wostok ist die Zeit unmittelbar nach der Ankunft. Die abrupte und radikale Veränderung der Lebensbedingungen nach wenigen Flugstunden von der Station Mirnyj (vor allem das Absinken des Luftdrucks auf 60 Prozent des Normalwerts) ist nur schwer zu ertragen. Wostok liegt etwa 1 200 Kilometer von der nächsten Küste entfernt, auf einer Höhe von 3 488 Metern über dem Meeresspiegel; natürlich herrschen dort sehr niedrige Temperaturen, die Luftfeuchtigkeit ist extrem gering, und es weht ein ständiger, relativ mäßiger Wind (der Jahresdurchschnitt liegt bei sechs Metern pro Sekunde). Für Neuankömmlinge auf der Forschungsstation gelten die gleichen Akklimatisationsregeln wie für andere sowjetische Antarktisexpeditionen: Während der ersten Tage darf man bei Temperaturen von weniger als minus 40 Grad das Haus nicht verlassen und in der ersten Woche nicht im Freien arbeiten. Unter normalen Umständen, wenn Mitglieder der Besatzung abgelöst werden, hält man sich an diese Regeln. Aber das heißt nicht, daß die Akklimatisation in jedem Fall problemlos vonstatten geht. Selbst unter diesen idealen Bedingungen ist nicht jeder in der Lage, dort zu bleiben und zu arbeiten. Das, was manche befällt, heißt oft Höhenkrankheit, obwohl es nicht selten vorkommt, daß auch Männer, die in größeren Höhen wie etwa im Pamirgebirge gearbeitet haben, oder gut durchtrainierte Bergsteiger abgelöst werden müssen, weil sie unter ständigen Kopfschmerzen leiden und Atem- und Herzbeschwerden haben. So etwas kommt jedes Jahr vor und gilt als völlig normal.

Der Winter, den wir im Jahr 1963 in Wostok verbrachten, war in vielerlei Hinsicht außergewöhnlich. Die Besatzung begann Ende Januar/Anfang Februar, als die Lufttemperaturen meist um minus 40 Grad lagen, sich in der Station einzurichten. Sie hatte ein Jahr lang leergestanden, weil es nicht möglich gewesen war, sie während des vorherigen Sommers mit dem nötigen Brennmaterial zu versorgen. Als die Expeditionsleitung mit dem ersten Flug im Januar 1963 Wostok besuchte, kam sie zu dem Schluß, daß die Station zwar bewohnbar sei, doch ganz neu aufgebaut werden müsse. Wostok war zu jenem Zeitpunkt die einzige sowjetische Station im Inneren des antarktischen Kontinents und lag noch dazu an einem sehr wichtigen Ort, und

KÄLTE

Der Windkältefaktor

Temperatur (°C)	Windgeschwindigkeit (m/s)				
	5	10	15	20	25
0	−8	−14	−17	−18	−19
−5	−14	−21	−24	−26	−27
−10	−20	−28	−32	−34	−34
−15	−26	−35	−40	−42	−42
−20	−32	−42	−47	−50	−50
−25	−38	−49	−55	−57	−58
−30	−45	−56	−62	−65	−66
−35	−50	−63	−70	−73	−74
−40	−57	−71	−78	−81	−82

84 Der Windkältefaktor schätzt das Risiko von Frostschäden ein. Der helle Bereich zeigt Temperaturen und Windgeschwindigkeiten mit geringem Risiko. Der mittlere Bereich bezeichnet große Risiken, während die Bedingungen im dunklen Bereich bei ungeschützter Haut innerhalb weniger Minuten zu schweren Erfrierungen führen. In: The Swedish National Encyclopedia, Höganäs

deshalb war es nicht schwer, die maßgeblichen Stellen in Mirnyj und Moskau davon zu überzeugen, daß wir sie wiederaufbauen und das Jahr dort verbringen sollten.

Wir hielten uns keinen Augenblick lang an die oben beschriebenen Akklimatisationsregeln – erst im darauffolgenden Sommer, in der letzten Woche unseres Aufenthalts, als wir bereits im Begriff waren, die Station wieder zu verlassen, unterschrieben wir der Form halber, daß wir die Regeln befolgen würden. Gleich vom ersten Tag an mußten wir alle unseren Beitrag zu den gemeinsamen Anstrengungen leisten: Wir arbeiteten etwa 30 Minuten lang in der kalten Luft, legten dann eine zwanzigminütige Aufwärmpause am Ofen ein, und so ging es vom frühen Morgen bis zum späten Abend, nur unterbrochen von drei Mahlzeiten. Morgen und Abend waren relative Begriffe, da die Sonne in 24 Stunden einmal um die Station wanderte und niemals hinter dem Horizont verschwand. Die meisten von uns waren damit beschäftigt, die Station aus dem harten Schnee freizugraben oder Trennwände und Fußböden in den kalten Räumen zu erneuern. Da die mittlere Jahrestemperatur in Wostok bei minus 56 Grad liegt, war es in den ungeheizten Räumen wesentlich kälter als draußen. Nur im wärmsten Raum, unserem Eßzimmer, stand ein tschechischer Koksofen; ein alter, überlasteter Generator, der etwa fünf Kilowatt produzierte, versorgte abwechselnd das Funkgerät, die Küche und die drei Schlafzimmer (wo die

Temperatur ständig unter null Grad lag). Damals stellten wir auch unter Beweis, daß Menschen anpassungsfähiger sind als Tiere: Unser in Mirnyj geborener Schlittenhund, den wir zum Überwintern mit nach Wostok gebracht hatten, rührte sich tagelang nicht von der Eßzimmertür und machte Anstalten, jämmerlich einzugehen. Wir schickten ihn zurück nach Mirnyj, wo er uns bei unserer Rückkehr im nächsten Sommer freudig begrüßte.

Von unserer fünfzehnköpfigen Besatzung wurden zwei gleich zu Beginn, als noch mehrmals in der Woche regelmäßige Versorgungsflüge von Mirnyj nach Wostok gingen, wegen gesundheitlicher Probleme abgelöst. Ich selbst war der dritte, aber ich wollte unbedingt zurückkehren, und da meine Genesung rasche Fortschritte machte, konnte ich doch noch den Winter in Wostok verbringen. In der Regel landet das letzte Flugzeug Anfang März in Wostok; sobald die Temperaturen unter minus 60 Grad absinken, werden die Flüge eingestellt. Wir sahen das letzte Flugzeug am 9. März, dann hatten wir bis zum 27. November nur noch über Funk Kontakt mit der Außenwelt (und auch das nur, wenn die Empfangsbedingungen es gestatteten).

Der schlimmste Monat war der April. Am 23. April verschwindet die Sonne, und die viermonatige Polarnacht bricht herein; die Temperatur sinkt in diesem Monat manchmal unter minus 70 Grad. In dieser Zeit mußten wir das gesamte Dach der Station erneuern, und das gelang uns auch, aber binnen einer Woche erkrankten drei Männer an Lungenentzündung. Der Leiter der Station untersagte uns, Mirnyj und Moskau davon zu unterrichten, weil er befürchtete, daß dann die gesamte Besatzung nach Mirnyj zurückgeholt würde. Ein späterer Fall bewies jedoch, daß er sich diese Sorgen hätte sparen können: Als am 12. April 1982 das Kraftwerk von Wostok abbrannte, ein Techniker umkam und das Leben der ganzen Besatzung aufs äußerste gefährdet war, fand niemand eine Möglichkeit, ihnen auch nur im mindesten zu helfen, und nur die außergewöhnlichen Anstrengungen und die Ausdauer sämtlicher beteiligter Forscher retteten ihnen das Leben.

Als die Station Wostok schließlich ihre Arbeit wieder aufnahm, fanden zunächst nur sehr begrenzte Messungen statt. Bis Juni beschränkten wir uns auf die üblichen meteorologischen Beobachtungen für die Wettervorhersage und auf Magnetfeldmessungen, die sich ohne größere Anstrengungen erledigen ließen. Als die großen Reparaturarbeiten für den Rest der Polarnacht ruhten, kamen nach und nach auch andere wissenschaftliche Aktivitäten in Gang. Zwei Aerologen ließen Tag für Tag ihre Ballons zwischen zwölf und (in den erfolgreichsten Fällen) 30 Kilometern weit aufsteigen, um die vertikalen meteorologischen Parameter in der Atmosphäre zu erfassen. Der Leiter der Station zwang unseren Arzt dazu, den Aerologen bei der Produktion des notwendigen Wasserstoffs für die Ballons zu helfen, was in Wostok als recht gefährliche Aufgabe galt. Später nahm die ionosphärische Station ihre Messungen in der äußeren Hülle der Atmosphäre auf, und am 13. Juli eröffnete ich zusammen mit einem ebenfalls tschechischen Kollegen die erste Meßstation für kosmische Strahlung in dieser Region. Wir verwendeten dazu einen Neutronenmonitor, der für das Internationale Geophysikalische Jahr entwickelt worden war. Damit war nun das volle Forschungsprogramm der Station im Gange. Unser Gerät (samt circa zehn Tonnen Bleiziegeln und Paraffinblöcken) bestand aus Elektronenröhren, die auf großen Platten saßen, und diese Teile waren auf dem Transport von Europa stark beschädigt worden, vor allem auf der letzten Etappe zwischen Mirnyj und Wostok, die sie bei sehr niedrigen Temperaturen mit Kettenfahrzeugen zurückgelegt hatten.

Um die Mitte der Polarnacht wurden unsere Lebensbedingungen spürbar besser: Die Zentralheizung funktionierte nun in allen Aufenthaltsräumen. Ein großer Teil unserer Aktivitäten spielte sich im Stationsgebäude ab, doch es blieben immer

KÄLTE

85

86

87

88

noch viele Aufgaben, die Tag für Tag im Freien erledigt werden mußten. Die zuständigen Meteorologen mußte alle drei Stunden ihre Messungen an einer bestimmten Stelle vornehmen, die Ballons wurden immer außerhalb der Station vorbereitet, und an der weiter entfernten geomagnetischen Meßstation lag die Temperatur ständig unter minus 50 Grad. Drei unserer Mechaniker hatten alle Hände voll zu tun, den Kraftstoff für die Dieselaggregate aufzubereiten, denn bei Temperaturen unter minus 60 Grad glich er einer dickflüssigen, zähen Masse. Also mußte jedes Faß in gemeinsamer Anstrengung in einen kleinen beheizten Raum auf dem Dach der Energiestation geschafft werden, wo sich der Inhalt nach einiger Zeit verflüssigte. Alles, was von draußen nach drinnen gebracht wurde, war binnen Minuten mit einer Eis- oder Reifschicht überzogen: Das galt in ganz besonderem Maße für Metalle, Meßinstru-

85 Die russische Antarktis-Station Wostok nach Ankunft der Expedition, 1963, Foto: Stanislav Fischer

86 Die Wostok-Station nach der Wiederherstellung, Foto: Stanislav Fischer

87 Aerologen bauen ihre Station, 1963, Foto: Stanislav Fischer

88 Der Autor schneidet Schnee zur Gewinnung von Trinkwasser

mente und schwere Gegenstände mit guter Wärmeleitfähigkeit (sogar für gefrorenes Fleisch und andere Lebensmittel). Auch Kleidungsstücke waren vorübergehend mit einer dünnen Eisschicht bedeckt – und das sogar in ganz trockenen Räumen! Das führte dazu, daß alles, was von draußen hereinkam, kurze Zeit später naß war und daß sich um schwere oder metallische Gegenstände Wasserpfützen bildeten. Elektronische Instrumente mußten daher vor dem Anschalten immer erst getrocknet werden. Wir alle erinnern uns an die Experimente im Physikunterricht, bei denen Gummi in flüssige Luft oder Flüssigstickstoff getaucht und anschließend zu Pulver zerstoßen wird – aber es überraschte mich doch, daß so etwas auch bei den Temperaturen möglich war, die in Wostok den ganzen Winter über herrschten. Die Folge war, daß sämtliche Instrumente ziemlich empfindlich wurden und daß man sie mit besonderer Sorgfalt behandeln mußte. Schweres Gerät wie Kettenfahrzeuge und Traktoren kamen nicht zum Einsatz, wenn die Temperaturen unter minus 60 Grad absanken – ihre Motoren ließen sich nicht starten. Natürlich mußten wir alle Arbeiten, die sonst von den Maschinen übernommen wurden, jetzt eigenhändig erledigen.

Es liegt auf der Hand, daß man die eiskalte Luft nicht einfach einatmen kann. Frühere Expeditionen hatten in Wostok verschiedene Techniken getestet: Sie benutzten einen Schlauch, mittels dessen sie die Luft unter der Kleidung einatmeten, oder sie verwendeten eine Heizspirale, die von auf dem Rücken sitzenden Akkumulatoren gespeist wurden. All das erwies sich als zu unpraktisch und kompliziert, und so benutzten wir eine sehr viel einfachere und wirksamere Methode. Unsere Kleidung bot uns einen wirksamen Schutz vor der extremen Kälte: Wir trugen wollene Unterwäsche, einen Pullover, ein Lederwams und über dem Ganzen einen Steppanzug mit Kamelhaar. Die Beine steckten in hohen Fellstiefeln. Wir atmeten durch einen dicken Wollschal, der durch die Feuchtigkeit, die wir ausatmeten, nach und nach mit Eis bedeckt wurde, so daß uns das Atmen immer schwerer fiel. Wegen des niedrigen Luftdrucks war es nicht nur unmöglich, Essen zu kochen; zu Anfang litten wir auch alle unter Sauerstoffmangel, und zwar nicht nur, wenn wir im Freien arbeiteten, sondern auch unter normalen Bedingungen. Man sollte auch noch erwähnen, daß es in Wostok so gut wie unmöglich ist, eine Brille zu tragen: Sogar die Wimpern frieren oft zusammen, und man muß, wenn man die Augen aufmachen will, die Finger zu Hilfe nehmen. Deswegen empfehle ich allen potentiellen Besuchern, ihre Brille zu Hause zu lassen und statt dessen Kontaktlinsen zu tragen.

Die Erfahrung lehrte uns, daß man diffizile Arbeiten (wie z. B. das Verbinden von isolierten Drähten) für kurze Zeit auch bei extrem niedrigen Temperaturen mit bloßen Fingern ausführen kann – man muß nur darauf achten, daß man keine Metallgegenstände berührt und daß die Haut vollkommen trocken ist.

Es klingt vielleicht absurd, aber die schwierigste Arbeit, an der sich die gesamte Belegschaft der Forschungsstation beteiligen mußte, war die Wasserversorgung. Stellen Sie sich vor, Sie stehen auf einer 3700 Meter dicken Eisschicht (der Felsuntergrund an der Forschungsstation Wostok liegt 200 Meter unter dem Meeresspiegel!) und leiden unter Wassermangel. Und der Umgang mit dem Schnee ist auch alles andere als einfach: Man muß eine saubere Schneefläche finden, die nicht von menschlichen Aktivitäten verunreinigt ist, muß schwere, feste Schneeblöcke herausschneiden und auf das Dach der Station schaffen, wo sie in einem besonderen Raum allmählich schmelzen können. Während des Sommers gab es wenigstens Traktoren, die beim Transport behilflich waren, aber im restlichen, längeren Teil des Jahres blieb uns nichts anderes übrig, als den Schnee auf einer Art Trage zu transportieren. Das Problem ist nämlich, daß sich Schnee bei strengem Frost genau wie Sand verhält und daß die Kufen der Schlitten nicht auf ihm gleiten. Es war eine Arbeit, bei der viele böse Flüche laut wurden, und so mancher schwor sich, niemals wieder nach Wostok zurückzukehren – ein Vorsatz, der meist längst vergessen war, bevor man sich am Ende des Winters von der Station verabschiedete.

Ich kann unmöglich die ganze Komplexität des Lebens in Wostok auf so engem Raum beschreiben. Ich wollte nur zeigen, daß man unter derart extremen Bedingungen durchaus leben und erfolgreich arbeiten kann. Die Station Wostok kam mir oft vor wie ein fremder Planet – und ich glaube, für künftige Erforscher des Sonnensystems gibt es auf der Erde kein besseres Übungsgelände als die Antarktis.

KALTER KRIEG

Auch die Regionen am Ende der Erde blieben von der Rivalität der NATO und des Warschauer Pakts nach dem Zweiten Weltkrieg nicht verschont. In der Arktis grenzten USA und ehemalige Sowjetunion direkt aneinander – getrennt allein durch die schmale Beringstraße. Die eisigen Tundren in Ost und West waren Aufmarschgebiet der Militärs. Im Nordpolarmeer operierten, durch den weißen Panzer vor der gegnerischen Ortung geschützt, Atom-U-Boote.

Die Antarktis wurde vom Zweiten Weltkrieg nicht berührt. Doch gleich nach Kriegsende starteten die USA die Operation Highjump – die größte aller bisherigen Antarktisexpeditionen, an der 4 700 Soldaten beteiligt waren. Mit der Errichtung von Stationen und den wissenschaftlichen Expeditionen sicherten sich die Großmächte strategische Positionen auf dem weißen Kontinent. Die Organisation des Internationalen Geophysikalischen Jahres entspannte die Situation. Während im Norden der Kalte Krieg tobte, arbeiteten Wissenschaftler der verfeindeten Militärblöcke am Südpol zusammen. K. B.

KAMIKEN

Aus Seehundfell gefertigte Stiefel. K. B.

89 Johannes Kreutzmann, Grönländerin, ihren Kamik weichbiegend, um 1920, Grönländisches Nationalmuseum, Nuuk, Foto: Erik Holm

KARTOGRAPHIE DER ARKTIS

ROBERT K. HEADLAND

Die Erforschung der Arktis war ein komplexer, weniger kontinuierlicher Vorgang als die Erforschung der Antarktis, und auch die Grenzen der Region sind längst nicht so klar umrissen, denn Geschichte und Geographie der Arktis gehen nahtlos in die Geschichte und Geographie der gemäßigten Breiten über. Die Arktis ist seit Jahrtausenden von Menschen besiedelt: Die ersten Bewohner des äußersten Nordens waren die grönländischen Eskimos, die allerdings keinen nennenswerten Beitrag zur kartographischen Erschließung der Region leisteten und ihr Wissen nur in ihrer unmittelbaren Umgebung weitergaben.

Anders als die Antarktis ist die Arktis als Region nur schwer zu definieren. Der Nördliche Polarkreis, der gemeinhin als Grenzlinie gilt, ist eine ausschließlich geodätische und astronomische Größe und hat darüber hinaus nur wenig praktische Bedeutung. Viele Spezialisten setzen ihm, entsprechend ihrem jeweiligen Arbeitsgebiet, eigene Grenzlinien entgegen: die Südgrenze des Dauerfrostbodens (Permafrost), die Baumgrenze, das Meereis, die 10°-Isotherme, die Verteilung der eingeborenen Bevölkerung und diverse andere. Im Zuge der Erforschung hat sich die Grenze der Arktis immer weiter nach Norden verschoben. Wilde, unzugängliche und offenbar unbewohnte Gegenden wurden entdeckt und erforscht. Heute zählt man zur eigentlichen Arktis das Nordpolarmeer, den Eurasisch-Arktischen Archipel, Grönland, große Teile der nordkanadischen Inseln sowie die Nordküste von Alaska.

Frühe Karten und Berichte

Die erste bekannte Seekarte der Arktis ist die berühmte Karte von Gerhard Mercator, die sein Sohn Rumbold 1595 veröffentlichte und die in der Folgezeit vielfach neu aufgelegt wurde. Bei dieser Karte handelt es sich um eine komplexe Mischung aus Fakten und Mythen, wie man auch an Mercators Kommentar über die Arktis sehen kann: »Die Inseln, welche den Nordpol umgeben, nannte man einstmals Ciliae, heute aber heißen sie Septentrionales ... Und es gibt viele kleine Flüsse ..., welche die ›Einwärtsströmung‹ heißen, denn der Sog gen Norden ist so groß, daß auch bei noch so starkem Wind kein Schiff dagegen ansegeln kann. Und vom Oktober bis in den März ist alles vom Eise bedeckt. Und in jenen Breiten reichen die Berge bis zu den Wolken empor und sind nichts als blanker Fels, bar allen Lebens. Und es herrschen allezeit Finsternis und Nebel. Und man weiß, daß jenseits des 70. oder 78. Breitengrads keine Menschen mehr leben. ... Im Mittelpunkt der vier Länder ist ein Strudel ..., in den die vier ›Einwärtsströmungen‹ münden, welche den Norden in vier Teile teilen. Und das Wasser wirbelt im Kreise, hinab in die Tiefen der Erde, als gösse man es in einen Trichter ... Allein unter dem Pole selbst liegt ein blanker Fels in der Mitte der See. Fast 33 französische Meilen mißt er im Umfang und ist ganz und gar aus Magnetstein.« Ein Großteil der nachfolgenden Erforschung der Antarktis diente dem Nachweis, daß der Nordpol von einem tiefen Ozean umgeben ist, und nicht, wie Mercator glaubte, von größeren Landmassen.

Zu Beginn richtete sich das Hauptinteresse bei der Erkundung der Arktis auf die Suche nach neuen Handelsrouten in den Orient, und zwar auf Wegen, die nicht um Kap Hoorn oder das Kap der Guten Hoffnung führten. Den Anlaß für diese Forschungsreisen lieferten die Spanier und Portugiesen, die – bisweilen mit Gewalt – versuchten, sich auf den südlichen Handelsrouten eine Monopolstellung zu sichern. Die Kaufleute entdeckten zwar keine neuen Schiffahrtswege, aber sie fanden neue Stützpunkte für so lukrative Unternehmungen wie Wal- und Robbenfang, Pelztierjagd und Pelzhandel sowie den Handel mit Elfenbein und Tran. Fortan interessierten sich zahlreiche nationale Handelsgesellschaften für die Arktis. Viele der Seekarten, die auf Beobachtungen von Handelsreisenden beruhten, wurden publiziert, doch ein großer Teil fiel unter das ›Betriebsgeheimnis‹.

Die ersten halbwegs realistischen Karten der Arktis stammten von den niederländischen Seefahrern Cornelius Rijp, Willem Barentsz (1550–1597) und einer Reihe weiterer Handelskapitäne. Wie Barentsz berichtete, war er an der Westküste von Nowaja Semlja auf Gräber mit russischen Kreuzen gestoßen. Offenbar kannten also auch russische Jäger bereits viele dieser Küstenstriche und erweiterten bis zum Ende des 17. Jahrhunderts ihren Aktionsradius bis nach Nordsibirien. Die besten Karten der Arktis aus dieser Zeit zeigten die Barentssee mit Ostgrönland, dem südlichen Svalbardgebiet sowie dem Westen von Nowaja Semlja und endeten an der Südgrenze des Meereises.

Regionale Unterschiede

Nach diesen Anfängen verlief die Entdeckungsgeschichte der Arktis im wesentlichen in zwei Entwicklungssträngen. Die Erforschung der eurasischen Arktis nahm einen völlig anderen Verlauf als die der amerikanischen Arktis, so daß erstere schließlich mehr als ein Jahrhundert früher weitgehend erforscht und kartiert war. Neben politischen Faktoren spielte dabei die Geographie eine entscheidende Rolle: Die amerikanische Arktis besteht aus einer Vielzahl kleiner Inseln, die nur durch schmale Meerengen voneinander getrennt sind; die Bedingungen für die Schiffahrt sind also außerordentlich schwierig, und große Küstenbereiche sind für die meisten Schiffe unzugänglich.

Bis auf den heutigen Tag ist noch nicht einmal 60 Schiffen die Durchfahrt durch die Nordwestpassage gelungen. Im Gegensatz dazu ist die eurasische Arktis sehr viel offener; sie hat weniger Inseln und weite Schiffahrtswege, so daß in einem Zeitraum von knapp fünf Jahren so viele Schiffe die Nordostpassage durchfahren, wie jemals die Nordwestpassage bezwungen haben.

Die eurasische Arktis

Von entscheidender Bedeutung für die Geschichte und Kartographie der Arktis war eine Unternehmung, die bis heute beispiellos geblieben ist: die Große Nordische Expedition von 1733 bis 1743. Sie wurde im Auftrag des russischen Zaren unternommen, der die Grenzen seines Herrschaftsbereichs abstecken wollte, und stand unter der Leitung von Vitus Bering. Sieben unabhängig operierende Forschungstrupps mit insgesamt 977 Mann erkundeten die Schiffbarkeit der Nordostpassage und erforschten die arktische Küste von Sibirien sowie die nach Bering benannte Straße. Dies geschah überwiegend auf dem Landweg, im Winter vor allem mit Hundeschlitten auf zugefrorenen Flüssen und über die schneebedeckte Tundra. Die Expedition führte zu einer Fülle von neuen Erkenntnissen in der Polarforschung, und danach war die Kartierung der eurasischen Nordküste praktisch abgeschlossen (wenn auch an vielen Stellen noch ungenau). Nur die arktischen Archipele waren noch unentdeckt. Die Große Nordische Expedition gab auch den Anstoß für eine Reihe von Reisen in die Arktis. Russische Forscher drangen über Asien hinaus bis nach Alaska vor, das in russischer Hand blieb, bis es 1867 an die Vereinigten Staaten verkauft wurde.

Die Untersuchungen der Großen Nordischen Expedition ergaben, daß die Nordostpassage mit den damals üblichen Schiffstypen nicht befahrbar war. Sie wurde erst nach der Erfindung der Dampfmaschine zu einem praktikablen Schiffahrtsweg: Rund 150 Jahre später gelang einer schwedischen Expedition unter der Leitung von A. E. Nordenskiöld mit der Vega, einem Segelschiff mit Dampfantrieb, die Fahrt durch die Nordostpassage. Im weiteren Verlauf der Reise umsegelte Nordenskiöld erstmals ganz Eurasien, denn er kehrte durch den Suezkanal nach Schweden zurück.

Die jüngsten Entdeckungen in dieser Region waren die arktischen Inseln, und jede von ihnen hat ihre eigene Geschichte. Die beiden kleinen, südlich gelegenen Neusibirischen Inseln (Nowosibirskije Ostrowa) wurden bereits im Jahr 1711 von einer frühen russischen Expedition (unter Merkuri Wagin) entdeckt, aber der Rest dieser Inselgruppe blieb unbekannt, bis im Jahr 1773 ein russisches Handelsschiff (unter Iwan Ljachow) dort landete und mit der systematischen Erkundung begann. Die fünf winzigen De-Long-Inseln (Ostrowa De-Longa) wurden erst 1881 und 1913 entdeckt. 1823 stellte ein russischer Kartograph erstmals Vermutungen über die Existenz der Wrangelinsel an, obwohl sie den Tschuktschen zu jenem Zeitpunkt vermutlich längst bekannt war. Ihre Südostspitze mit der kleinen vorgelagerten Heroldinsel (Ostrow Gerald) wurde 1849 gesichtet, und die erste Landung erfolgte offenbar im Jahr 1866, doch erst nach der schicksalhaften Reise der Jeanette (s. u.) war die Nordausdehnung der Wrangelinsel bekannt, und man sah, daß sie relativ klein war.

Bereits 1865 gab es Vermutungen über die Existenz des großen vergletscherten Archipels Franz-Joseph-Land (Semlja Franza-Iossifa, 191 Inseln), entdeckt wurde er jedoch erst 1873 von einer österreichisch-ungarischen Expedition (Carl Weyprecht und Julius von Payer an Bord der Tegetthoff). An der Erkundung des Archipels waren zahlreiche Expeditionen beteiligt, und bis zum Jahr 1914 brachen von dort sechs erfolglose Nordpol-Expeditionen auf. Als letztes größeres unbekanntes Stück Land der Erde wurde 1913 Sewernaja Semlja entdeckt; bis zur Erforschung und Kartierung (1932) sollten aber noch Jahre vergehen. Danach stieß man zwar noch auf einige kleine Inseln, doch die Erforschung des eurasischen Teils der Arktis war praktisch abgeschlossen.

Die amerikanische Arktis

Im Gegensatz dazu war der große mittlere Teil der amerikanischen Arktis unbekannt. Die Walfänger waren von Grönland aus nicht weit nach Westen vorgedrungen, denn sie wußten, daß dort schwierige und gefährliche Gewässer warteten, in denen es zudem nur wenig Wale gab. Die Nordküste von Alaska war besser bekannt, aber auch dort reichten die geographischen Kenntnisse kaum über den russischen Einflußbereich hinaus. Nach dem Ende der Napoleonischen Kriege besaß die britische Marine eine sehr große Flotte, für die sie keine Verwendung mehr hatte. Forschungsreisen per Schiff hatten eine lange Tradition, und der Gedanke an eine mögliche Nordwestpassage war nach wie vor verlockend. So unternahm man zu Beginn des 19. Jahrhunderts neuerliche Anstrengungen in dieser Richtung und arbeitete von beiden Seiten her an der Vervollständigung der Karten. Die technischen Voraussetzungen für Reisen in das Polargebiet wurden ständig besser, zumal die Marine schon früh auch Schlitten als Transportmittel einsetzte. Viele der Schwierigkeiten, denen man begegnete, waren witterungsbedingt oder ergaben sich aus der Beschaffenheit des Eises. Wie die Walfänger aus Erfahrung wußten, waren die Unterschiede zwischen einem

KARTOGRAPHIE

guten und einem strengen Winter gewaltig. Mehr als 30 Schiffe überwinterten – vielfach unfreiwillig – in der Arktis. Einige von ihnen wurden vom Eis eingeschlossen und mußte aufgegeben werden, bevor die Eismassen sie zermalmten.

Die Expedition, die John Franklin im Jahr 1845 unternahm, ist noch immer das herausragende Beispiel aus dieser Phase der Erforschung der Arktis. Gerade der Tatsache, daß er im Polarmeer verschollen war, verdanken wir umfangreiche kartographische Erkenntnisse, denn Dutzende von Suchexpeditionen versuchten 15 Jahre lang, das Schicksal von Franklins Expedition zu ergründen, und am Ende dieser Zeit war ein Großteil der amerikanischen Arktis kartiert. Robert McClure hatte als erster die Nordwestpassage bezwungen (zunächst mit der Investigator, und dann weiter mit Schlitten bis zum Suchschiff Polar Star). Erst in den Jahren 1903 bis 1907 gelang einem Schiff die Durchfahrt: der Gjøa unter dem Kommando von Roald Amundsen (s. Franklin).

Am Ende des vergangenen Jahrhunderts waren nur noch der Norden von Grönland, Teile der arktischen Archipele und einige isoliert liegende Inseln unbekannt. Von 1898 bis 1902 erkundete Otto Sverdrup an Bord der Fram die Sverdrup-Inseln in der kanadischen Arktis. Schließlich fehlte nur noch die Nordküste Grönlands. Zwar hatte Peary behauptet, er habe sie erkundet, doch seine Karten waren sehr unzuverlässig, und so widmete sich eine Reihe von dänischen Expeditionen erneut dieser Aufgabe und erstellte bis zum Jahr 1912 verläßliche Karten dieser Region. Der letzte

90 Marco Vincenzo Coronelli, Terre Artiche. Der Nordpol, umgeben von unüberwindlichen Eisbarrieren, 1692, Privatbesitz

weiße Fleck in der kanadischen Arktis war die kleine, relativ weit südlich gelegene Prince-Charles-Insel, die erst 1947 entdeckt wurde. Im Jahr 1969 stellte man schließlich fest, daß Øodaqø, eine kleine, flache Kiesbank vor der grönländischen Küste, das nördlichste Stück Land der Erde ist.

Der Nordpol

Obwohl er auf dem Packeis überhaupt nicht auszumachen ist, wurde der Nordpol am Ende des 19. und Anfang des 20. Jahrhunderts zum Ziel zahlreicher Expeditionen. Nachdem Fridtjof Nansen 1895 weiter nach Norden vorgedrungen war als je ein Mensch zuvor, näherten sich immer mehr Forscher der 90°-Marke. Die Ansprüche von Frederick Cook (1908) und Robert Peary (1909) sind wahrscheinlich unhaltbar, aber sie sorgten dafür, daß die Aufmerksamkeit der Öffentlichkeit sich verstärkt dem Südpol zuwandte. 1926 erblickte erstmals ein Mensch vom Luftschiff aus den Nordpol, den Traum aller Polarforscher, doch erst im Jahr 1948 stand der erste Mensch am Pol. 1958 unterquerte ihn das U-Boot Nautilus, und im Jahr 1968 wurde er auf der Oberfläche erreicht (Ralph Plaisted stieß zum Pol vor und legte den Rückweg mit dem Flugzeug zurück); 1969 gelang Wally Herbert die Überquerung des Nordpolarmeers über den Pol, und 1977 erreichte der atomgetriebene Eisbrecher Arktika den Nordpol über Wasser.

Das Nordpolarmeer

Die Küsten des Nordpolarmeers sind zwar seit dem ausgehenden 19. Jahrhundert weitgehend erforscht, doch das Meer selbst blieb noch lange ein großes Geheimnis. Noch in der zweiten Hälfte des vorigen Jahrhunderts mutmaßten manche Kartographen, daß vielleicht doch eine Landbrücke zwischen der Wrangelinsel und Grönland oder sogar Teilen des kanadischen Archipels existiere. Im Jahr 1879 brach die Jeanette von den Vereinigten Staaten aus zu einer unheilvollen Reise auf, in deren Verlauf sie nördlich der Bennettinsel (Ostrow Bennett) vom Eis eingeschlossen und zermalmt wurde, die Mehrzahl der Besatzungsmitglieder kam jämmerlich ums Leben. Identifizierbare Bruchstücke des Wracks trieben jedoch durch das Nordpolarmeer und wurden 1884 von Eskimos vor der Südspitze von Grönland gefunden. Es gab viele Spekulationen darüber, welchen Weg diese Wrackteile genommen hatten – und so entstand die Hypothese von der Existenz einer transarktischen Strömung. Diese Hypothese veranlaßte Fridtjof Nansen, zu einer Expedition aufzubrechen und mit der Fram, deren eigens verstärkter Rumpf dem Druck der Eismassen standhalten sollte, der Strömung zu folgen. Auf der Höhe der Neusibirischen Inseln wurde die Fram vom Eis eingeschlossen und driftete vom September 1893 bis zum August 1896 mit dem Eis. Im März 1894 ging Nansen mit Hjalmar Johansen von Bord und machte sich auf den Weg zum Nordpol. Sie kamen bis 86° 22' nördlicher Breite, mußten dann jedoch umkehren, weil sie gegen die Strömung unterwegs waren. Währenddessen blieb die Fram ständig in Bewegung und war folglich für die beiden unerreichbar geworden, aber sie überlebten den arktischen Winter und erreichten Norwegen eine Woche vor dem Schiff. Während der gesamten Driftfahrt wurde ein umfangreiches wissenschaftliches Programm durchgeführt, zu dem auch Tiefenmessungen gehörten. Dabei stellte man fest, daß das Nordpolarmeer stellenweise über 4 000 Meter tief ist, und die Idee, daß unter dem Eis Land sein könne, wurde endgültig verworfen.

Die Entwicklung der Luftfahrt war ebenfalls von großer Bedeutung für die Erforschung der Arktis. Der erste Ballonflug (mit einem Ballon namens Ørnen [Adler], 1897) endete zwar tödlich, doch von 1914 an brachte der Einsatz von Motorflugzeugen große Erfolge. Im Jahr 1926 erblickte vom Luftschiff Norge aus erstmals ein Mensch den Nordpol. (Interessanterweise bezeichneten die alaskischen Eskimos das Luftschiff als fliegenden Wal.)

Im Jahr 1937 errichtete eine sowjetische Expedition etwa 30 Kilometer vom Pol entfernt eine Forschungsstation auf einer Eisscholle. Diese trieb nach Süden entlang der grönländischen Küste und war die erste vieler solcher Stationen, die von der Sowjetunion und den Vereinigten Staaten eingerichtet wurden. Mit Hilfe der von ihnen vorgenommenen Tiefenmessungen wurde der Grund des Nordpolarmeers kartiert.

KIESELALGEN

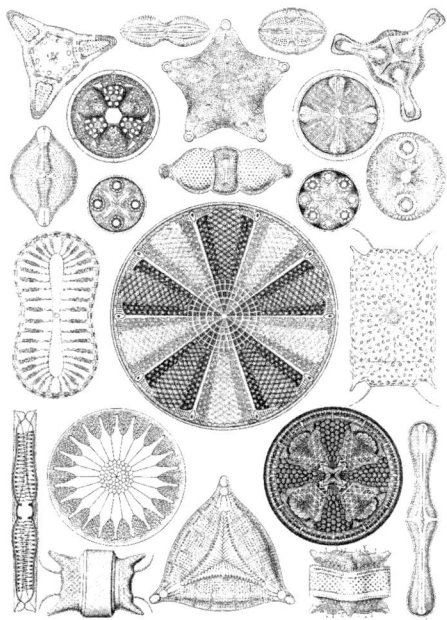

»Diatomeen (Kieselalgen) sind lichtmikroskopisch kleine Lebewesen, die nur aus einer einzigen Zelle bestehen und daher zu der großen – in sich uneinheitlichen – Gruppe der Einzeller gerechnet werden. Da sie in ihrem Protoplasma Chloroplasten besitzen, mit denen sie die Sonnenenergie zu einem selbständigen (autotrophen) Stoffwechsel nutzen können, werden sie als Pflanzen betrachtet. Sie unterscheiden sich von allen anderen einzelligen Pflanzen durch den Besitz eines glasartigen zweiteiligen Außenskeletts aus Kieselsäure-Verbindungen (daher die Bezeichnung Kieselalgen).«

Diatomeen I, Schalen in Natur und Technik, Stuttgart 1984, S. 18

91   Kieselalgen nach Erich Haeckel, »Kunstformen der Natur«, 1904. In: Ders. »Art Forms in Nature«, New York 1974

EIGIL KNUTH
DIE ARKTIS
AUF ØSTERBRO

PER KIRKEBY

Es war vor nur ganz wenigen Jahren, als ich an einem Frühsommertag – während eines sintflutartigen Regengusses – in einem Haus in der Carl Johansgade im Kopenhagener Stadtteil Østerbro zum fünften Stockwerk aufstieg. Hier wohnte Eigil Knuth. Zu jenem Zeitpunkt war er um die neunzig. Jetzt ist er tot – im Grunde kaum vorstellbar!

Er wohnte ganz oben, direkt unter dem Dachgeschoß, wo sich in diesem Typ von Altkopenhagener Wohnhäusern keine Wohnräume sondern nur Abstellräume befinden. Eigil hatte jedoch über seiner Wohnung ein Atelier eingerichtet, das über eine schmale Wendeltreppe aus der Wohnung direkt erreichbar war. Im Laufe der Jahre hatte sich das Atelier allerdings zu einer arktischen Rumpelkammer entwickelt. Auch die staubigen, rußpatinierten Gipsmodelle des Bildhauers, die überall herumstanden, waren arktisch. Mächtige ostgrönländische Eskimoköpfe, Frauen mit breiten Wangenknochen, schmalen Augen und straffem Haarschopf. Eine arktische Ausgabe der Vorstellung der Bildhauergeneration jener Zeit. Außerdem Schlafsäcke, Zelte, Schießeisen, Spirituskocher, Schlittenteile, Hundepeitschen. Alles expeditions-

92 Eigil Knuth, Porträt Johanna ›Ikimaleq‹, 58 Jahre, 1936, Kalkstein, Grönländisches Nationalmuseum, Nuuk, Foto: Erik Holm

zerschlissen, verwittert und davon zeugend, daß nichts weggeworfen werden konnte. Kisten. Die kleinen Räume der Wohnung waren höhlenartig mit Regalen, Schränken, einem kleinen Flügel, einem alten Herrenfahrrad vollgestopft. Eigil schlief im Schlafsack. Auf freien Wandstücken und sogar auf den Regalen Malereien und Ausschnitte. Beim kleinsten Säuberungsversuch würde die höhlenartige Ordnung zusammenstürzen. Draußen, am Ende des kleinen Korridors, befand sich eine von Modernisierungsversuchen unberührte Küche. Größtenteils mit paläoeskimoischen Steingeräten angefüllt. Aber auch mit ausgeklügelten Teebeutel-Wiederverwertungs-Arrangements. In Nordostgrönland ein Expeditionsteilnehmer voller Saft und Kraft – hier in der Stadt ein ernährungsmäßig etwas vernachlässigter Junggeselle.

Als ich in die Wohnung kam, hörte ich Tropfgeräusche aus mehreren Quellen. Das Dach war undicht. Undichte Stellen, die erst durch diesen sintflutartigen Regen zum Vorschein kamen, der auch in Gassen und Straßen die Unzulänglichkeit des Kanalsystems ans Licht brachte und Vermutungen über klimatische Veränderungen und andere göttliche und natürliche Strafmaßnahmen hervorrief. Eigil konnte nichts hören – und zwar schon seit vielen Jahren. Bereits im Jahre 1963, als ich auf der zweiten Peary-Land-Expedition mit ihm zusammen war, war sein Gehör ziemlich schlecht. Ja, damals gab es noch Expeditionen! Sieben Mann und ein hübscher Name. Wir waren nicht nur die jährliche und kontinuierliche Abordnung einer großen Institution. In jenem Sommer wurde Eigil 60, und ich war so jung, daß ich über jeden Tag, den er überlebte, zutiefst verwundert war. Aber hören konnte er nicht. Er hatte ein altmodisches Hörgerät mit Batterien in der Brusttasche. Ich war so jung, und er war so alt, daß wir uns über Kunst streiten konnten. Das war 1963, und ich befand mich – wenn ich nicht gerade Geologe war – mitten in einem Versuch, als Künstler die Welt zu verändern. Und wie ich später herausfand, war Eigil einer der reaktionärsten Kunstkritiker der dreißiger Jahre gewesen.

Die stürmischen Diskussionen führten wir zu Beginn der Saison, insbesondere auf einer kleineren Schlittenreise auf dem Brønlund Fjord, rund um Kap Moltke – mit dem Nachrichtenposten, der von Mylius und seinen Leuten (die ihn auch gebaut hatten), Mikkelsen (der ihn geleert und vergessen hatte, eine Nachricht zu hinterlassen), Knud Rasmussen und Freuchen (der verwirrt wurde und über das Inlandeis nach Thule zurückkehrte) umrundet worden war – weiter durch den Independence Fjord zur Korallenküste. Wenn wir so mit Aussicht auf den Nordpol im Zelt saßen und uns über Kunst stritten, bemerkte ich, daß – immer wenn ich am Zug war – die Hand zur Brusttasche griff und den Strom abschaltete. Und so konnte ich als nördlichster Mensch der Welt dasitzen und tauben Ohren predigen. Vielleicht wollte er mich am liebsten nur anschauen – jung und aufgeregt. Eigil war nämlich schwul. Er glaubte allerdings, daß dies ein Geheimnis wäre.

Ich komme also mitten in der Sintflut in seine Wohnung. Und entdecke, daß es an ganz falschen Stellen herunterregnet. Dort, wo die Tagebücher standen, und in die Schubladen mit den Forschungsergebnissen. Diese kostbaren Tagebücher in Ledereinbänden und mit sorgfältig geschriebenen und gezeichneten Berichten über Jahrzehnte von arktischen Reisen. Und die Aufzeichnungen über die Entdeckung des nördlichen Einwanderungswegs der Eskimos. Die paläoeskimoischen Wanderungen auf den Spuren der Landtiere, Eigils großes Verdienst als Archäologe. Ich begann natürlich augenblicklich mit einer größeren Rettungsaktion, indem ich die Sachen an trockenen Stellen in Sicherheit brachte. Plastik wurde ausgebreitet, und Eimer wurden aufgestellt. Monate später erfuhr ich – natürlich auf Umwegen –, daß es nun unmöglich war, irgend etwas zu finden, denn Per sei hier gewesen und habe alles in Unordnung gebracht. Die Höhle war am Rande eines Einsturzes.

93 Per Kirkeby, Qaanaaq. 5. 9. 93, aus der Serie: Aquarelle aus Grönland, Aquarell auf Papier, 32 × 41 cm, Århus Kunstmuseum, Foto: Thomas Pedersen und Poul Pedersen, Århus

94 Per Kirkeby, Qaqortoq. 15. 8. 93, aus der Serie: Aquarelle aus Grönland, Aquarell auf Papier, 24 × 32,5 cm, Århus Kunstmuseum, Foto: Thomas Pedersen und Poul Pedersen, Århus

Aber das war selbstverständlich nicht der Grund für meinen Besuch. Nicht um Unordnung zu schaffen, war ich gekommen. Ich hatte mich seit längerer Zeit eher damit beschäftigt, Ordnung zu machen. Ich hatte eine Auswahl von Eigils Zeitungs- und Zeitschriftenartikeln aus den 20er Jahren und der Zeit danach zusammengestellt. Ein Buch, das Eigils Gefühl, übersehen und vergessen zu sein, ein wenig abhelfen sollte. Das Gefühl, sozusagen seine eigene Zeit überlebt zu haben. Er war sehr hilfsbereit, ich durfte alle seine Sammelalben ausborgen, was sehr ungewöhnlich war. Und dabei entdeckte ich, wie unbarmherzig er als Kritiker die dänische Avantgarde der 30er Jahre behandelt hatte. Aber das wußte ich im Jahre 1963 noch nicht.

Ich las vergilbte Zeitungsausschnitte durch – brüchiges Papier mit Flecken von den Leimklecksen, mit denen es an den Seiten der Sammelalben aufgeklebt worden war. Ich hatte fotokopiert und gesammelt, nachgedacht und ausgewählt. Wählte das, was spannend und vorteilhaft aussah und heute unmittelbar lesenswert erscheint.

Ich schrieb ein Nachwort. Denn Eigil hatte natürlich recht: Er hatte seine Epoche überlebt. Der neue Leser konnte keine Stelle finden, wo er einsteigen konnte. Eigil war der Letzte von ›ihnen‹. Von den Heldengestalten meiner Kindheit – Scott, Nansen, Amundsen, Shackleton. Und von den dänischen Heroen, wie Mylius Erichsen, Peter Freuchen, der eine und der andere Koch, Knud Rasmussen. Die rätselhaften Wartemitteilungen, die verschwundenen Expeditionen waren nicht mehr die bevorzugten Unterhaltungsthemen. Eigil war der Letzte der Gruppe, vielleicht war er schon von Anfang an etwas zu spät dran.

Aber auch er hatte den komplizierten Status aller dieser Männer – gefangen zwischen Held und Opfer. Und was sie ihrer Psyche zuführten, machte sie zu Gefangenen in ihrem eigenen Labyrinth. Opfer der verzerrtesten Tendenzen ihrer Zeit.

Eigil war ein schöner Mann. Er sang in den Stuben der Gutshöfe »Die schöne Müllerin«, während die langen, dünnen Sommergardinen die blauen Nächte zwischen die bewundernden jungen Frauen der besseren Klassen hineinfächelten. Die Dichter, die sich vor Reisen ängstigten, sahen sein Profil vor den fürchterlichsten Jagdgründen aus Eis und Schnee und herausfordernden Felsen im äußersten Norden. Aber Eigil war homophil, und daher hatte die Theatervorstellung eine falsche Rollenbesetzung und verlief auch dementsprechend. Damals, in meinem Nachwort, schrieb ich natürlich nichts darüber. Ich schrieb über die anderen, schönen Seiten. Über die aussterbende Rasse, den nicht spezialisierten Polyhistor. Über den Entdeckungsreisenden, den Archäologen, das gelehrte Oberhaupt, den Autor, den Bildhauer.

Eigil gab auch zu, daß es schon geschrieben war. Einige Wochen zuvor hatte ich ihm alles in einem Ordner übergeben, die Auswahl und das Nachwort. Aber – ich wußte, daß irgend etwas schiefgegangen war, denn er hatte Sahnetörtchen gekauft – er wollte trotz allem nicht. Wollte nicht was? Es nicht herausgeben lassen. Warum nicht? Weil ich an ihm kein Geld verdienen sollte. Das wollte ich ja gar nicht, alle möglichen Einnahmen, an die man jedoch nicht allzu große Erwartungen stellen sollte, konnten an ihn oder seinen Expeditionsfonds gehen. Es war doch eine Art Liebesakt. Nanu? Er wolle aber nicht zu meinem Ruhm beitragen. Aber Eigil, die Ungunst der Zeiten bewirkt vielleicht – sicherlich ungerecht –, daß das Gegenteil zutrifft. Ich will nicht!

Es war nichts zu machen, er ließ sich nicht bewegen. Das Ganze war so absurd, daß ich einfach nicht richtig sauer werden konnte. Er hatte ja selbst das ganze Projekt sanktioniert, indem er mir seine kostbaren Sammelalben geliehen hatte. Aber am ganzen Verlauf der Sache war etwas sehr Typisches. Die großen Polarexpeditionen waren schon immer doppelbödig. Aus einer Vernunftsperspektive betrachtet dienten sie ja nie einem bestimmten Zweck, obwohl sie von vorne bis hinten mit Wissenschaftlichkeit ausgeschmückt waren. Es ging um Taten und Ruhm. Das war die eine Seite. Andererseits waren sie im selben Grad eine Übung in schmerzfreier und spurloser Auslöschung. Vielleicht war es gerade dieser Mechanismus, den ich in Funktion gesehen hatte. Der Traum, noch einmal im Scheinwerferlicht zu stehen und in die alles erfüllende Leere Einsicht zu säen.

Nun, sagte ich, dann muß ich halt warten, bis du ins Gras beißt, das kann ja nicht mehr sehr lange dauern. Ha, du hast nicht mein Testament gesehen!

Und damit wären wir beim Tod. Eigil reiste jeden Sommer nach Nordostgrönland. Wirklich – eine der rauhsten Gegenden der Welt. Nichts liegt zwischen dir und dem Nichts. Er lag auf dem Boden und grub nach seinen Paläoeskimos. In Wirklichkeit ging es jedoch ums Sterben. Es mußte einfach hier passieren. Ein Sturz, ein Schneesturm, eine von hinten zuschlagende Bärentatze. Von dieser Landschaft verschlungen zu werden. Der Ort, wo er während des letzten Sommers gegraben hatte, war die Île de France. Eine flache Insel, ein Nichts vor dem Nordostkap, mitten im Polarmeer. Eine Erhebung, die aus dem zermalmenden Eis emporragt. Die Hauptverkehrsader eines Stroms von Eisbären. Letzten Sommer kamen 50 vorbei, sagte er. Auf der Insel befanden sich Zeltringe verschwundener Eskimos in mehreren Schichten. Doch was Eigil nun am meisten interessierte, war der Umstand, daß die Insel ihren Namen von einem Franzosen erhalten hatte, der einst – in einem günstigen Eisjahr – mit seinem Schiff bis hierher vorgedrungen war. Und da die Strandterrassen der Insel außer den Zeltringruinen auch eine Pilgermuschel freigaben, die auf Santiago de Compostela hindeutete, erkannte er eine Verlängerung des Pilgerwegs von der richtigen Île de France bis zu dieser Insel unterhalb des Nordpols.

Und er redete auch über alle Bücher, die genau geplant waren und nur noch geschrieben werden sollten. Meterweise würden sie Regale füllen. Die Geschichte von »Eigil im Peary Land« hatte ich schon früher gehört. Sie mußten geschrieben werden, alle diese gelehrten und aufsehenerregenden Bände – wenn man erst wieder zu Hause war. Ich bin in mehreren Tagebüchern aus Expeditionsüberwinterungen auf die Geschichte gestoßen. Fest eingeschlossen in der tiefen Polarnacht war alles klar und eindeutig. Sowohl was ›zu Hause‹ war und wen man liebte und worüber und wie man eine Reihe von Werken schreiben würde. Wenn man wieder nach Hause kam. War man erst zu Hause, konnte man nicht schnell genug wieder fortkommen. Hinauf in die Einöde – zu Ruhe und Frieden, und vielleicht könnte man es so einrichten, daß man das eine oder andere schreiben könnte.

Aber der Tod! Eigil hat lange standgehalten und wartete vergebens auf den nordostgrönländischen Expeditionstod. Er wollte sich einfach nicht einfinden. Und so tat er es selbst. Das glaube ich jedenfalls, aus der Todesanzeige lesen zu können, die er selbst geschrieben hatte. Wie könnte man denn seinen Heimgang auf die Minute angeben, wenn man die Sache nicht selbst erledigen würde? Man kann sich ja auf niemand verlassen, war Eigils Ausdruck für seine tiefe Misanthropie. Er durchlebte unglaubliche Anstrengungen, um diese These beweisen zu können. Selbst der loyalste Mitarbeiter mußte aufgeben. Und daher wirkt es auch wie eine seltsame ›arktische‹ Ironie, daß er in der Todesanzeige (zitiert nach der Erinnerung) allen dankte, die ihn ohne Vorbehalt gern gehabt hatten.

KOMPASS

Der Ursprung dieses so einfachen wie genialen Navigationsinstruments ist ungewiß. Vermutlich wurde es zuerst in China erfunden. Im 11. Jahrhundert orientierten sich auch europäische Seefahrer anhand der Nord-Süd-Ausrichtung eines Magneten im Erdmagnetfeld. Die Nadel weist indes nicht genau auf den Nordpol, sondern weicht je nach lokaler Mißweisung ab. Nach einem anderen Prinzip funktioniert der Kreiselkompaß: Er nutzt das Zusammenwirken von Erddrehung, Drehimpulserhaltung und Schwerkraft bei einem Kreisel, der mit 15 000 bis 20 000 Umdrehungen pro Minute rotiert. Wie der Magnetkompaß versagt auch das moderne Instrument in Polnähe (Lat. compassare: ringsum abschreiten). K. B.

KONTINENTAL-VERSCHIEBUNG

Im Januar 1912 wagte sich der deutsche Meteorologe Alfred Wegener mit der spektakulären Hypothese an die Öffentlichkeit, daß die Kontinente über die Erde driften.

Erst Ende der 60er Jahre fand seine Idee weite Anerkennung – zu erdrückend waren die Belege geworden. Gemäß der modernen Theorie der Plattentektonik, in die die Kontinentalverschiebung eingegangen ist, besteht die Erdoberfläche aus Tafeln, die auf dem flüssigen Erdinneren schwimmen. An den mittelozeanischen Rücken steigt Lava auf und bildet neuen Meeresboden: Von hier aus bewegen sich die Platten voneinander weg. Wo eine ozeanische und eine kontinenttragende Platte zusammenstoßen wie an der Westküste Südamerikas, taucht die Ozean- unter die Kontinentaltafel ab. Alle heutigen Kontinente waren einst im Hyperkontinent Pangäa vereinigt. Er zerbrach vor mehreren 100 Millionen Jahren in Laurasia und Gondwanaland, aus dem wiederum Antarktika hervorging. K. B.

KONVERGENZ Grenze zwischen dem warmen subtropischen Wasser des Indischen, Pazifischen und Atlantischen Ozeans und den kalten Wassermassen des Südpolarmeeres. In dem kaum mehr als 100 Kilometer breiten Ring zwischen 50° und 60° südlicher Breite sinkt die Temperatur um mehrere Grad Celsius. Die Front beeinflußt maßgeblich den Wasserhaushalt der Weltmeere und das globale Klima. K. B.

KREUZ DES SÜDENS Das an sich kleine, aber aus hellen Sternen bestehende Sternbild ist eine wichtige Navigationshilfe – analog dem Polarstern auf der Nordhalbkugel. Die Längsachse des Kreuzes führt, fünf Mal verlängert, zum Himmelspol. K. B.

KRILL Kein anderer Krebs hat die Phantasie von Biologen und Politikern so angeregt wie der antarktische Krill, Euphausia superba. Die bis zu sechs Zentimetern große und knapp zwei Gramm schwere Garnele sollte als billige Eiweißquelle mithelfen, die Ernährung der boomenden Weltbevölkerung zu sichern. In den 70er Jahren begann die kommerzielle Ausbeutung der riesigen Krillschwärme, die vor allem im atlantischen Sektor des Polarmeeres schweben. 1982 wurde fast eine halbe Million Tonnen Krill aus dem Südozean geholt, zum größten Teil von sowjetischen Schiffen. Seither sinken die Fangmengen: weil niemand so recht Geschmack an den ungewohnten Meerestieren fand und wegen der ökonomischen Probleme der ehemaligen Staaten der UdSSR. Gegen den menschlichen Verzehr des Krills spricht auch der hohe Gehalt an Fluorid in der Chitinschale, das kurz nach dem Fang in die Muskulatur wandert. Euphausia superba spielt eine Schlüsselrolle in der antarktischen Nahrungskette. Der durchsichtige Kleinkrebs ist das Hauptfutter der Bartenwale. Er wird aber auch von anderen Walen, von Pinguinen und Robben gefressen. Die schwimmende Garnele ihrerseits lebt im Sommer von frei im Wasser schwebendem Phytoplankton, wie den Kieselalgen. Im Winter zieht sie sich unter das Eis in Spalten und Klüfte zurück und weidet dort wachsende Algen ab. Trotz mehrerer Versuche einer ›Volkszählung‹ des Krills ist der Bestand auch heute noch unsicher. Schätzungen reichen von einigen zig Millionen bis zu rund einer Milliarde Tonnen. K. B.

95 Krill, Antarktis, 1995, Foto: Britta Lauer

LANGEWEILE In der Person liegende Reizarmut, die den Menschen sein Leben als leer empfinden läßt. Langeweile ist oft die Folge von Monotonie. Wie Ermüdung kann das Gefühl zu mehr Fehlern, geringerer Leistung und sogar zum Verlust der Selbstkontrolle führen. K. B.

LEIDEN

»Wir laufen Schneeschuh, fahren Schlitten, lesen, schreiben, stellen Beobachtungen an, spielen Karten und Schach, plaudern, rauchen, essen und trinken, und trotz alledem ist es auf die Länge ein verwünschtes Leben ... Zuzeiten erdrückt diese Untätigkeit geradezu den Geist. Das Leben erscheint so dunkel wie die Winternacht draußen; nirgends Sonnenschein, höchstens in der Vergangenheit und in der weit, weit entfernten Zukunft. Mir ist, als müsse ich diesen Bann der Erstarrung, diese Trägheit durchbrechen und Raum finden für meine Tatkraft. Kann nicht etwas geschehen? Könnte nicht ein Orkan kommen, dieses Eis aufreißen und es in hohen Wogen in Bewegung setzen wie das offene Meer? Laßt uns in Not kommen, laßt uns um unser Leben kämpfen – aber laßt uns nur vorwärts kommen!«

Fridtjof Nansen, In Nacht und Eis, Wiesbaden 1995, S. 108

»Nun ist es ganz schlimm, ganz tot um uns herum, denn nun hat auch das Rattern des Sturmes aufgehört. Ein dicker Nebel lastet auf allem. Die Hütte ist verpackt in Stille und Finsternis. Mich dünkt, es käme jetzt erst richtig die Nacht, und langsam will mich aller Mut verlassen. ›Vielleicht kommt die Sonne überhaupt nicht mehr wieder. Vielleicht ist es finster auf der ganzen Welt.‹«

Christiane Ritter, Eine Frau erlebt die Polarnacht, Frankfurt a. M./Berlin 1992, S. 115

»Der December kam, doch ohne die Lage zu verändern. Immer einsamer ward unser Leben, – es gab keinen sinnlich wahrnehmbaren Wechsel der Tage mehr, nur die Aufeinanderfolge des Datums und eine einzige Unterscheidung der Zeit, die vor und nach dem Essen und die des Schlafes ... wir hockten in unseren einsamen Zellen am Lager, dem Sekundenschlage der Uhr zu lauschen. Langsam krochen uns ihre achtundsiebzig Millionen Schläge in zwei und einem halben Jahre dahin; unbetrauert enteilte ihr bleierner Flug, weil ohne Wert für unsere Zwecke.« (Julius Payer)

Zit. nach: Christoph Ransmayr, Die Schrecken des Eises und der Finsternis, Frankfurt a. M. 1993, S. 112

96 Ein Tänzchen. In: Roald Amundsen, »Die Eroberung des Südpols«, München 1912, S. 243

97 Fußball in der Antarktis, Shackleton-Expedition 1914–1916, Foto: Frank Hurley, Royal Geographical Society, London

»›Alle wahre Weisheit findet man nur ferne von den Menschen, draußen in der großen Einsamkeit, und sie kann nur erlangt werden durch Leiden. Entbehrungen und Leiden sind die einzigen Wege, den Sinn eines Menschen für das zu öffnen, was den anderen verborgen ist.‹
Renntiereskimo Igjugarjuk«
Knud Rasmussen, Rasmussens Thulefahrt, Frankfurt a. M. 1926, S. 503

LEIDEN

LEMMINGE

KARL FREDGA

98 Lemmus lemmus, © Fredga/Klum

Es gibt zehn Arten von Lemmingen, von denen sich die meisten extrem an ein Leben in der arktischen Tundra angepaßt haben. Am bekanntesten ist der Lemmus lemmus, eine Art, die es nur in der skandinavischen Gebirgskette, im Norden Finnlands und auf der Kolahalbinsel gibt. Bereits seit dem 16. Jahrhundert halten sich Mythen und Sagen über das Auftreten und Verhalten der Lemminge: Sie sollen in langen Kolonnen zum Meer marschieren, um dort Selbstmord zu begehen; sie können so böse werden, daß sie explodieren. Keine dieser Legenden ist wahr, aber lassen Sie uns auf das schauen, was dahinterliegt.

1. Die Größe der Lemmingpopulation weist in einem Zeitraum von drei bis vier Jahren regelmäßige zyklische Schwankungen auf. Die Amplitude dieser Schwankungen fällt sehr unterschiedlich aus, manchmal kann eine Spitze ohne genaue Zählungen gar nicht registriert werden, in anderen Jahren ist die Population bis zu 200 Mal größer als im Vorjahr.

2. Der Lemming unternimmt Wanderungen, kurze zur Zeit der Schneeschmelze, längere im Herbst. In einem wirklichen Spitzenjahr (etwa alle 30 Jahre) trifft man Lemminge in großer Zahl auf Straßen, an Flüssen und Seeufern, manchmal sogar in den Städten. Mangel an Nahrung, vor allem Moos, Riedgras und Gras, treibt sie die Berghänge hinunter. An manchen Stellen, zum Beispiel auf Landzungen in Seen, sammeln sich große Mengen an, und wenn der Druck von hinten zu groß wird, begeben sie sich hinaus ins Wasser. Lemminge können zwei bis drei Kilometer breite Wasserläufe schwimmend überqueren, aber wenn der Wind auffrischt, ertrinken sie und werden in großer Zahl an den Ufern angeschwemmt. In extremen Jahren erstrecken sich die Wanderungen bis zum Bottnischen Meerbusen oder zu den Fjorden der norwegischen Westküste. Wenn die Nahrung zur Neige geht, begeben sie sich auf ihre letzte Schwimmtour, in der Hoffnung, neue grüne Strände zu finden, nicht um Selbstmord zu begehen.

3. Der Lemming ist bekannt für seine leichte Reizbarkeit. Viele Wanderer im Gebirge sind schon von einem wütenden Tier angefaucht worden, wenn sie ihm zu nah gekommen sind. Das ist jedoch nicht das normale Verhalten eines Lemmings in seinem eigenen Revier. Dort verschwindet er vor Eindringlingen schnell in ein Erdloch. Auf unbekanntem Terrain, etwa während der Massenwanderungen, gerät der Lemming in Streß und weiß nicht, wie er dem Feind entkommen kann. Dann setzt er seine Drohgebärden ein.

Die Ursachen für die zyklischen Schwankungen in der Lemmingpopulation und anderer arktischer Kleinnagetiere sind trotz langjähriger intensiver Forschung noch unbekannt. Grundlegende Faktoren dürften Quantität und Qualität der Nahrung sein. Die Pflanzen brauchen nach einer Überweidung Zeit zur Regeneration. Daneben beeinflussen sicherlich noch eine Reihe anderer Faktoren die Höhe der Population, die übrigens in unterschiedlichen Regionen der Gebirgskette nicht immer gleich ist. In Fennoskandien ist etwa die Beständigkeit und Dicke der Schneedecke von größter Bedeutung für eine erfolgreiche Vermehrung im Winter. Zwei klimatisch günstige Winter in Folge scheinen die Voraussetzung für wirklich fruchtbare Jahre zu bilden. Lemminge vermehren sich ungewöhnlich schell, was einen raschen Anstieg der Population erklären kann. Sie tragen 21 Tage, und das Weibchen kann direkt nach der Geburt der Jungen erneut befruchtet werden. Das bedeutet, daß es gleichzeitig zwei zu säugende Würfe mit jeweils fünf bis zehn Jungen im Nest haben kann. In einer Saison kann es bis zu fünf Mal werfen, und die zuerst geborenen Jungen werden ihrerseits noch im selben Jahr geschlechtsreif. Raubtiere, die sich von Lemmingen ernähren, zum Beispiel Hermelin, Wiesel, Polarfuchs, Eule und Raubmöwen, sind ausschlaggebend für den rapiden Rückgang der Lemmingpopulationen.

»Des Lemmings Lied

An einem kalten Wintertag kam ein kleiner Lemming aus seinem warmen Bau. Er blickte ringsum, schüttelte sich kälteschauernd und sang:
Himmel,
Ein gewaltiger Bug
Wölbt sich über meinem Bau.
Klar die Luft und keine Wolken.
Diese Kälte.
Huh, ich friere, friere!
(Erzählt von Igjugarjuk.)«

Knud Rasmussen, Rasmussens Thulefahrt, Frankfurt a. M. 1926, S. 158

LOMONOSSOW MICHAIL

(1711–1765), russischer Wissenschaftler und Dichter. Lomonossow war ungeheuer vielseitig: Er entwarf eine Theorie der Elektrizität, beschäftigte sich mit den Ursachen von Hitze und Kälte, betrieb ein chemisches Labor und schrieb Gedichte. Als erster moderner Polarforscher Rußlands studierte er die Bedingungen des arktischen Ozeans und förderte eine Expedition zur Suche einer Nordostpassage. Nach ihm ist der Lomonossowrücken benannt, der das nördliche Polarmeer in zwei tiefe Becken teilt. K. B.

MAMMUT UND ELFENBEIN

ERIC DYRING

Eine Wanderung durch die einsame Tundralandschaft der Neusibirischen Inseln bietet sowohl Eintönigkeit als auch unerwartete Erlebnisse. An der Uferböschung eines Wasserlaufs kann man plötzlich mehrere tausend Jahre alte Knochen des ausgestorbenen Mammuts aus dem Permafrost ragen sehen.

Mammute sind ausgestorbene Elefantenarten, die vor circa vier Millionen Jahren auf der nördlichen Erdhalbkugel auftauchte und um 8 000 v. Chr. wieder verschwand. In Sibirien wurden rund 25 000 Mammutskelette gefunden, man ist sogar auf ganze, gut erhaltene Tiere gestoßen, die im ständigen Frost der Polarregionen konserviert worden sind.

Für die Menschen der Steinzeit waren Mammute eine begehrte Beute. Es gab um die 20 Arten, die sich durch ihre Größe unterschieden. Die kleineren erreichten eine Höhe von etwa zwei Metern, aber es gab auch Riesen, die fünf Meter hoch waren. Neue Funde lassen vermuten, daß eine kleinere Mammutart noch vor circa 4 000 Jahren auf der Wrangelinsel nordöstlich von Sibirien gelebt hat.

Die großen Stoßzähne des Mammuts, wie die des Walrosses, waren für die sibirischen Völker in seiner gesamten Geschichte ein wichtiger Rohstoff. Das Material eignet sich bestens für die Herstellung von Werkzeug und für die künstlerische Bearbeitung. Die Stoßzähne wurden mit der Zeit auch in Mitteleuropa eine geschätzte Ware. Es gibt Belege dafür, daß Mammutstoßzähne im Jahr 1611 in London aufgetaucht sind.

Zur Zeit der russischen Kolonisierung Sibiriens im 17. und 18. Jahrhundert erlebte der Handel mit Mammutstoßzähnen einen kräftigen Aufschwung. Das weiße Elfenbein war bei den russischen Händlern überaus beliebt. Diese verlangten oft Mammutzähne als Steuer von der sibirischen Urbevölkerung. Das Eintreiben geschah häufig äußerst brutal.

Der russische Handel mit Mammutzähnen erlebte in den 70er Jahren des 18. Jahrhunderts einen Durchbruch, der auf eine spezielle geographische Entdeckung zurückzuführen war. Iwan Ljachow, ein Pelzhändler aus Jakutsk, jagte im März 1770 auf der Landzunge Swjatoi Nos an der sibirischen Eismeerküste Polarfüchse. Er sah eine Herde wilder Rentiere über das Polareis kommen, und seine Neugier war geweckt. Mit einem Schlitten folgte er den Rentierspuren in nördlicher

99 Adams Mammut, Foto: Staffan Waerndt

Richtung über das Eis und entdeckte Neuland – die Neusibirischen Inseln. Hier fand er Unmengen von Mammutzähnen, die aus der Tundra emporragten. Nachdem Ljachow seine Entdeckung gemeldet hatte, erhielt er das Recht, die Funde wirtschaftlich auszubeuten.

Die Jagd auf Mammutstoßzähne auf den Neusibirischen Inseln begann zeitig im Frühjahr. Mit leichten Hundeschlitten überquerte man das Eis zwischen dem Festland und der Inselgruppe. Im Frühjahr lagen die Zähne offen zutage – unter anderem durch Bewegungen im Permafrost, Erdrutsche und Stürme an den Wasserläufen und Küsten.

Es sind unglaubliche Mengen von Zähnen gefunden worden. Der russische Zoologe Alexander Alexandrowitsch Bunge unternahm 1882 bis 1884 drei Expeditionen zu den Neusibirischen Inseln und fand etwa 2 500 qualitativ hochwertige Stoßzähne. 1908 vermittelte der Händler Ja. F. Sannikow in Jakutsk circa 500 Mammutzähne mit einem Gewicht von 32 Tonnen. ›Russisches Elfenbein‹ wurde zu einem Industriezweig, der im 19. Jahrhundert einen preiswerten Ersatz für Elefantenstoßzähne lieferte. Hamburg war für den Umschlag dieser Ware ein wichtiges Zentrum. In der Zeit von 1650 bis 1900 hat Rußland schätzungsweise gut 40 000 Zähne exportiert. Heute ist der Handel streng reglementiert und die Ausfuhr von Mammutstoßzähnen aus Rußland verboten.

Eine der schlimmsten, alptraumhaften Reisen in die Antarktis fand 1912 bis 1913 statt. Am 17. November 1912 verließen der Australier Douglas Mawson, der Engländer B. E. S. Ninnis und der Schweizer Xavier Mertz das Basislager bei Cape Denison (158° östliche Länge, 67° südliche Breite) an der König-George-V.-Küste. Nach Monaten der Untätigkeit während des Winters warteten die drei Männer und 18 Hunde begierig darauf, die Küste östlich des Basislagers erforschen zu können, einen der windigsten und ungastlichsten Orte der Erde. Die Reise entwickelte sich zu einem Inferno. Ninnis und sein Schlitten verschwanden am 14. Dezember zusammen mit dem meisten Proviant spurlos in einer tiefen Eisspalte. Mawson und Mertz mußten nun irgendwie überleben. Sie hatten nur noch Nahrung für zehn Tage und waren 506 Kilometer vom Basislager entfernt. Ein Hund nach dem anderen wurde geschlachtet und gegessen. Die beiden Männer legten circa zehn Kilometer pro Tag zurück. Mertz wurde immer schwächer und starb am 7. Januar, vermutlich vergiftet durch Hundeleber.

Der einsame Mawson war nun noch 160 Kilometer von der Basis entfernt und hatte fast nichts mehr zu essen. Er kämpfte gegen widriges Wetter, lähmende Erschöpfung und die Zeit. Man hatte nämlich verabredet, daß die Expedition spätestens am 15. Januar im Basislager am Cape Denison wieder vereint sein und das Expeditionsschiff Aurora in die Zivilisation zurückkehren sollte. Den ganzen Januar warteten alle in der Basis darauf, daß Mawsons Schlittenexpedition auftauchte.

Anfang Februar kam der ausgemergelte und gepeinigte Mawson an und sah die Aurora am Horizont verschwinden. Man hatte jedoch sechs Männer zurückgelassen, die Mawsons Rückkehr von den Toten feierten. Man versuchte, das Schiff über Funk zurückzurufen, aber Wetter und Eis machten es unmöglich. Die sieben am Cape Denison mußten noch einen harten Winter an der antarktischen Küste zubringen, bevor sie zehn Monate später abgeholt wurden.

Australisch-Asiatische-Antarktis-Expedition 1911 bis 1914

Douglas Mawson wurde 1882 in England geboren, kam aber in jungen Jahren nach Australien, wo er zum Geologen ausgebildet wurde. Seinen ersten Kontakt mit der

DOUGLAS MAWSON

FRIC DYRING

100 Cape Denison, einer der windigsten Orte der Erde, Foto: Frank Hurley, The Mawson Collection, University of Adelaide

101 Außenarbeiten waren extrem hart. Foto: Frank Hurley, The Mawson Collection, University of Adelaide

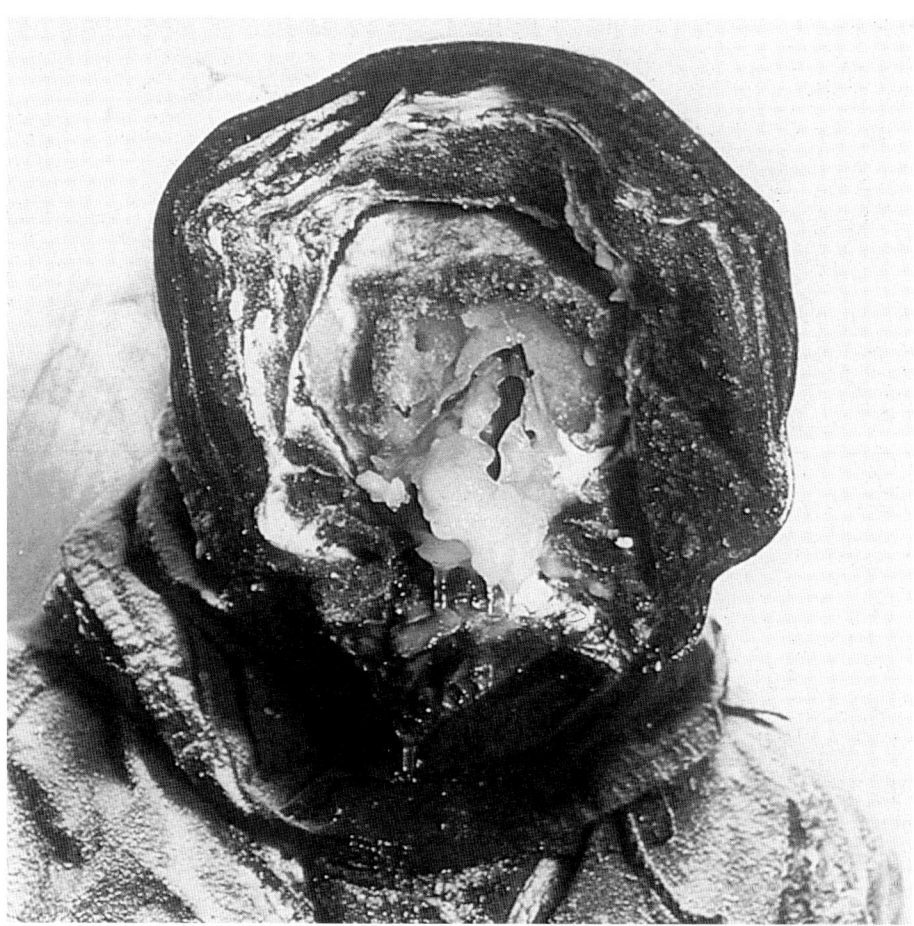

102 Kälte und Wind, eine gefährliche Kombination, Foto: Frank Hurley, The Mawson Collection, University of Adelaide

Antarktis hatte er 1907 als Mitglied der Nimrodexpedition von Shackleton. Er nahm an der Erstbesteigung des Mount Erebus teil und an der Expedition, die den magnetischen Südpol erreichte. 1911 wurde er Leiter der Australasien Antarctic Expedition. Er war technisch interessiert, weshalb es auf der Expedition zwei antarktische Neuheiten gab: das erste Flugzeug und die erste Funkverbindung zwischen der Antarktis und der Zivilisation über eine Relaisstation auf der Macquarie-Insel. Das Flugzeug, eine Vickers REP, erhob sich nie in die Luft. Ohne Flügel, aber mit Kufen ausgerüstet, diente es als Schneetraktor, bis der Motor schließlich versagte.

Heimat des Blizzard

Nicht nur weil sie zu einem Alptraum wurde, ging die Expedition in die Geschichte ein, sondern auch, weil das Basislager am windigsten Ort der Erde errichtet worden war. Als die Mannschaft die Küste entlang kam, sah sie ein einladendes Stück schneefreien Bodens vor dem abschüssigen Inlandeis. Am Cape Denison an der Commonwealth Bay baute man zwei pyramidenförmige Häuser. Die Expedition lernte während einiger Stürme schnell die Stärke des Windes kennen, der hier mit über 30 Metern pro Sekunde blies.

Das war jedoch nur eine Vorwarnung – es sollte noch schlimmer kommen. Als sich der antarktische Herbst näherte, schlug der Terror des Windes mit voller Härte zu. Im März und April erreichte die mittlere Windstärke an mehreren Tagen in Folge bis zu 40 Metern pro Sekunde. In Böen wurden 50 bis 60 Meter pro Sekunde gemessen. Im gesamten ersten Jahr der Expedition betrug die mittlere Windgeschwindigkeit 20 Meter pro Sekunde! In Zentraleuropa weht es in einem windigen Herbstmonat durchschnittlich mit Geschwindigkeiten von fünf bis sechs Metern pro Sekunde.

Die Expedition hatte ihre Station mitten in einem Windkorridor errichtet. Fallwinde vom hohen Inlandeis bliesen mit gewaltiger Kraft an die Küste hinunter. Mawson nannte Cape Denison deshalb Heimat des Blizzard.

Der Wind dominierte das Leben in der Station. Alles mußte, um nicht fortgeweht zu werden, im Boden verankert werden. Arbeiten im Freien waren ein ständiger Kampf gegen den Sturm, und die wenigen Stunden, in denen der Wind den Atem anhielt, mußten effektiv genutzt werden. Dann konnten allerdings gewaltige Wirbelwinde auftreten. Schwere Gegenstände flogen unkontrolliert durch die Luft. Einmal wurde ein 150 Kilogramm schwerer Deckel 40 Meter weit fortgeschleudert und kam nach einer Stunde zurückgesegelt. Ständig in einem Orkan zu leben, ist nur schwer vorstellbar. Dank der dramatischen Bilder des australischen Fotografen Frank Hurley können jedoch auch wir den Kampf der Männer am Cape Denison gegen den Wind nacherleben.

MEDIZIN
GRENZZONE EIS
POLARMEDIZIN IN ARKTIS
UND ANTARKTIS

MONIKA PUSKEPPELEIT

Die Menschen der Arktis, die Inuit, waren an die Abhängigkeit von den arktischen Naturgewalten traditionsgemäß gewöhnt. Kälte, Hunger und die Uneinschätzbarkeit des arktischen Klimas prägten ihre Überlebenstaktik. Krankheit war bei den traditionellen Inuit nur eine Form von Götterstrafe, deren Ursache eine Verletzung von Tabus war. Krankheit bedeutete immer eine akute Bedrohung ihrer Lebensgemeinschaft und konnte vielfach nur durch magische Kräfte geheilt werden. Der Schamanenkult der Inuit spiegelt dies in vielfältiger Weise wider.

Im Gegensatz zur Arktis kann die Antarktis nicht auf eine von Ureinwohnern geschaffene Kultur zurückblicken. Seit Beginn des 17. Jahrhunderts lockte der Traum vom Südland zunehmend Seefahrer, Naturforscher oder Robbenfänger in südliche Breitengrade. Anfang des 20. Jahrhunderts wurde die Geschichte der Polarregionen geprägt vom Wettlauf zum Pol, der bei erfolgreicher Mission Ruhm und Ehre versprach.

Polarforscher wie Fridtjof Nansen, John Franklin, Alfred Wegener, Robert Peary in der Arktis oder Roald Amundsen, Robert Falcon Scott, Sir Ernest Shackleton und Richard E. Byrd in der Antarktis haben Polargeschichte geschrieben. Doch im Zeitalter weltweiter Satellitennavigation, modernster Technologien und bestausgestatteter polarer Forschungsstationen sind die beinahe unmenschlichen Strapazen der frühen Forscher heute kaum mehr nachvollziehbar. Die internationale Polarforschung hat die abenteuerlichen Aspekte früherer Expeditionen verloren. Die Expeditionen nach Nordgrönland und in die Nordwestpassage hinein endeten häufig tragisch, da die medizinische Versorgung sehr oft unzureichend war. Die vor 100 Jahren durchgeführten ersten Südpolarexpeditionen wurden ärztlich zwar besser betreut; dennoch endeten einige Expeditionen katastrophal:

Als 1912 während der australischen Antarktisexpedition unter der Leitung von Douglas Mawson einer seiner Expeditionsteilnehmer bei einer Reise mit Schlittenhunden schwer erkrankte und verstarb, ahnte niemand, daß er vermutlich einer toxischen Überdosis von Vitamin A zum Opfer gefallen war. Die Lebern von Eisbären, Bartrobben, Polarfüchsen oder Schlittenhunden haben sich aufgrund ihres überreichen Gehaltes an Vitamin A als giftig erwiesen. Diese arktischen Säugetiere haben ein offenbar außergewöhnlich gutes Speicherungsvermögen für Vitamin A. Für die

103 Frauenüberwinterungsteam, 1990, Georg-von-Neumayer-Station, 70° 37' Süd, 8° 22' West, Antarktis

Ureinwohner der Polarregionen, wie beispielsweise den Cape York Eskimo in Nordkanada, gilt der Genuß von Eisbärenleber traditionsgemäß als Tabu. In den Expeditionsberichten der frühen Polarforscher werden Vergiftungserscheinungen deutlich beschrieben. Während der Grinnellexpedition 1857, die nach der verschollenen Franklinexpedition suchte, berichtet der Schiffsarzt Elisha Kane über Krankheitsanzeichen von Schwindel, Übelkeit und heftigstem Erbrechen nach dem Verzehr von Eisbärenleber. Er wollte eigentlich mit dem Aberglauben der giftigen Eisbärenleber aufräumen, mußte jedoch einsehen, daß ihr Verzehr höchst unangenehme Folgen hatte. 1861 bemerkt Richardsen: »Members of an expedition led by Barents to Novaya Zemlja in 1596 ate bear liver, they all became ill. In three cases the illness was severe with peeling of the skin from head to foot.« Folgen dieser akuten Hypervitaminose können Haarausfall, Verlust der Epidermis, Erblindung und sogar der Tod sein.

Aber auch auf anderem polarmedizinischen Gebiet waren die beiden Expeditionen bedeutsam. Als Elisha Kane zum Leiter der zweiten Grinnellexpedition (1853–1855) ernannt wurde, sollte er sich als hervorragender Arzt, Kamerad und geborener Polarfahrer erweisen, dem die ganze Besatzung sein Leben verdankte. Als die Expedition auf 78° 37' Nord überwinterte, stellte sich bald Skorbut unter der Mannschaft ein. Kane versuchte mit rohen Kartoffeln, seiner Leibarznei, die Mannschaft gesund zu erhalten, trotzdem waren bis auf zwei seiner Crew alle erkrankt. In sein Tagebuch schrieb er: »Ich fühle, daß wir bei unserm Kampfe ums Leben im Nachteil stehen, und daß ein Tag und eine Nacht im Polarkreis den Menschen rascher alt macht, als ein Jahr auf irgendeinem anderen Punkt der Welt.« Wahrscheinlich lag es an dem regelmäßigen Genuß einer aus Ratten gekochten Fleischbrühe, daß er selbst weniger an den Symptomen des Skorbuts litt. Auch Willem Barentsz und seine Expeditionskameraden wurden während ihres Aufenthaltes in Nowaja Semlja 1597 von Skorbut befallen. Kurz vor seinem Tod ließ er seine Kameraden, die seinen Gesundheitszustand nicht so ernst einschätzten, wissen: »Ich glaube, daß auch ich nicht mehr lange überleben werde.« Nur wenige Zeit später verschied er. Skorbut, auch Scharbock genannt, tritt nach vier bis sechs Wochen bei völligem Fehlen von Vitamin C (Ascorbinsäure) in der Nahrung auf. Diese Vitaminmangelkrankheit führt zu Mattigkeit und Apathie, Lockerung und Ausfallen der Zähne, zur Verzögerung der Wundheilung und Störungen der Herztätigkeit. Scharbockskraut (Lochlearia officinatis), ein in Laubmischwäldern von März bis Mai blühendes Kraut, galt als sehr reich an Vitamin C und wurde in europäischen Breiten als Arznei gegen Avitaminose verabreicht. Jedoch erkannten auch einige Nordpolarforscher frühzeitig den Stellenwert der traditionellen Ernährungsform der Inuit, die sich zum Teil von den Pflanzen der arktischen Flora ernährten. Die Angmassalikeskimos an der Ostküste Grönlands mischten regelmäßig die an den arktischen Küsten vorkommenden Tangarten wie Alaria Pylaii oder Rodemenia palmata unter ihre Nahrung. Diesen Tangen wurde ein Vitamin-C-Gehalt von bis zu 45 Milligramm pro 100 Gramm zugeschrieben. Aber auch die Haut des Belugawals Muktuk gehört, roh verzehrt, mit einem Vitamin-C-Gehalt von 38 Milligramm pro 100 Gramm zur besonders ascorbinsäurereichen Nahrung.

Nansen, der die Lebens- und Ernährungsweise der Inuit intensiv studierte, schrieb 1894: »Wir können auf Eis treffen, das unwegsamer ist, als wir angenommen haben. Die Hunde können wir im Stich lassen, können krank werden oder erfrieren. Der schlimmste Fall wäre, daß wir selbst am Skorbut erkrankten. Ich glaube aber kaum, daß wir Skorbutkeime von der FRAM mitnehmen. Ferner habe ich dafür gesorgt, daß unser Schlittenproviant aus guten, nahrhaften Lebensmitteln besteht.« Und voller Zufriedenheit stellte er zum Neujahr 1896 fest: »Wenn noch jemand an dem alten Irrtum festhält, daß der Skorbut dem Mangel an Bewegung zuzuschreiben

MEDIZIN

ist, so mag er uns als lebende Beweise des Gegenteils ansehen; unsere Gesundheit war während der ganzen Zeit ausgezeichnet.«

In der Arktis trat ein Vitamin-C-Mangel ausschließlich bei den frühen Erforschern der Polarregionen auf. Ironischerweise hat in den letzten Jahrzehnten der Einzug der weißen Fast-food-Kultur in die abgelegenen Siedlungen der Inuit zu einer Veränderung ihrer traditionsreichen Ernährungsweise geführt. Nach Ergebnissen einer kanadischen polarmedizinischen Untersuchung Ende der 70er Jahre in den Northwest Territories waren nur Kinder bis zum vierten Lebensjahr ausreichend mit Vitamin C versorgt.

Extreme Kälte, extrem hohe Windgeschwindigkeiten und Polarnacht lassen die Grenzzone Eis der lebensfeindlichen Polarregionen spürbar werden. Tagebuchnotizen von Johannes Georgi, einem Expeditionsmitglied auf Alfred Wegeners letzter Grönlandexpedition in den Jahren 1930/31, schildern auf bizarre und extreme Weise zugleich, was es bedeutet, der Kälte und Erfrierungen ausgesetzt zu sein. Am 10. November schrieb er: »Gelegentlich gibt es Brotsuppe aus gesparten Resten. Dann gehe ich meistens in den Schlafsack bis 13.00 Uhr. Die während des Kochens entstandenen Eisbeine halten gewöhnlich bis Mittag an, denn da wir Vormittags den Ofen nicht anstecken dürfen, ist die Temperatur in der Mitte des Raumes etwa −10°, am Boden etwa −20° ... und wir haben nichts, kein Buch über Erfrierungen und Behandlung, keine chirurgischen Instrumente, keinen Verbandstoff. Gestern überraschte uns Loewe mit der trüben Botschaft, daß die sämtlichen Zehen des rechten Fußes bereits in Fäulnis und voller Auflösung begriffen seien ... Immer wieder befühlte ich meine Füße und prägte mir ein, wo und wieweit ich schneiden müsse, um die Zehen glatt im Gelenk zu entfernen. Ich will die Einzelheiten beiseite lassen, nach einer Stunde vereinter Anstrengung waren alle fünf Zehen amputiert.« Nicht nur die Kälte allein, sondern auch den entscheidenden Einfluß des Windes muß man in den Polarregionen, besonders in der Antarktis, immer im Auge behalten. So beträgt bei einer Windgeschwindigkeit von 40 Stundenkilometern und einer Lufttemperatur von minus 29 Grad Celsius die effektive Temperatur minus 56 Grad Celsius.

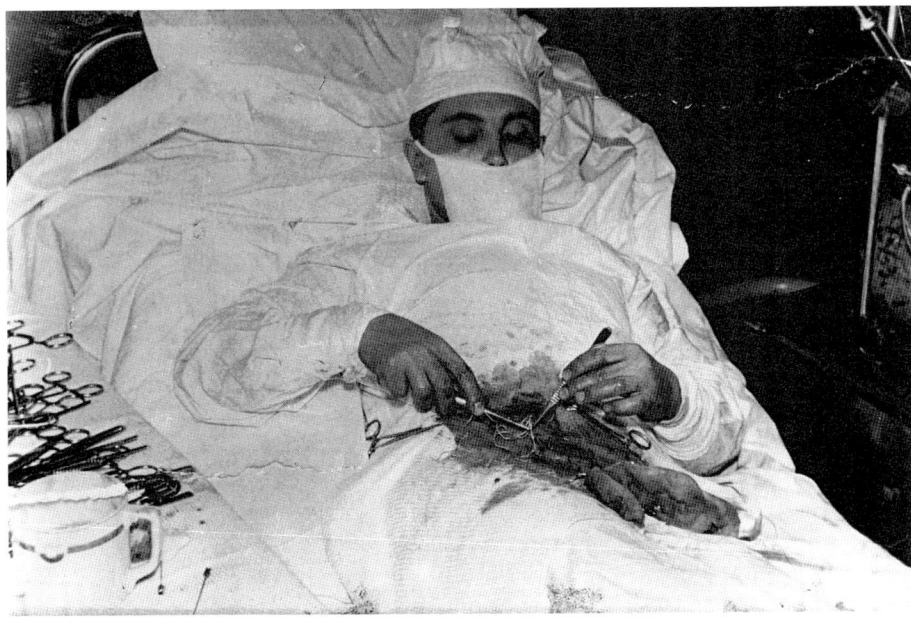

104 L. Rogozow, Station Nowolazarewskaja, Antarktis, bei der Durchführung einer Selbstoperation am Blinddarm im April 1961, Foto: Arktis- und Antarktismuseum, St. Petersburg

Das bedeutet, daß bei höheren Temperaturen begleitet von entsprechenden Windgeschwindigkeiten der Mensch genauso auskühlt wie bei tieferen Temperaturen.

Heutzutage sind die meisten der Überwinterungsstationen in der Antarktis medizinisch bestens ausgerüstet, ein Fehlen von chirurgischen Instrumenten ist nicht mehr vorstellbar. Immer noch sind es relativ hohe Unfallzahlen (30 Prozent), die eine chirurgische Behandlung notwendig machen. Doch der Weg zu einer modernen, internationalen Polarmedizin war noch weit, als Frederick Cook, Anthropologe und Arzt der Belgica Expedition, 1899 für die Erforschung der Südpolarregion eine internationale Zusammenarbeit forderte. Trotzdem war er den heutigen human- und naturwissenschaftlichen Aufgaben der Medizin in den Polarregionen schon sehr nahe gekommen.

Die 1981 gegründete International Union of Circumpolar Health (IUCH) fördert die internationale wissenschaftliche Zusammenarbeit in der Polarmedizin. Seit 1993 gehört auch die seit 1981 bestehende Deutsche Gesellschaft für Polarmedizin und Grenzgebiete der IUCH an. 1996 wurde von den deutschen Polarmedizinern die bisher wohl international einzige Forschungsstation für Polarmedizin an der Ostküste Grönlands etabliert. In dieser menschenleeren Polarregion können sich Polarmediziner sowohl medizinisch-wissenschaftlichen als auch humanbiologischen und psychosozialen Projekten widmen.

Zur Koordinierung der wissenschaftlichen Aktivitäten südlich des 60. Breitengrades wurde 1958 das Scientific Committee on Antarctic Research (SCAR) gegründet. Die intensive Planung eines internationalen biologischen Wissenschaftsprogramms anläßlich des Geophysikalischen Jahres 1957/58 brachte eine Gruppe von Medizinern und Psychologen, die sich besonders mit verhaltenspsychologischen Fragestellungen von Polarexpeditionen auseinandersetzen, zusammen. 1962 wurde dann von der World Health Organization (WHO) in Genf eine Konferenz zu Gesundheitswesen und Medizin in Arktis und Antarktis organisiert. Erstmals trafen sich Mediziner aus Nord- und Südpolregionen zum gemeinsamen wissenschaftlichen Austausch. Nachdem auf nationaler Ebene begrenzte humanbiologische Forschungsprojekte in der Antarktis durchgeführt worden waren, konnte 1972 die SCAR Working Group on Human Biology and Medicine etabliert werden. Seit 1996 sind von den 32 SCAR-Mitgliedstaaten 22 Länder in dieser Arbeitsgruppe vertreten, hinzu kommen als aktive Mitglieder die International Union of Biological Sciences und die International Union of Physiological Sciences und die International Union of Psychological Sciences.

Im Südpolarsommer 1980/81 wurde die erste Biomedical Expedition to the Antarctic (IBEA) erfolgreich durchgeführt. Dem Expeditionsteam gehörten zwölf Ärzte und Wissenschaftler aus fünf Nationen (Australien, Argentinien, Großbritannien, Frankreich und Neuseeland) an. Studienziel war es, die vielfältigen Adaptionsmechanismen des Menschen an die extremen polaren Umweltbedingungen zu erforschen. Die Besonderheit dieser Antarktisexpedition lag auch in der kombinierten Erforschung physiologischer und psychologischer Faktoren. In der Humanbiologie haben sich in der Antarktis inzwischen die unterschiedlichsten Forschungsbereiche etabliert wie beispielsweise Biometeorologie, Fotobiologie, Epidemiologie, Mikrobiologie, Immunologie, Virologie, Biochemie, Pathophysiologie, Endokrinologie, Medizinlogistik, Pharmakologie, Arbeits-, Tele- und Touristikmedizin. Gemeinsam mit Psychologen und Soziologen werden multidisziplinäre Forschungsvorhaben im Bereich von Streßbewältigungsstrategien realisiert. Die unter extremen Umweltbedingungen isolierten Überwinterungsteams stellen hierbei einen idealen sozialpsychologischen Studienbereich dar. Gerade hier liegt auch das Interesse vieler Raumfahrtmediziner und -psychologen. Gemeinsame Forschungsvorhaben werden durch die 1990 gegründete SCAR ad hoc Group on Antarctic Space-related Human Factor Research koordiniert.

1990 haben mehr als 1100 Menschen in der Antarktis überwintert. Als größte Herausforderung wird für viele von ihnen ihre persönliche Erfahrung mit der Grenzzone Eis bleiben.

MEEREIS ALS LEBENSRAUM

GERHARD S. DIECKMANN

Ein wesentliches, strukturierendes Element der Polarregionen ist die Meereisdecke, die sich mit den Jahreszeiten ausdehnt und zurückzieht. In der Antarktis bedeckt der winterliche Meereisgürtel 20 Millionen Quadratkilometer – das entspricht der Fläche Nordamerikas – und schrumpft auf ein Fünftel dieser Fläche im Sommer. Meereis unterscheidet sich in seiner Struktur grundlegend von Süßwassereis. Wenn Seewasser gefriert, wird das Salz nicht in die Kristalle eingeschlossen, sondern bleibt in der flüssigen Phase. Da der Gefrierpunkt abhängig vom Salzgehalt ist, befinden sich im Meereis immer Hohlräume, die mit einer Salzlauge gefüllt sind und auch bei tiefen Temperaturen nicht zufrieren. Das Meereis wird daher auch als ›gläserner Schwamm‹ bezeichnet. In diesen schmalen Hohlräumen wächst eine artenreiche mikrobielle Lebensgemeinschaft heran, die an das Leben im Eis angepaßt ist. Sie entsteht bereits während der Eisbildung, wenn Organismen aus dem Wasser darin eingeschlossen werden.

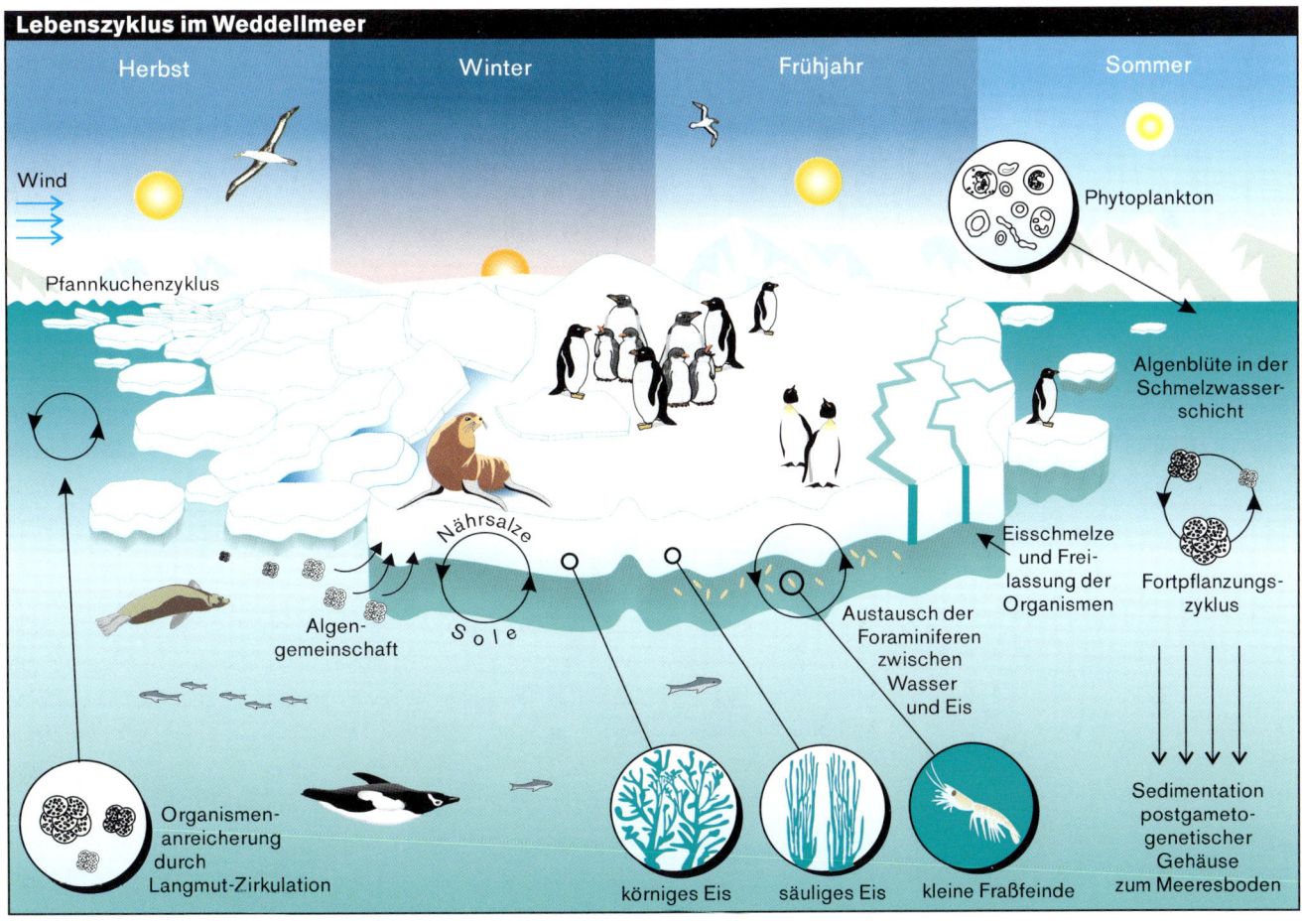

105 Das Wachsen und Schrumpfen der Eisdecke prägt die Existenz der Polarorganismen.

Ein Schwerpunkt der Forschung des Alfred-Wegener-Instituts für Polar- und Meeresforschung (AWI) ist die Ökologie des Meereises. Die Untersuchungen werden sowohl von dem Forschungsschiff Polarstern als auch von Sommercamps auf dem kontinentalen Schelfeis aus durchgeführt. Im letzten Jahr wurde ein ganzer Jahresgang der Meereisentwicklung von der Neumayer-Station aus aufgenommen. Hinzu kommen Experimente mit Eisorganismen in den Kühlräumen des AWI. Es konnte gezeigt werden, daß der Einschluß von Algen bei der Meereisbildung zunächst nichtselektiv durch physikalische Prozesse erfolgt. Hierbei werden auch an den Algenzellen angeheftete Bakterien mit eingeschlossen. Im Eis überleben dann allerdings nur die speziell angepaßten Arten. Charakteristische Eisdiatomeen können im Jahresverlauf hohe Bestände innerhalb dieses speziellen Lebensraumes aufbauen. Untersuchungen haben gezeigt, daß zum Zeitpunkt der maximalen Eisbedeckung circa 25 Prozent der Gesamtmenge pflanzlicher Biomasse in den Polarmeeren von den Eislebensgemeinschaften gestellt werden. Die Bedeutung dieser Biomasse für polare Nahrungsnetze ist jedoch bisher nur in Ansätzen klar. Weitere Untersuchungen des AWI haben gezeigt, daß bei der Eisschmelze die Eisalgen als Klumpen freigesetzt werden. Diese Algenklumpen neigen dazu, schnell abzusinken. Sie stellen somit einen wichtigen Bestandteil der Nahrung der am Meeresboden wachsenden Tiergesellschaften dar. Diese sind in den Schelfgebieten des antarktischen Kontinentalrandes besonders reichhaltig ausgebildet.

Die Lebensbedingungen in den soleerfüllten Hohlräumen des Meereises unterscheiden sich grundlegend von denen im freien Wasser. So werden die Eisorganismen starken Schwankungen in bezug auf Salzgehalt, Lichtintensität, Nährstoffkonzentrationen und pH-Wert ausgesetzt, die hohe Anforderungen an deren Anpassungsfähigkeit stellen. In einer Untersuchung sommerlicher Meereisgemeinschaften haben wir zum Beispiel pH-Werte von über neun im Eis gemessen. Solche stark alkalischen Werte sind selten im Ozean festgestellt worden. Sie beruhen auf der massiven Kohlendioxidfixierung der dichten Algenblüten im Eis. Infolge der starken biologischen Aktivität innerhalb eines relativ abgeschlossenen Systems können auch die Nährstoffdynamik sowie die Verhältnisse der Elemente Kohlenstoff, Stickstoff, Phosphor und Silizium zueinander in der Sole ganz anders aussehen als im freien Wasser. In einem Rückkopplungsprozeß wirkt sich dieses wiederum maßgeblich auf die Biochemie und Wachstumsphysiologie der einzelnen Eisorganismen aus.

Trotz der extremen Lebensbedingungen im Eis konnten sich zahlreiche Arten an dieses Habitat anpassen. Die Meereisdynamik bestimmt die Lebenszyklen vieler Organismen. So überwintern viele planktische Arten im Eis, die dann während der Frühjahrsschmelze das Wasser rasch besiedeln können. Darüber hinaus dient das reichhaltige Algenangebot vielen Kleinkrebsen (Copepoden, Amphipoden) als Nahrung. Insbesondere der Lebenszyklus des antarktischen Krills ist an die saisonale Oszillation des Meereises angepaßt. Während der Krill sich im Sommer im freien Wasser vom Phytoplankton ernährt, weidet er im Winter die Algen an der Eisunterseite ab. Viele Warmblüter, zum Beispiel die Weddellrobbe und der Kaiserpinguin, sind insbesondere für die Aufzucht ihrer Jungen auf das Meereis angewiesen. Auch die Aktivitätszyklen bodenlebender Organismen werden durch die saisonale Eisbedeckung und das dadurch stark schwankende Nahrungsangebot beeinflußt. Die enge Kopplung zahlreicher Organismen an das Meereis führt dazu, daß eventuelle Änderungen der Meereisverteilung infolge globaler Klimaschwankungen erhebliche Auswirkungen auf die polaren Ökosysteme hätten.

MEERESSTRÖMUNGEN

EBERHARD FAHRBACH

Aus den Aufzeichnungen von Schiffsbesatzungen entstanden Strömungskarten, die erkennen lassen, daß Meeresströmungen nicht nur lokale Wasserbewegungen darstellen, sondern großräumige Systeme wie zum Beispiel die subtropischen Wirbel bilden. Das umfassendste Strömungssystem der Erde stellt der Antarktische Zirkumpolarstrom dar, der den Antarktischen Kontinent umrundet und den Atlantischen, den Indischen und den Pazifischen Ozean miteinander verbindet. Die moderne Meeresforschung ergänzte diese Beobachtungen durch gezielte Messungen, die zeigten, daß die Strömungen an der Meeresoberfläche nicht einer ruhenden Tiefsee überlagert sind, sondern daß auch im Inneren der Ozeane großräumige Wasserbewegungen stattfinden. Sie unterscheiden sich in Geschwindigkeit und Richtung von der Oberflächenströmung. Die räumliche Verteilung von Wassermasseneigenschaften wie Temperatur und Salzgehalt und physikalische Gesetzmäßigkeiten wie die Erhaltung von Impuls, Wärme und Salz lassen fundierte Schlüsse auf die Wasserbewegung zu. Demnach fließen die Wassermassen im Atlantik unterhalb der überwiegend nach Norden gerichteten Oberflächenströmung nach Süden. In einem noch tieferen Stockwerk dringt das Wasser aus der Antarktis nach Norden vor. Nach ihrem Ursprungsgebiet werden diese Wassermassen Nordatlantisches Tiefenwasser und Antarktisches Bodenwasser genannt. Zwischen dem Oberflächen- und dem Tiefenwasser schiebt sich Subantarktisches und Subarktisches Zwischenwasser ein.

An der Meeresoberfläche werden den Wassermassen im Kontakt mit der Atmosphäre Eigenschaften wie Temperatur, Salzgehalt und die Konzentration an gelösten Stoffen wie Sauerstoff oder Kohlendioxid aufgeprägt. Temperatur und Salzgehalt bestimmen die Dichte des Meerwassers. Da eine warme Wassermasse eine geringere Dichte hat als eine kalte, ist eine Schichtung von warmem Wasser über kaltem stabil. Das bedeutet, daß kinetische Energie aufgewendet werden muß, um diese Schichtung zu durchbrechen und die Wassersäule zu vermischen. Daher nimmt die Temperatur im allgemeinen von der Oberfläche in die Tiefe ab. Die Stabilität der Wassersäule führt zur großräumigen Aufteilung des Ozeans in eine Warmwassersphäre mit Temperaturen über etwa 10 Grad Celsius und einer Kaltwassersphäre

106 Eine schematische Darstellung der globalen thermohalinen Zirkulation. Die Wasserbewegung ist in drei Schichten aufgeteilt: eine oberflächennahe Schicht mit warmem Wasser (rot), eine kältere Schicht, dem Tiefenwasser (grün), und der kältesten Schicht, dem Bodenwasser (blau). Es erfolgen Absinkbewegungen im nördlichen Nordatlantik und am antarktischen Kontinentalabhang, besonders im Weddellmeer. In: W. J. Schmitz: »On the Interbasin-scale Thermohaline Circulation«. In: »Review of Geophysics«. 33 ›2‹ 1995

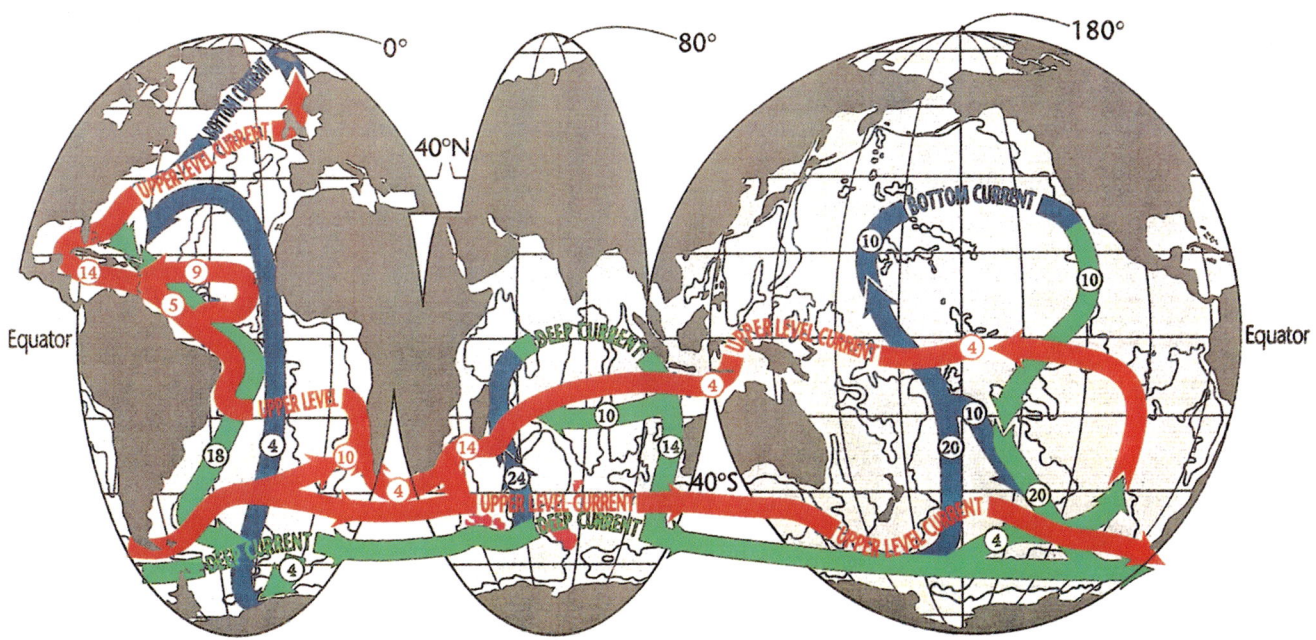

darunter. Die Warmwassersphäre bedeckt etwa 75 Prozent der Meeresoberfläche, enthält aber nur 25 Prozent des Volumens der Ozeane. Den größten Teil des Ozeans umfaßt also die Kaltwassersphäre, die nur in den polaren und subpolaren Meeresgebieten im Kontakt mit der Atmosphäre steht.

Gerät das Wasser durch die Meeresströmungen in Gebiete, wo der Ozean Wärme verliert, so kühlt es sich ab und die Dichte nimmt zu. Übersteigt sie die der darunterliegenden Schichten, so sinkt das Wasser ab und verdrängt tieferes, das aufsteigt. Durch diese thermische Konvektion wird eine vertikale Vermischung bewirkt. Erreicht das Wasser den Gefrierpunkt, der bei ozeanischen Salzgehalten bei etwa minus 1,8 Grad Celsius liegt, bildet sich Meereis. Da es weniger Salz in seinem Kristallgitter aufnehmen kann, als im Meerwasser gelöst ist, nimmt der Salzgehalt im Wasser zu. Die vom Salzgewinn bewirkte Dichtezunahme verursacht ebenfalls vertikale Vermischung.

In Ausnahmefällen kann die vertikale Konvektion bis in mehrere tausend Meter Tiefe reichen, normalerweise erreicht sie aber nur geringere Tiefen. Deshalb erfolgt der Austausch des Tiefen- und Bodenwassers weitgehend über die polaren Schelfe, wo Wassermassen abgekühlt und mit Salz angereichert werden. Erreichen sie eine bestimmte Dichte, so können sie über die Schelfkante und entlang dem Kontinentalabhang in die Tiefsee fließen. Die Wassermassen stehen vor dem Absinken letztmalig im Kontakt mit der Atmosphäre, wobei Wärme und Gase ausgetauscht werden. Man spricht daher von der Belüftung des tiefen Ozeans durch die Bildung von Tiefen- und Bodenwasser.

Durch die unterschiedlichen atmosphärischen und topographischen Bedingungen der drei Ozeane unterscheiden sich ihre Wassermassen und Zirkulationsverhältnisse. Im Atlantik, der den höchsten Salzgehalt der drei Ozeane aufweist, sinken die Wassermassen im Norden ab. Im Gegensatz dazu erfolgt im Indischen und Pazifischen Ozean eine aufsteigende Bewegung. Der zirkumantarktische Wassergürtel verbindet die einzelnen Ozeane und ermöglicht den Austausch zwischen ihnen. Dadurch können die Eigenschaften der drei Ozeane nur in beschränktem Maße voneinander abweichen. Diese großräumige durch den Wind und die Temperatur- und Salzgehaltsverhältnisse bewirkte Wasserbewegung bezeichnet man als globale thermohaline Zirkulation.

Der Austausch zwischen den Ozeanen erweckt den Eindruck eines geschlossenen ozeanischen Förderbandes (Abb. 106). Ein Wasserteilchen verläßt im nördlichen Nordatlantik die Meeresoberfläche und wird im westlichen Randstrom nach Süden in den Antarktischen Zirkumpolarstrom geführt. Im Zirkumpolarstrom umrundet es die Antarktis und kann in den Indischen oder Pazifischen Ozean abzweigen. Auf seinem Weg steigt es langsam auf und kehrt als Zwischen- oder Oberflächenwasser in den Atlantik zurück, wo es nach Norden strömt und dort den Kreislauf von neuem beginnt. Die Vorstellung eines kontinuierlichen Kreislaufs ist allerdings hochgradig idealisiert. Durch kleinräumige Bewegungen, wie die Zirkulation in einzelnen Ozeanbecken oder noch kleinerer Wirbel, wird der Weg eines Wasserteilchens abgelenkt, so daß die großräumigen Strömungssysteme nur als statistische Mittelwerte existieren, aber nicht als der Weg eines einzelnen Teilchens zu erkennen sind.

Die aufsteigende Bewegung der Wasserteilchen, die notwendig ist, um den Kreislauf zu schließen, wird Auftrieb oder Upwelling genannt. Durch die stabile Schichtung des Ozeans ist Auftrieb über große Tiefen im allgemeinen nicht möglich und erfolgt wegen dessen geringer Schichtung nur im antarktischen Wassergürtel.

Die Verteilung von Absink- und Auftriebsgebieten unterschiedlicher Tiefenerstreckung legt nahe, nicht von einem Förderband, sondern von mehreren ozeani-

107 Computersimulation der Antarktis mit den Trajektorien des Zirkumpolarstroms, Deutsches Klimarechenzentrum, Hamburg. Relativ kalte Ströme sind blau dargestellt.

schen Kreisläufen zu sprechen, zwischen denen allerdings ein Austausch erfolgt. Ein Kaltwasserkreislauf bringt im Nordatlantik absinkendes Wasser in den Antarktischen Zirkumpolarstrom, wo es aufsteigt und durch die Drakestraße überwiegend als relativ kaltes Zwischenwasser in den Atlantik rezirkuliert. Ein Warmwasserkreislauf beschänkt sich auf flachere Schichten, in denen Wasser aus dem zirkumpolaren Gürtel in den Pazifik strömt. Von dort aus gelangt es durch das Australasiatische Mittelmeer in den Indischen Ozean und kehrt im Agulhasstrom um die südliche Spitze Afrikas als sehr warmes Wasser in den Atlantik zurück.

Mit den gegenwärtigen Meßmethoden ist eine umfassende direkte Messung der ozeanischen Kreisläufe nicht möglich, und ihre Existenz wird aus der Kombination von lokalen Messungen und numerischen Computermodellen abgeleitet. Danach sinken in den nördlichen und den südlichen Meeresgebieten Wassermassen mit einer Rate von jeweils 15 bis 20 Millionen Kubikmetern pro Sekunde ab. Durch diese Umwälzung wird das Wasser des tiefen Ozeans in etwa 1 000 Jahren vollständig erneuert. Die Zirkulationszellen bewirken einen polwärtigen Wärmetransport aus den Tropen und Subtropen in die höheren Breiten, der in den Subtropen ein Maximum von 2×10^{15} W erreicht und teilweise den Wärmetransport in der Atmosphäre übertrifft. Veränderungen in der Intensität oder dem Verlauf der globalen thermohalinen Zirkulation würden durch ihre Auswirkung auf den ozeanischen Wärmetransport und die Wärmespeicherung das Klima der Erde beeinflussen.

METEORITEN Die Antarktis ist eine Fundgrube für Meteoriten. Den ersten kosmischen Splitter auf dem weißen Kontinent entdeckte 1912 die Expedition des Australiers Douglas Mawson. Seit in den 70er Jahren eine systematische Suche begann, wurden über 15 000 Meteoriten in der Antarktis geborgen. Über dem Südpol fallen zwar nicht mehr Steine vom Himmel als anderswo auf unserem Planeten, aber das extrem trockene Klima schützt sie vor Erosion. Und Eis und Wind konzentrieren die interplanetaren Brocken an bestimmten Stellen und spülen sie an die Oberfläche, wo sie schwarz auf weiß besonders gut erkennbar sind.

»Meteoritenfallen« finden sich zum Beispiel dort, wo ein Gletscher einen Teil seiner Eismassen auf eine Gesteinsrampe schiebt. Katabatische Winde verdampfen das Eis und legen die über Tausende von Jahrhunderten hinweg gefallenen Stücke frei. Um die wertvollen Funde nicht zu verunreinigen, werden sie mit Edelstahlinstrumenten aufgelesen und, in Teflonbehältern tiefgekühlt, zu den Untersuchungslabors transportiert.

Durch die Messung radioaktiver Zerfallsprodukte läßt sich das Alter eines Meteoriten bestimmen. Die meisten kosmischen Querschläger sind vor rund 4,5 Milliarden Jahren zusammengeschmolzen worden und geben damit Zeugnis von der Materie im Sonnensystem zur Entstehungszeit des Planeten Erde. In seltenen Fällen finden Sammler auch Meteoriten, die nicht wie üblich aus dem Asteroidenring zwischen Mars und Jupiter stammen. Ein 31 Gramm schwerer Stein, den ein amerikanischer Geologe 1982 auflas, zeigte bei genauer Analyse die chemischen und physikalischen Charakteristika jener Proben, die Apolloastronauten vom Mond mitgebracht hatten: Er enthielt das kalzium- und aluminiumreiche Mineral Anorthosit und Tausende kleiner Glaskügelchen. Die Zusammensetzung einiger anderer Funde spricht für den Mars als Ursprungsort. Für Aufsehen sorgte im Sommer 1996 der Meteorit ALH 84001, der 1984 im Allan-Hills-Eisfeld gefunden worden war. Amerikanische Wissenschaftler glaubten, in dem kartoffelgroßen Brocken vom roten Planeten Hinweise auf primitives Leben gefunden zu haben. Wie die steinernen Boten von unseren Himmelsnachbarn auf die Erde gelangt sind, ist unklar. Wahrscheinlich sind sie beim Aufprall gewaltiger Meteoriten ins All geschleudert worden. K. B.

MILITÄRISCHE AKTIVITÄTEN

ERIC DYRING

Das Militär hat in den Polarregionen immer eine wichtige Rolle gespielt. Die Suche nach nördlichen Seewegen zu den Reichtümern des Orients und der Polargebiete wurde schon früh zur wichtigen nationalen Hoheitsangelegenheit. Die Große Nordische Expedition sollte 1733 bis 1743 Rußland zu einer Ausweitung seiner Machtsphäre verhelfen, und als Zar Alexander 1819 den russischen Kapitän Fabian von Bellingshausen in die unbekannten Gewässer der Antarktis entsandte, war das ein wichtiger Schritt für Rußlands Großmachtambitionen. Die westliche Welt verhielt sich nicht anders. Die englische Royal Navy erhielt 1818 den Auftrag, die Nordwestpassage zu durchfahren, was jedoch in einer Katastrophe endete, da die Franklinexpedition verschollen blieb. Auch heute erregen die Polarregionen nationale Interessen, und militärische Ambitionen sind ebenfalls im Spiel.

Nazi-Deutschland hatte großes Interesse an der Antarktis. Von 1938 bis 1939 führte die deutsche Luftwaffe eine umfangreiche – wenn auch fehlgeschlagene – Luftbildkartierung der Antarktis mit dem Schiff Schwabenland als Basisstation durch.

Das amerikanische Militär initiierte 1946 die Operation US Navy Antarctic Development Project (High Jump) – zum Einsatz kamen 4700 Mann, 33 Flugzeuge, 13 Fahrzeuge, Helikopter und Unmengen anderer moderner Ausrüstung. Es handelte sich faktisch um einen ›Feldzug‹ zur Erforschung der Antarktis, bei dem die amerikanischen Streitkräfte unter anderem das Überleben in der polaren Umwelt trainierten, eine Vorbereitung auf das zukünftige Kräftemessen mit der Sowjetunion. Auch die sowjetischen Aktivitäten in der Antarktis standen unter militärischen Vorzeichen. Später sollte das Militär vor allem die wissenschaftlichen Vorstöße in die Antarktis schützen, die für die Forschung große Bedeutung gehabt haben. Nationale Ansprüche und militärische Präsenz in der Antarktis werden seit 1959 durch den Antarktis-Vertrag geregelt.

In der Arktis kam es während des Zweiten Weltkrieges zu Kampfhandlungen, allerdings nur in geringem Umfang. Der Seeweg nach Murmansk war die maritime Schlagader, über die die Sowjetunion mit Waffen und Material für den Kampf gegen Deutschland versorgt wurde. Zuverlässige Wettervorhersagen waren in diesen sturmgepeitschten Gewässern unerläßlich. Deshalb errichtete man Wetterstationen auf Spitzbergen (Svalbard), Jan Mayen, der Bäreninsel und Franz-Joseph-Land, was begrenzte militärische Aktionen provozierte.

Der Kalte Krieg in der Arktis

Die strategische Bedeutung der Arktis wuchs nach dem Ende des Zweiten Weltkrieges in dem Maße, in dem der Kalte Krieg kälter wurde. Zwischen den beiden Supermächten USA und Sowjetunion liegt das Eismeer wie ein tiefer Wallgraben. Der kürzeste Weg zwischen den Ballungs- und Industriezentren der beiden Nationen führt für strategische Bomberverbände und kernwaffenbestückte Lenkflugkörper über die Arktis. Die großen Wassertiefen des Eismeeres sind außerdem perfekte Verstecke für die Atom-U-Boote der Großmächte, von denen heute circa 60 mit Interkontinentalraketen bestückt sind (31 russische, 23 amerikanische, die übrigen tragen britische, französische oder chinesische Flaggen), außerdem kreuzen circa 170 atomgetriebene Angriffs-U-Boote in den Meeren.

Murmansk ist die größte Seebasis im Westen der Sowjetunion und Heimathafen der russischen Atomflotte. Das Gebiet ist heute sehr stark verschmutzt, übersät mit Schrott und Lagern für abgebrannte Kernbrennstäbe. Auf Nowaja Semlja fanden russische Atomversuche statt, und im Meer wurde radioaktiv verseuchtes Material verklappt.

Die USA und Rußland haben Radaranlagen auf das Eismeer ausgerichtet, um rechtzeitig vor Angriffen ferngelenkter Raketen mit Kernsprengköpfen gewarnt zu sein. Deren Bewegungen werden von Satelliten beobachtet, während die Radaranlagen über ihre Anzahl und Ausrichtung informieren. Verschiedene Typen von Radar finden Anwendung, Phase Array Radar ist der ausgereifteste. Die gewaltigen festinstallierten Schirme sind aus einer großen Zahl aktiver Radarelemente aufgebaut, wodurch man gleichzeitig viele kleine Gegenstände auf große Entfernungen sehen kann. Die USA betreiben eine solche Radarstation in Thule auf Grönland und im Fylingdales Moor in England. Rußland besitzt eine Anlage in Krasnojarsk in Sibirien.

Der Zusammenbruch des Kommunismus in der Sowjetunion im Jahre 1991 bedeutete das Ende des Kalten Krieges. Die militärischen Aktivitäten in der Arktis sind zurückgegangen, nicht zuletzt aus ökonomischen Gründen. In der Sowjetära war die Eismeerküste praktisch für Ausländer geschlossen. Heute ist die russisch-sibirische Arktis für Bürger aus westlichen Staaten relativ frei zugänglich, und die militärische Präsenz ist stark zurückgegangen. Vor zehn Jahren gab es Hunderte von militärischen Posten und Wetterstationen entlang der langen Eismeerküste, heute ist nur jede zehnte bemannt.

MISSWEISUNG Wer beim Navigieren stur dem Magnetkompaß folgt, wird sein Ziel verfehlen. Denn die Nadel zeigt nicht genau nach Norden. Sie weicht je nach Position mehr oder weniger stark ab – in Hamburg zum Beispiel um 0,1° nach Osten, in Emden um 1,6° nach Osten. Ursachen der ›Deklination‹ sind die Diskrepanz zwischen magnetischem und geographischem Pol sowie regionale Variationen des Erdmagnetfeldes. Da die Mißweisung sich ständig ändert – unter anderem weil die Magnetpole wandern –, werden Seekarten alle fünf Jahre aktualisiert. K. B.

MÖWE Als einzige Vertreterin der Möwen brütet die Dominikanermöwe (Larus dominicanus) im Bereich der Antarktis. Mit einer Körperlänge von circa 58 Zentimetern und einer Spannweite von 126 Zentimetern entspricht sie in etwa der nördlichen Heringsmöwe. Sie ernährt sich vornehmlich von Napfschnecken, hält sich aber auch gerne in der Nähe wissenschaftlicher Stationen auf, wo die Forscher ihre Fütterung als willkommene Abwechselung empfinden. S. A.

108 Dominikanermöwe (Larus dominicanus), Antarktische Halbinsel, Foto: Stephan Andreae

MÜLL Die weißen Westen von Arktis und Antarktis haben längst schwarze Flecken. In der Nordpolarregion haben die Ausbeutung der Rohstoffe und die Präsenz des Militärs tiefe Spuren hinterlassen – die Ölförderung in Alaska und Sibirien, der Kohlebergbau auf Spitzbergen, die Kriegshäfen an der russischen Nordmeerküste. Im Vergleich zu der von Industrienationen umgebenen Arktis ist die Antarktis deutlich geringer befleckt. Doch auch die wenigen tausend Bewohner der Forschungsstationen haben bedenklich große Dreckkleckse um sich herum geschaffen: Jahrzehntelang wurde Müll aufgehäuft oder im Meer versenkt. Abgestürzte Flugzeuge blieben liegen und versanken im Eis. Öl, Benzin und andere Schadstoffe liefen aus. Allein die US-amerikanischen Basen produzieren jedes Jahr 483 Tonnen gefährliche Abfälle, darunter Altöle und Batterien. In einem 1991 beschlossenen Zusatzabkommen zum Antarktisvertrag wurde der Umgang mit Abfällen detailliert geregelt. Demnach darf zum Beispiel von 1998/99 an kein Müll mehr offen verbrannt werden. Kunststoffreste und Batterien müssen wieder vom Kontinent entfernt werden. Der in der deutschen Neumayer-Station anfallende Müll wird sortiert und in Containern abtransportiert. Die Abwässer der Station durchlaufen seit dem Südsommer 1996/97 eine Kläranlage, bevor sie ins Eis geleitet werden. K. B.

MÜLLER GERHARD (1705–1783), deutscher Historiker. Müller siedelte bereits 20jährig nach Rußland über und arbeitete dort bis an sein Lebensende – unter anderem als Professor für Geschichte an der Petersburger Akademie. Neben Georg Wilhelm Steller und Johann Gmelin war er einer der deutschen Teilnehmer an der Großen Nordischen Expedition zur Erkundung Ostrußlands. Von 1733 bis 1743 erforschte er vor allem die Geschichte und Geographie Sibiriens und sammelte Informationen über die sibirischen Völker. K. B.

MUMIE In zwei Felsengräbern über der westgrönländischen Uummannaqbucht entdeckten Jäger 1972 acht von Dauerfrost und trockenem Wind mumifizierte Leichen – sechs Frauen im Alter zwischen 18 und 50 Jahren und zwei Kinder, gestorben etwa im Jahr 1475. Die Untersuchung der inzwischen im grönländischen Nationalmuseum in Nuuk ausgestellten Mumien von Qilakitsoq brachte viele Facetten des Eskimoalltags der Thulekultur zutage. So offenbarte Infrarotlicht bei den Frauen Tätowierungen, wie sie noch bis in das 20. Jahrhundert üblich waren. Verdauungsreste gaben Aufschluß über den Speiseplan der grönländischen Ureinwohner. Abnutzungen der Zähne kündeten vom anstrengenden Weichkauen der Felle und der Herstellung von Nähgarn aus Robbensehnen. Die Kleidung der Toten zeigte, wie geschickt die Menschen im Norden Felle und Federn der Beutetiere als optimalen Wärmeschutz einzusetzen wußten. K. B.

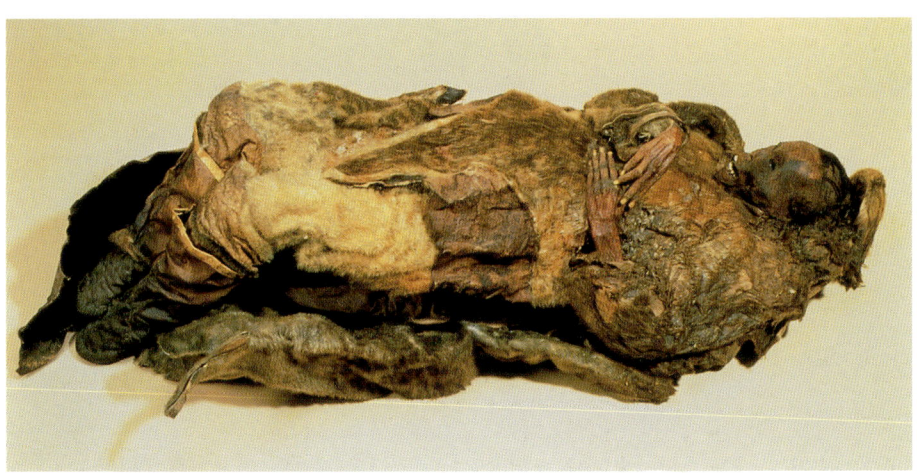

109 Mumie einer Frau, Ende 15. Jahrhundert, Qilaqitsoq, Grönland, Grönländisches Nationalmuseum, Nuuk

MYTHEN

ERIC DYRING

»Myths are the origin of the fiction and the original language of the imagination«, schreibt Penelope Lively im Vorwort zu dem Buch »The Mythical Quest« von Rosalind Kerven. Und die Polarregionen sind noch bis in die moderne Zeit umgeben von einer wildwuchernden Flora von Mythen und okkulten Gedankengängen. Lange haben Geographen und Philosophen versucht, Faktenwissen über die Polarregionen durch mehr oder weniger phantastische Theorien zu ersetzen.

Heute werden sowohl Arktis als auch Antarktis von Tausenden von Menschen besucht, wissenschaftliche Exkursionen haben die Polarregion durchstreift, und Satelliten haben sie detailgenau kartiert. Viele alte Mythen und Spekulationen um die Pole sind dem Vergessen anheimgefallen und Geschichte geworden. Aber der Reiz existiert noch immer. Es existieren auch noch gewisse eigenartige und obskure Ideen – jeder modernen Forschung zum Trotz.

Thule

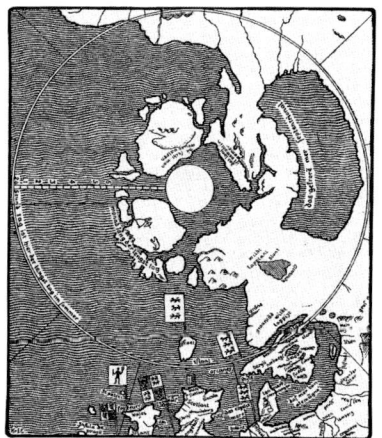

110 Die Nordpolarregionen als Ausschnitt aus Martin Behaims Globus, Nürnberg 1492. Der älteste bekannte Globus zeigt ein neues Bild des Nordens mit vier großen Landmassen um den Nordpol, eine ist ein Ausläufer des europäischen Kontinents.

Jede historische Beschreibung der Erforschung der Arktis beginnt mit der Reise des Griechen Pytheas um 330 v. Chr. Im Werk »Vom Ozean«, das heute verschollen ist, berichtet er, wie er sechs Tage von Britannia aus in nördliche Richtung gesegelt ist und auf erstarrtes Meer und Land traf. Er nannte das Land Thule. Auch die Segelfahrten der irischen Mönche gen Norden 900 Jahre später hinterließen mehr Fragen als Antworten. Thule war in der Antike das mythische Land im Norden. Ultima Thule war zur Zeit der Römer die Bezeichnung für das heutige Nordeuropa.

Die Arktis – Die Wiege der Menschheit

Das Innere des Eismeers eignet sich nicht für eine Besiedlung. Trotzdem wurde diese Gegend als Wiege der Menschheit bezeichnet. Noch 1885 schrieb der Amerikaner William F. Warren in dem Buch »Paradise Found«: »That the Cradle of the human race, the Eden of primitive tradition, was situated at the North Pole, in a country submerged at the time of the Deluge.« Warren war Rektor an der Universität Boston und Mitglied einiger wissenschaftlicher Gesellschaften.

Vergleichbare Gedankengänge waren im 19. Jahrhundert nicht ungewöhnlich und haben sich sogar bis in unser Jahrhundert erhalten. Sie waren häufig verknüpft mit rassenbiologischen Ideen. Unter anderem behaupteten gewisse Philosophen, daß die arische Rasse aus der Gegend um den Nordpol stamme.

Das Loch im Pol

Im 15. und 16. Jahrhundert erschienen die ersten Karten der Arktis: Martin Behaims 1492 in Nürnberg gefertigter Globus und der Atlas des flämischen Geographen Mercator (Gerhard Kremer) von 1595. Sie waren zum großen Teil aus Mythen entstandene Phantasieprodukte. Der Nordpol wurde dargestellt als magnetischer Riesenfels, und das Eismeer war umschlossen von einem kreisförmigen Land, das von vier Kanälen durchschnitten wurde.

Viele Theorien haben seither das Tageslicht erblickt. Daß es an beiden Polen Löcher gibt, war eine lange gehegte Hypothese. Der Jesuit Athanasius Kircher, der im 17. Jahrhundert lebte, behauptete, daß das Meer durch die Beringstraße nach

MYTHEN

Norden strömt, Grönland umfließt, um schließlich östlich vorbei an Spitzbergen zu einem großen Loch am Nordpol zu gelangen. Durch dieses Loch sollte dann das Wasser in die Unterwelt fließen, um am Südpol wieder an die Oberfläche zu kommen. Für andere, zum Beispiel den Amerikaner John C. Symmes, der zu Beginn des 19. Jahrhunderts lebte, waren die Löcher an den Polen Öffnungen zu unbekannten Welten im Inneren der Erde.

In unserer Zeit sind diese Theorien von der Science-Fiction-Literatur aufgenommen worden, wo sie ungeachtet der Kenntnis der Realität weiter gedeihen. Jules Vernes Buch »Reise zum Mittelpunkt der Erde« ist ein frühes Beispiel.

Luftspiegelung – Fata Morgana – Das Rätselhafte

Die extremen Lichtverhältnisse in den Polarregionen haben den Menschen oft getäuscht und die Mythenbildung gefördert. Viele Polarfahrer sahen imaginäre Landmassen, die sich aus dem Eis erhoben. Diese Bilder werden erzeugt, wenn das flache Licht durch kalte Luftschichten scheint und nur ferne Eisberge oder Packeis widerspiegelt.

Aber Luftspiegelungen konnten auch reales Land widerspiegeln. Der Legende nach war zum Beispiel Grönland zuerst bekannt als rätselhafte Luftspiegelung.

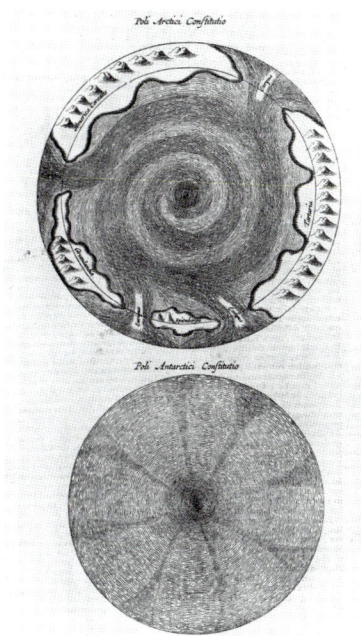

111 Angenommene Meeresströmung durch einen Tunnel von Pol zu Pol. In: Athanasius Kircher, »Mundus subterraneus«, 1678. Das Wasser scheint in einem Loch am Nordpol zu verschwinden und am Südpol wieder aufzutauchen.

112 Abstruse Theorie: Der amerikanische Kapitän John Cleves Symmes (1780–1829) hielt die Erdkugel für hohl und gefüllt mit inneren Sphären und einer inneren Sonne.

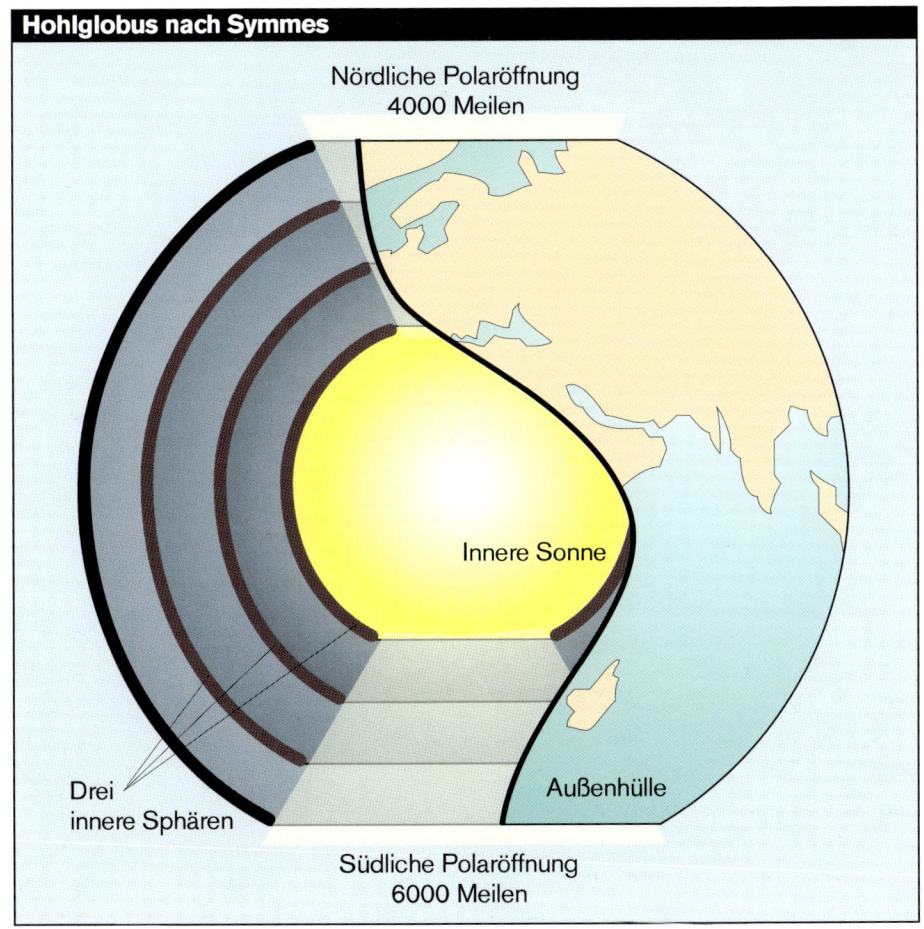

Moderne Polarmythen handeln meistens von anderen Fata Morganas – von menschlichen Herausforderungen, Ausdauer und Kraftakten in der extremen Polarwelt. Das Glück scheint für die meisten Extremtouristen dort zu locken, wo es am schwierigsten ist, am Leben zu bleiben. Während Forscher heute in die Polargebiete reisen, um – ohne Strapazen – zu kartieren und zu untersuchen, zieht es Touristen in die respekteinflößenden exotischen Weiten der Polargebiete. Der Mythos des Unberührten, des Geheimnisvollen existiert noch immer bei den modernen Menschen.

Einstein faßte das so zusammen: »Das Schönste was wir erleben können, ist das Geheimnisvolle.«

NACHT

An den Polen dauert die Nacht sechs Monate. Wenn im Frühjahr die Sonne über den Horizont kommt, geht sie sechs Monate lang nicht mehr unter. Je weiter man sich von den Polen entfernt, desto weniger Tage bleibt das Zentralgestirn rund um die Uhr am Himmel. Am Nordkap (71° nördlicher Breite) zum Beispiel beginnt die Mitternachtssonne am 16. Mai und dauert 72 Tage. Das Phänomen, daß die Sonne im Sommer 24 Stunden lang nicht untergeht und im Winter auch um die Mittagszeit unter dem Horizont bleibt, ist ausschließlich innerhalb des Polarkreises zu beobachten. K. B.

113 Rückkehr der Nachtwache, Shackletons Antarktis-Expedition 1914–1916, Foto: Frank Hurley, Royal Geographical Society, London

»Stille der Nacht über dem Schnee. – Der Nacht. – Einsamkeit, und du, Besänftigung des Todes. Weite, zeitlose Ebene; die Lichtstrahlen haben sich zurückgezogen. Alle Formen sind gefroren; Kälte liegt auf der stillen Ebene und Reglosigkeit – und Reglosigkeit. Und Heiterkeit. O reines Entzücken unserer Seele! Nichts rührt sich, doch schwebt in der Luft – so hell ist das Packeis – ein erstarrtes Strahlen. Alles ist von nächtlichem Blaßblau – soll ich sagen, der Mond? – Der Mond. – Fern von allem habe ich das Gebet gesucht; die ekstatische Landschaft ist es. Ellis! Die du nicht diejenige bist, die ich gefunden; frische Ellis, ist es hier, wo du mich erwartet hast? Ich würde noch weiter gehen, doch ich warte auf dein Wort – und bald wird alles zu Ende sein. – Ich habe ihre verlorene Gestalt gesucht – und meine Seele hat ihr Gebet gesprochen. Dann hat die Nacht ihre Stille zurückgewonnen und all ihre Heiterkeit.«

André Gide, Die Reise Urians – Fahrt auf einem Eismeer. In: André Gide, Gesammelte Werke, Stuttgart 1991

Nahrungsbeziehungen der Organismen in einem Ökosystem. Einzelne Ketten können dabei – gemessen am Energiefluß – eine tragende Rolle spielen, während andere eher unbedeutend sind. Wer das Geflecht von Fressen und Gefressenwerden in einer Lebensgemeinschaft angemessen rekonstruieren will, braucht eine Unmenge an Daten. K. B.

NAHRUNGSNETZ

114 Marine Nahrungskette

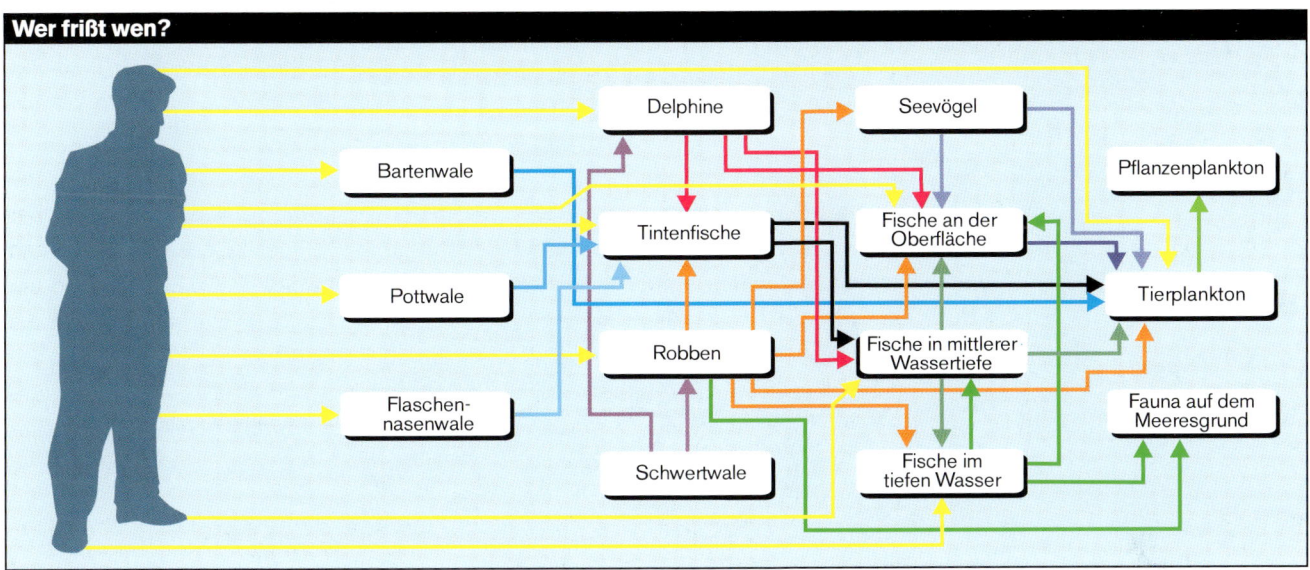

»Uns schien es nun am sichersten, stehenzubleiben und uns auf den Winter vorzubereiten, da es für die lange Reise nach Spitzbergen zu spät war. Wir jagten Bären, um Fleisch zu bekommen, Walrosse für Brennstoff, wir bauten eine Hütte aus Stein und Erde und Moos mit einem Dach aus Walroßhaut, bedeckt mit Schnee, benutzten Speck zum Kochen, für Licht und Wärme, Bärenfleisch und Speck waren unsere einzige Nahrung, Bärenfell unser Bett und Schlafsack. Der Winter war gut, und beider Wohlergehen war ausgezeichnet.« (Fridtjof Nansen)

So einfach könnte man es sehen. Aber hinter diesen einfachen Worten verbarg sich ein Erlebnis, das nur die Wenigsten hätten überleben können. Es war die letzte Etappe eines ungewöhnlichen Weges, der 1893, drei Jahre zuvor, begonnen hatte. Damals konnte der Norweger Fridtjof Nansen (1861–1930) seinen Plan verwirklichen, einen Plan, dessen Realisierung die meisten Polarexperten damals für unmöglich hielten. Das Ziel war die Erforschung des damals unbekannten Nordpolarmeeres und der Beweis eines Ost-West-Stromes von Nordsibirien nach Ostgrönland. Nansen wollte sich mit einem speziell konstruierten Schiff vom Eis einschließen und gen Westen treiben lassen – vielleicht über den Nordpol – und zwischen Spitzbergen und Grönland wieder frei kommen. Weil bereits so viele Schiffe vom Eis zerstört worden waren, glaubte man nicht, daß ein Schiff überhaupt dem Druck des Eises standhalten könne. Entstanden war die Idee aus der Tatsache, daß ein amerikanisches Schiff unter der Führung von George Washington De Long 1881 bei den Neusibirischen Inseln untergegangen war. Drei Jahre später wurden Wrackteile auf einer Eisscholle südwestlich von Grönland gefunden. Auf diesem Fund fußte die Theorie des norwegischen Professors für Meteorologie Henrik Mohn von einem Meeresstrom durch das Polarmeer. Den Gedanken nahm Fridtjof Nansen auf und verfolgte ihn weiter.

FRIDTJOF NANSEN

SUSAN BARR

115 Porträt Fridtjof Nansen, Foto: Norsk Polarinstitutt, Oslo

Der Kernpunkt von Nansens umstrittenem Plan war, ein Schiff zu bauen, das den enormen Kräften des Treibeises standhalten könne. Gemeinsam mit dem Schiffbauer Colin Archer und dem Kapitän Otto Sverdrup wurde genau das getan. Das geniale Design der Fram hatte die Form eines halben Eis, mit einer im Verhältnis zur Breite kurzen Länge für eine bessere Manövrierfähigkeit im Eis, abgerundete Seiten sowie einen kleinen Kiel, so daß das Eis das Schiff nicht zum Kentern bringen konnte. Außerdem konnten sowohl die Schraube als auch das Ruder zum Schutz bei Eisgang durch einen Tunnel hinaufgezogen werden. Mit einer sorgfältig ausgewählten zwölfköpfigen Mannschaft, Proviant und Ausrüstung für fünf Jahre verließ die Expedition am 24. Juni 1893 die norwegische Hauptstadt Kristiania (das heutige Oslo). Die Expedition bekam den Namen Norwegische Nordpolexpedition, obwohl Nansen meinte, daß ein eventueller Vorstoß zum Nordpol den wissenschaftlichen Zielen der Reise völlig unterzuordnen sei. Aber der Nordpol war zu jener Zeit noch immer unbesiegt – und es war verlockend, ihn gleichsam als Beigabe zu erreichen.

Die nationale Begeisterung für die Expedition war groß, wenn auch nicht ungeteilt. 1888 hatte der damals unbekannte Fridtjof Nansen mit fünf anderen das grönländische Inlandeis als erster von Ost nach West überquert. Norwegen befand sich zu der Zeit in einer Union mit Schweden, und der König war Schwede. Eine wachsende nationalistische Bewegung hatte begonnen, sich in Norwegen bemerkbar zu machen, und Nansens Tat brachte nicht nur seinen eigenen Namen in den Blickpunkt des internationalen Interesses, sondern verlieh auch Norwegen Ansehen und Selbstvertrauen im Bestreben, sich gegen Schweden zu erheben. Diese neue und viel größere Expedition sollte Norwegens Namen und Flagge in die unbekannte Eiswüste und den nationalen Freiheitskampf tragen. Deshalb wurde die Fahrt der Expedition Richtung Norden entlang der norwegischen Küste von großem Jubel begleitet. Große Menschenmengen standen auf jeder Halbinsel und auf den Schären am Wege, um der Fram und ihrer Mannschaft Glück für die Reise zu wünschen.

Am 20. September 1893 fuhr die Fram in das Eis westlich der Neusibirischen Inseln, und fünf Tage später wurde das Fahrzeug der Obhut des Eises übergeben. Am 14. August 1896 setzte man die Maschinen wieder unter Dampf, und die Fram kam nach drei Jahren im Treibeis endlich frei, immer ein bißchen vor und zurück, ein bißchen nach hier und ein bißchen nach dort, bis sie den von Nansen errechneten Punkt erreichte, ein wenig nördlich von Spitzbergen. Die Mannschaft war gut zurechtgekommen. Im großen und ganzen war sie gesund und bei guter Stimmung geblieben, auch wenn es natürlich eng gewesen und unterwegs zu Streitigkeiten gekommen war. Nicht zuletzt hatte das Fahrzeug allen Unkenrufen zum Trotz durchgehalten. Nur einmal stand zu befürchten, daß der Druck des Eises das Boot zerstören könnte, aber die Fram war auch aus dieser Situation ohne ernsthafte Schäden hervorgegangen. Man kam zu der Erkenntnis, daß das Polarmeer sehr tief und nicht, wie bis dahin vermutet, flach war und daß es wahrscheinlich kein Land in der Nähe des Nordpols gab. Außerdem wurden andere wichtige wissenschaftliche Messungen und Beobachtungen zu Meteorologie, Ozeanographie, Geologie, Geomagnetismus, Nordlichtforschung und Biologie gemacht. Einige der besten Experten jener Epoche bearbeiteten die Ergebnisse, die zwischen 1900 und 1906 in sechs dicken Bänden publiziert wurden.

Das, was anders als erwartet, nicht glückte, war die Überquerung oder zumindest Annäherung an den Nordpol. Die Fram kam nur bis 86° nördlicher Breite, die sie Ende November 1895 erreichte. Nansen war zwischenzeitlich klar geworden, daß sie so den Nordpol nicht erreichen würden. Im Gegensatz zu allen seinen ausdrücklichen Plänen und im Widerspruch zu seinem eigenen Expeditionsziel verließ Nansen

116 Fridtjof Nansen posiert im Fotostudio, um 1880, Foto: Universität Oslo, Bildersammlung

zusammen mit Hjalmar Johansen am 14. März 1895 die Fram und elf Männer (zur weiteren Drift), um den Nordpol mit Hundeschlitten und Kajaks über das Eis zu erreichen. Auch dieser Versuch glückte nicht. Die beiden kämpften sich in gut drei Wochen durch extreme Kälte, Feuchtigkeit und Eis vor bis 86° 14' nördlicher Breite. Als ihnen klar wurde, daß sie das Ziel nicht erreichen und rechtzeitig auf festes Land kommen würden, entschieden sie sich, zurückzugehen. Weil sie wußten, daß sie die Fram nicht wiederfinden würden, mußten sie sich in südlicher Richtung bewegen, bis sie auf Land treffen würden, entweder Franz-Joseph-Land, Spitzbergen oder andere unbekannte Inseln. Es war Franz-Joseph-Land, das sie nach unglaublichen vier Monaten erreichten. Nansen und Johansen hofften, noch vor Einbruch des Winters nach Hause zu kommen, aber es war zu spät. Die beiden mußten einen ganzen Winter unter beschwerlichsten Bedingungen verbringen, wovon das einleitende Zitat von Nansen kaum einen Eindruck vermittelt. Fast acht Monate lang lagen die beiden, um sich zu wärmen, zusammen in einem Doppelschlafsack, ohne Bücher oder anderen Zeitvertreib, nur mit Tranlampen für Wärme und Licht. So wie sie ihre physische

Stärke und Belastbarkeit während der Zeit im Eis bewiesen hatten, erfuhren sie nun ihre psychische Stärke und Belastbarkeit während der dunklen, kalten und bedrohlichen Monate in dem Erd- und Steinloch, das sie mit primitiven Werkzeugen gebaut hatten. Ihre Nahrung bestand ausschließlich aus Fleisch und Speck von Eisbären und Walrossen, die im Überfluß vorhanden war. Sie nahmen unter Bedingungen, unter denen andere früher oder später entweder verhungert oder an Skorbut gestorben wären, viele Kilogramm zu. Am 19. Mai 1896 waren sie wieder unterwegs. Zum Glück für die beiden und wahrscheinlich auch für Norwegen trafen sie dank eines unglaublichen Zufalls auf den englischen ›gentleman explorer‹ Frederick Jackson, der sich mit einer Expedition am Südende von Franz-Joseph-Land befand. Nansen und Johansen wurden von Jacksons Schiff nach Norwegen mitgenommen und entgingen so dem Versuch, mit ihren Kajaks über das Meer zu paddeln, was vermutlich nicht gelungen wäre.

Eine Woche nach Nansens und Johansens Heimkehr nach Norwegen landete auch die Fram unter dem Kommando von Otto Sverdrup. Das Schiff, der Kapitän und die Mannschaft waren nach einer geglückten Expedition wieder vereint, und Norwegen war vor Freude aus dem Häuschen. Die Fahrt entlang der Küste geriet zu einem unvergleichlichen Triumphzug zurück in die Hauptstadt, wo die Feierlichkeiten mehrere Tage andauerten. Nansen war ein international anerkannter Polarexperte geworden, und Norwegen hatte einen Nationalhelden gewonnen, der aktiv am Freiheitskampf teilnahm, welcher 1905 von einem Sieg gekrönt wurde. Obwohl Nansen in den Jahren danach Zeit für wichtige ozeanographische Forschungen hatte, konnte er seine Pläne für andere Polarexpeditionen, unter anderem zum Südpol, nie realisieren. Das tat ein anderer Norweger, Roald Amundsen, der 1910 bis 1912 die Fram für seine Expedition in die Antarktis leihen konnte und als erster den Südpol erreichte. Nansen wurde in der Zwischenzeit der erste nordische Professor für Ozeanographie und leistete wichtige Arbeit für das Fach als internationale Disziplin.

Nach der Fahrt mit der Fram wurden Nansen diplomatische und humanitäre Aufgaben angetragen. Dies war eine Reaktion auf das internationale Renommee, das die Expedition ihm verschafft hatte, geschah aber auch aufgrund seiner einzigartigen Persönlichkeit. Von 1920 bis zu seinem Tod im Jahr 1930 arbeitete er für den Völkerbund. Er beteiligte sich an der Rückführung von Kriegsgefangenen, leistete Hilfe bei der Hungersnot in der Sowjetunion und für die zwei Millionen russischen Flüchtlinge. Er verwendete das Geld des Friedensnobelpreises, den er 1922 erhalten hatte, für humanitäre Zwecke in der Ukraine, und ab 1925 arbeitete er für armenische Flüchtlinge. Fridtjof Nansen ist heute weltweit bekannt für seine Leistungen nach 1896, aber sowohl sein Name als auch der Name der Fram leben weiter wegen der schwierigen und glücklichen Expedition über das Polarmeer von 1893 bis 1896.

NAUTILUS

Die atomgetriebene amerikanische Nautilus tauchte 1958 als erstes U-Boot unter dem Eis zum Nordpol. Inwischen haben mehr als 60 Nuklear-U-Boote 90° Nord erreicht. K. B.

NEBEL

»Der Landbär, der zu Nebel wurde

Es war einmal ein Landbär, der lebte in Menschengestalt und ging oft zu den Wohnplätzen der Menschen hin, um Leichen zu rauben. Mitunter raubte er auch lebendige Menschen, aber man sah ihn niemals, und niemand konnte entdecken, wer der Räuber war. Da kam ein Mann darauf, sich tot zu stellen und sich in ein Grab zu legen. Aus diesem raubte der Landbär ihn und trug ihn mit sich nach Hause. Er trug ihn mit dem Kopfe nach unten, und jedesmal, wenn sie an einem Gebüsch vorbeikamen, hielt sich der Mann daran fest, so daß der Bär alle Kräfte anstrengen mußte, um weiter zu kommen. Endlich kam er zu Hause an. Hier stellte er den Mann auf die Bank mit dem Kopf nach unten, damit er auftaue. Dieser hatte sich nämlich so steif gemacht, daß der Bär glaubte, er sei gefroren.

Aber der Bär war unterwegs so müde geworden, daß er sich sogleich auf die Bank legte, um zu ruhen. Unterdessen spielten die Kinder rings auf dem Boden. Plötzlich riefen sie:
›Die Leiche öffnet die Augen.‹
›Laßt sie nur!‹ antwortete der Bär. ›Heute griff sie in alle Büsche, an denen wir vorbeikamen, so daß ich tüchtig zu schleppen hatte.‹ Aber da sprang der Mann, der erst so getan hatte, als ob er tot sei, auf die Erde, ergriff ein Beil und tötete den Bären. Dann stürzte er in den Hausgang, um zu flüchten. Hier stieß er auf die Bärenfrau, die im Kochraum stand und mit einer fettgefüllten Menschenhaut beschäftigt war. Im Vorbeilaufen schnitt der Mann ein Loch in die Menschenhaut, so daß alles Fett herauslief. Die Frau, welche das Fett gerne retten wollte, konnte ihm deswegen nicht sogleich nachsetzen. Sobald sie aber entdeckt hatte, was geschehen war, machte sie sich an die Verfolgung und kam ihm schnell näher und näher. Als sie schon ganz dicht an ihm war, machte er mit seinem Finger einen Ritz in die Erde, und sogleich sprang ein großer Fluß aus der Erde hervor, ein großer, starkschäumender Fluß.

›Wie kamst Du doch über den Fluß?‹ fragte die Bärenfrau. ›Ich trank das Wasser,‹ antwortete der Mann. Da legte sich die Frau nieder und trank und trank so lange, bis sie barst. Aber während sie barst, stand all das Wasser, das sie getrunken hatte, wie ein Dunst über dem Boden und wurde zu Nebel. Man erzählt, daß von ihr der Nebel stamme.

Der Fluß aber, den der Mann hervorzauberte, wird von uns ›Der in alten Tagen Entstandene‹ genannt. Wir überqueren ihn gewöhnlich, wenn wir auf die Handelsreise nach Churchill gehen.
(Erzählt von Atqaralaoq, Hikoligjuaq.)«

Knud Rasmussen, Rasmussens Thulefahrt,
Frankfurt a. M. 1926, S. 156–157

118 Nebel auf der Antarktischen Halbinsel, Foto: Stephan Andreae

VON NEUMAYER GEORG

(1826–1909), deutscher Hydrograph und Förderer der Polarforschung. 1876 bis 1903 erster Direktor der deutschen Seewarte in Hamburg. Von 1879 an hatte Neumayer den Vorsitz der Internationalen Polarkommission. Er war maßgeblich beteiligt am Zustandekommen des Antarktischen Jahres 1901 unter Mitwirkung des deutschen Schiffes Gauß. K. B.

NEUMAYER-STATION

Die deutsche ganzjährig besetzte Forschungsstation wurde im März 1992 auf dem Ekströmschelfeis (70° 39' Süd, 8° 15' West) fertiggestellt. Sie schloß an die 1981 eröffnete Georg-von-Neumayer-Station an, mit deren Bau die Bundesrepublik die wichtigste Bedingung für die Aufnahme als stimmberechtigtes Vollmitglied des Antarktisvertrages erfüllte. Die acht Kilometer südlich der alten Station errichtete Röhrenkonstruktion bietet Platz für elf Überwinterer. Sie wird betrieben vom Alfred-Wegener-Institut für Meeres- und Polarforschung. Die stillgelegte Georg-von-Neumayer-Station wurde gemäß den Regeln des Umweltschutzprotokolls des Antarktisvertrages demontiert und abtransportiert. K. B.

NICHTS

»Nichts ist hier zu sehen, nichts, was sich von der schauerlichen Eintönigkeit der letzten Tage unterschiede.«

Robert Falcon Scott am Südpol. Zit. nach: Stefan Zweig, Der Kampf um den Südpol, Stockholm 1943, S. 22

NOBILE UMBERTO

(1885–1978), italienischer General und Luftschiffkonstrukteur. Überflog gemeinsam mit Roald Amundsen und dem amerikanischen Millionenerben Lincoln Ellsworth im Luftschiff Norge im Mai 1926 den Nordpol. Zwei Jahre später startete er mit dem Schwesterschiff Italia erneut zu Arktiserkundungen. In einem Schneesturm schlug die Flugmaschine nördlich von Spitzbergen aufs Eis. Eine internationale Rettungsaktion lief an, an der sich auch Amundsen beteiligte. Er kehrte von einem Suchflug nicht mehr zurück. Nobile und sieben der acht Besatzungsmitglieder wurden gerettet. K. B.

»Was war das für ein Meer, auf dem sich Helden in Lumpengestalten, Kapitäne in Menschenfresser und Luftschiffe in eisige Fetzen verwandelten?«

Christoph Ransmayr, Die Schrecken des Eises und der Finsternis, Frankfurt a. M. 1987, S. 18

NORDENSKIÖLD ADOLF ERIK

(1832–1901), schwedischer Polarforscher. Er unternahm zahlreiche Reisen nach Spitzbergen, Grönland und in die Karasee. 1878 bis 1880 durchfuhr er mit dem Schiff Vega als erster die Nordostpassage (s. Nordpassagen). K. B.

NORDENSKJÖLD OTTO

(1869–1928), schwedischer Entdecker und Polarforscher. Der Neffe des Bezwingers der Nordostpassage, Adolf Erik Nordenskiöld, leitete die schwedische Antarktisexpedition von 1901 bis 1904, die die antarktische Halbinsel erkundete. Dickes Packeis und der Untergang des Schiffes Antarktis hätte das Unternehmen beinahe zu einem Desaster werden lassen. Unterwegs zu Nordenskjölds Hauptquartier, wurde die Antarktis, die auf den Falklandinseln überwintert hatte, im Packeis eingeschlossen und zerquetscht. Die Mannschaft flüchtete sich auf die nahegelegene

Pauletinsel. Nordenskjöld und seine Überwinterungsmannschaft und auch die Crew der Antarktis wurden schließlich Ende 1903 durch ein argentinisches Schiff gerettet. K. B.

NORDPASSAGEN

ERIC DYRING

Portugal und Spanien eroberten während des 15. Jahrhunderts die Macht auf den Weltmeeren. Eine päpstliche Bulle sanktionierte ihre Vorherrschaft im Jahr 1496, und die Welt wurde zwischen ihnen aufgeteilt: Portugal bekam die östliche Hälfte der Erdkugel, Spanien die westliche. Frankreich, England und Holland, die ebenfalls maritime Ambitionen hatten, wurden so daran gehindert, gen Süden, Osten oder Westen über die Meere zu expandieren. Übrig blieb nur der Weg nach Norden. Dieser Umstand förderte die Träume von einem nördlichen Seeweg zu den Reichtümern Asiens.

Drei nördliche Wege gab es für die Segelschiffe vom Atlantik zum Pazifik – westwärts nördlich des amerikanischen Kontinents, ostwärts entlang der sibirischen Eismeerküste oder quer über das Eismeer. Vom 16. Jahrhundert bis in unsere Tage sind diese Seewege erforscht worden. Die Antriebskräfte waren und sind vor allem politischer und ökonomischer Natur. Erst gegen Ende des 19. Jahrhunderts wurde die Wissenschaft eine neue wichtige Triebfeder.

Die Nordwestpassage

John Cabot war der erste, der den westlichen arktischen Seeweg erforschte. Er war Venezianer und hieß eigentlich Giovanni Caboto. Zusammen mit seinem Sohn Sebastian segelte er im Auftrag des englischen Königs Henry VII. nach Nordwesten. Er unternahm mehrere Reisen und erreichte Neufundland und Labrador. Giovanni Caboto kam 1498 während seiner dritten Reise ums Leben. Weitere Schiffsexpeditionen unter der Leitung von Männern wie Martin Frobisher (1576–1578), John Davis (1585–1587), Henry Hudson (1609/10) und William Baffin (1615) folgten. Alle versuchten durch die Baffinbai westlich von Grönland zu kommen, und alle trafen auf unüberwindliche Eisbarrieren bei den Inselgruppen, die Nordamerikas Schutz gegen das Eismeer bilden. Den Expeditionen gelang es zwar nicht, die Nordwestpassage zu finden, aber sie trugen zur Erweiterung der Kenntnisse über die unzugänglichen und unbekannten arktischen Regionen entscheidend bei.

Als es England gegen Ende des 16. Jahrhunderts gelang, die spanische und portugiesische Vorherrschaft auf den Weltmeeren zu brechen, nahm das Interesse an einem nördlichen Seeweg zwischen dem Atlantik und dem Pazifik ab. Erst Anfang des 19. Jahrhunderts erwachte es wieder. Treibende Kraft war der zweite Sekretär der britischen Admiralität, John Barrow. Er erachtete es als Aufgabe der Royal Navy, für England einen nördlichen Seeweg zwischen Atlantik und Pazifik zu finden. England betrachtete zu der Zeit nämlich mit größter Besorgnis die Expansion Rußlands in der Arktis.

Ab 1818 konzentrierte sich die englische Flotte für einige Jahrzehnte auf die Nordwestpassage. Diese Periode war eine überaus dramatische in der Geschichte der Arktisforschung. Einige Expeditionen wurden wie militärische Feldzüge ausgerüstet, und Männer wie John Ross, David Buchan, William E. Parry und John Franklin schrieben Polargeschichte. Aber sie wurden mit dem mächtigen Polareis nicht fertig.

John Barrow und die britische Admiralität ließen sich nicht abschrecken. Eine neue Expedition, ausgerüstet nach dem Vorbild der englischen Flotte – zwei große,

NORDPASSAGEN

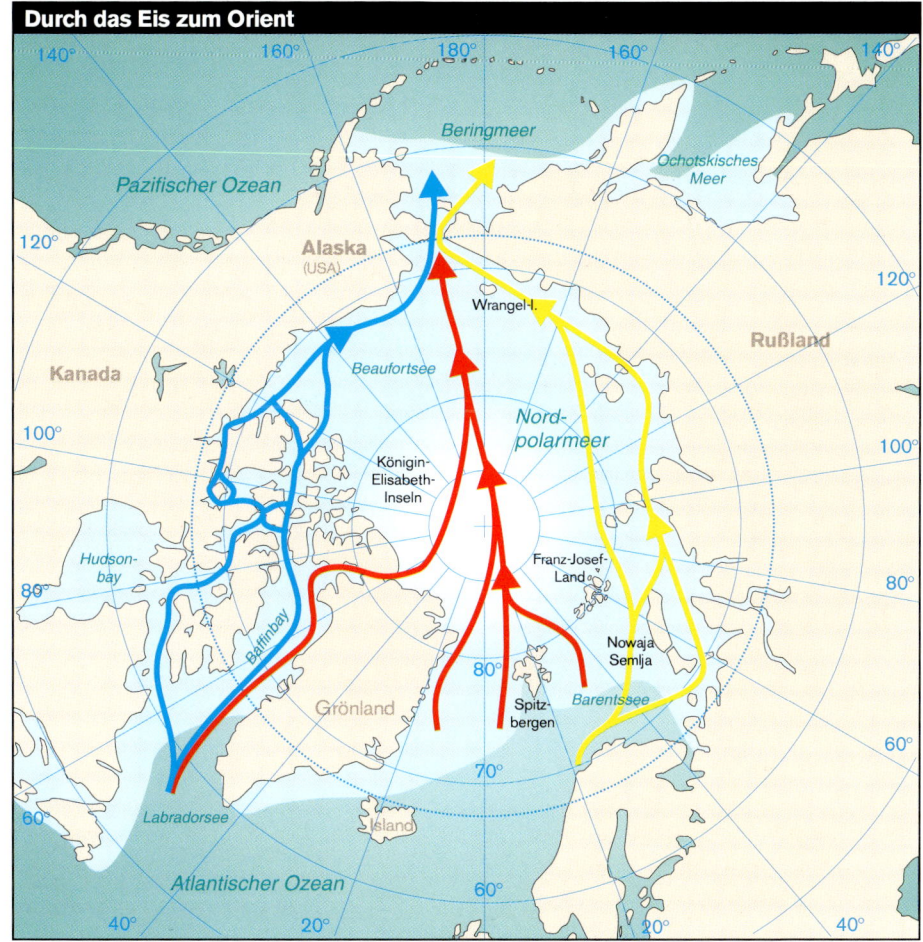

119 Drei nördliche Seewege in den Orient reizten die Entdecker: die Nordwestpassage (blau), quer durch den Arktischen Ozean (rot) und die Nordostpassage (gelb).

gut ausgestattete Fahrzeuge mit großer Besatzung und militärischer Organisation – verließ 1845 unter der Leitung von John Franklin London. Sie verschwand spurlos, und 1848 begannen intensive Nachforschungen. Viele Expeditionen nahmen zehn Jahre an der Suche teil. Nach und nach wurde das ganze Ausmaß der Katastrophe klar, aber vor allem brachten diese Suchaktionen neue Erkenntnisse über die Nordwestpassage und die Inselwelt des arktischen Kanada.

Die Arktis besiegte also die englische Flotte. Große militärisch organisierte Flottenreisen waren nicht geeignet für die Nordwestpassage. Letztendlich wiesen die beiden Handelsgesellschaften North West und Hudson Bay den Weg. Die Unternehmen beschäftigten sich überwiegend mit dem Pelzhandel im arktischen Nordamerika, aber leisteten im 19. Jahrhundert auch einen großen Beitrag zur Arktisforschung. Sie bedienten sich kleiner schneller Expeditionen mit Hundegespannen und leichten Booten. Das Paar George Simpson und Peter Dease sowie John Rae erlangten Berühmtheit, weil sie in kurzer Zeit große Gebiete erforscht hatten. Die aus Inseln und Meerengen bestehenden Labyrinthe der Nordwestpassage wurden kartiert.

Nicht einmal die Erfindung der Dampfschiffe änderte etwas an der Tatsache, daß große Boote nicht geeignet waren für die Durchsegelung der Nordwestpassage. Als ersten glückte das Unternehmen statt dessen 1903 bis 1906 dem Norweger Roald Amundsen und fünf Kameraden mit der kleinen 47-Tonnen-Motorjacht Gjøa in westliche Richtung. Die erste Durchquerung in östlicher Richtung gelang dem norwegischstämmigen Kanadier Henry Larsen mit dem 80-Tonner St. Roch in den Jahren 1940 bis 1942.

120 Drama am 15. September 1596 im Norden von Nowaja Semlja. Gerrit de Veer, Waerachtighe Beschryvinghe van drie seylagien/ter werelt noyt soo vreemt ghehoort, Amsterdam 1598, Faksimile

Die Nordostpassage

Die Möglichkeit eines nordöstlichen Seewegs entlang der sibirischen Nordküste nach Asien – die Nordostpassage – wurde bereits Mitte des 15. Jahrhunderts diskutiert. Rußland war an besseren Verbindungen mit Asien besonders interessiert, denn der Handel mit diesen reichen Ländern wurde durch schlechte und zeitraubende Landwege erschwert. Im Jahr 1525 schlug Dimitri Gerassimow, der Sekretär des Großfürsten Wassili III., die Erforschung eines nördlichen Seeweges vor. Kühne Seefahrer von der russischen Nordküste hatten damals bereits seit langer Zeit Fahrten über das Meer im Osten und Norden unternommen.

Gleichzeitig stieg das Interesse Englands, mit den Märkten an der russischen Eismeerküste Handel zu betreiben. Im Norden gab es nämlich begehrte Pelzwaren, Walroß- und Mammutstoßzähne und vieles andere, was in Europa hoch geschätzt wurde. Mitte des 16. Jahrhunderts wurde in London die Muscovy Company gegründet, die die Aufgabe hatte, nordrussische Handels- und Seewege zu öffnen. 1553 verließ eine Flotte mit sieben Schiffen und Richard Chancellor als Cheflotse London. Man segelte ins Weiße Meer und in die Mündung des Flusses Dwina, überwinterte dort und schuf erste Handelskontakte. Die Muscovy Company fand zwar nicht den ersehnten Seeweg in den Pazifik, wurde aber durch einträglichen Handel reichlich belohnt.

1556 wurde mit Stephen Burrough als Kapitän auf der Serchthrift ein neuer Versuch unternommen. Die Expedition erreichte die Karasee, bevor Eis und Dunkelheit sie zur Umkehr zwangen.

Die Engländer bekamen bald von den Holländern Konkurrenz, die auch einen Weg nach Asien suchten und Handel mit dem Norden Rußlands treiben wollten. Im Jahr 1594 erhielt Willem Barentsz den Auftrag, weiter nördlich einen Weg nach Osten zu suchen. Ein solcher Seeweg war von dem angesehenen Kartographen Petrus Plancius aus Amsterdam vorgeschlagen worden. Die Expedition wurde zu einem Meilenstein in der Geschichte der Arktis. Barentsz erforschte die Westküste von Nowaja Semlja, aber die Expedition wurde später in dem Meer, das heute seinen Namen trägt, vom Eis gestoppt. Ein neuer Versuch im Jahr darauf wurde ebenfalls vom Eis zunichte gemacht, aber man entdeckte Spitzbergen und die Bäreninsel.

NORDPASSAGEN

Es waren schließlich russische Seefahrer und Entdecker, die den gesamten langen nördlichen Seeweg von der Halbinsel Kola bis zur Beringstraße erforschten und kartierten. Dies geschah Schritt für Schritt: Das von Zar Peter dem Großen initiierte gewaltige Forschungs- und Kartierungsprojekt, die Große Nordische Expedition, erfüllte diese gigantische Aufgabe in den Jahren 1733 bis 1743.

Für die Nordostpassage – genauso wie für die Nordwestpassage – war das Eis das alles beherrschende Problem. Das galt vor allem für die Laptewsee und die Ostsibirische See. Obwohl der Schiffsverkehr zwischen den großen sibirischen Flüssen sowie zwischen Karasee und Barentssee schon früh aufgenommen worden war, blieb eine Durchsegelung der gesamten Nordostpassage lange eine hoffnungslose Aufgabe. Erst 1878/79 hatte das schwedische Schiff Vega mit Louis Pallander als Kapitän und Adolf E. Nordenskiöld als Expeditionsleiter Erfolg. Man war nahe daran, die gesamte Nordostpassage in einem einzigen Sommer zu bewältigen, verpaßte aber das Gelingen um einige Stunden. Im September 1878 fror das Schiff bei der Tschuktschenhalbinsel im Eis fest, und die Expedition war gezwungen zu überwintern. Erst im Juli 1879 kam die Vega aus dem Eis frei, und die Nordostpassage konnte vollendet werden.

Über das Eismeer in den Orient

Man nahm an, daß ein dritter möglicher Seeweg von Europa nach Asien quer über das Polarmeer führte. Diese Vorstellung stammte von Petrus Plancius (1552–1622), der in Amsterdam arbeitete. Man glaubte an ein eisfreies Meer hinter einer Eisbarriere nördlich des 80. Breitengrades. Der Russe Michail W. Lomonossow (1711–1765), ein Naturwissenschaftler, Dichter, Künstler und Akademiemitglied in St. Petersburg, nahm die Idee des Plancius auf und ergänzte sie durch naturwissenschaftliche Beobachtungen. Er schrieb einen Aufsatz über eine mögliche Fahrt durch das Sibirische Meer nach Ostindien. In hohen Breitengraden sollte das ständige Sonnenlicht im Sommerhalbjahr das Wasser im Inneren des Eismeeres eisfrei halten.

121 Die erste Durchfahrt durch die Nordostpassage gelang A. E. Nordenskiöld mit seinem Schiff Vega 1878–1880. Er kehrte am 24. April 1880 als Nationalheld nach Stockholm zurück. Der Hafen glich einem Kirmesplatz, als die Vega vor dem Königlichen Palast ankerte. Stockholms Stadsmuseum

Durch das Eis zum Orient

122 Viele Expeditionen haben versucht, den Seeweg in den Orient durch die Nordwestpassage zu finden. Der erste, der es schaffte, war Roald Amundsen mit der Gjøa 1903–1905. Der erste Bezwinger der Nordostpassage (rot) war A. E. Nordenskiöld mit der Vega 1878–1880.

Ab der Mitte des 16. Jahrhunderts versuchten Seefahrer wie H. Willoughby (1553), S. Borrough (1556), A. Pet (1580) und W. Barentsz (1594–1596), durch das Polareis zur Beringstraße vorzudringen. Sie scheiterten ebenso wie der englische Seemann Henry Hudson. Im Mai 1607 verließ er London auf der Barke Hope Well mit zwölf Mann Besatzung im Auftrag der Muscovy Company. Die Aufgabe bestand darin, über den Nordpol durch die Beringstraße nach Japan zu segeln. Bei Grönland erreichte er 73° nördlicher Breite, bevor er Richtung Spitzbergen segelte, um dort nach Norden vorzustoßen. Bei 80° 23' nördlicher Breite wurde er vom Polareis gestoppt. Er war überzeugt, daß ein Seeweg über das Eismeer nicht existierte. Hudson setzte statt dessen seine kühnen Fahrten in arktischen Gewässern westlich von Grönland fort und entdeckte die Hudsonbai, bevor er während einer Meuterei an Bord der Discovery im Jahr 1611 zusammen mit seinem Sohn ausgesetzt wurde.

Michail W. Lomonossow initiierte und plante eine russische Expedition, um von Spitzbergen aus über das Eismeer den Weg in den Pazifik zu finden, weil dieses seiner Meinung nach die Macht Rußlands im Osten konsolidieren und steigern sowie große wissenschaftliche Bedeutung haben würde. Die Expedition unter der Leitung von Kapitän Wassili Titjagow machte sich im Mai 1765 von der Halbinsel Kola aus auf den Weg. Bei gut 80° nördlicher Breite traf man bei Spitzbergen auf undurchdringliches Eis und kehrte nach Hause zurück. Ein neuer Versuch ein Jahr später war ebenfalls erfolglos.

Trotz mißglückter Fahrten lebte die Idee eines eisfreien Meeres hoch im Norden weiter bis ins 19. Jahrhundert. Sie bekam Nahrung durch russische Erkundungsreisen mit Schlitten auf der Laptewsee und der Ostsibirischen See zu Beginn des 19. Jahrhunderts. Die Pioniere berichteten über eisfreies Wasser hinter dem Küsteneis sogar im Spätwinter, die sogenannte sibirische Eisspalte.

Im 19. Jahrhundert gab es mehrere wissenschaftliche Fürsprecher für ein schiffbares eisfreies Meer im Norden, etwa den deutschen Geographen August Petermann und den französischen Hydrographen Gustave Lambert. Sie inspirierten den amerikanischen Wissenschaftler Elisha Kent Kane und Isaac Hayes zu Expeditionen in den Jahren 1853 bis 1855 respektive 1860 bis 1861. Beide scheiterten bei dem Versuch, durch die Grönlandsee und den Smithsund nach Norden vorzudringen. Was der Theorie von einem eisfreien Polarmeer letztlich den Todesstoß versetzte, war die tragische Fahrt des Amerikaners George Washington De Long mit dem Schiff Jeannette in den Jahren 1879 bis 1881. Die Expedition blieb im Eis nördlich der Neusibirischen Inseln verschollen. Ihr Ziel war wie bei Kane und Hayes das Erreichen des Nordpols gewesen.

Adolf E. Nordenskiölds Durchsegelung der Nordostpassage und Roald Amundsens Fahrt durch die Nordwestpassage waren große Erfolge in der Polargeschichte, hatten aber nur einen begrenzten praktischen Wert. Die große Lehre aus allen Fahrten war die Erkenntnis, daß das Polareis ein gefürchteter Feind war. Das brachte Rußland dazu, die 9 300 Kilometer lange Transsibirische Eisenbahn für Transporte in den Osten zu bauen. Sie wurde 1905 in Betrieb genommen.

Die Nordostpassage bekam nach dem Zweiten Weltkrieg neue Aktualität. Die Bemühungen der Sowjetunion in Sibirien brauchten effektive Transportwege. Durch den Bau einer Flotte atomgetriebener Eisbrecher konnte die Seefahrt entlang der sibirischen Nordküste während des kurzen arktischen Sommers aufrechterhalten werden. Aber das ist eine kostspielige und gefährliche Angelegenheit.

Die Öffnung der Nordwestpassage erfuhr nicht dieselbe Aufmerksamkeit, obwohl die USA und Kanada vielfach ermuntert wurden, sich stärker für eine kontinuierliche Seefahrt im Norden einzusetzen.

Allen Schwierigkeiten zum Trotz lebt der Traum von einem nördlichen Seeweg vom Atlantik in den Pazifik weiter.

NORDPOL

›Nordpol‹ steht für den Buchstaben »N« im deutschen Buchstabieralphabet. Das war nicht immer so, genauer gesagt gilt dies erst seit 1933, als die neuen Machthaber im Arierwahn den bis dahin üblichen »Nathan« durch diese eher kühlnordische Floskel ersetzten. S. A.

NOTDURFT Bei minus 30 Grad Celsius und eisigem Wind wird das alltägliche Geschäft zu einer Blitzaktion. Bei Polarfahrern gilt dabei: Auf der einen Seite des Camps ist die Toilette, auf der anderen wird Schnee zum Schmelzen in die Kochtöpfe geschaufelt – gemäß dem Motto »Don't eat yellow snow« (Iß keinen gelben Schnee), das der Rockmusiker Frank Zappa in einem seiner Lieder aufnahm (s. S. 248). Die rund 200 Gramm Kot und der Liter Urin, die ein Mensch täglich ausscheidet, sind eine langlebige Hinterlassenschaft. In der eisigen Umwelt werden die Fäkalien kaum abgebaut. Die Exkremente der Abenteurer und Forscher sind freilich nichts gegen die Unmengen stinkenden Guanos, die eine große Pinguinkolonie anhäuft. K. B.

123 Der sogenannte Kaiserstuhl im antarktischen Basislager des Alfred-Wegener-Instituts, Foto: AWI, Manfred Pietschmann

NOWAJA SEMLJA

PJOTR W. BOJARSKI
JURI L. MASUROW

Erstaunlich und sogar paradox ist das Schicksal der Inselwelt von Nowaja Semlja – des fast 1 000 Kilometer langen Inselbogens, der eine Verlängerung des meridialen Massivs der Berge des Ural bildet. Er teilt den westlichen Teil der russischen Arktis in die relativ warme Barentssee und die extrem rauhe Karasee. Historisch ergab es sich, daß dies eine der am stärksten von Menschen erschlossene Region des Nördlichen Eismeeres wurde, aber bis heute wissen wir kaum etwas über ihre Natur, ihre Entdeckungsgeschichte und Besiedelung. Aus russischen und internationalen Quellen ist bekannt, daß hier früher Handwerk betrieben wurde, in der Mitte des 20. Jahrhunderts wurden allerdings ebenfalls hier die schwersten Atomwaffenversuche der Menschheitsgeschichte unternommen. Dennoch haben sich weite Bereiche der Natur bis heute vollkommen, manche sogar fast unberührt erhalten, denn diese Inseln und die angrenzenden Wassergebiete weisen eine erstaunliche biologische Produktivität und eine für unsere Zeit seltene biologische Vielfalt auf.

So wurde die Geschichte der Natur und des sozialen Lebens von Nowaja Semlja zum Forschungsgegenstand der von P. V. Bojarski initiierten arktischen See-Expedition MAKE (Morskaja arktitscheskaja komplexnaja expedizija), die seit 1956 in der Barentssee Feldforschungen durchführt. Sieben dieser Feldforschungen konzentrieren sich auf Nowaja Semlja, das praktisch fast 40 Jahre lang hermetisch abgeschlossenes Sperrgebiet für die zivile Forschung gewesen war.

Natur

Man darf sich die Natur von Nowaja Semlja nicht karg und ärmlich vorstellen, denn die biologische Vielfalt ist angesichts der Lebensbedingungen so hoch im Norden enorm. Die Berge und Ufer von Nowaja Semlja sind von einer unverwechselbaren Schönheit, ihre Farbenpracht ist einzigartig. Das schillernde Mosaik verschiedener Berggesteine, die wilden Formen der Reliefs und Landschaften bilden ein wertvolles Erbe der abiotischen Natur, aufgelockert mit vielerlei Einsprengseln einzigartiger malerischer Klippen und Felsen und anderer geologischer Formationen. Besonders

124 Eine für den Norden von Nowaja Semlja typische Landschaft mit Steinen. Im Vordergrund Reste eines Grabes, Foto: V. Tepljakov, MAKE

deutliche Kontraste zeigen sich bei Gletschern und ihren gebirgigen Umrahmungen, nicht selten ergänzt von Fjorden und bizarr geformten Seen mit ihrem erstarrten Wasserspiegel.

Die Schönheit der Gletscher aber ist nicht nur ein Wert an sich, sondern auch so etwas wie eine ›Chronik der Natur‹, deren Entzifferung nicht allein die Rätsel der Vergangenheit aufzulösen hilft, sondern auch dazu beiträgt, Probleme künftiger Generationen anzupacken. So ist nicht auszuschließen, daß in Zukunft die Gletscher von Nowaja Semlja zu einer wichtigen natürlichen Ressource werden, als Speicher reinsten kostbaren Wassers für die Trinkwasserversorgung der Menschen. Was die traditionsreichen Rohstoffe Kohle, Erdöl, Gas oder metallische Erze angeht, findet man diese kaum auf dem Archipel. Versuche im vergangenen Jahrhundert, Silber, Blei- und Kupfererze abzubauen, erwiesen sich als nicht wirtschaftlich.

Weit stärker war die Fauna auf Nowaja Semlja dem Eingreifen des Menschen ausgesetzt: ganz besonders Wale, Walrösser, Robben, Eisbären und Rentiere. Die Pomoren nutzten die Ressourcen schon seit der Kolonisierung im Mittelalter. Zusätzlich wurde natürlich immer mit Fisch gehandelt, besonders mit der arktischen Schmerle und in geringerem Maße mit Lachs, des weiteren mit Vögeln (auch Gänsen, Vogeleiern und Eiderdaunen) und dem Polarfuchs, der wegen seines besonders wertvollen Fells immer geschätzt war.

125 Grabkreuze – Erinnerung an die russischen Pomoren auf Nowaja Semlja, Foto: V. Tepljakov, MAKE

Bis zum Ende des vergangenen Jahrhunderts ist der Handel mit den biologischen Ressourcen auf Nowaja Semlja, gemessen an seinem beträchtlichen Umfang, stabil geblieben, weshalb sich auch der Bestand an Tieren sehr gut regenerieren konnte. Mit der Zeit begannen jedoch einerseits Gewerbetreibende aus dem Ausland (insbesondere Norweger) in diesen Gewässern Wale und andere Meerestiere zu fangen, andererseits siedelten nach und nach die Nenzen auf Nowaja Semlja. Bedauerlicherweise wurden erst ab 1956 Schutzbestimmungen über den Abschuß bestimmter Tierarten erlassen. Diese Maßnahmen kamen für einige Tiere, insbesondere für Wale und Flossenfüßer, viel zu spät. Gleichzeitig gelang es aber, eine auf Nowaja Semlja beheimatete Unterart des Rentiers wieder auf ihren alten Zahlenbestand zu bringen. Zufriedenstellend ist auch die Population eines anderen Bilderbuchtieres: die des Eisbären.

Einen besonderen Platz in der Fauna der Inseln nehmen die Vögel ein. Vor allem am westlichen Ufer von Nowaja Semlja liegen die größten Vogelbrutplätze der nördlichen Halbkugel, ein natürlicher Zufluchtsort von hunderttausenden von Möwen und anderen Vögeln. Auf den Inseln leben auch Gänse, Schwäne, Taucher, und Pomorinken. Alleine auf der Südinsel zählt man 58 und auf der Nordinsel 36 nistende Vogelarten. Bis zu viereinhalb Millionen Vögel zählen die am meisten verbreiteten Arten. Nowaja Semlja ist aufgrund der Migration der Vögel mit vielen Regionen von Westeuropa verbunden. Zu den wichtigsten Gebieten in dieser Hinsicht zählen die Friesischen Inseln, die ein ökosystemischer Partner sind.

Praktisch in jedem Feldforschungs-Sommer erschließen sich MAKE neue Erkenntnisse über das Ökosystem der Inseln, ihre Struktur und Funktionsweise. Eine besondere Gefährdung für die eingeborene Bevölkerung sieht man in folgenden Faktoren:

– räuberischer Handel mit Meeressäugetieren durch ausländische Gewerbetreibende in der 2. Hälfte des 19. Jahrhunderts

– eine ökologisch nicht reglementierte Kolonisierung der Inseln von Nowaja Semlja Ende des 19. und zu Beginn des 20. Jahrhunderts

– Atomwaffenversuche zwischen 1956 und 1990.

Zweifellos waren die Atomwaffenversuche unter Wasser, über- und unterirdisch die größte potentielle Gefahr für alles Leben der Region. Glücklicherweise waren lediglich wenig bedeutende Gebiete des Festlandes und des Meeres von Nowaja Semlja einer Verstrahlung ausgesetzt, sie werden jetzt laufenden systematischen Kontrollen unterzogen. Eine weit größere Gefährdung der Natur dieser Region stellt heute das ökologische Risiko insgesamt dar:

– die Verschmutzung der nordatlantischen Gewässer, unter anderem mit radioaktiven Abfällen

– der Abbau der Schtokman Gaskondensat-Vorkommen und anderer Vorkommen von Kohlenwasserstoffen in der Barentssee

– die Verklappung von atomaren Abfällen in unmittelbarer Nähe der Inselwelt

– ein ›wilder‹, nicht reglementierter Tourismus, der sich in den letzten Jahren wie ein Unwetter über den Inseln entladen hat, und eine mangelhafte Kontrolle der Umweltschutzbestimmungen auf Nowaja Semlja.

Zudem sind die Ökologen ernsthaft besorgt, daß in regelmäßigen Abständen Vorhaben auftauchen, besonders toxische, aber auch andere Abfälle auf Nowaja Semlja zu lagern, was das ökologische Risiko dort noch mehr erhöhen würde. Diese und andere potentielle Gefahren müssen den Spezialisten wie auch der breiten Öffentlichkeit unbedingt zur Kenntnis gebracht werden, damit keines dieser Projekte realisiert wird und auch genügend Kräfte mobilisiert werden können, diesen Plänen entgegenzusteuern. Ein möglicher Ansatz zur Gewährleistung ökologischer Sicherheit wurde von MAKE entwickelt und besagt, daß die Region und die Gewässer der Inselwelt per Gesetz zu einem besonders zu schützenden Territorium erklärt werden müssen.

Kulturelles Erbe

Die MAKE-Mitarbeiter unterscheiden folgende einzigartigen historisch-kulturellen und natürlich-historischen Territorien:
- Fundstellen alter Steinwerkzeuge
- Orte, die von russischen Expeditionen besucht wurden
- Orte, die von ausländischen Expeditionen besucht wurden
- Orte, die mit der Geschichte und Kultur der sowjetischen Zeit in Verbindung stehen
- Orte, von denen aus während des Zweiten Weltkrieges die Polargebiete verteidigt wurden
- Orte, an denen Atomwaffen Rußlands entwickelt und getestet wurden,
- Territorien und Objekte, die einen Bezug zu Handel und Leben der Pomoren und Nenzen aufweisen sowie zu ihrer umweltgerechten Kultur in Sommer- und Winterlagern und in Jagdgebieten,
- Landschaften, die besonders in Arbeiten von Röder, Borisov und Vylko thematisiert wurden
- Erinnerungsstätten, zum Beispiel Ledjanaja Gavan, Halbinsel Æirakina und das Rusanow-Tal.

Besondere Aufmerksamkeit verdienen zusätzlich: die Winterlager der holländischen Expedition im 16. Jahrhundert von Willem Barentsz, das des bedeutenden pomorischen Seefahrers Sawwa Loshkin (Mitte des 18. Jahrhunderts), des herausragenden russischen Arktisforscher Rosmyslow (Mitte des 18. Jahrhunderts) und von Pachtusow und Ziwolki (Beginn des 19. Jahrhunderts), die Lagerstätten der bekannten russischen Polarforscher Sedow und Rusanow (Anfang des 20. Jahrhunderts) wie von Nordenskiöld, Payer und Weyprecht.

126 Gedenkplatte für W. Barentsz von der Russisch-holländischen MAKE-Expedition an der Stelle des holländischen Winterlagers in Ledjanoj Gavan im Nordosten des Archipels aufgestellt, Foto: V. Tepljakov, MAKE

Strategie für den Schutz der Welt von Nowaja Semlja

Nowaja Semlja hat für die Erhaltung der biologischen und landschaftlichen Vielfalt unseres Planeten eine besondere Bedeutung, denn diese Region gehört zu den wertvollsten Landschaftsgebieten der Erde. Zudem ist die Natur hier extrem fragil. Daher muß dieses Gebiet in den Rang eines ökologischen Reservats erhoben werden.

Vorschläge für ein System von besonderen Naturschutzgebieten sind auf der Karte eingearbeitet und Objekte, die nicht zu den zu schützenden Gebieten hinzugezählt werden, sollten den Status eines Naturdenkmals oder historischen beziehungsweise kulturellen Denkmals erhalten.

So konzentrieren sich Schutzgebiete im wesentlichen auf das atomare Versuchsgelände der Russischen Föderation. Weiterhin wird vorgeschlagen, im Norden einen Willem-Barentsz-Park als einen von drei einzurichtenden Nationalparks auf Nowaja Semlja anzulegen. Dieser Park hätte im Jahre 1997 einen besonders hohen symbolischen Wert für die 400-Jahr-Feier der Reise des hervorragenden holländischen Seefahrers nach Nowaja Semlja.

Auch auf internationaler Ebene kann vieles geleistet werden. Hierfür schlagen wir vor, in die Liste des Welterbes die größten Vogelnistplätze in der Gribowaja und Bezymjanaja Bucht, vielleicht sogar als ökosystematisches Pendant zu den Friesischen Inseln (oder einem Teil davon) in die Liste des Weltkulturerbes aufzunehmen.

Eine andere Möglichkeit internationaler Zusammenarbeit könnte in der Verabschiedung einer internationalen Konvention bestehen, die die Erhaltung des natürlichen und kulturellen Erbes der Arktis zum Thema hat.

Die Forschungsarbeiten auf Nowaja Semlja bestätigen uns immer mehr, daß es die grundlegende Bestimmung dieser Inselwelt ist, eine der wichtigsten komplexen ökologischen Quellen Rußlands und der gesamten Menschheit zu sein. Deshalb ist es erforderlich, alles für die Bewahrung dieses einzigartigen natürlichen und kulturellen Erbes zu tun.

NUNATAK Aus dem Eismeer ragende Felseninsel. Nunataker bilden bisweilen einzigartige ökologische Oasen. K. B.

127 Schelfeiskante mit Nunatak, Antarktis, Foto: Stephan Andreae

OZONLOCH

PAUL J. CRUTZEN

Im Jahr 1985 wurden Wissenschaftler und Umweltschützer aufgeschreckt durch die Berichte von Forschern des British Antarctic Survey, daß es in den Frühjahrsmonaten über ihrer Forschungsstation in der Antarktis zu einer völlig unerwarteten massiven Abnahme der Ozonkonzentration gekommen war und daß sich diese Tendenz im Laufe der Jahre immer weiter verstärkt hatte. Das gleiche Phänomen war auch von japanischen Wissenschaftlern über deren Antarktisstation beobachtet worden. Wenig später wiesen Satellitenaufnahmen einen Ozonschwund über dem gesamten antarktischen Kontinent nach.

OZONLOCH

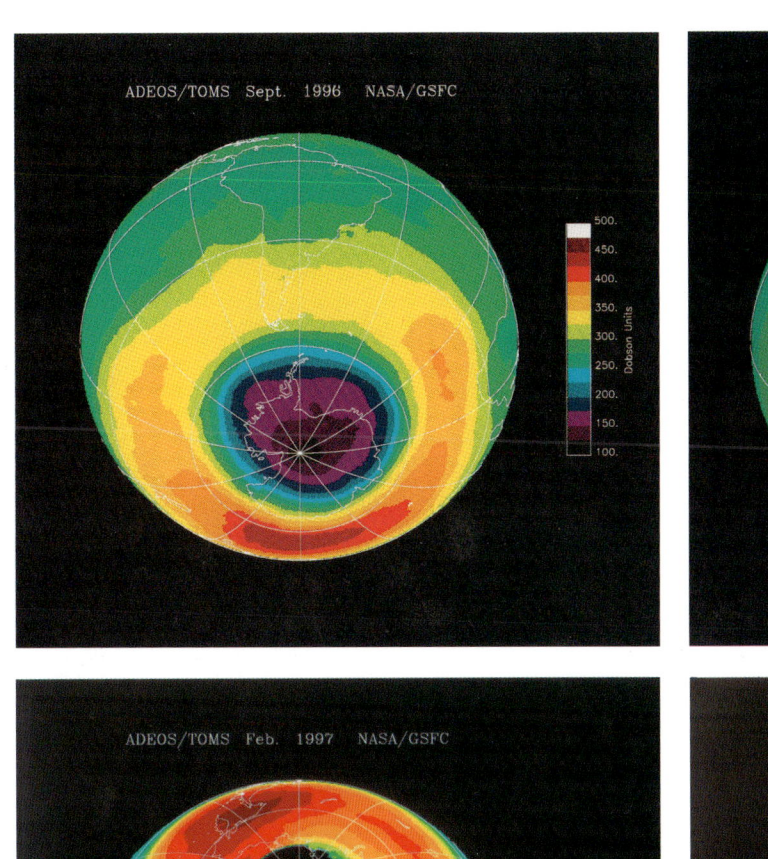
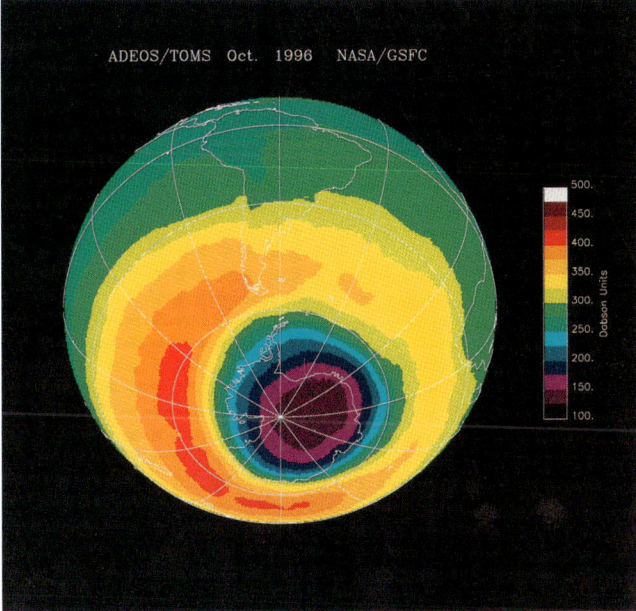
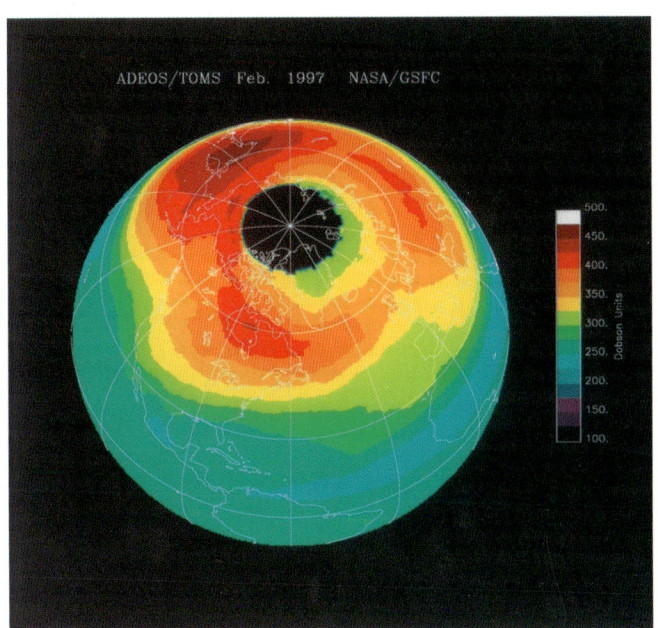
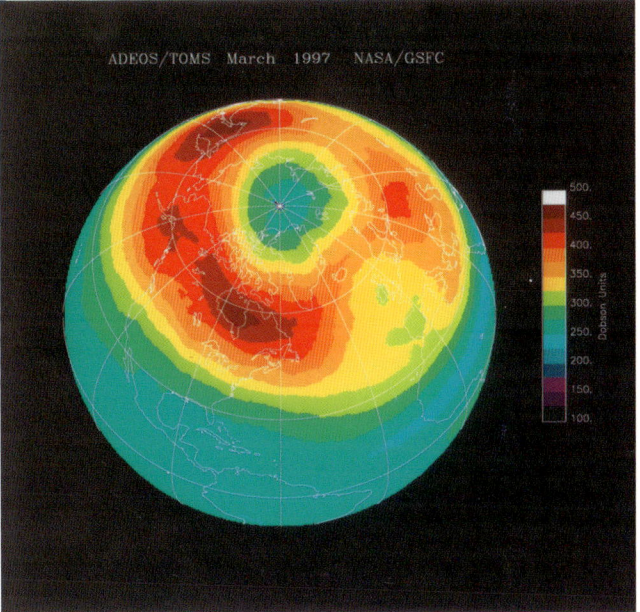

In den darauffolgenden Jahren bestätigten Ozonmessungen, die mit Hilfe von Ballons durchgeführt wurden, ebenfalls die Erkenntnisse der britischen und japanischen Wissenschaftler und zeigten, daß das Ozon in den Höhen am stärksten abnahm, wo normalerweise die höchste Ozonkonzentration herrscht. Innerhalb von nur einem Monat geht die Ozonkonzentration in diesen Höhen auf extrem niedrige Werte zurück.

Was ist die Ursache für diese überraschende Entwicklung? Anfangs gab es viele Spekulationen. Einige (die Chemiker) sahen die Hauptursache in chemischen Vorgängen in der Ozonschicht infolge der zunehmenden Konzentration von reaktionsfreudigen Chlorverbindungen in der Stratosphäre, die durch die fotochemische Zerlegung der von der chemischen Industrie produzierten Fluorchlorkohlenwasserstoffe (FCKW) entstehen. Andere (die Experten für dynamische Klimatologie und Meteorologie) vermuteten Veränderungen in den meteorologischen Verhältnissen der

128 Die Ozonverringerung in der südpolaren Stratosphäre zeigt sich besonders von September bis Oktober. Im Zentrum (lila) ist eine Abnahme von circa 50 Prozent gegenüber dem normalen Wert zu erkennen. In der Arktis tritt dasselbe Phänomen von Februar bis März auf, allerdings etwas weniger deutlich. Das Loch über dem Nordpol in der Abbildung entsteht durch fehlende Daten. Fotos: NASA/GSFC

ERS-2 Global Ozone Monitoring Experiment (GOME)
Ozone Decrease at Polar Latitudes
March, 31st 1997

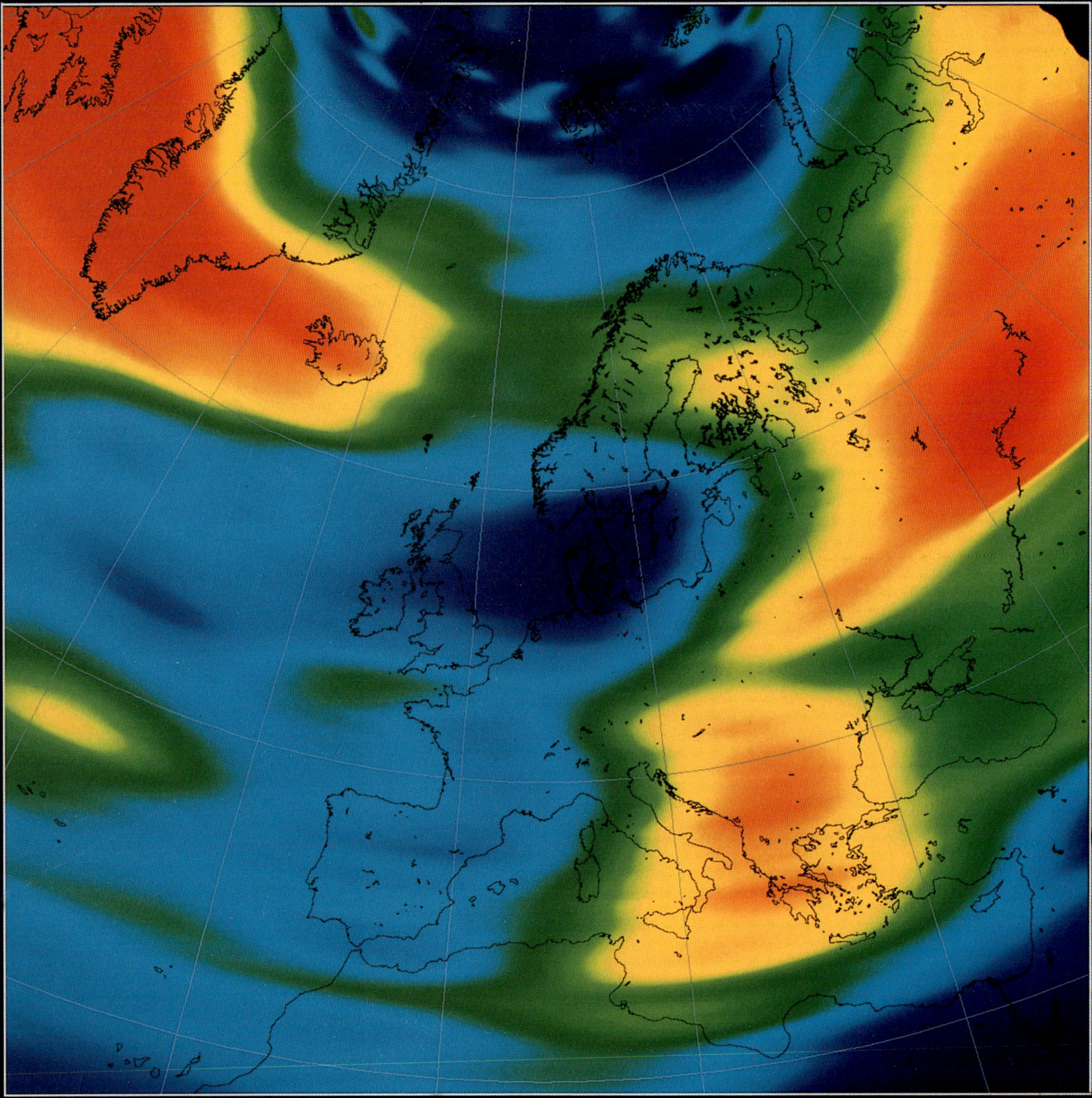

Deutsche Forschungsanstalt für Luft- und Raumfahrt

230   350   500
Dobson Units

◁ 129 Ozonloch über der Arktis, ERS-2 Global Monitoring Experiment. Lila bis blaue Farben zeigen niedrige Ozonwerte, die in Dobson gemessen werden, gelbe bis rote Farben zeigen hohe Werte. Deutsches Fernerkundungszentrum der DLR, Oberpfaffenhofen

südlichen Hemisphäre, insbesondere ein Nachlassen des Ozontransports aus den tropischen, ozonproduzierenden Regionen in höhere Breiten. Intensive Forschungsbemühungen setzten ein, und schon bald wurde klar, daß die rapide Ozonverminderung durch Reaktionen verursacht wurde, an denen Chlorradikale (Cl, ClO) als Katalysatoren beteiligt waren. Damit diese Radikale in ausreichender Konzentration vorhanden waren, mußten an der Oberfläche von Partikeln aus Schwefelsäure, Salpetersäure und Wasserdampf sogenannte Chloraktivierungsprozesse ablaufen. Wenn die Temperaturen niedrig genug sind, reagieren die wichtigsten anorganischen Gase, die Chlor enthalten – Chlorwasserstoff (HCl) und Chlornitrat ($ClONO_2$) – miteinander und produzieren molekulares Chlor (Cl_2), das durch die ultraviolette Strahlung der Sonne rasch aufgespalten wird und so die katalytisch hochwirksamen Ozonkiller produziert: Chloratome (Cl) und – nach der Reaktion mit Sauerstoff – Chlormonoxid (ClO).

Da die Temperaturen in der Stratosphäre über der Antarktis am niedrigsten sind und die Chlorbelastung der Stratosphäre in beiden Hemisphären etwa gleich groß ist, entwickelte sich das Ozonloch zuerst über der Antarktis, also in größtmöglicher Entfernung von den mittleren Breiten der Nordhalbkugel, wo das meiste FCKW in die Atmosphäre entlassen wird. Ein wahrhaft bemerkenswertes Phänomen.

Obwohl die Ozonschicht über dem Nordpolargebiet infolge der höheren Temperaturen in der Stratosphäre deutlich weniger geschädigt ist als über der Antarktis, ist das Phänomen auch hier beobachtet worden. Die kalten Winter der Jahre 1995 und 1996 führten zu einer Abnahme der Ozonkonzentration in ähnlichem Umfang, wie man sie vor rund 15 Jahren in der Antarktis festgestellt hat. Wenn also keine verbindlichen Regelungen zur Verminderung und Einstellung der Produktion von Fluorchlorkohlenwasserstoffen und einer Reihe anderer halogenhaltiger Gase getroffen worden wären, hätten sich über der Arktis durchaus auch die Voraussetzungen für die Entstehung eines Ozonlochs herausbilden können, das dann dazu geführt hätte, daß im Frühjahr auch in mittleren Breiten die Ozonwerte deutlich zurückgegangen wären.

Glücklicherweise hat man sich international darauf verständigt, mit Beginn des Jahres 1996 die Produktion der schädlichsten chlorhaltigen FCKW-Gase einzustellen (s. Tabelle). Das bedeutet, daß sich die Gesamtbelastung der Atmosphäre mit diesen Gasen in Zukunft allmählich verringern wird. Der Erholungsprozeß wird jedoch sehr viel Zeit in Anspruch nehmen: Erst in rund 50 beziehungsweise 110 Jahren dürfte die Belastung mit FCKW-11 ($CFCl_3$) beziehungsweise FCKW-12 (CF_2Cl_2) auf 30 Prozent der derzeitigen Werte gefallen sein. Außerdem wird in den nächsten fünf bis zehn Jahren ein Ausgleichsprozeß stattfinden, bei dem bereits emittierte FCKW-Gase von der Troposphäre in die Stratosphäre wandern und dort dafür sorgen, daß die FCKW-Belastung nochmals um 10 Prozent ansteigt. Infolgedessen wird sich das Ozon weiter vermindern – vor allem in Jahren mit niedrigen Temperaturen in der Stratosphäre der höheren Breiten. D. J. Hofmann von der National Oceanic and Atmospheric Administration in Boulder, Colorado (USA), schätzt daher, daß wir wohl noch bis zum Jahr 2008 auf erste klare Anzeichen für eine beginnende Stabilisierung der Ozonschicht über der Antarktis warten müssen. Auf die Schließung des Ozonlochs müßten meine Enkel dann bis zur Mitte des nächsten Jahrhunderts warten.

PERMAFROST

Vereinbarung über die Einstellung der Produktion von Halogenkohlenwasserstoffen in den Industrienationen

Substanz	Jahr	Montreal-Protokoll
Halone	1994	völlige Einstellung der Produktion
CFC, CCl_4, CH_3CCl_3	1996	völlige Einstellung der Produktion (Einstellung der Produktion von CFC, CCl_4 in der EU bereits zum Jahr 1995)
HBFC	1996	völlige Einstellung der Produktion
HCFC	1996	Einfrieren des geschätzten Verbrauchs auf 2,8% des Fluorchlorkohlenstoff-Verbrauchs von 1988 plus gesamten Verbrauch an FCKW des Jahres 1989 (schätzungsweise 2,6% des Verbrauchs an Fluorchlorkohlenstoffen in der EU)
HCFC	2020	allmähliche Einstellung bis auf eine Restproduktion von 0,5% bis 2030 für die Instandhaltung bestehender Anlagen und Geräte (Einstellung der Produktion in der EU bis 2015)
CH_3Br	1995	Einfrieren von Produktion und Verbrauch auf dem Stand von 1991
CH_3Br	2001	25%ige Reduzierung der obigen Werte (25%ige Reduzierung in der EU bis zum Jahr 1998)
CH_3Br	2005	50%ige Reduzierung
CH_3Br	2010	Einstellung der Produktion mit möglicher Ausnahme für wichtige Zwecke in der Landwirtschaft

PARRY WILLIAM (1790–1855), britischer Admiral und Polarforscher, der in den Jahren 1819/20 und 1821 bis 1823 die Nordwestpassage suchte. Am 6. September 1819 drang er nördlich des Polarkreises über den Längengrad 110° West hinaus und gewann damit eine vom König ausgesetzte Belohnung von 5 000 Pfund. K. B.

PEARY ROBERT (1856–1920), amerikanischer Polarforscher. Unternahm mehrere Expeditionen in den kanadischen Archipel und nach Nordgrönland, die ihm als Training für seinen Sturm auf den Nordpol dienten und auf denen er sich die Überlebenstechniken der Eskimos aneignete. Am 6. April 1909 erreichte er laut eigener Behauptung 90° Nord. Sein Anspruch ist ebenso unbewiesen und umstritten wie der seines Widersachers Frederick Cook. K. B.

PEMMIKAN Wichtigstes Nahrungsmittel der frühen Polarforscher: Getrocknetes Rindfleisch wurde gemahlen, mit Fett und eventuell Gemüsepulver sowie Getreide vermischt und gepreßt. Der gelbliche Dauerproviant war leicht und zugleich eine konzentrierte Energiequelle. Robert Peary zum Beispiel kalkulierte bei seiner Expedition zum Nordpol für jeden Teilnehmer täglich 450 Gramm Pemmikan ein. K. B.

PERMAFROST Permafrost oder Dauerfrostboden bildet sich in dem Teil der Erdkruste, der mindestens drei Jahre lang eine Temperatur von unter null Grad Celsius aufweist. Schätzungsweise rund 20 Prozent der Landerdoberfläche weisen Dauerfrostboden auf. Nicht zu allen Zeiten gab es Permafrost. Die erste Dauerfrostbodenbildung trat vor circa zweieinhalb bis drei Millionen Jahren auf, die entscheidende Permafrostbildung setzte vor ungefähr 70 000 Jahren ein.

Die Mächtigkeit der gefrorenen Stein- und Eismassen reicht von einer dünnen Schicht im Süden bis zu 1 500 Metern im Norden Sibiriens; Permafrost tritt im nördlichen Polargebiet ab 50 bis 80 Zentimeter unterhalb der Erdoberfläche auf, weiter im Süden erst in einer Tiefe von zweieinhalb Metern und mehr.

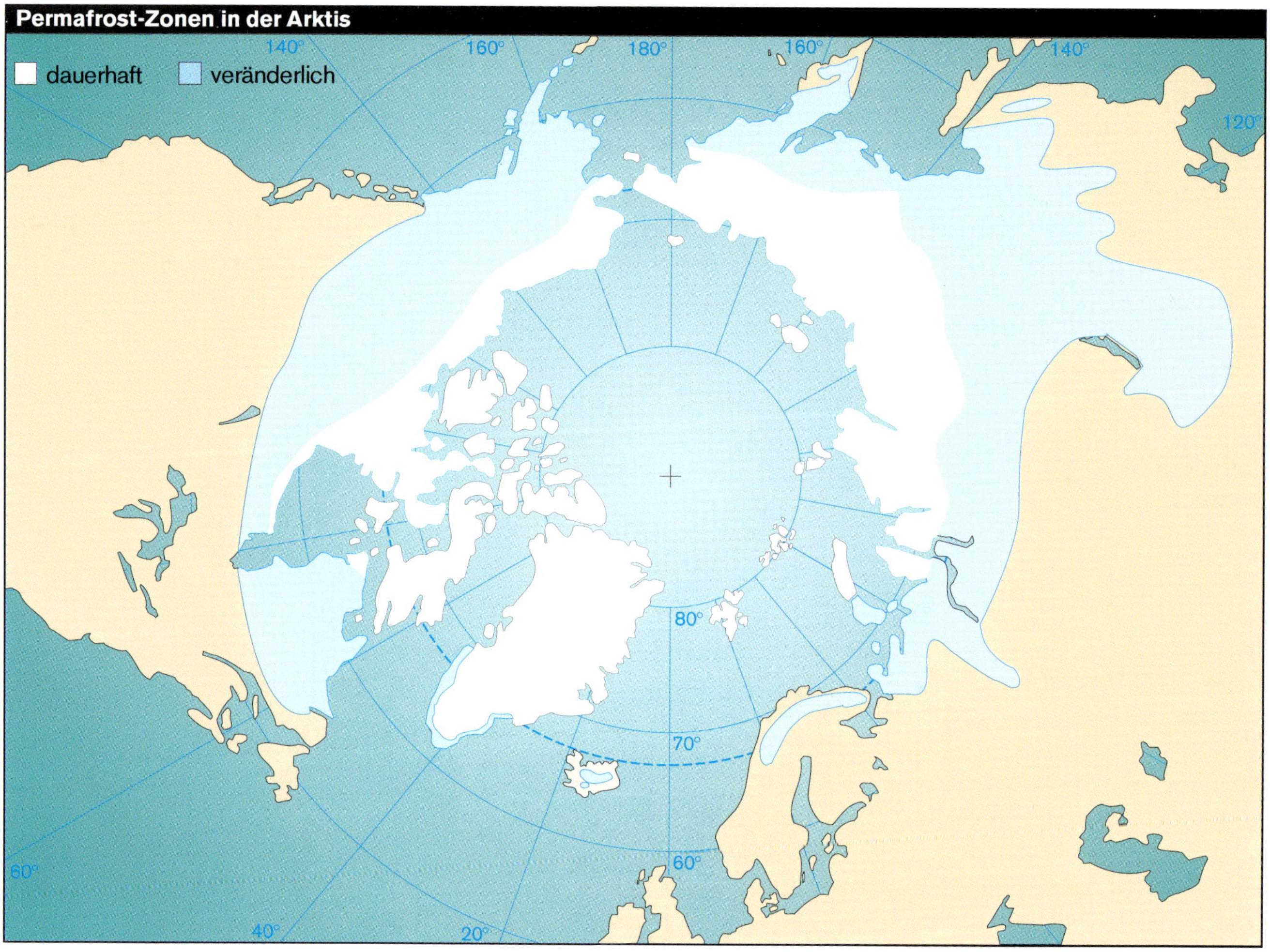

Permafrost-Zonen in der Arktis
☐ dauerhaft ☐ veränderlich

130 Permafrostzonen in der Arktis

131 Permafrostkeller, Tschuktschen-Halbinsel, Sibirien, Foto: Staffan Widstrand

Wenn der Permafrost im Sommer auftaut, bezeichnet man diese Auftauschicht als die aktive Permafrostschicht. In Auftauböden, die sehr wasserdurchtränkt sind, gedeiht Tundrenvegetation, manchmal sogar hochstämmiger Wald.

Verschiedene Faktoren bestimmen die Verbreitung und die Mächtigkeit des Permafrosts: Klima, Dicke der Schneedecke, geographische Bedingungen, Vegetation, Wärmeaustausch an der Oberfläche, der thermische Zustand tieferer Erdschichten (Temperatur des Erdinneren) und geologische Verhältnisse. Da gefrorene Gesteine thermisch ausgesprochen träge sind, reflektieren sie zum Teil Spuren klimatischer Bedingungen vergangener Zeiten und sind so wertvolle Zeugen früherer Verhältnisse. Funde von hervorragend erhaltenen Tieren geben nicht nur Aufschluß über Fauna und Flora, sondern auch über klimatische Bedingungen einer bestimmten Zeit.

Die wirtschaftliche Nutzung des Permafrostgebietes ist problematisch, da die langfristige Reaktion des Dauerfrostbodens auf überbaute Flächen noch nicht hinreichend erforscht ist. Auch wenn mit besonders kältefesten Materialien und speziellen Bautechniken Gebäude auf Pfählen errichtet werden, die durch die kalte Luftschicht zwischen Boden und Bauwerk den Untergrund nicht oder nur wenig auftauen lassen, kann eine biologische Veränderung des Permafrostbodens und sein verstärktes Auftauen derzeit nicht abgeschätzt werden. J. R.

PFANNKUCHENEIS Kühlt sich Meerwasser auf weniger als minus 1,8 Grad Celsius ab, entstehen Eiskristalle, die sich zu Nadeln und Plättchen zusammenschließen. Dieser Eisbrei verfestigt sich langsam. Durch den Wind bilden sich teller- bis bettgroße Platten, die im Wellengang aneinanderreiben und mit ihren hochgewölbten Rändern wie Pfannkuchen aussehen. Das Pfannkucheneis wächst zusammen und wird immer dicker, bis schließlich eine durchgängige Eisdecke den polaren Ozean bedeckt. Die Ausdehnung des Meereises ist gewaltig: In der Antarktis liegen je nach Jahreszeit zwischen vier und 20 Millionen Quadratkilometer Ozean unter einem weißen Panzer, in der Arktis zwischen acht und 15 Millionen Quadratkilometern. Mit durchschnittlich zweieinhalb bis vier Metern ist die Eisdecke im Nordpolarmeer deutlich mächtiger als jene rund um den Südkontinent – sie erreicht lediglich einen bis eineinhalb Meter. Das wachsende und sich zurückziehende Packeis prägt die Biologie der Meere. Seine Oberfläche bietet Robben und Pinguinen einen Platz, um ihre Jungen zur Welt zu bringen, und für den Eisbär ist es sein Jagdrevier. An der Eisunterseite gedeihen Algen, dorthin zieht sich im Polarwinter der Krill zurück. Der polare Eispanzer beeinflußt das Geschehen aber weit über den Polarkreis hinaus. Durch seine hohe Albedo spielt er eine entscheidende Rolle im Strahlungshaushalt und damit im Klima der Erde. K. B.

132 Pfannkucheneis, Antarktis, Foto: Britta Lauer

PINGUIN

Wenn es ein Wappentier der Antarktis gäbe, dann müßte es ein Pinguin sein. Die flugunfähigen Vögel – im Südpolargebiet leben acht von insgesamt 17 Arten der Familie Spheniscidae – sind die unerklärten Herren der Region. Mit ihrem aufrechten Watschelgang und ihrem Verhalten, das wie jenes des Steinklauers menschlichen Eigenarten ähnelt, ziehen sie uns Menschen unwiderstehlich an. Der Ursprung des Namens ist bislang nicht eindeutig geklärt. Womöglich haben spanische und portugiesische Seefahrer den Begriff für den mittlerweile ausgerotteten Riesenalk wegen dessen dicker Fettschicht geprägt. Die Bezeichnung soll dann von diesem Meeresvogel des Nordens auf die Statthalter im Süden übergegangen sein. Nach einer anderen Theorie stammt der Name aus dem Walisischen, gebildet aus pen: weiß und gwyn: Kopf. Am imposantesten ist der Kaiserpinguin (Aptenodytes forsteri) mit einem Gewicht von 30 Kilogramm und einer Größe von 1,20 Meter. Wie der bis zu 20 Kilogramm schwere und maximal 90 Zentimeter große Königspinguin (Aptenodytes patagonica) trägt auch er charakteristische orangefarbene Streifen am Hals.

133 Kaiserpinguine (Aptenodytes forsteri), Foto: AWI, Joachim Plötz

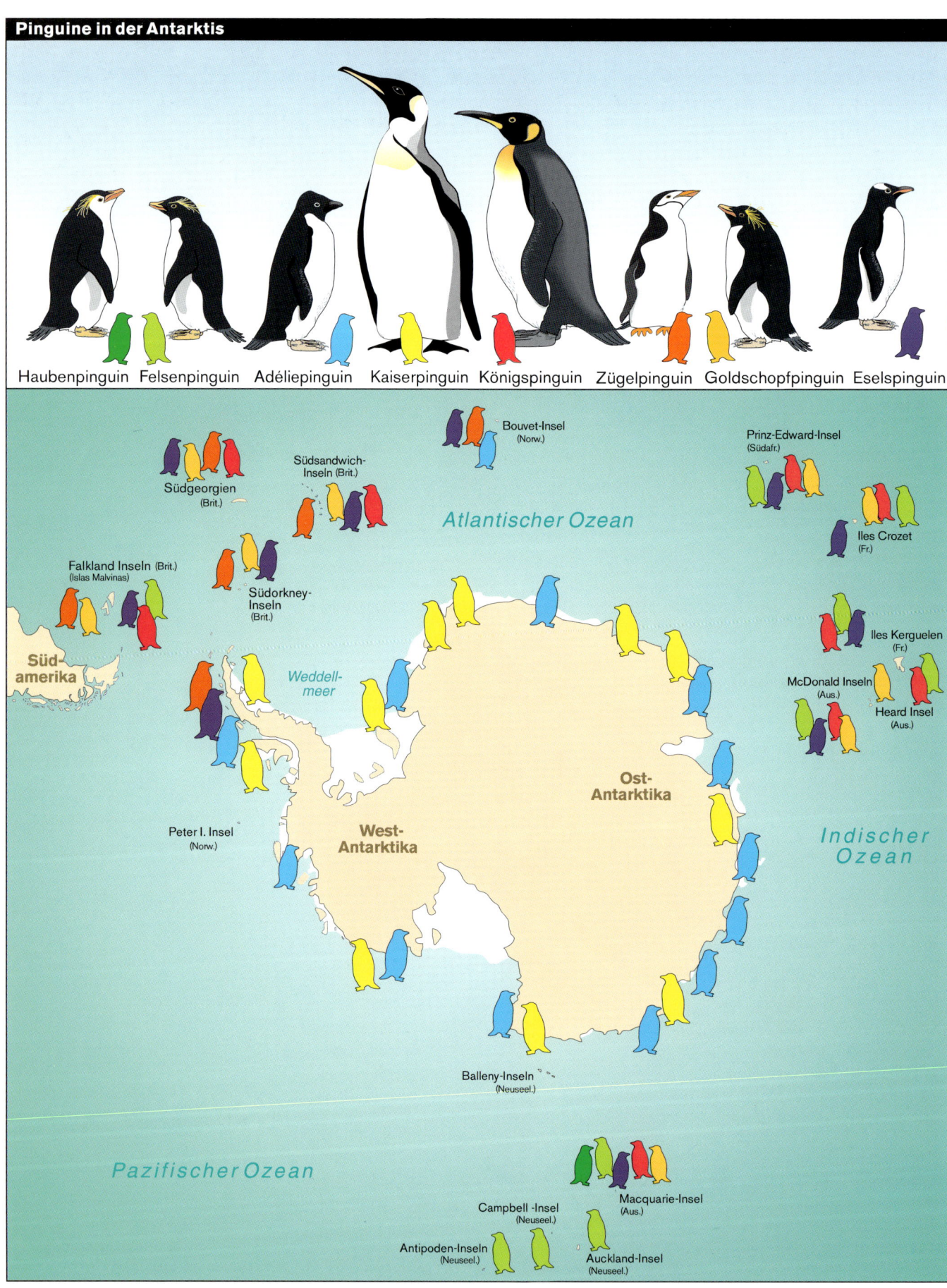

Am häufigsten und geschäftigsten ist der Adéliepinguin (Pygoscelis adeliae). Pinguine wirken an Land komisch, aber komische Vögel sind sie keineswegs. Sie sind vielmehr bewundernswerte Überlebenskünstler in einer extrem feindlichen Umwelt. Dank eines dichten Federkleides und einer dicken Fettschicht zwischen Haut und Muskeln können sie selbst bei minus 60 Grad Celsius eine Körpertemperatur von 40 Grad Celsius halten. Der unbestrittene Held im Eis ist der Kaiserpinguin. Er brütet in Kolonien – bislang sind etwa 30 bekannt – auf dem Packeis, mitten in der antarktischen Winternacht. Zwei Monate halten die Männchen das wertvolle Ei unter einer Bauchfalte auf den Füßen. Sie verlieren während des langen Fastens rund ein Drittel ihres Gewichts.

135 Adéliepinguine (Pygoscelis adeliae), Foto: Stephan Andreae

Pinguine sind nicht fürs Laufen geschaffen. Ihr Element ist das Wasser. Für den Antrieb sorgen die kurzen kräftigen Flügel. Die zum Körperende hin verlagerten Füße dienen als Höhenruder. Zum Futterplatz schwimmen die Tiere bevorzugt mit knapp zehn Stundenkilometern, als Spitzengeschwindigkeit erreichen sie etwa 20 Stundenkilometer. Das kostet sie bemerkenswert wenig Energie, denn der kompakte Körper hat einen vielfach geringeren Strömungswiderstandsbeiwert, c_w-Wert, als zum Beispiel ein Sportwagen. Dennoch brauchen Pinguine in ihrer kalten Welt eine Menge Treibstoff. Forscher vom Institut für Meereskunde an der Universität Kiel haben ausgerechnet, daß ein Adéliepinguinbrutpaar für die Dauer der Jungenaufzucht 180 Kilogramm Krill vertilgt. Eine Kolonie mit circa 110 000 Paaren wie jene nahe der argentinischen Station Esperanza fischt damit jeden Südsommer 20 000 Tonnen der kleinen Garnele. Manche Wissenschaftler erklären daher den Rückgang einiger Adéliepopulationen mit der kommerziellen Krillfischerei. Andere führen ihn auf die zunehmenden Störungen durch den Tourismus zurück. K. B.

136 Kaiserpinguin (Aptenodytes forsteri), Foto: AWI

»Obwohl die beiden anderen Inseln nicht so groß und schön waren, waren sie uns doch äußerst nützlich, denn auf ihnen fanden wir große Mengen von seltsamen Vögeln, die überhaupt nicht fliegen oder so schnell laufen konnten, daß sie uns lebend entkommen konnten. Sie sind kleiner als eine Gans und größer als eine Wildente, sind kurz und gedrungen, haben keine Federn, sondern einen gewissen harten und eng verwachsenen Flaum. Ihre Schnäbel sind denen der Krähen nicht unähnlich; sie wohnen und brüten an Land, wo sie wie die Kaninchen ihre Höhlen in die Erde graben, sie legen Eier und ziehen ihre Jungen auf. Ihre Nahrung beziehen sie aus dem Meer, in dem sie so gewandt schwimmen, daß man sagen kann, die Natur habe ihnen keinen geringen Vorteil durch ihre Geschwindigkeit gegeben. Diese Schnelligkeit hilft ihnen sowohl Beute zu machen als auch zu entkommen, wenn sie selbst von anderen gejagt werden. Die Menge dieser Vögel auf diesen Inseln ist so groß, daß wir innerhalb eines Tages nicht weniger als 3 000 töteten, und wenn ihre Vermehrung gleich groß ist, so muß man sagen, daß die Natur keinen größeren Reichtum einer Art auf so kleinem Raum hervorgebracht hat, einer Art, die in so weitreichendem Maße den Zwecken des Menschen dient; denn das Fleisch dieser Vögel ist eine gute und bekömmliche Nahrung. Nach altem Brauch taufte unser Kapitän die eine dieser Inseln Bartholomäusinsel, weil wir gerade den St. Bartholomäustag hatten, die andere erhielt, zu Ehren Englands, den Namen St. Georgsinsel.«

John Hampden (Hrsg.), Sir Francis Drake, Pirat im Dienst der Queen 1567–1596, Tübingen/Basel 1977, S. 229

Georg Forster (1754–1794), Begleiter James Cooks, beschrieb als erster den Königspinguin (Aptenodytes Patagonicus), den größten seiner Art:

»Wir fanden auch in dieser Gegend einen Trupp von mehr denn zwanzig Pinguins von ganz ungewöhnlicher Größe. Sie wogen nicht weniger als vierzig Pfund, und waren 39 englische Zoll lang, der Bauch vorzüglich groß, und mit Fett gleichsam überzogen. An jeder Seite des Kopfs hatten sie einen ovalen zitrongelben Fleck mit schwarzem Rande; am ganzen Oberthel des Körpers schwarze, hingegen unten und vorn, selbst unter den Floßen, schneeweiße Federn. Diese Vögel waren so wenig scheu, daß sie anfänglich kaum von uns

◁ 134 Pinguine – die unerklärten Herren der Südpolregion

fort watschelten, ohnerachtet wir einen nach den andern mit Stöcken zu Boden schlugen. Bey unserer Rückkehr am Bord fanden wir, daß diese Gattung von Herrn Pennant in den Philosophischen Transactionen unter dem Namen Patagonischer Pinguins bereits beschrieben worden, und daß sie, mit jenen, die auf den Falklands-Inseln gelbe oder Königs Pinguins genannt werden, vermuthlich von einerley Art sind.«

Georg Forster, Reise um die Welt
(1778–1780), Frankfurt a. M. 1983, S. 942

PLANKTON Gesamtheit der im Wasser schwebenden Lebewesen, die sich selbst gar nicht oder nur eingeschränkt horizontal fortbewegen können, sondern auf Wasserströmungen angewiesen sind. Viele Planktonten wandern indes aktiv in der vertikalen Richtung – gelotst von Licht, Temperatur oder Nährstoffen. Das pflanzliche oder Phytoplankton aus Algen bildet das Fundament jeder marinen Nahrungskette: Die chlorophyllhaltigen Organismen fangen das Sonnenlicht ein und verwandeln mit seiner Hilfe Kohlendioxid in Biomasse. Tierisches oder Zooplankton, darunter Ruderfußkrebse und Larven größerer Lebewesen, lebt vom Phytoplankton. Das Plankton ist Nahrungsgrundlage des Krills, der wiederum die Hauptfutterquelle für Tintenfische, Pinguine und Wale bildet. Wenn im Frühling die Sonne über den Horizont kommt und das Eis schmilzt, beginnt das Phytoplankton zu wachsen. Anders als in der Arktis, in der die Tiere im Sommer in großen Arealen reiche Algenweiden finden, werden solche Planktonblüten in der Antarktis seltener beobachtet – obwohl das südpolare Meer äußerst nährstoffreich ist. Forscher erklären dieses ›antarktische Paradoxon‹ damit, daß viele Planktonalgen durch die starken Stürme rund um den weißen Kontinent in die Tiefe gerissen werden, wo das zum Wachstum nötige Licht fehlt. Ein weiterer Grund könnte ein Mangel des besonders wichtigen Spurenelements Eisen sein. Die Menge des Planktons reicht trotzdem aus, um eine enorme Zahl an höheren Tieren zu ernähren. Die gesamte Nahrungskette ist indes durch das Ozonloch über der Antarktis bedroht. Die hohen Dosen energiereicher UV-Strahlung könnten die Phytoplanktonproduktion drastisch reduzieren. K. B.

**POLARBOTANIK
EINE EXPEDITION IN DIE
SUBARKTIS VOR FAST
100 JAHREN**

PONTUS HULTEN

Meine Mutter und mein Vater begaben sich im Frühjahr 1920 auf eine botanische Expedition nach Sibirien. Mein Vater war 25 Jahre alt. Die Reise führte über Petrograd und Moskau und endete in einer Katastrophe. Von Wladiwostok aus nahmen sie ein Boot Richtung Norden, das jedoch auf Grund lief und in der Nähe eines verlassenen Strandes im Ochotskischen Meer sank.

Meine Eltern setzten die Reise in den Norden, nach Kamtschatka, zu Pferde fort, um sich ihrer Aufgabe, der Erforschung und Katalogisierung der regionalen Flora, zu widmen. Sie benötigten mehrere Wochen, bevor sie endlich in Petropawlowsk ankamen, das zu der Zeit eigentlich noch ein Dorf war, sich inzwischen jedoch zu einer funktionsfähigen Hauptstadt mit einer guten Infrastruktur entwickelt hat. Meine Eltern, Elsie und Eric Hultén, wohnten zunächst in ihrem mitgeführten Zelt, später in einem kleinen Haus, das auf Fotos besonders für uns Kinder ganz gemütlich aussah, denn einige Gegenstände, die unsere Eltern nach Schweden mitgebracht hatten, kannten wir aus dem Haus unserer Kindheit.

Die damalige politische Situation in Kamtschatka war unklar. Der Rest der Wrangel-Armee in der Umgebung war dem Untergang preisgegeben, obwohl es gelang, Petropawlowsk für eine kurze Zeit einzunehmen und zu besetzen.

Um den Charakter dieser Expedition zu verstehen, muß man sich die idealistische Hingabe der damaligen Wissenschaftler und die überragende Bedeutung der

137 Eric Hulten in Kamtschatka, 1920

POLARBOTANIK

Arktisforschung jener Zeit vergegenwärtigen. Man forschte um des Forschens willen. So waren meine Eltern bereit, nach Kamtschatka zu gehen, das für fast drei Jahre vom Kontakt mit der Außenwelt völlig abgeschlossen war. Forschung wurde für Eric und Elsie Hultén zur existentiellen Aufgabe.

Das Boot, das sie zurück zum Amur in die Zivilisation bringen sollte, verpaßten sie um wenige Stunden, mit dem Ergebnis, daß sie ein ganzes weiteres Jahr in Kamtschatka verbringen mußten.

Die Forscher in der Arktis und Antarktis suchten engen Kontakt zur Natur und einen ursprünglichen Lebensstil, fern aller Komplikationen und Verwirrungen des jungen 20. Jahrhunderts. Die Opfer des Ersten Weltkrieges – eine Generation junger Männer – waren den Menschen in der Arktis und Antarktis weit entfernte Schicksale, durch die alltäglichen Überlebensprobleme in die Ferne gerückt.

Die Arktis besaß eine elementare Kraft und eine ganz besondere Anziehung für meinen Vater, der nach dem ersten, dreijährigen Aufenthalt unzählige weitere Reisen in die arktischen Regionen unternahm. Langsam brachten die zahlreichen Exkursionen Ergebnisse in Form einer Vielzahl von wissenschaftlichen Publikationen zur arktischen Flora (zum Beispiel das große Standardwerk »The circumpolar plants«).

Eric und Elsie Hultén erinnerten sich mit Vorliebe an diese ersten Jahre in dem um 1920 noch völlig unberührten Kamtschatka.

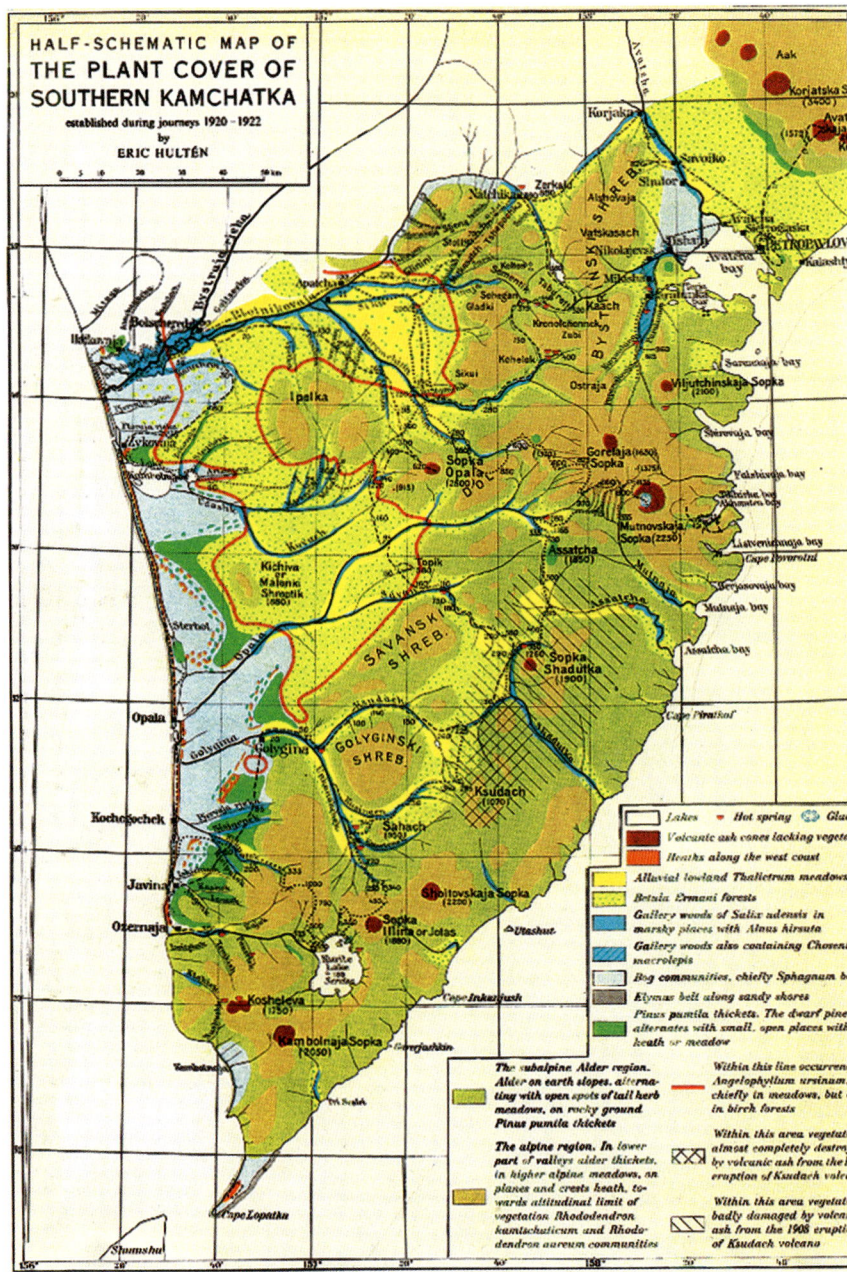

138 Eric Hulténs Karte über das Pflanzenvorkommen Südkamtschatkas, 1922

POLARFUCHS

Der Polarfuchs, der kleiner ist als der Rotfuchs, lebt in den Tundren der Arktis. Im Sommer trägt er ein graubraunes Fell, im Winter ist er blaugrau bis weiß. Polarfüchse ernähren sich von Kleinsäugern wie Mäusen und Lemmingen, sie räubern aber auch Vogelnester aus und bedienen sich am Aas, das andere Räuber, etwa der Eisbär, übriggelassen haben. Wegen ihres begehrten Winterpelzes sind die Tiere seit Beginn des 20. Jahrhunderts systematisch gejagt worden. K. B.

139 Polarfuchs (Alopex lagopus), Foto: Norbert Rosing

»Wo wir uns auf dem Wege niedersetzten, da warteten sie auf uns und trieben in unserem Angesicht hunderterlei Possen, wurden immer frecher und kamen, wenn wir still saßen, so nahe, daß sie die Riemen unserer neumodischen Schuhe, ja die Schuhe selbst anfraßen. Legten wir uns hin, als ob wir schliefen, so berochen sie uns bei der Nase, ob wir tot oder lebendig seien; hielt man den Atem an, so zupften sie wohl gar an der Nase und wollten schon anbeißen. Einen Matrosen, der in der Nacht auf den Knien sitzend zur Tür der Hütte hinausharnen wollte, haschte ein Fuchs an dem entblößten Teil und wollte, seines Schreiens ungeachtet, nicht bald loslassen. Niemand konnte ohne einen Stock in der Hand seine Notdurft verrichten, und die Exkremente fraßen sie gleich so begierig wie Schweine oder hungrige Hunde weg. Jeden Morgen sah man diese unverschämten Tiere unter den am Strand liegenden Seelöwen und Seebären herumpatrouillieren und die schlafenden beriechen, ob nichts Totes darunter sei: Fanden sie ein solches, so ging es gleich ans Zerfleischen, und man sah sie alle mit Schleppen bemüht. Weil besonders die Seelöwen des Nachts im Schlaf öfters ihre Jungen erdrücken, so untersuchten sie, dieses Umstandes gleichsam bewußt, alle Morgen deren Herden Stück für Stück und schleppten die toten Jungen wie Schinder davon.«

Georg Wilhelm Steller, Von Sibirien nach Amerika, Die Entdeckung Alaskas mit Kapitän Bering 1741–1742, Stuttgart/Wien 1986, S. 131–132

POLARKLIMA

DIE POLE UND DAS GLOBALE KLIMA

HARTMUT GRASSL

Die Oberfläche des Planeten Erde besteht zu mindestens drei Vierteln aus der Substanz Wasser. Wenn im Februar die schneebedeckte Fläche der nördlichen Erdhälfte ihr Maximum erreicht, sind sogar etwa 80 Prozent der Erdoberfläche festes oder flüssiges Wasser. Der besonders starke Unterschied im Reflexionsvermögen für Sonneneinstrahlung zwischen dem Ozean mit im Mittel nur sieben Prozent und frischem Schnee von über 80 Prozent deutet an, welchen massiven Einfluß die Existenz von gefrorenem Wasser auf den Energiehaushalt und somit auf das Klima der Erde hat.

Weil die Achse des ›Wasserplaneten‹ nicht senkrecht zur Bahnebene um die Sonne steht, sondern zur Zeit etwa 23,5 Grad geneigt ist, wird im Winter nördlich des Polarkreises (90° − 23,5° = 66,5°) fast nur Wärme verloren. Die Region um die Pole erstarrt dann im Eis, wenn – wie zur Zeit – Landmassen am oder in Polnähe sind. Die hellen Schneeflächen über Land schmelzen auch im Sommer nicht völlig ab, denn sie werfen ja einen Großteil des Energieangebotes von der Sonne zurück. Im Nordpolargebiet bleibt auch im Sommer auf circa sechs Millionen Quadratkilometern eine Meereisdecke erhalten, welche taut und die Hochsommertemperaturen bei etwa null Grad Celsius festhält.

Ändern sich die Bahnparameter der Erde um die Sonne, was durch den Einfluß der großen Nachbarplaneten Jupiter und Saturn fast periodisch geschieht, dann wird Sonnenenergie zwischen den Erdhälften und im Jahr umverteilt und die Eismenge stark geändert. So schwankt die Neigung der Rotationsachse in 40 000 Jahren zwischen 22 Grad und 24,5 Grad, die Form der Ellipse der Erdbahn pendelt in fast 100 000 Jahren von fast kreisförmig über eine Exzentrizität von 0,06 wieder zu fast kreisförmig, und die Lage der Ellipse im Raum rotiert in etwa 23 000 Jahren einmal. Die hohen Breiten mit variablem Eisanteil steuern somit den Meeresspiegel. Vor 20 000 Jahren lag er mindestens 100 Meter niedriger, denn damals lastete kilometerdick Eis auf Skandinavien und großen Teilen Nordamerikas.

140 Südgrönlands Eisdecke, aufgenommen aus dem Spaceshuttle, Foto: NASA

Das Wasser des inneren Weltozeans

Die hohen Breiten enthalten auch, weil es im Winterhalbjahr entsprechend kalt wird und Meerwasser gefriert (bei circa minus 1,9 bis 2,2 Grad Celsius, je nach Salzgehalt), die einzigen Stellen, wo dieses kalte und durch den Gefrierprozeß salzreich gewordene und damit schwere Wasser tief ins Ozeaninnere sinken kann. Deshalb hat auch Wasser in einem Kilometer Tiefe unter dem Äquator seinen letzten Kontakt mit der Atmosphäre in polnahen Gebieten gehabt. Der innere Weltozean ist mit sehr kaltem Wasser (weniger als 2 Grad Celsius) angefüllt, das meist im Nordatlantik, überwiegend in der Grönland- oder Labradorsee, absank und das als Nordatlantisches Tiefwasser für seine Reise durch die verschiedenen Ozeane Jahrhunderte braucht. Das unterste Stockwerk des Ozeans ist überwiegend mit noch schwererem antarktischen Bodenwasser gefüllt, das sogar in die nordatlantischen Becken vordringt, und das vor allem in der Weddellsee im Winterhalbjahr bei starker Meereisbildung in Küstenpolynien (vom Wind freigeblasene größere, offene Wasserflächen im Packeisgebiet) am Kontinentalabhang abgleitet. Diese Strömungen in die Tiefe müssen durch oberflächennah horizontal herangeschafftes Wasser aus Gründen der Massenerhaltung ausgeglichen werden. So fließen etwa 20 Millionen Kubikmeter Wasser pro Sekunde im Nordatlantik vor Europa im sogenannten nordatlantischen Strom nordwärts (im Volksmund Golfstrom; dieser ist jedoch auf die subtropischen Gebiete beschränkt). Bei 24° Nord, also im Golfstrombereich, wird dazu pro Zeiteinheit 100 Mal mehr Energie nordwärts transportiert, nämlich ein Petawatt (10^{15} Watt), als die Menschheit insgesamt bei all ihren Aktivitäten als Abwärme an die Umwelt abgibt. Nur weil ein Großteil der Wärme vor West-, Mittel- und Nordeuropa an die Atmosphäre abgegeben wird, ist Laubmischwald noch bei 60° Nord, ist die dichte Besiedlung Europas möglich.

Die Polargebiete haben noch eine weitere wesentliche globale Funktion, die auch auf die dortige Bildung von Tiefenwasser zurückgeht: Das vor allen Westküsten der Kontinente Afrika, Amerika, Australien in der subtropisch/tropischen Passatwindzone beider Erdhälften hochquellende kalte und nährstoffreiche Wasser ist viele Jahre vorher in den hohen Breiten des Nordatlantiks in die Tiefe gesunken. Es schafft vor diesen Küsten die Basis für die wichtigsten Fischfanggebiete der Erde.

Wie zuverlässig ist der Wärmetransport nach Europa und in die Arktis?

Die Unterschiede zwischen dem letzten Höhepunkt der Eiszeit vor circa 20 000 Jahren und der heutigen Zwischeneiszeit waren im atlantischen Bereich am stärksten, weil zwei sehr große Eisschilde abschmolzen. Wie stark wird die Reaktion der ozeanischen Zirkulation bei der angelaufenen weiteren globalen Erwärmung sein? Soll man den Klimamodellen Glauben schenken, die eine besonders starke Erwärmung in den hohen nördlichen Breiten berechnen, wenn die Treibhausgase weiter wie bisher zunehmen? Kommt es zu einer Abschwächung der vorher geschilderten globalen ozeanischen Tiefenzirkulation im Atlantik? Gibt es dafür schon Hinweise in Messungen?

Zunächst soll über direkte Beobachtungen eines Wandels mit Bezug zu den Polargebieten gesprochen werden. Nach diesen

– haben sich der Nordwesten Kanadas und das nördliche Sibirien in den letzten 40 Jahren besonders stark erwärmt und das Gebiet um die Labradorsee abgekühlt,

– nahm nach Satellitenbeobachtungen die Schneebedeckung in Amerika und Eurasien von 1973 bis 1994 zu allen Jahreszeiten, aber besonders im Frühjahr ab, und zwar um circa 20 Prozent beziehungsweise drei Millionen Quadratkilometer,

– schrumpfte die Meereisfläche in der Arktis seit 1979 um etwa fünf Prozent, die Eisausdehnung um etwa 4,5 Prozent; auch in der Antarktis nahm die Meereismenge wahrscheinlich um zwei Prozent ab, während die Ausdehnung keine Änderung erkennen läßt,

– stieg der Meeresspiegel global in den vergangenen 100 Jahren um zehn bis 25 Zentimeter an, wobei jedoch der Beitrag der Arktis und eine eventuelle Bremsung durch die Antarktis unklar blieben,

– veränderte sich – wie 1994 entdeckt wurde – die Struktur des inneren arktischen Ozeans, indem sich die Schicht mit atlantischem Zwischenwasser um bis zu ein Grad Celsius erwärmte und generell anhob sowie die Deckschicht aus arktischem Wasser dünner und kälter wurde,

– hat die Konvektion der Labradorsee jüngst Tiefen bis 3 500 Meter erreicht und die tiefreichende Konvektion in der Grönlandsee stark nachgelassen beziehungsweise jüngst ganz aufgehört,

– scheint die Meereisdecke in der Arktis, soweit das aus den wenigen Beobachtungen abgeleitet werden kann, dünner zu werden.

Dies sind sich nicht widersprechende Befunde, die auf die Wirkung der beobachteten und zumindest teilweise anthropogenen globalen Erwärmung hindeuten. Aber viele Fragen, zum Beispiel die nach der Empfindlichkeit der Meereisdecke bei weiterer Erwärmung, bleiben unbeantwortet. Deshalb hat das Weltklimaforschungsprogramm in seiner Studie zum arktischen Klimasystem (ACSYS – Arctic Climate System Study) die Beantwortung dieser Fragen obenan gestellt.

Wie hoch wird der Meeresspiegel steigen?

Die jüngste Bewertung der wissenschaftlichen Befunde zu einem zukünftigen Meeresspiegelanstieg durch den Zwischenstaatlichen Ausschuß zu Klimaänderungen (IPCC = Intergovernmental Panel on Climate Change) nennt als beste Schätzung einen Anstieg von 50 Zentimetern bis zum Jahr 2100, weist aber auf starke Unsicherheiten hin. Er betont weiterhin, daß dieser Anstieg keineswegs mit der Erwärmung stoppt, und schon gar nicht dann, wenn Jahrzehnte vor der voll erreichten Erwärmung die Konzentration der Treibhausgase in einer erfolgreich umgesetzten Klimakonvention stabil bleiben sollte. Die Zeit bis zur vollen Reaktion des Meeresspiegels auf Änderungen des Klimas beträgt mindestens Jahrzehnte, wenn nicht Jahrhunderte, und Anpassung ist auf jeden Fall an fast allen Küsten notwendig. Der im kommenden Jahrhundert erwartete beschleunigte Anstieg geht überwiegend auf die Ausdehnung des Meerwassers und den Schwund der Gebirgsgletscher bei Erwärmung zurück, und nicht so sehr auf das Abschmelzen von Eismassen in Inlandeisgebieten. Es ist sogar wahrscheinlich, daß das Eis in der Antarktis leicht anwächst.

In den seit ein paar Jahren an wenigen Forschungszentren betriebenen gekoppelten Modellen der Atmosphäre und des Ozeans zeigt sich übereinstimmend eine Abschwächung der Bildung von ozeanischem Tiefenwasser im Nordatlantik. Also sollte der Wärmetransport in Richtung Europa in Oberflächennähe nachlassen und im Gebiet vor Europa eine Region geringer ausgeprägter Erwärmung auftreten. Recht kleine Verschiebungen der Niederschlagsverteilung mit der Breite und von einem Ozeanbecken zum anderen sind der Anlaß dafür.

Bei Versuchen, die Meereisverteilung in Klimamodellen korrekt wiederzugeben, haben die in ACSYS organisierten Spezialisten gefunden, daß nur solche Modelle, die auch die Verformung des Meereises durch unterschiedlichen Druck von Wind und Meeresströmung beachten, Übereinstimmung mit der Beobachtung erzielten. Gerade diese Modelle waren es aber auch, die bei Szenarienrechnungen einer künftigen anthropogenen Erwärmung in den Polargebieten nicht die sehr hohe überdurchschnittliche Erwärmung berechneten, auch wenn die Reaktion insgesamt noch beträchtlich über dem globalen Durchschnitt lag.

141 FS Polarstern in der Antarktis, Foto: AWI, Siegrid Schiel

Fazit: Es steht uns gut an, durch Maßnahmen zum Klimaschutz die Risiken einer drastischen Änderung des globalen ozeanischen Strömungsmusters, die von den hohen Breiten ausgeht, zu mindern.

POLARSTERN

Polaris, der relativ helle Stern am Ende der Deichsel des Sternbilds Kleiner Wagen – es wird auch als Kleiner Bär gedeutet –, steht gegenwärtig fast genau am Himmelspol. Er gilt deshalb als markantes Zeichen der Himmelsrichtung Nord. Nach dem griechischen Wort arktos für Bär erhielt die Nordpolregion ihren Namen. Polarstern heißt auch das Flaggschiff der deutschen Wissenschaftsflotte. Der 118 Meter lange und 25 Meter breite Eisbrecher pendelt seit der Indienststellung 1982 zwischen den Polen. Die Polarstern versorgt als Frachter die deutschen Forschungsstationen und dient zugleich Meeresbiologen, Ozeanographen, Geowissenschaftlern und Meteorologen als schwimmendes Labor. K. B.

POLE

Die geographischen Pole sind jene Punkte auf der Erdoberfläche, an der die gedachte Rotationsachse des Planeten zutage tritt. Sie liegen bei 90° Nord und 90° Süd, allerdings nicht ganz exakt. Denn die Drehachse wandert in zwei unterschiedlichen Zyklen spiralförmig um einige Meter pro Jahr. Ursache sind Masseverschiebungen auf oder in der Erde. Die magnetischen Pole sind jene Orte auf der Erdoberfläche, an denen die Linien des irdischen Magnetfeldes den Planeten verlassen beziehungsweise in ihn hineinlaufen. Der wandernde magnetische Südpol lag 1996 im Südozean bei 64,7° Süd, 138,6° Ost, das nördliche Gegenstück wurde bei 79,4° Nord, 105,8° West bestimmt. Daneben kennen Geophysiker noch die geomagnetischen Pole bei 78° Nord, 69° West und 78° Süd, 111° Ost: Sie markieren jene – allein mathematisch definierten – Punkte, an denen das Magnetfeld die Oberfläche durchstoßen würde, wenn es von einem perfekten Stabmagneten ausgehen würde. Die Kältepole liegen im Norden beim ostsibirischen Ort Oimjakon (minus 71,1 Grad Celsius) und im Süden nahe der russischen Station Wostok (minus 89,2 Grad Celsius). Als antarktischen Pol der Unzugänglichkeit, also der am weitesten von der Küste entfernten Stelle, haben Geographen 85° Süd, 65° Ost vermessen, in der Arktis befindet sich dieser Ort bei 84° Nord, 175° West. K. B.

POLITIK
DIE POLITISCHE HERRSCHAFT ÜBER DIE POLARREGIONEN

ROBERT K. HEADLAND

Infolge der großen Entfernungen und der vielfältigen physischen Schwierigkeiten, mit denen der Reisende zu kämpfen hat, gehören die Polargebiete zu den zuletzt erforschten Regionen der Erde. Die Entdeckung dieser Gebiete und folglich auch die Frage der politischen Herrschaft sind also vergleichsweise neueren Datums. Während im Falle der Arktis stillschweigendes Einvernehmen herrscht, birgt die Antarktis ein beträchtliches Konfliktpotential, das derzeit nur unter dem Antarktisvertrag schlummert.

Traditionellerweise erwarben Staaten ein Herrschaftsrecht über neuentdecktes Land durch die Entdeckung, in deren Zuge der Entdecker im Namen seines Souveräns Besitzansprüche erhob. Damit erwarb das Land, aus dem der Entdecker stammte, einen vorläufigen Rechtstitel auf das neue Territorium. Um diesen Anspruch durchzusetzen, mußte das betreffende Land in einer förmlichen Proklamation Ansprüche auf ein geographisch genau bezeichnetes Gebiet erheben und anschließend Maßnahmen treffen, die die Verwaltung des fraglichen Territoriums sicherstellten.

Die Antarktis

Die folgenden Staaten haben Hoheitsansprüche auf Gebiete der Antarktis und auf die Inseln südlich des 60. Breitengrades (das Gebiet des Antarktisvertrages) geltend gemacht: Argentinien, Australien, Chile, Deutschland, Frankreich, Großbritannien, Japan, Neuseeland, Norwegen und die Vereinigten Staaten. Aus einigen dieser Ansprüche sind förmliche, fest umrissene Herrschaftsgebiete hervorgegangen (die nicht immer genau mit den Bereichen übereinstimmen, auf die ursprünglich Anspruch erhoben wurde), andere Gebietsansprüche bestehen fort, ohne daß sie zu konkreten Ergebnissen geführt haben. Einige Hoheitsansprüche wurden nach den Weltkriegen 1919 (Deutschland, Vertrag von Versailles) und 1951 (Japan, Vertrag von San Francisco) aufgegeben.

Die sieben Länder, die an der Erforschung der Antarktis beteiligt waren und deren Regierungen konkrete Herrschaftsansprüche geltend gemacht haben, sind Argentinien, Australien, Chile, Frankreich, Großbritannien, Neuseeland und Norwegen (s. Abb. 142). Fünf von ihnen – Australien, Frankreich, Großbritannien, Neuseeland und Norwegen – erkennen ihre Ansprüche zwar gegenseitig an, doch keiner der offiziell erhobenen Hoheitsansprüche südlich des 60. Breitengrades wird weltweit anerkannt. Belgien, Brasilien, Ecuador, Peru und Uruguay haben zwar Ansprüche auf antarktische Territorien angemeldet, diese jedoch bisher noch nicht offiziell geltend gemacht.

Bei einigen antarktischen Territorien überschneiden sich konkurrierende Hoheitsansprüche. So wurde die Gegend um die Antarktische Halbinsel samt den um-

POLITIK

liegenden Inseln sowohl von Großbritannien (1908) als auch von Chile (1940) und Argentinien (1943) beansprucht. Großbritannien hat in den Jahren 1947, 1951, 1953, 1954 und 1955 versucht, den daraus resultierenden Konflikt vor dem Internationalen Gerichtshof und auf anderem Wege beizulegen. Die Angelegenheit hat zwischen den beteiligten Staaten zu zahlreichen offiziellen Protesten, diplomatischen Verwicklungen und in einem Falle zu einem Schußwechsel geführt.

Heute sind es im wesentlichen zwei Faktoren, die die Antarktis vor den schlimmsten Auswirkungen dieser Situation bewahren. Zum einen ist für die Gebiete mit ihrer verschwindend geringen Bevölkerung kein großer Verwaltungsaufwand vonnöten (obwohl sich dies ändern könnte, wenn die Zahl der nicht offiziell organisierten Unternehmungen [wie Tourismus und private Expeditionen] zunimmt und der Abbau von Bodenschätzen und andere kommerzielle Unternehmungen beginnen); zum zweiten sind im Antarktisvertrag, den alle Länder, die heute südlich des 60. Breitengrads aktiv sind, unterzeichnet haben, sämtliche Gebietsansprüche zurückgestellt.

Streit um Hoheitsansprüche gibt es derzeit bei einigen subantarktischen Inseln außerhalb des Vertragsbereichs. Dabei handelt es sich um Auseinandersetzungen zwischen Argentinien und Großbritannien um die Shag Rocks, Südgeorgien und die Süd-Sandwich-Inseln, um die es auch im Falklandkrieg von 1982 ging. Bei einigen anderen Inseln sind die Ansprüche nicht allgemein anerkannt, und Heard Island und die Prince Edward Islands haben durch Verträge den Besitzer gewechselt.

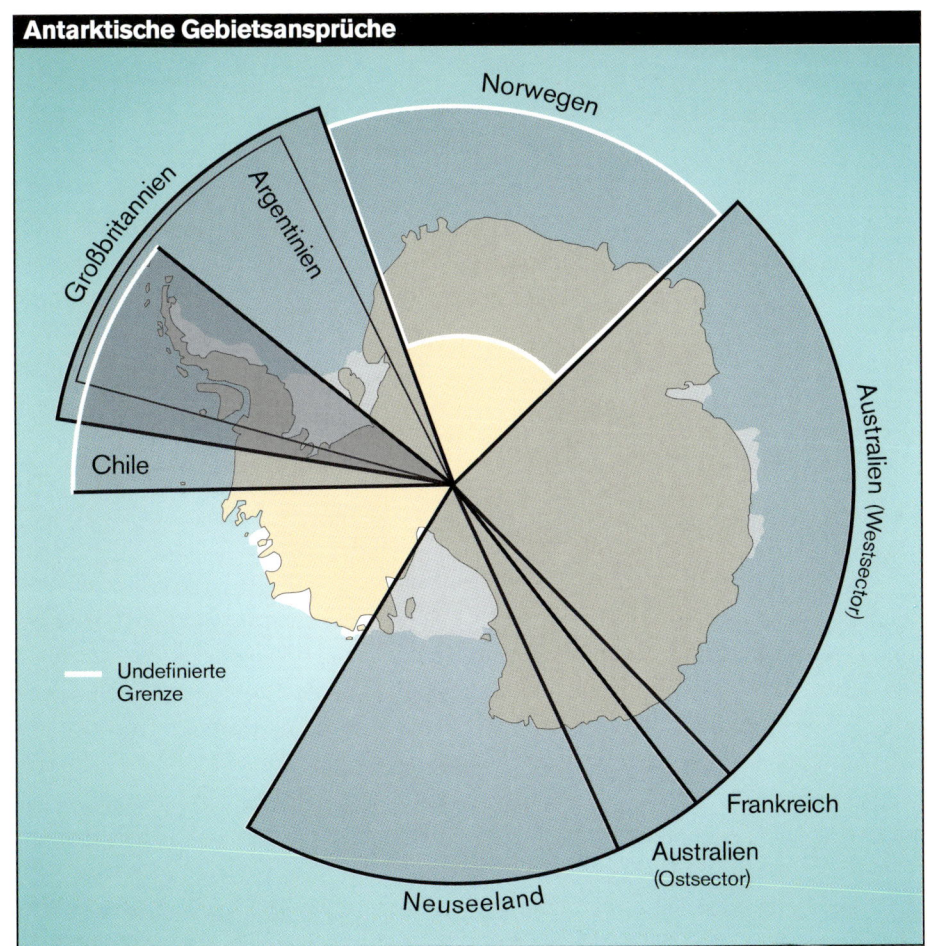

142 Politische Ansprüche werden durch den Antarktis-Vertrag geregelt.

Aus der Tatsache, daß Unstimmigkeit darüber herrscht, ob Gebietsansprüche in der Antarktis überhaupt zulässig sind, folgt auch, daß es für große Teile der Region keine allgemein anerkannte Rechtsgrundlage gibt, nach der sich Unternehmungen dort regeln ließen.

Die Arktis

In der Arktis sind die Hoheitsansprüche vergleichsweise einfach, weil ein Großteil des Landes unmittelbar mit bewohnten Gebieten zusammenhängt. Es gibt ein internationales Abkommen, doch mehrere Regionen sind seit längerem umstritten.

Ein 1920 in Paris geschlossenes Abkommen über Spitzbergen sollte die wachsenden Schwierigkeiten im Zusammenhang mit dieser Inselgruppe beilegen, wo schon seit Jahrhunderten Menschen verschiedenster Nationen in Bereichen wie Wal- und Robbenfang, Jagd, Fallenstellerei und Bergbau tätig waren. Die Unterzeichnerstaaten sprachen die Inseln Norwegen zu, jedoch unter dem Vorbehalt, daß ihre eigenen Bürger neben anderen Rechten das gleiche freie Zugangsrecht zu den Inseln wie die Norweger behielten. Außerdem ging es in dem Vertrag um die Ausbeutung von Ressourcen (mineralischen wie biologischen) sowie um Fragen von Natur- und Umweltschutz. Heute erkennen 43 Länder diesen Vertrag an, der in mancherlei Hinsicht als Vorbild für den Antarktisvertrag von 1959 diente.

In den Jahren nach der Entdeckung von Semlja Franza-Iossifa (Franz-Joseph-Land) gab es Auseinandersetzungen zwischen Norwegen und Rußland. Die permanente russische Besiedlung der Inselgruppe, die 1929 mit der Errichtung einer sowjetischen Wetterstation begann, schuf hier jedoch praktisch vollendete Tatsachen. Eine Ausnahme bleibt Ostrow Wiktoria (die Viktoria-Insel): Geographisch gehört sie zum norwegischen Verwaltungsgebiet Svalbard, liegt allerdings außerhalb der Grenzen des Spitzbergenabkommens; politisch gehört sie als Teil des Franz-Joseph-Landes zu Rußland. Von 1933 bis 1993 befand sich dort eine russische Wetterstation.

Norwegische Unternehmungen in der Arktis waren auch die Ursache für andere Auseinandersetzungen um Hoheitsrechte. Am 5. April 1933 unterlag Norwegen vor dem Internationalen Gerichtshof in der Auseinandersetzung mit Dänemark um Nordostgrönland – das umstrittene Gebiet ist heute ein Nationalpark, zu dem Norwegen jedoch spezielle Zugangsrechte behält. Die Insel Jan Mayen wurde am 8. Mai 1929 von Norwegen annektiert, ohne daß jemand Widerspruch erhob. Otto Sverdrup, der Kapitän der Fram, entdeckte und vermaß den sogenannten Sverdruparchipel, der heute einen Großteil der kanadischen Arktis ausmacht. Der Streit, der sich daran entzündete, wurde am 8. August 1930 dadurch beigelegt, daß Kanada Otto Sverdrup für seine Forschungsarbeiten bezahlte.

Rußland hat aus geographischen Gründen seit jeher ein großes Interesse an der Arktis. Im äußersten Osten erstreckte sich das russische Einflußgebiet einst bis nach Alaska, das 1867 an die Vereinigten Staaten verkauft wurde. Die Wrangelinsel und sogar einige der De-Long-Inseln sind zeitweise offiziell als Teil von Alaska dargestellt worden, doch in einem Memorandum vom 16. März 1984 einigten sich die USA und die Sowjetunion, so daß nun keine Konfliktgefahr mehr besteht. Historisch gesehen ist die Wrangelinsel ein interessanter Fall; Ferdinand von Wrangel stellte bei einer russischen Expedition im Jahre 1824 Vermutungen über ihre Existenz an, Thomas Moore an Bord des britischen Schiffes Herald sichtete sie 1849 als erster, die erste Landung unternahm Eduard Dallmann im Jahr 1866 von der deutschen W. C. Talbot aus, Calvin Hooper an Bord der Corwin erhob am 12. August 1881

POLITIK

offiziell Anspruch im Namen der Vereinigten Staaten, den ersten Siedlungsversuch unternahm Vilhajalmur Stefansson 1914 im Auftrag Kanadas, gefolgt von einem zweiten, ebenfalls erfolglosen Versuch im Jahr 1921; die heutige permanente russische Siedlung gründete Georgi Uschakow 1926. Im Laufe der Zeit haben Großbritannien, Kanada, Rußland und die Vereinigten Staaten Anspruch auf die Wrangelinsel erhoben, wobei sie teils auch einige der kleinen und abgelegenen De-Long- und Heraldinseln mit einschlossen.

Die vielleicht letzten Differenzen bestehen heute bei den internationalen Schiffahrtsrechten in der Nordost- und der Nordwestpassage. Rußland kontrolliert die erstere, Kanada die letztere, und ihr Recht dazu ist zwar in der Theorie nicht unbestritten, doch haben die praktischen Gegebenheiten in beiden Fällen das letzte Wort behalten.

Antarktische Territorien

Die folgenden Gebietsansprüche beziehen sich auf den Bereich südlich des 60. Breitengrades – diejenigen Gebiete also, die unter dem Schutz des Antarktisvertrages von 1959 stehen.

GROSSBRITANNIEN
1908
Ein Königliches Patent vom 21. Juli bekräftigt die Ansprüche auf die Falkland Islands Dependencies:

Südgeorgien, die Süd-Orkney-, Süd-Shetland- und Sandwich-Inseln sowie das Territorium, das unter dem Namen Grahamland bekannt ist; diese Gebiete liegen im südatlantischen Meer, südlich des 50. Breitengrades und zwischen 20 und 80 Grad westlicher Länge ...

1917
Ein Königliches Patent vom 18. März korrigierte die Ansprüche auf ... sämtliche Inseln und Territorien gleich welcher Art zwischen 20° westlicher Länge und 50° westlicher Länge südlich des 50. Breitengrades; sowie sämtliche Inseln und Territorien gleich welcher Art zwischen 50° westlicher Länge und 80° westlicher Länge südlich des 60. Breitengrades.

1962
Ein Kabinettsbeschluß vom 26. Februar verleiht dem British Antarctic Territory den Status einer eigenständigen Kolonie. Sie umfaßt ... sämtliche Inseln und Territorien gleich welcher Art zwischen 20° westlicher Länge und 80° westlicher Länge südlich des 60. Breitengrades.

NEUSEELAND
1923
Ein britischer Kabinettsbeschluß begründet den Hoheitsanspruch über die Ross Dependency ... die Küsten des Rossmeeres mit den zugehörigen Inseln und angrenzenden Territorien zwischen 160° östlicher Länge und 150° westlicher Länge südlich des 60. Breitengrades ... – unter der Verwaltung des Generalgouverneurs von Neuseeland, der zugleich Gouverneur der Dependency war.

FRANKREICH
1924
Ein Dekret des Präsidenten vom 27. März macht Rechte in der Terre Adélie geltend.

1938
Ein Dekret des Präsidenten vom 1. April legt die Grenzen der Terre Adélie fest: Die Inseln und Territorien südlich des 60. Breitengrades zwischen dem 136. und dem 142. Längengrad östlich von Greenwich ...

NORWEGEN
1931
Die Peter-I.-Insel wird durch königliche Proklamation vom 1. Mai an unter norwegische Herrschaft gestellt.

1939
Eine königliche Proklamation vom 14. Januar verkündet die Annexion von Königin-Maud-Land: desjenigen Teils der antarktischen Festlandsküste, welcher sich von der Grenze der Falkland Islands Dependencies im Westen (der Grenze von Coatsland) bis zur Grenze des Australian Antarctic Territory im Osten (45° östlicher Länge) erstreckt, eingeschlossen das Hinterland dieser Küste und die umgebende See ...

AUSTRALIEN
1933
Eine britischer Kabinettsbeschluß vom 7. Februar begründet das Australian Antarctic Territory, sämtliche Inseln und Territorien (ausgenommen das Adélieland) südlich des 60. Breitengrads zwischen 160° östlicher Länge und 45° östlicher Länge ...

CHILE
1940
Ein Dekret des Präsidenten vom 6. November begründet als Territorio Chileno Antárctico sämtliche Länder, Inseln, Felsenriffe und Gletscher (Packeis), die bekannten wie die noch zu entdeckenden, sowie die zugehörigen Gewässer im Bereich zwischen 53° und 90° westlicher Länge.

ARGENTINIEN
1943
Der argentinische Außenminister teilt dem britischen Botschafter in Buenos Aires am 15. Februar mit, daß die Antártida Argentina sich zwischen 25° westlicher Länge und 68° 34' westlicher Länge vom 60. Breitengrad aus südwärts erstrecke.

1947
Die argentinische Comisión Nacional de Antárctico dehnt am 12. März die Westgrenze der Antártida Argentina bis auf 74° westlicher Länge aus.

Herrschaftsansprüche im Bereich des Antarktisvertrages

Nationale Territorien südlich des 60. Breitengrades, festgelegt im Jahr nach Inkrafttreten des Antarktisvertrages (1962).

Alle Territorien der Antarktis sind für souveräne Staaten oder in deren Namen beansprucht. Die Karte zeigt diejenigen Territorien, bei denen förmlich Anspruch auf ein geographisch klar umrissenes Gebiet erhoben wurde.

[im Uhrzeigersinn]
90° West
Territorio Chileno Antárctico
British Antarctic Territory
CHILE
Antártida Argentina
GROSSBRITANNIEN
ARGENTINIEN
Königin-Maud-Land (Dronning Maud Land)
NORWEGEN
unbestimmt
Australian Antarctic Territory, West Sector
AUSTRALIEN
Adélieland (Terre Adélie)
FRANKREICH
Australian Antarctic Territory, East Sector
AUSTRALIEN
Ross Dependency
NEUSEELAND
unbestimmt
Peter-I.-Insel
NORWEGEN
Antárida Argentina [25° westlicher Länge bis 74° westlicher Länge, 60° südlicher Breite]
British Antarctic Territory [20° westlicher Länge bis 80° westlicher Länge, 60° südlicher Breite]
Territorio Chileno Antárctico [53° westlicher Länge bis 90° westlicher Länge, Nordgrenze nicht festgelegt]
Grenzen nicht festgelegt

JAHR DES GEBIETSANSPRUCHES: British Antarctic Territory 1908 (als Falkland Islands Dependencies, korrigiert 1917, differenziert 1962), Ross Dependency 1923, Terre Adélie 1924 (verkleinert 1938), Peter-I.-Insel 1931, Australian Antarctic Territory 1933, Königin-Maud-Land 1939, Territorio Chileno Antárctico 1940, Antárida Argentina 1943 (erweitert 1947).

POLYNIA

Ausgedehnte offene Wasserflächen im Packeis werden mit dem russischen Wort Polynia bezeichnet. Sie brechen auf, wenn der Wind das Eis aufreißt oder wärmeres Tiefenwasser an die Oberfläche kommt. In den polaren Eiswüsten sind die manchmal tausende Quadratkilometer großen Polynias wie jene in der antarktischen Weddellsee oder jene vor Nordostgrönland wichtige Futterplätze für Meeresvögel und -säuger. K. B.

POMOREN

MAREK E. JASINSKI

Die arktischen Pomoren (Russen, die an der Küste des Weißen Meeres, also in Pomorje, leben) gelten in Rußland seit jeher als außergewöhnliche, kluge und tapfere Menschen. Dieses Bild, das bis auf den heutigen Tag lebendig geblieben ist, kommt vor allem von den herausragenden Leistungen dieser Küstenbewohner in Seefahrt, Jagd und Handel der arktischen Region.

An einem Märztag des Jahres 1995 stand ich mit zwei Archäologen aus Norwegen und Rußland auf einer Hügelkuppe, nur wenige Kilometer vom norwegischen Hafenort Longyearbyen auf der arktischen Inselgruppe Spitzbergen entfernt. Der Blick über den Adventfjord war wunderschön, doch die Temperatur lag bei 30 Grad unter Null, und ein arktischer Wind blies uns direkt ins Gesicht. Die Berge und Täler von Spitzbergen glichen einer eisigen weißen Wüste, und ich konnte nicht glauben, daß Menschen in früheren Zeiten ohne die modernen technischen Hilfsmittel, die uns heute zur Verfügung stehen, hier überwinterten – und dennoch haben die Pomoren es getan.

143 Man nimmt an, daß die Pomoren bereits im 16. Jahrhundert nach Nowaja Semlja und weiter nach Osten entlang der sibirischen Küste segelten. Ihr nächstes Ziel war Spitzbergen, das sie 1650 erreichten und bis etwa 1850 immer wieder aufsuchten. Die Jagd auf Nowaja Semlja wurde bis zur Jahrhundertwende betrieben. Wichtige Städte der Pomoren waren Archangelsk und Mangazeya.

Wie aus Russen Pomoren wurden

Die Geschichte der Pomoren in der Arktis beginnt im Mittelalter, im Zuge der russischen Nord- und Ostexpansion. Das erste Auftreten der Russen und ihre nachfolgende Besiedelung der arktischen Küste ergab sich hauptsächlich aus dem Pelzhandel und dem Aufbau einer Jagd- und Fischereiwirtschaft. Alle wichtigen russischen Fürstentümer des Mittelalters – Kiew, Ladoga, Nowgorod, Wladimir-Susdal und Moskau – unterhielten rege Handelsbeziehungen zu den Stämmen des Nordens, von denen sie Pelze und Walroßelfenbein bezogen. Im Laufe des Mittelalters errichteten die Fürstentümer Ladoga und Nowgorod ein Netz von Handelsposten und Steuereinnahmestationen entlang der Onega und der Nördlichen Dwina. Von dort schoben sie ihr Einflußgebiet weiter nach Nordosten vor und verlangten Tribut von der einheimischen Bevölkerung.

Das Gebiet am Unterlauf der Nördlichen Dwina war von entscheidender Bedeutung für die russischen Jäger und Fischer in den endlosen Weiten des arktischen Nordens. Durch ihre Lage bot diese Region ideale Voraussetzungen für die Entstehung einer protostädtischen Kultur in der Nähe des heutigen Cholmogory, wo sich ein kunsthandwerkliches Zentrum bildete, das auf die Verarbeitung von Walroßelfenbein, Leder und Fellen spezialisiert war und über mehrere Jahrhunderte hinweg florierte.

Die Kaufleute und Tributeintreiber aus Ladoga und Nowgorod benutzten die Region am Unterlauf der Nördlichen Dwina als Ausgangsbasis; von dort drangen sie – größtenteils zu Wasser, stellenweise auch auf dem Landweg – über die Flußsysteme von Pinega und Kuloi und von Mesen und Zilma zum Unterlauf der Petschora vor und gelangten weiter über den Ural zum Unterlauf des Ob.

Was die Region Pomorje angeht, so stammen die ersten Belege für die Existenz großer russischer Landgüter, die in Konkurrenz zu den kleinen Ansiedlungen einheimischer Stämme traten, aus dem frühen 14. Jahrhundert. Um die Mitte des 15. Jahrhunderts waren die Großgrundbesitzer aus dem Fürstentum Nowgorod in der Region fest etabliert; nur an der Küste hatten sie noch nicht Fuß gefaßt. In der Folgezeit begann die bäuerliche Besiedlung der Gegend um das Weiße Meer, zunächst entlang der großen Flüsse wie Nördlicher Dwina, Onega und Pinega. Es folgten Klostergründungen, und die Klöster waren entscheidend für die Verbreitung der russischen Kultur und als Repräsentanten des russischen Staates in Pomorje.

Arktische Jäger

Mit dem Jahr 1499 begann eine neue Ära, denn die russische Armee eroberte die Länder der Völker des nördlichen Urals, und am Ufer des Pustoje-Sees entstand Pustozersk, die erste russische Stadt nördlich des Polarkreises. Pustozersk war als Vorposten gedacht – als Grenzfestung, die nicht nur die Vorherrschaft über den Unterlauf der Petschora sichern und die Fisch- und Jagdgründe an der Petschora und auf der Insel Nowaja Semlja verteidigen sollte, sondern später auch als wichtigste Schaltstelle zwischen der Region Pomorje und den sibirischen Pelzhandelsposten sowie der russischen ›Goldschmelze‹ Mangaseja fungierte, die 1601 am Ufer des Tas erbaut wurde.

Im 17. Jahrhundert unternahmen pomorische Kaufleute Handelsexpeditionen entlang der sibirischen Küste und tauschten bei den einheimischen Stämmen russische Waren gegen Felle. Mangaseja diente als Handelszentrum und Treffpunkt

144 Ausgrabungen eines russischen Jagdlagers in Hornsund, Spitzbergen 1987, Foto: Marek E. Jasinski

der verschiedenen Bevölkerungsgruppen; allerdings erließ der russische Zar Michail Fjodorowitsch im Jahr 1619 ein Dekret, das jeglichen Schiffsverkehr zwischen dem Weißen Meer und dem sibirischen Mangaseja untersagte. Damit wollte er nicht nur verhindern, daß ausländische Händler direkt mit den Einwohnern Sibiriens Handelsbeziehungen anknüpften, sondern auch den pomorischen Zwischenhandel ausschalten. Einige Kaufleute umgingen dieses Verbot, indem sie Flußläufe benutzten und ihre Schiffe stellenweise zwischen zwei Flüssen über Land transportierten.

Wie gesagt entwickelte sich die russische Präsenz in den nördlichen Regionen nach den Bedürfnissen von Jagd und Fischfang. Entsprechend den verschiedenen Phasen dieser Entwicklung ergab sich auch die russische Besiedlung. Anfangs ging es hauptsächlich um Tributzahlungen und den Pelzhandel mit der einheimischen Bevölkerung, später gingen einige Russen dazu über, selbst Jagd und Fischfang zu betreiben – zunächst unternahmen sie Expeditionen zu bestimmten Jahreszeiten von ihrem eigenen Land aus, später errichteten sie permanente russische Siedlungen in den neuen Gebieten.

Am Ende des Mittelalters jagten und fischten die Pomoren in drei größeren Regionen der Arktis: im Weißen Meer und auf der Halbinsel Kola, an der Petschora und auf der Insel Nowaja Semlja sowie auf Spitzbergen.

Die Jagd- und Fischgründe am Weißen Meer und auf der Halbinsel Kola, die den Siedlungsgebieten der Pomoren am nächsten lagen, wurden natürlich zuerst erschlossen. Später dehnten sie ihre Unternehmungen in die Barentssee und Karasee aus und jagten auch an der Petschora und auf der Insel Nowaja Semlja. Um die Mitte des 17. Jahrhunderts drangen die pomorischen Jäger in die neuen Jagdgründe an der Küste von Spitzbergen vor, die Willem Barentsz im Jahr 1596 entdeckt hatte. Neben der Region an der Petschora und auf der Insel Nowaja Semlja wurde Spitzbergen zum Ausgangsort für die Jagd auf Meerestiere, und vom 17. bis zum 19. Jahrhundert bildeten diese beiden Regionen ein riesiges zusammenhängendes Jagdgebiet mit einem Netzwerk von Jagdstationen; im späten 18. und frühen 19. Jahrhundert hatte dieses Netzwerk fast die Form einer dauerhaften Besiedelung der Region angenommen.

Archäologische Untersuchungen über die Aktivitäten der pomorischen Jäger und Fischer sind bislang nur in Spitzbergen durchgeführt worden. Die Erkenntnisse,

POMOREN 181

die Archäologen aus verschiedenen Ländern gewonnen haben, sind von großer Bedeutung für unser Verständnis der pomorischen Kultur auf den arktischen Inseln und im Norden von Rußland. Paradoxerweise haben in der Region Pomorje und auf der Insel Nowaja Semlja keine derartigen Untersuchungen stattgefunden.

Nach neueren archäologischen Erkenntnissen begannen die Pomoren um die Mitte des 17. Jahrhunderts mit der organisierten Jagd von Spitzbergen aus. Die letzte russische Jagdexpedition zu dieser Inselgruppe fand in den 1850er Jahren statt.

Die pomorischen Jagdexpeditionen in die Arktis wurden überwiegend von Kaufleuten und Schiffseignern aus Archangelsk organisiert. Sie rüsteten ihre Schiffe vom Typ ›lodja‹ oder ›kotsja‹ aus, versorgten die Expeditionen mit dem erforderlichen Jagdgerät und dem nötigen Proviant und engagierten eine Gruppe von Jägern unter der Leitung eines ›komrscik‹. Zu Beginn des 19. Jahrhunderts beteiligte sich die Weißmeergesellschaft auch an der Jagd in Spitzbergen, ging allerdings schon 1813 bankrott.

Während der ersten Hauptphase, die bis in die letzten Jahrzehnte des 18. Jahrhunderts andauerte, waren die Jagdtrupps, die nach Spitzbergen aufbrachen, noch relativ klein, vielfach nur fünf bis acht hochqualifizierte und erfahrene Jäger. Die meisten dieser Gruppen verbrachten den Winter auf den Inseln und kehrten im Frühherbst des darauffolgenden Jahres nach Pomorje zurück. Auf Spitzbergen lebten sie in kleinen Hütten aus Treibholz oder eigens mitgebrachten vorgefertigten Holzelementen und jagten vor allem Walrosse, aber auch Polarfüchse, Rentiere, Robben und Eisbären. Von ihrer außergewöhnlichen Fähigkeit, in der Arktis zu überleben, zeugt ein russischen Dokument aus dem Jahr 1797:

»... kaum hatten die acht Schiffe ihre Jagdstationen verlassen, da zwangen starke Windböen und Treibeis sie, in eine kleine Bucht einzulaufen. Vier mutige Männer von einem der Schiffe gingen zur Jagd an Land, um etwas frisches Fleisch zu beschaffen. Sie fanden Unterschlupf in einer Hütte, die sie dort vorfanden. Wie groß war ihre Verzweiflung, als einer von ihnen, der nach dem Sturm ins Freie gegangen war, mit der Nachricht zurückkehrte, daß in der Bucht kein einziges Boot mehr

145 Gerrit de Veer, Russische Kähne in der Arktischen See, 1596

zu sehen war! So blieben sie ohne Aussicht auf Hilfe oder Rettung und ohne Proviant zurück und waren gezwungen, sich ausschließlich von Wild zu ernähren. Jeder von ihnen hatte ein Messer, und außerdem hatten sie ein einziges Gewehr mit ein paar Kugeln und etwas Schießpulver. Als das aufgebraucht war, blieb ihnen nichts mehr, womit sie Rentiere erlegen konnten, und der Hunger trieb sie fast zur Verzweiflung. Aber sie ersannen einen Weg zum Überleben: Als sie einige kleine Äste entdeckten, die das Meer angespült hatte, machten sie daraus Bogen, und Rentiersehnen dienten als Saiten. Sie schnitzten Pfeile aus Holz und Pfeilspitzen aus Knochen und jagten Rentiere, ernährten sich von dem Fleisch und nahmen die Häute für Kleidung … Sie verbrachten sieben Jahre an diesem Ort, ehe ein Schiff kam und sie aufnahm, und nur einer von ihnen hatte nicht überlebt …«

Am Ende des 18. Jahrhunderts vollzog sich bei der russischen Jagd in Spitzbergen ein tiefgreifender Wandel. Die Organisatoren der Jagdexpeditionen kamen zu dem Schluß, daß sich die Unternehmungen nur dann profitabler gestalten ließen, wenn sie größere Gruppen von Jägern aussandten, und so wurden die pomorischen Jägergruppen vor allem in der ersten Hälfte des 19. Jahrhunderts größer und zählten rund 20 Personen. Aus russischen Quellen weiß man, daß die Expeditionsteilnehmer unter den pomorischen Bauern, ehemaligen Soldaten und dem städtischen Proletariat angeworben wurden. Das Alter der Teilnehmer reichte von 18 Jahren bis über 50. Viele von ihnen hatten keine einschlägigen Erfahrungen mit dem Leben in der Arktis. Diese Gruppen lebten in wesentlich größeren Stationen, die oftmals aus mehreren Hütten bestanden und mehr an pomorische Dörfer im Norden Rußlands erinnerten als an Jagdstationen in der Arktis.

Bei Ausgrabungen aus dieser Phase kamen auch Gegenstände zum Vorschein, die eindeutig nichts mit der Jagd zu tun hatten. Neben Harpunen, Speeren, Äxten, Gewehrkugeln, Überresten von Fallen, Kleidungsstücken und anderen notwendigen Utensilien wie Keramikgefäßen, Werkzeugen und hölzernen Kalendern gab es auch Fundstücke, die darauf schließen ließen, daß es in diesen Stationen so etwas wie ein verarbeitendes Gewerbe gab; zu nennen wären beispielsweise hölzerne Leisten zur Schuhherstellung – und zwar auch in Frauen- und Kindergrößen –, Werkzeuge für die Lederverarbeitung et cetera. Offenbar wurde von den Expeditionsteilnehmern erwartet, daß sie nicht nur jagten, sondern auch handwerkliches Geschick besaßen und Produkte herstellten, die sich nach ihrer Rückkehr nach Pomorje verkaufen ließen. Grabfunde belegen auch, daß auf manchen der Stationen Frauen anwesend waren.

Doch die neue Strategie brachte nicht den gewünschten Erfolg. Die Kosten für die Ausrüstung einer solchen Expedition, nicht zuletzt für die Errichtung großer Stationen, waren zu hoch. Die mangelnde Arktiserfahrung der Teilnehmer führte dazu, daß die Zahl der Gräber rings um die Stationen zunahm. Quellen aus dem Staatsarchiv in Archangelsk berichten auch von massiven wirtschaftlichen Schwierigkeiten bei den Kaufleuten und der Weißmeergesellschaft.

Im gleichen Zeitraum sahen die Pomoren sich in zunehmendem Maße konfrontiert mit der Konkurrenz durch norwegische Jäger. In manchen Fällen ging es sogar so weit, daß die Norweger russische Jagdgebiete und Stationen übernahmen. Im Zusammenspiel mit dem wirtschaftlichen Mißerfolg der Unternehmungen führte diese Konkurrenzsituation in den 1850er Jahren zum Niedergang der pomorischen Jagdtätigkeit auf Spitzbergen. Nachdem sie sich aus Spitzbergen zurückgezogen hatten, konzentrierten die Pomoren sich auf die Jagd auf der Insel Nowaja Semlja und im Bereich des Weißen Meers. Aber auch dort standen sie im ständigen Wettbewerb mit der norwegischen Konkurrenz.

Am Ende des 19. Jahrhunderts verloren die pomorischen Jäger immer mehr an Bedeutung, und neben der Fischerei entwickelte sich die Forstwirtschaft zum wichtigsten Wirtschaftszweig in Pomorje.

PONTING HERBERT

(1870–1935), englischer Fotograf. Arbeitete zu Beginn des 20. Jahrhunderts als Kriegskorrespondent in Fernost. 1910 bis 1912 begleitete er Robert Scotts Expedition, während der ein britisches Team den Südpol erreichte und auf dem Rückweg umkam. Er war der erste professionelle Fotograf auf dem eisigen Kontinent. Seine Porträts und Landschaften sind Klassiker geworden. K. B.

146 Herbert Ponting mit Trophäen (u. a. Walwirbeln), © Popperfoto

PONY

Ernest Shackleton und Robert Scott setzten bei ihren Expeditionen zum Südpol auf Ponys statt auf Schlittenhunde als Zugtiere – ein fataler Irrtum. Sie mußten immense Mengen Futter mitschleppen. Im weichen Schnee sanken die Pferde tief ein, außerdem fielen sie leichter in Eisspalten. Auf beiden Reisen mußten alle Tiere getötet werden. K. B.

»Aber jede Begebenheit des heutigen Tages verblaßte vor dem Inhalt eines Briefes, den mir Atkinson übergab: Er enthielt die Nachricht, daß der Norweger Amundsen, der ebenfalls eine Südpolexpedition unternommen hat, in der Walfischbucht im Winterquartier liegt! Eine sehr ernste Störung meiner Pläne!
Er ist dem Pol 110 Kilometer näher als ich, und ich hätte nie gedacht, daß er so viele Hunde sicher auf die Eisbarriere bringen könnte. Vor allem kann er mit Hunden seine Reise schon früh im Jahr antreten; mit Ponys ist das unmöglich. Gleichviel: ich darf mich durch Amundsens Vorgehen nicht beirren lassen und bleibe bei meinem ursprünglichen Plan, als wenn ich nichts von Amundsen wüßte. Vorwärts also ohne Furcht und Zaudern!«

Robert Scott, Letzte Fahrt,
Wiesbaden 1996, S. 58

147 Scotts Antarktis-Expedition 1910, Whisky für die Ponies, Foto: Herbert Ponting, © Popperfoto

»Die Ponys dagegen muß man am Fuß des Gletschers zurücklassen, und dann hat man das etwas zweifelhafte Vergnügen, selbst Pony spielen zu dürfen; ... Es muß wirklich recht hart sein, wenn man an einem Punkt, wo erst der vierte Teil des Weges zurückgelegt ist, seine Zugkräfte dahinten lassen muß; ich ziehe es vor, die Kräfte, die mir zur Verfügung stehen, auf dem ganzen Wege zu verwenden.«

Roald Amundsen, Die Eroberung des Südpols,
München 1912, S. 158

PRIMUSKOCHER Der Schwede Frans Wilhelm Lindqvist entwickelte 1884 den ersten ruß- und rauchfreien Petroleumbrenner, der bald das Standardkochgerät von Expeditionen war. Salomon Andrée hatte eines auf seinem mißglückten Ballonflug zum Nordpol dabei, ebenso Fridtjof Nansen auf seiner Schlittenreise durchs Eismeer 1895/96 und Ernest Skackleton auf der James Caird 1916. Das Besondere an dem robusten Primuskocher: Der Brennstoff wurde durch eine Luftpumpe unter Druck gesetzt und strömte als Gas aus. K. B.

RASMUSSEN KNUD (1879–1933), dänischer Ethnologe und Forschungsreisender. Der Sohn eines dänischen Predigers und einer Grönländerin gründete 1910 die Handelsstation Thule in Nordwestgrönland, die er auch als Ausgangspunkt für wissenschaftliche Expeditionen nutzte. Gemeinsam mit Eskimos aufgewachsen, galt sein Hauptaugenmerk und seine Zuneigung den arktischen Völkern. Rasmussen lebte mit ihnen und lernte ihre Techniken. Er zog von Grönland bis nach Alaska, suchte alle dort lebenden Eskimostämme auf und studierte ihre Kultur. K. B.

148 Knud Rasmussen um 1923, Foto: Dänisches Nationalmuseum, Ethnographische Sammlung, Kopenhagen

RENTIER Das Ren oder Rentier (Rangifer tarandus) bevölkert in etwa 20 Unterarten die arktischen Tundren und Waldgebiete. Um in ihrem unwirtlichen Lebensraum ausreichend Gräser, Sträucher und Flechten zu finden, müssen die bis zu 1,50 Meter großen Hirsche weit umherziehen. Herden der wilden kanadischen Karibus bestehen oft aus mehreren hunderttausend Tieren und verteilen sich über riesige Gebiete. Das Rentier wurde als einzige Hirschart domestiziert. Es bildet noch heute die Lebensgrundlage vieler Nomadenvölker im hohen Norden Eurasiens – etwa der Samen und Tschuktschen. Die Ölförderung in der als Weideland genutzten Tundra bedroht vielerorts ihre Existenz. K. B.

149 Auf Rentierjagd, um 1923, Foto: Knud Rasmussen, Dänisches Nationalmuseum, Ethnographische Sammlung, Kopenhagen

RITSCHER ALFRED (1879–1963), deutscher Marineoffizier. Unter seiner Leitung operierte 1938/39 die Schwabenlandexpedition im östlichen Weddellmeer. Das Schiff hatte zwei Flugboote an Bord, die von einem Katapult aus starteten und ein Gebiet, mehr als doppelt so groß wie die Bundesrepublik vor der Vereinigung, aus der Luft fotografierten.

ROHSTOFFE

Das Unternehmen unter der Schirmherrschaft des Reichsluftfahrtministers Hermann Göring traf zudem Vorbereitungen, Teile Antarktikas unter deutsche Hoheit zu bringen. K. B.

ROBBEN

An den marinen Lebensraum angepaßte Raubtiere, die von bärenähnlichen, an Land lebenden Vorfahren abstammen. Die Biologen unterscheiden Ohrenrobben, Hundsrobben und Walrosse. Als Antrieb nutzen die eleganten Schwimmer vor allem die Muskulatur des hinteren Rumpfs. Ein dicker Blubber und ein dichtes Fell schützen sie vor der Kälte. In und nahe der Arktis kommen zehn Robbenarten vor, in der Antarktis sechs. Die Weddellrobbe, die ihren Namen James Weddell, einem schottischen Entdecker und Robbenjäger, verdankt, ist das am südlichsten lebende Säugetier. Der antarktische Seebär wäre durch die rücksichtslose Jagd auf seinen wertvollen Pelz zu Beginn des 19. Jahrhunderts fast ausgestorben. Seit Einleitung von Schutzmaßnahmen wächst der Bestand wieder. Der Robbenschlag neugeborener weißfelliger Sattelrobben vor der Küste Labradors löste in den 60er und 70er Jahren weltweite Proteste von Tierschützern aus. 1982 erließ die Europäische Gemeinschaft ein Importverbot für Robbenfelle. K. B.

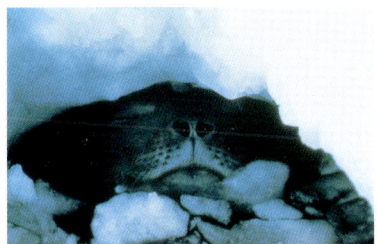

150 Weddellrobbe (Leptonychotes weddelli), Antarktis, Foto: AWI, Joachim Plötz

151 Walrösser (Odobenus rosmarus), Arktis, Foto: Ulf Risberg, Naturfotograferna

ROHSTOFFE

Nicht zuletzt die Hoffnung auf reiche Bodenschätze war eine Motivation zur Erkundung der Polarregionen. In der Arktis haben sich die Erwartungen erfüllt. Unter den Tundren Alaskas, Kanadas, Nordskandinaviens und Rußlands fanden Geologen immense Öl-, Gas- und Erzvorkommen, die mit gewaltigen technischen Anstrengungen wie dem Bau der Transalaskapipeline erschlossen wurden. Die großangelegte Ausbeutung hat dabei tiefe Spuren in der Landschaft hinterlassen. Welche Rohstoffe und wieviel davon rund um den Südpol lagern, ist dagegen völlig unsicher. Der legendäre Mineralienreichtum geht zurück auf die geologische Verwandtschaft der Antarktis mit den Kontinenten Südamerika, Südafrika und Australien, mit denen sie einst im Superkontinent Gondwana vereint war. Die Kupfervorkommen zum Beispiel der Anden setzen sich, so die Vermutung, in der Antarktis fort. Gesichert sind lediglich einige wenige Bodenschätze auf dem weißen Kontinent. Oft fanden Geologen zwar Mineralien, aber die Vorkommen sind nur unbedeutend und nicht abbauwürdig. Die Gewinnung der unter einem kilometerdicken Eispanzer verborgenen Bodenschätze stellt Ingenieure vor beträchtliche, wenn nicht gar unlösbare Probleme. K. B.

152 Joseph Beuys, Schneemann, 1984, Kunstsammlung Nordrhein-Westfalen, Sammlung Ulbricht

ROSS SIR JAMES (1800–1862), britischer Admiral und Polarforscher. Ross startete seine Entdeckerlaufbahn in der Arktis, wo er 1831 gemeinsam mit seinem Onkel Sir John Ross den magnetischen Nordpol lokalisierte. 1839 brach er mit den beiden Schiffen Erebus und Terror zum magnetischen Südpol auf. Die Expedition befuhr 1841 als erste die Rossee, sie entdeckte den McMurdo-Sund und die Vulkane Erebus und Terror. Ross drang bis zur Kante des nach ihm benannten Schelfeises vor. 1842/43 kreuzte er erneut in antarktischen Gewässern und versuchte vergeblich, ins Packeis der Weddellsee einzudringen. Insgesamt fuhr die Expedition mehr als 1 600 Küstenkilometer ab und kartierte sie. K. B.

SAMEN

LARS THOMASSON

Die Samen sind die Urbevölkerung in den arktischen, subarktischen und borealen Gebieten Finnlands, Norwegens, Rußlands und Schwedens. Ihr derzeitiges Kerngebiet, Sápmi, erstreckt sich von der Halbinsel Kola im Osten über das nördliche Finnland, Norwegen und Schweden und folgt der Hochgebirgskette bis zur Region um den 62. Breitengrad. Die Zahl der Samen wird auf 70 000 geschätzt, wovon circa 40 000 in Norwegen, etwa 20 000 in Schweden, circa 6 000 in Finnland und circa 2 000 in Rußland leben. Als ein in vier Staaten lebendes Volk bilden sie eine sehr kleine Minderheit unter der jeweiligen Bevölkerung. Sápmi bezeichnet in erster Linie einen Lebensraum und keinen Staat.

Man weiß nicht genau, welche Völker nach dem Ende der Eiszeit nach Skandinavien kamen und wann sie einwanderten. Die heutigen Samen sind eine Mischung aus mehreren Völkern, auch wenn sie sich im Kern von den anderen Volksgruppen ihrer Umgebung unterscheiden. Seit frühester Zeit waren sie ein Jäger- und Fischer-

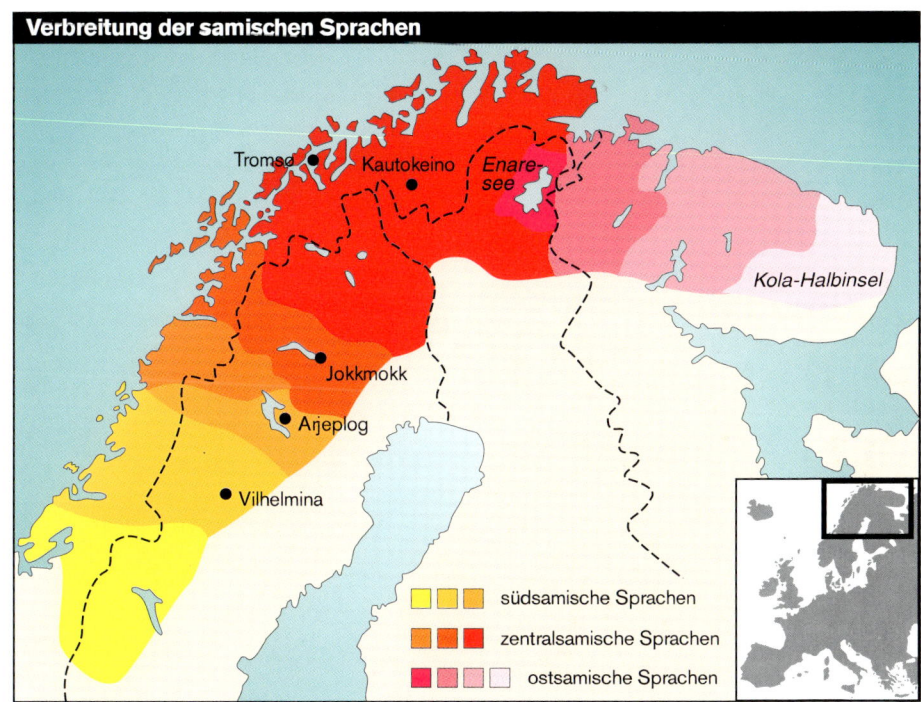

153 Die samischen Sprachen finden in jüngster Zeit eine immer größere Beachtung.

volk und Teil eines größeren zirkumpolaren Kulturkreises. Wichtigstes Beutetier war das Wildren. Frühgeschichtliche Zeugnisse in Sápmi lassen auf eine samische Besiedlung der Eismeerküste bereits um 6 000 v. Chr. schließen. Noch gegen Ende des Mittelalters waren die Samen praktisch allein in Nordskandinavien.

Die Rentierzucht hat der samischen Kultur ihr besonderes Gepräge verliehen, auch wenn heute nur noch ein Zehntel der Samen Rentierzüchter sind. Ihre nomadisierende Form erhielt die Rentierzucht erst gegen Ende des Mittelalters, als Herden zahmer Rentiere die wirtschaftliche Basis für die Familien bildeten. Die Zucht der Tiere wurde in kleinen Herden intensiv betrieben. Die Tiere wurden gemolken und dienten als Zug- und Lasttier. Die Entwicklung zu größeren Herden und zur reinen Schlachtfleischproduktion fand erst in unserer Zeit statt.

Die Gestalt der Naturräume in Sápmi brachte unterschiedliche samische Kulturformen hervor. Entlang der norwegischen Küste betrieb man Fischfang und einfachen Ackerbau, in der finnischen Lappmark und auf der Kolahalbinsel eine eingeschränktere und seßhafte Rentierzucht neben Jagd, Fischfang und einfachem Ackerbau. Entlang der Hochgebirgskette mit ihren angrenzenden Waldgebieten und Mittelgebirgen entwickelte sich ein Nomadentum mit größeren Rentierherden und langen Wegen zwischen den verschiedenen Weidegründen als wichtigstem Kennzeichen.

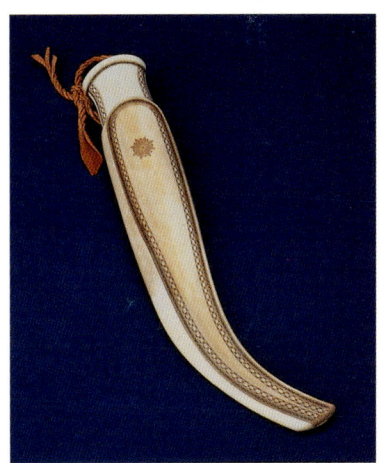

154 Samen-Messer, Swedish Sami Museum, Jokkmokk

Sápmi wurde früh das Ziel von Kolonisierungsbestrebungen. Mit Urbarmachung, Handel und Steuererhebung kamen auch Mission und Christianisierung, die oft genug zur Ausrottung der samischen vorchristlichen Religion führten. Die Nationalstaaten teilten Sápmi unter sich auf. Sie erhoben Besitzansprüche auf die Weidegebiete der Rentierherden, während das Recht der Samen nur als Gebrauchs- oder Nutzungsrecht aufgefaßt wurde. Die samische Geschichte besteht deshalb aus Kämpfen um das Recht auf Grund und Boden, dem Schutz vor Eindringlingen, vor Kolonisierung und Bergbau, vor dem Ausbau von Wasserkraftwerken und industrieller Forstwirtschaft sowie in unserer Zeit vor Tourismus in großem Stil und der Ausbeutung der samischen Jagd- und Fischereireviere.

Andere kulturelle Elemente, die verschiedene Gruppen von Samen gemeinsam haben, sind Kleidung und Handwerk, Sprache und Bräuche. Außerdem die soziale Interaktion, die eine ethnische Gruppe kennzeichnet: gewisse Ähnlichkeiten in bezug auf Wertvorstellungen, Hintergründe und Geschichte.

Das Handwerk der Samen zeigt unterschiedliche Bearbeitungstechniken von natürlichen Materialien wie den Bäumen des Waldes, den Wurzeln des Bodens sowie den Häuten, Geweihen, Knochen und Sehnen des Rentieres. Es geht zurück auf sehr alte Traditionen und spiegelt in Produkten und Technik die materiellen Grundbedürfnisse der Samen wider. Kleidung, Haushaltsgeräte, Wohnräume und Transportgerätschaften wurden an die spezifischen Bedürfnisse und Lebensbedingungen angepaßt. Die Handwerksgegenstände sind auch Symbole für samische Volkskunst. Heute zeigt das samische Handwerk neue Materialien, Muster und Techniken bei Gegenständen mit neuen Funktionen. Ein samisches Kunsthandwerk ist entstanden.

Das Volk der Samen in der heutigen Gesellschaft

155 Same mit Handy, Foto: Staffan Widstrand

Die Samen waren früher völlig abhängig von den Beschlüssen und Maßnahmen der nationalstaatlichen Organe. Man betrachtete die Samen betreffende Fragen in erster Linie als Angelegenheiten der eigenen Verwaltungsorgane. Erst in den letzten Jahrzehnten haben die Samen das Recht erhalten, Einfluß auf ihre Lebensbedingungen und die Gestaltung ihrer Zukunft zu nehmen.

Ihre Ziele erreichen die Samen durch eigene Organisationsbestrebungen, zunächst in den verschiedenen Nationalstaaten, später in der samischen Zusammenarbeit über Ländergrenzen hinweg. 1986 wurde ein politisches Programm zur Erlangung der kulturellen Autonomie in bezug auf die samische Sprache und Kultur verabschiedet. Seit 1975 gehören die nordischen Samen dem WCIP (World Council of Indigenous People) an, um die internationalen Rechte und Pflichten der Urbevölkerung geltend machen zu können. Sie nehmen auch an einer Arbeitsgruppe zu Fragen der Urbevölkerung im Rahmen der UN-Arbeit für Menschenrechte teil.

Die Forderung der Samen nach Einfluß und Verantwortung hat dazu geführt, daß die jeweiligen Staaten Organe wählen ließen, repräsentativ für alle Samen ungeachtet ihres Berufes und ihres Wohnortes. Finnland bekam 1973 ein ›Samenparlament‹, Norwegen und Schweden einige Jahre später besondere ›sameting‹ (Parlamente). Ihr formeller Einfluß ist jedoch sehr begrenzt. Ihre Stärke liegt in der Schaffung von öffentlichen Foren, und ihr Handeln wird entscheidend sein für ihren Erfolg.

156 Samischer Kindergarten, Kautokeino, Norwegen, Foto: Staffan Widstrand

Heute sind die Samen in hohem Maße in die Mehrheitsbevölkerung integriert. Viele Charakteristika der samischen Kultur, die früher verbunden waren mit alten Erwerbsformen, sind mit dem Aufkommen moderner wirtschaftlicher und sozialer Strukturen verschwunden. Veränderung der Lebensführung, der Sprache und Erwerbsarbeit der in die Gesellschaft integrierten Samen haben allerdings auch die samische Identität geschwächt.

Gleichzeitig hatten die Samen wohl nie in ihrer Geschichte ein so lebendiges Kulturleben wie in den letzten drei Jahrzehnten. Dies ist eine wichtige Voraussetzung, um auch in Zukunft ein Volk mit eigenen Wirtschaftsformen, eigener Sprache und eigener Kultur sein zu können. Das macht sich besonders bemerkbar in der Arbeit zur Stärkung der samischen Sprache (drei Hauptkategorien mit einigen Dialektgruppen, unabhängig von Staatsgrenzen). Man will die Voraussetzungen schaffen, um Samisch auf unterschiedlichen Niveaus unterrichten zu können, Samisch soll in

157 Rentierherde mit Hirten auf einem Skidoo, Kautokeino, Norwegen, Foto: Staffan Widstrand

Rundfunk und Fernsehen stärker präsent sein, die samische Literatur soll unterstützt werden, alte samische Ortsnamen wiederbelebt und dem Samischen ein offizieller Status zuerkannt werden. Sowohl Norwegen als auch Finnland erkennen einen Anspruch auf Samisch als Amtssprache in einigen wenigen Verwaltungsorganen an.

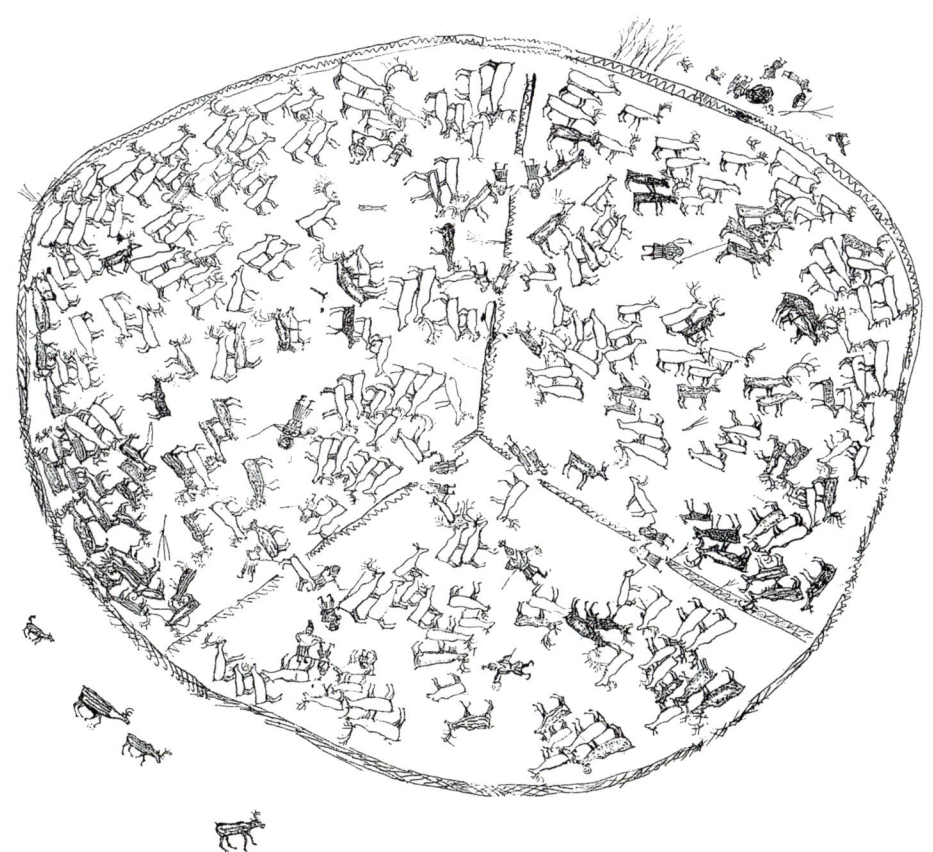

158 Johan Turi, Samen-Szene, 1910. In: Johan Turi, »Mui'talus sámiid birra«, Stockholm 1965

Der samische Joik hat eine Renaissance erlebt. Er repräsentiert eine der ursprünglichsten Musikformen in Europa. Joiken ›juoigat‹ ist eine Ausdrucksform der Erinnerung, Beschreibung und Erzählung, wobei Gesang und Gedicht nicht eindeutig voneinander abzugrenzen sind (Lied-Gedicht oder Gedicht-Lied, aber oft auch ohne Worte). Der Joik wird heute mit anderen Musikformen vermischt, und das Ausdrucksmittel, das früher als spontane Eingebung einem ausgewählten Kreis vorbehalten war, wird heute auch auf der Bühne vorgetragen. Die mündliche Erzähltradition der Samen hat ihren Ursprung im Joik. Erst im 20. Jahrhundert kann man von eigener schriftlicher samischer Literatur sprechen. Theater ist demgegenüber ein relativ neues samisches Ausdrucksmittel.

Samische Kulturinstitutionen (Schulen, Museen etc.) sind wichtiger Ausdruck des Bewußtseins, zum Beispiel das 1973 gegründete Samische Institut für Forschungs- und Entwicklungsarbeit. Dasselbe gilt für eigene Zeitungen und eigene Programme in Radio und Fernsehen. Auch das Tragen der samischen Tracht hat eine steigende Bedeutung erfahren. Dadurch zeigen besonders die jungen Samen ihre Identität.

159 Sastrugi auf dem Barne-Gletscher, Antarktis 1911, Foto: Herbert Ponting, © Popperfoto

SASTRUGI Sastrugi – steinharte Erhöhungen. Auf der Schneefläche erzeugt der Wind Riegel und andere Unregelmäßigkeiten. Diese Formationen, die hart und glatt wie Glas sind, bilden für die mit Schlitten ausgerüsteten Polarforscher große Hindernisse. Die Gefahr erhöht sich oft dadurch, daß sie unter frischgefallenem Pulverschnee versteckt sind. S. A.

SATELLITEN Wegen der enormen Weite, der lebensfeindlichen Bedingungen und der schwierigen Zugänglichkeit der Polregionen sind Satelliten besonders hilfreiche Instrumente zur Erkundung. Viele dieser künstlichen Trabanten fliegen in mehreren hundert Kilometern Höhe auf Bahnen, die über beide Pole führen. Unter ihnen dreht sich die Erde weg, so daß sie im Laufe einiger Tage die gesamte Oberfläche des Planeten ›sehen‹. Die Bilder aus dem All enthüllen eine Vielzahl von Details aus der Umwelt: die Dicke des antarktischen Eisschilds, den Umfang des Ozonlochs, die Drift abgebrochener Eisberge, das Planktonwachstum, die Größe von Pinguinkolonien und die Zerstörung der fragilen Tundravegetation in Sibirien durch die gewaltigen Schadstoffemissionen der Erzhütten. K. B.

SCAR Scientific Committee on Antarctic Research (Wissenschaftlicher Rat für Antarktische Forschung). SCAR ist eine regierungsunabhängige internationale Organisation, die 1958 gegründet wurde, um nach dem Erfolg des Internationalen Geophysikalischen Jahrs die Zusammenarbeit fortzusetzen. SCAR entwickelt und koordiniert wissenschaftliche Programme für die Antarktis. Empfehlungen des Rates sind nicht bindend, haben aber einen großen Einfluß. K. B.

SCHAMANE »Ein eigentümliches Spiel, das unter Kindern besonders beliebt war, hieß Tunangusartut, das Geisterspiel, bei dem man mit einem hervorragenden Sinn für Humor die Sitzungen der Schamanen und die allgemeine Angst vor den bösen Geistern nachäffte und karikierte. Man hielt vollständige und naturgetreue Geisterbeschwörungen ab. Man schlug sich mit eingebildeten Feinden, ganz auf die gleiche Art wie die Erwachsenen, ja man brauchte sogar die gleichen Formeln, welche man die Eltern im Zustande wirklicher Angst und Gefahr hatte hersagen hören. Obwohl dieses Spiel absolut blasphemisch wirkte, wanden sich die erwachsenen Zuschauer doch vor Lachen, gerade als ob sie eine gewisse Befriedigung darin sähen, die Bosheit und den unerbittlichen Ernst des Lebens zum Gegenstand einer Farce gemacht zu sehen. Einige Stunden später konnte es dann geschehen, daß irgendein Uebelbefinden oder ein böser Traum alle Erwachsenen zu einer Sitzung versammelte, bei der sie in tiefer Verzweiflung sich mit ganz den gleichen Mitteln gegen die Gefahr zu wehren versuchten, die die Kinder in ihrem Spiel verhöhnt hatten. Als ich diesen merkwürdigen Umstand mit meinem Freunde, dem ›Daumenlosen‹, besprach und ihn fragte, ob es wirklich anginge, über die Geister zu spotten, antwortete er mit allen Zeichen des Erstaunens, daß die Geister wirklich Spaß verstünden.«

Knud Rasmussen, Rasmussens Thulefahrt, Frankfurt a. M. 1926, S. 334

160 Arnaqaok, Schamane aus Alaska, und Priester, um 1923, Foto: Knud Rasmussen, Dänisches Nationalmuseum, Ethnographische Sammlung, Kopenhagen

SCHEIDENSCHNABEL

Lediglich zwei Landvögel haben sich als dauerhafte Bewohner auf Inseln rund um die Antarktis eingerichtet – der Weißgesicht-Scheidenschnabel (Chionis alba) und der Schwarzgesicht-Scheidenschnabel (Chionis minor). Die blütenweißen, taubengroßen Vögel trotzen der Kälte durch eine dicke Fettschicht und ein dichtes Daunengefieder. Beim Futter sind sie nicht wählerisch: Sie suchen im Gezeitengürtel Schnecken und anderes Meeresgetier. Sie fressen Kot, Aas und die Nachgeburt von Robben. Bei der Nahrungssuche können die kleinen Tiere dreist sein: »Sie stehlen«, beschreibt der Biologe Odening ihr Verhalten, »anderen Vögeln, vornehmlich Pinguinen und Kormoranen, Eier und kleine Küken, beunruhigen durch kasperhaftes und ausdauerndes Hin- und Herrennen die Pinguine so lange, bis diese Nahrung ausspeien, die sie dann blitzschnell wegnehmen.« K. B.

161 Weißgesichtsscheidenschnäbel (Chionis alba), Foto: Stephan Andreae

SCHELFEIS

Die Eiskappen, beispielsweise von Grönland oder der Antarktis, bewegen sich durch den Kontinentalabhang kontinuierlich nach außen – Richtung Meer, wo sie über dem Kontinentalschelf aufschwimmen und dort je nach Mächtigkeit früher oder später als Eisberge abbrechen. Dieses noch mit dem Kontinentaleis verbundene Eis wird Schelfeis genannt. S. A.

SCHLAFTOMATE

162 Die Schlaftomate, provisorische Behausung der Polarforscher für Feldarbeiten außerhalb der Station. Foto: AWI, Carmen-Pia Günther

SCHLITTEN Das Gespann Hunde und Schlitten ist seit Jahrtausenden ein erprobtes Transportmittel der arktischen Völker. Abenteurer und Forscher wandelten die traditionellen Konstruktionen mehr oder weniger ab. Fridtjof Nansen baute für seine Überquerung des grönländischen Inlandeises ein auf Skikufen ruhendes Gefährt, dessen Holzteile von Seehundslederstreifen zusammengehalten wurden. Sein Schlittendesign erwies sich als Schlüsseltechnik vor allem bei der Erkundung der Antarktis. Scott, Shackleton und auch Amundsen reisten mit dem zwischen zwei und dreieinhalb Meter langen Nansenschlitten. Leicht verändert ist das Gleitfahrzeug heute noch in Gebrauch – inzwischen freilich gezogen von Motorvehikeln. K. B.

»Solange der Schnee feucht und die Luft nicht zu kalt ist, laufen Eisen- und Stahlschienen leicht. Aber sobald die Temperatur unter 20 °C sinkt, beginnen sie im Schnee zu kleben und gleiten schwerer und schwerer, je stärker es friert. Die Kälte macht den Schnee so trocken und pulverartig, daß man in Sand zu fahren glaubt. Der Schlitten pfeift und kreischt im Reibungswiderstand des Schnees, und selbst mit der leichtesten Ladung muß man sich langsam und mühselig vorarbeiten. In früheren Zeiten kannten die Eskimos natürlich keine Eisenschienen, sie flickten die Schienen aus lauter kleinen Stückchen Walroßzahn, Walknochen oder Horn zusammen, die gleichmäßig zurechtgehauen, glattgeschliffen und unter die Kufen gebunden wurden. Diese kunstvollen Schienen hatten ganz die gleichen Eigenschaften wie Eisen und Stahl.

Natürlich hatte man beobachtet, daß Eis am leichtesten auf Schnee glitt. Das Beste würde also sein, wenn man eine Eislage unter die Kufen bringen könnte. Aber wie? Das Eis hielt weder auf Stahl und Eisen, noch auf Knochen

163 Fridtjof Nansen mit Nansen-Schlitten, Ende 19. Jh., Universitätsbibliothek, Oslo

und Holz fest, und erst sehr langsam kam man darauf, einen Teig von Torf und Wasser zwischen die Kufen und die dünne Eisschicht zu legen. Diese Methode hat sich als unübertrefflich erwiesen, trotz unzähliger anderer Versuche von vielen Expeditionen, die sich alle als schwierig und sehr umständlich erwiesen.«

Knud Rasmussen, Rasmussens Thulefahrt, Frankfurt a. M. 1926, S. 83

SCHNEE Gefrorener Niederschlag in einer faszinierenden Fülle von Formen. Der Reichtum entsteht durch die Dynamik des Wachstums: Die Flocken bilden sich im Fallen, wobei Druck und Temperatur der Atmosphäre sich ständig ändern. Der Wandel des Schnees geht am Boden weiter. Die zarten Flocken verdichten sich, innerhalb weniger Tage verlieren sie ihre Kanten und Spitzen und werden zu rundlichen Körnern. Schnee bildet den Nachschub für die gewaltigen Gletscher.

Die mit Luftblasen durchsetzte Masse ist ein guter Wärmeisolator – eine Eigenschaft, die sich die Eskimos beim Bau von Schneehäusern zunutze machen. K. B.

164

»Nicht mehr als fünfzehn Kilometer vor uns stand gegen Nordwest eine lotrechte weiße Mauer, die ich erst für Nebel hielt. Ich verstand die Erscheinung nicht und richtete meinen scharfen Feldstecher dahin, und nun entdeckte ich jagende, wirbelnde Schneesäulen, welche sich wie weiße Haare auf den umliegenden Berggipfeln sträubten. Es mußte ein Schneesturm sein, welcher ein kleines Stück vor uns raste, und damit war mein Aerger über den abgebrochenen Reisetag aus meinen Gedanken verscheucht.«

Knud Rasmussen, Rasmussens Thulefahrt, Frankfurt a. M. 1926, S. 31

SCOTT
ROBERT FALCON

(1868–1912), britischer Marineoffizier, Polarforscher. Unternahm 1901 bis 1904 seine erste Antarktisexpedition. Er brach 1910 erneut zum weißen Kontinent auf, um den Südpol zu bezwingen. Am 18. Januar 1912 erreichte er 90° Süd und unterlag damit im Wettrennen mit Roald Amundsen. Auf dem Rückweg kamen Scott und seine Begleiter um. K. B.

SCOTT UND AMUNDSEN

SUSAN BARR

Als Robert Peary und Frederick Cook 1909 beide behaupteten, sie hätten den Nordpol als erster erreicht, gab es nur noch ein großes geographisches Ziel: den Südpol. Dabei zählte, wie bei allen geographischen Eroberungen nur, der erste zu sein. Selbst wenn der zweite gute Kartierungs- und Forschungsarbeiten leisten oder eine vergleichbar große physische und organisatorische Heldentat vollbringen konnte, wurde er nicht so berühmt und anerkannt, weder in der Gegenwart noch in der Zukunft.

Der britische Marineoffizier Robert Falcon Scott hatte sich nie um den Nordpol gekümmert, aber er war zuvor bereits in der Antarktis gewesen. 1901 bis 1904 leitete er die Discoveryexpedition zum McMurdo-Sund, wo große Gebiete kartiert und untersucht wurden sowie ein Vorstoß zum Südpol unternommen wurde. 1910 ging er wieder in dieses Gebiet, um weiter zu forschen und erneut den Vorstoß zum Südpol zu versuchen.

Die größte Ambition des Polarfahrers Roald Amundsen war, als erster den Nordpol zu erreichen. An die Antarktis dachte er weniger, obwohl er 1897 bis 1899 als Teilnehmer einer belgischen Expedition eine schwierige und ungeplante Überwinterung an der antarktischen Küste erlebt hatte. Amundsen war ein geographischer Eroberer und kein Wissenschaftler. Als der Nordpol von anderen erobert worden zu sein schien, warf er rasch seine Pläne über den Haufen, um statt dessen zum Südpol vorzudringen. Die Pläne wurden geheimgehalten, bis die Expedition mit dem Polarschiff Fram bereits unterwegs war.

Im Winter 1911 trafen deshalb zwei rivalisierende Gruppen in ihrem Basiscamp auf der jeweiligen Seite des Ross-Schelfeis ihre Vorbereitungen. Den Weg für beide hatte eigentlich ein anderer britischer Polarheld, Ernest Shackleton, ausgekundschaftet, der 1908/09 bis auf 180 Kilometer an den Pol herankam. Amundsen trug mit vier anderen den Sieg davon und erreichte als erster den Südpol am

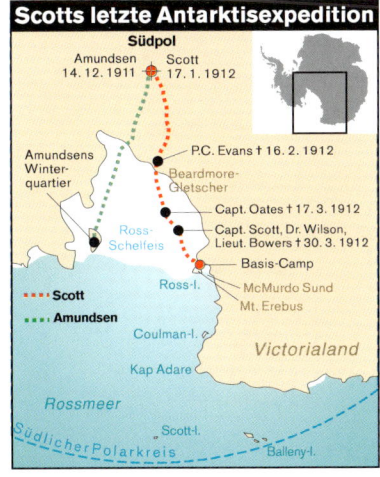

165 Die Routen der Rivalen zum Südpol

166 Scott am Mount Erebus, Foto: Herbert Ponting, © Popperfoto

167 Scott und seine Begleiter am Südpol, 1912, Foto: Royal Geographical Society, London

168 Roald Amundsen 1907, Foto: Royal Geographical Society, London

14. Dezember 1911. Scott kam mit seinen vier Begleitern einen Monat später an, am 17. Januar 1912. Amundsens Expedition war geprägt durch gründliche Vorbereitung und hervorragende Anpassung an die Natur und die klimatischen Verhältnisse, so daß die Tour mit Skiern und Hundeschlitten fast ohne Probleme vonstatten ging. Scotts Gruppe zog demgegenüber die Schlitten selbst und hatte so im großen und ganzen eine wesentlich mühsamere Aufgabe zu bewältigen. Kälte, knappe Rationen und Unwetter trafen die Gruppe auf dem Rückweg, und sie verloren nur 18 Kilometer vor dem letzten Depot ihr Leben.

Später hieß es, für eine schnelle und effektive logistische Operation hätte man Amundsen als Leiter auswählen, aber unter wissenschaftlichen Gesichtpunkten Scott vorziehen sollen. Scott kombinierte Wissenschaft mit geographischer Eroberung auf dieser Expedition und verlor den Wettlauf. Amundsen setzte nur auf die Eroberung und gewann.

169 Bill Wilson, Camping after dark, 1910, Bleistiftzeichnung, Scott Polar Research Institute, Cambridge

Der südliche See-Elefant (Mirounga leonina) ist die größte Robbe der Welt und lebt in den kalten Gewässern, die den antarktischen Kontinent umgeben. Die Männchen sind weit größer als die Weibchen – sie können mit Leichtigkeit eine Länge von fünf bis sechs Metern und ein Gewicht von 3000 Kilogramm erreichen. Der auffallende Rüssel – ein Charakteristikum der Männchen – ist eine vergrößerte Nasenhöhle, die sich erweitert, wenn das Tier aggressiv wird. A. D.

SEE-ELEFANT

170 Männlicher See-Elefant (Mirounga leonina). In: Douglas Mawson, »Leben und Tod am Südpol«, Leipzig 1922

SEEKRANKHEIT

»Während wir im Kartenhaus saßen, schlug plötzlich bei zunehmendem Rollen des Schiffes eine Welle die Tür auf und strömte herein. Wir eilten auf Deck. Das Schiff schlingerte wie ein Balken; die Wellen brachen auf beiden Seiten über die Reling herein, und nach und nach kamen alle Mann auf Deck. Am meisten fürchtete ich, daß die schlanken Stützen unter den Großbooten nachgeben, die Boote über Bord gehen und vielleicht einen Teil der Takelage mitnehmen könnten. Als dann 25 leere Paraffintonnen, die auf Deck festgebunden waren, loskamen, hin und her geschleudert und allmählich mit Wasser gefüllt wurden, sah es wahrlich nicht heiter aus; aber schlimmer wurde es, als schließlich noch ein Haufen Bretter dieselbe Wanderung begann und die Stützen unter den Bootsklampen wegzuschlagen drohte. Es war ein kummervoller Augenblick. Seekrank stand ich auf der Kommandobrücke und opferte den Meeresgöttern. Die Mannschaft mühte sich vorn auf Deck ab, zu bergen, was zu bergen war. Oft sah ich nur ein Wirrwarr von Wellen, treibenden Planken, Armen, Beinen und leeren Fässern. Hier schlug die grüne See einen zu Boden, daß die Wasser um ihn spritzten, dort sprangen die braven Leute über wirbelnde Balken und Fässer hinweg, damit ihnen die Füße nicht eingeklemmt wurden. Sie hatten gewiß keinen trockenen Faden am Leibe.«

Fridtjof Nansen, In Nacht und Eis, Leipzig 1985, S. 37–38

SEXTANT

Meßinstrument, das durch Bestimmung des Winkelabstandes von Sternen zum Horizont die Positionsangabe ermöglicht. Die 1699 von Isaac Newton erfundene Apparatur besteht aus einem Fernrohr, einem fest davor angeordneten halbdurchlässigen Spiegel und einem beweglichen Spiegel. Durch Drehung des beweglichen Indexspiegels werden die Bilder zweier Objekte im halbdurchlässigen Spiegel zur Deckung gebracht. Ein Teilkreis gibt den Winkelabstand an. Aus dem Winkel von Gestirnen über dem Horizont läßt sich mittels astronomischer Tabellen bei bekannter Zeit die geographische Breite errechnen. K. B.

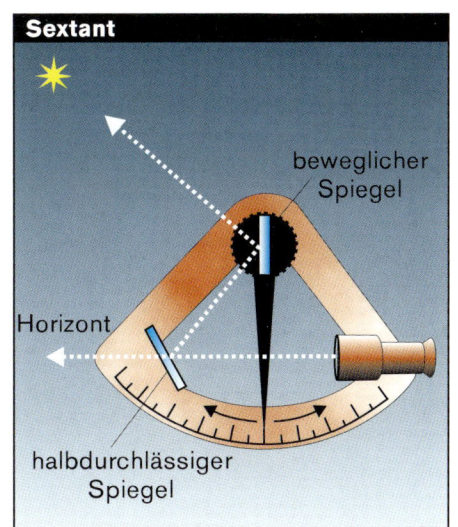

171 Ein geniales Navigationsinstrument

SIR ERNEST HENRY SHACKLETON

ROBERT K. HEADLAND

Ernest Henry Shackleton kam am 15. Februar 1874 in Kilkee in der irischen Grafschaft Kildare als Sohn eines Arztes zur Welt. Seine Vorfahren stammten aus Irland und Nordengland und hatten sich in den Kolonien einen Namen gemacht. Mag sein, daß in dieser Herkunft das Geheimnis für jene Mischung aus Vorsicht und Beharrlichkeit, Wagemut und ausgeprägtem Idealismus liegt, die Shackletons Charakter bestimmte. Nach der Schulzeit in Irland besuchte er das Londoner Dulwich College und trat anschließend auf dem Segler Houghton Tower in den Dienst der Handelsmarine.

Mit Abenteuerlust und einer gehörigen Portion Ehrgeiz bewarb er sich für die Teilnahme an der britischen Antarktisexpedition unter der Leitung von Captain Robert Scott, die 1901 mit dem eigens für diese Unternehmung gebauten Forschungsschiff Discovery in See stach. Shackleton bewährte sich in der ersten Hälfte der Reise und war ein Mitglied des Expeditionstrupps, der am 30. Dezember 1902 die neue Rekordmarke von 82° 28' südlicher Breite erreichte. Beginnender Skorbut zwang ihn jedoch nach dem ersten antarktischen Winter zur vorzeitigen Rückkehr in die Heimat.

Bei der Expedition mit der Discovery entdeckte Shackleton seine Leidenschaft für die Antarktis. Nach einem Intermezzo als Sekretär der Royal Scottish Geographical Society und dem Versuch, eine politische Laufbahn einzuschlagen, entschloß er sich, selbst eine Expedition in die Antarktis zu organisieren. Im August 1907 stach er mit dem umgebauten Walfangschiff Nimrod in See und nahm Kurs auf das Rossmeer, wo er nach längerer Suche nach einem geeigneten Ort schließlich sein Winterlager auf der Rossinsel aufschlug. Die Unternehmung bescherte der Wissenschaft viele neue Erkenntnisse und Forschungsergebnisse: Teilnehmer der Expedition erreichten den magnetischen Südpol, bestiegen den Vulkan Mount Erebus und führten eine Vielzahl von wissenschaftlichen Untersuchungen durch. Shackleton selbst stand an der Spitze eines Trupps, der den Südpol erreichen wollte. Die vierköpfige

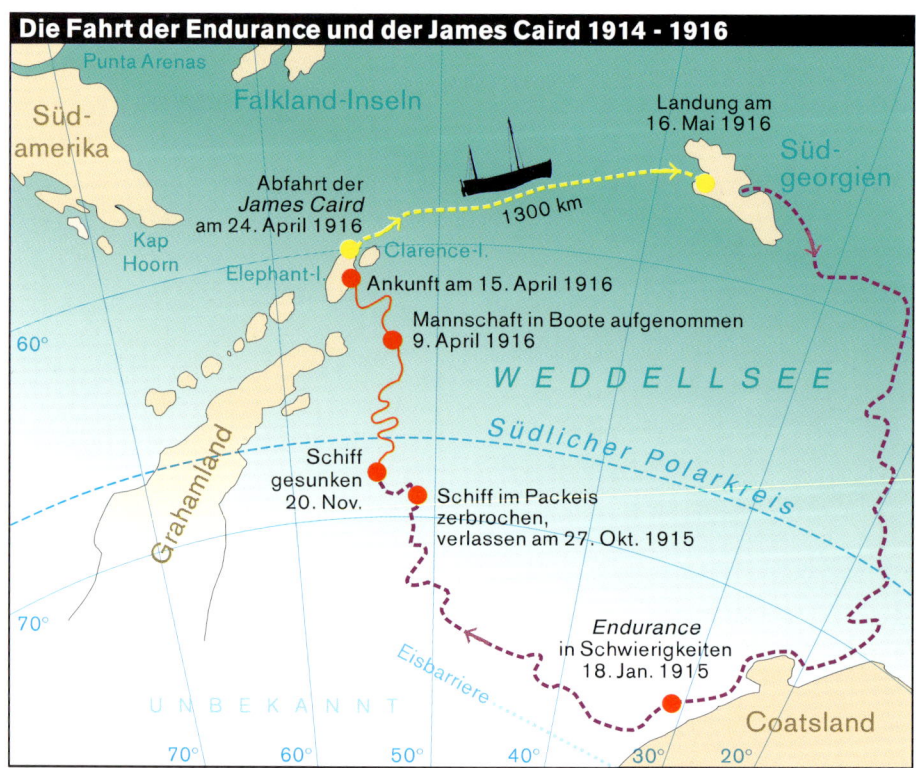

172 Eine der dramatischsten Reisen in die Antarktis

173 Antarktisexpedition mit der Nimrod 1907–1909, Wild, Shackleton, Marshall und Adams, Foto: Royal Geographical Society, London

Gruppe entdeckte und erklomm den Beardmoregletscher und machte sich auf den Weg über das antarktische Eisplateau. Am 9. Januar erreichten sie bei 88° 38' eine neue Rekordmarke. An dieser Stelle entschloß sich Shackleton jedoch umzukehren, denn seine Mannschaft hätte zwar den Südpol erreichen können, doch für den Rückweg hätten die Lebensmittel- und Brennstoffvorräte nicht mehr gereicht. Es erwies sich als weise Entscheidung, denn die Männer gelangten nur mit Mühe zum Ausgangspunkt zurück. Bei seiner Heimkehr nach England erhielt Shackleton eine Reihe von Auszeichnungen und wurde in den Adelsstand erhoben.

Captain Scott erreichte auf dem Weg, den er selbst im Jahre 1902 eingeschlagen hatte und den Shackleton 1908 weitergegangen war, am 18. Januar 1912 den Südpol. Er und seine Begleiter kamen auf dem Rückweg ums Leben.

Bald begann Shackleton mit den Vorbereitungen für eine noch ehrgeizigere Unternehmung: die Durchquerung des antarktischen Kontinents. Daran sollten zwei Schiffe beteiligt sein: die Endurance im Weddellmeer, die unter seinem eigenen Kommando stehen sollte, und die Aurora im Rossmeer unter dem Kommando von Æneas Mackintosh. Die Expedition verließ London im Jahr 1914 – einem Jahr, von dem sich später herausstellen sollte, daß die Eisbedingungen in der Antarktis besonders schwierig waren. Beide Schiffe gerieten in große Schwierigkeiten. Die Endurance erreichte Südgeorgien, das Shackleton das »Tor zur Antarktis« nannte, und setzte von dort ihre Reise ins Weddellmeer fort, wo sie vom Eis eingeschlossen und zermalmt wurde. Die Besatzung erreichte schließlich die ablegene und unwirtliche Elephantinsel, von der Shackleton zu einer spektakulären Rettungsaktion aufbrach. Er machte sich mit der James Caird, einem 6,70 Meter langen umgerüsteten Walfangboot, auf den Weg nach Südgeorgien, und von dort aus gelang es ihm, nach drei vergeblichen Anläufen die zurückgebliebenen Schiffbrüchigen im vierten Versuch zu retten. Alle Besatzungsmitglieder kehrten wohlbehalten zurück.

Die Fahrt der Aurora verlief weniger glücklich. Sie wurde in einem Schneesturm aufs offene Meer hinausgetrieben, geriet in Packeis und landete nach langer Driftfahrt schließlich schwer angeschlagen in Neuseeland. Der gestrandete Landungs-

174 Vorbereitung der James Caird, Foto: Frank Hurley, Royal Geographical Society, London

175 Das Wrack der Endurance, Foto: Frank Hurley, Royal Geographical Society, London

trupp der Aurora legte, selbst nur mit geringen Vorräten ausgestattet, Lebensmitteldepots für die Gruppe an, die den antarktischen Kontinent hätte durchqueren sollen. Drei der Gestrandeten kamen um, und die Überlebenden wurden erst 1917 gerettet. Die Durchquerung der Antarktis, die Shackleton geplant hatte, gelang erst im Jahr 1958.

Während des Ersten Weltkriegs war Shackleton an einer Reihe von militärischen Operationen in der Arktis beteiligt, insbesondere in Murmansk. Sein Interesse an den Polargebieten war ungebrochen, und in der kanadischen Arktis gab es noch weiße Flecken auf der Landkarte, und so begann er eine Expedition in den hohen Norden vorzubereiten, die er mit dem norwegischen Robbenfänger Quest unternehmen wollte. Als die Vorbereitungen schon weit gediehen waren, kam es zu einem Regierungswechsel in Kanada, und die Unternehmung wurde abgesagt. Shackleton hatte eine fast vollständig ausgerüstete Expedition – was ihm fehlte, war ein geeignetes Ziel. Ein privater Förderer half ihm aus dieser Notlage, und so machte sich die Shackleton-Rowett-Expedition im September 1921 von London aus auf die Reise in die Antarktis.

Auf dem Programm stand unter anderem die Erforschung der subantarktischen Inseln. Nach einem Maschinenschaden kam die Quest nur noch langsam voran und erreichte Südgeorgien am 4. Januar 1922. In den frühen Morgenstunden des 5. Januar erlag Shackleton einem Herzanfall. Sein Erster Offizier Frank Wild entschied, daß Shackleton gewollt hätte, daß die Unternehmung auch unter diesen Umständen fortgesetzt würde, und die Expedition führte ihr wissenschaftliches Programm soweit wie möglich durch.

Shackletons sterbliche Überreste wurden nach Montevideo gebracht, von wo sich die Nachricht von seinem Tod im Zeitalter des modernen Telegraphen rasch in aller Welt verbreitete. Seine Witwe beschloß, ihn in der Antarktis zu begraben – an dem Ort seiner kühnsten Träume und Hoffnungen. Also wurde sein Leichnam nach Südgeorgien zurückgebracht und dort mit militärischen Ehren auf dem Robben- und Walfängerfriedhof an der King Edward Cove beigesetzt. Seit 1927 steht auf seinem Grab ein Granitdenkmal mit der Inschrift »Ich bin der Ansicht, wenn ein Mensch sich für sein Leben ein Ziel setzt, dann sollte es nicht weniger als das Äußerste sein.«

Sir Ernest Shackleton ist ein Ehrenplatz in der Geschichte der Antarktisforschung sicher; er nahm an vier bedeutenden Expeditionen teil, von denen drei unter seiner eigenen Leitung standen. Außer dem Denkmal in Südgeorgien sorgen eine Statue in London (vor dem Gebäude der Royal Geographical Society), zahlreiche Ortsnamen in der Antarktis, die restaurierte James Caird und eine gewaltige Zahl an Landkarten und Büchern dafür, daß Shackletons Name nicht in Vergessenheit gerät.

SIBIRIEN

ERIC DYRING

Die russische Eroberung Sibiriens vollzog sich mit erstaunlicher Schnelligkeit. Innerhalb eines Zeitraums von etwa 60 Jahren – 1581 bis 1639 – wurde das gewaltige unbekannte Land zwischen dem Ural und dem Pazifik dem russischen Herrschaftsbereich einverleibt.

Im Mittelalter entwickelte sich Rußland zu einer Großmacht. Die geographischen Möglichkeiten der Expansion waren jedoch begrenzt. Im Westen wurden die Russen von den Ostsee-Anrainerstaaten aufgehalten, im Süden waren die Tataren eine permanente Bedrohung, und im Norden lag das Eismeer. Nur der Weg über den Ural nach Sibirien war offen.

Im Nordosten Rußlands herrschte im 16. Jahrhundert die mächtige Familie Stroganow. Sie waren russische Industrielle, die ihre Reichtümer mit Salzbergwerken,

Metallvorkommen, Getreide, Pelztierjagd sowie mit dem Handel, den sie mit den Engländern und Niederländern betreiben, erworben hatten. Die russische Regierung verlieh der Familie formelle Macht über weite Regionen westlich des Ural.

Im Herbst 1581 schickte Stroganow den Kosaken Jermak Timofejewitsch mit einer Armee von 840 Mann über den Ural. Nach einem schnellen Vorstoß eroberten sie 1582 Isker, die sibirische Hauptstadt, und der Weg ins Innere des riesigen Sibirien war frei. Die Russen bewegten sich mit leichten Booten über die Flüsse Richtung Norden. Sie waren schnell, gut bewaffnet und brachen den Widerstand der Bevölkerung. 1593 erreichten die Russen den Pazifik. Sibirien war russisch geworden.

Im 17. Jahrhundert wuchs der Pelzhandel. Die Russen rüsteten kleine Expeditionen aus, die sich entlang der großen sibirischen Flüsse Richtung Eismeer und entlang der arktischen Küste bewegten. Die Triebfeder waren in erster Linie wirtschaftliche Interessen. Man jagte die Reichtümer Sibiriens – Pelztiere und Mammutstoßzähne – und blockierte ausländische Interessen an der arktischen Küste. Oft handelte es sich um reine Plünderungsaktionen. Gewalt, Grausamkeit und Alkohol waren die Waffen, wenn der lokalen Urbevölkerung Tribut in Form von Fellen und Stoßzähnen abverlangt wurde. Die Expeditionen waren meist ein bunt gemischter Haufen von Kosaken, Jägern, Geschäftsleuten, Regierungsbeamten, Militärs und ›Glücksrittern‹. Wenn die verschiedenen russischen Einheiten nicht unter der Urbevölkerung wüteten, schlugen sie sich untereinander.

Diese Aktivitäten im 17. Jahrhundert legten jedoch den Grundstein dafür, daß das arktische Sibirien erforscht und nach und nach kartiert wurde. Kühne Expeditionen in kleinen Booten segelten in den unbekannten Fahrwassern an der arktischen Küste. Berühmt ist die denkwürdige Reise des Kosaken Semjon Deschnew um die Tschuktschenhalbinsel im Jahr 1648. Innerhalb von 100 Tagen legte seine Expedition 3500 Kilometer in den unbekannten tückischen Polargewässern zurück.

Mit sieben kleinen Booten und 90 Mann an Bord steuerte Deschnews Expedition Richtung Norden über den Fluß Kolyma, um dann an der Küste in östlicher Richtung weiterzusegeln. Nur zwei Fahrzeuge erreichten die nordöstlichste Landzunge Asiens, das heutige Kap Deschnew, und segelten weiter Richtung Süden durch die Beringstraße. Das geschah 80 Jahre vor Vitus Berings berühmter Fahrt in diesen Gewässern. Die beiden letzten Boote gingen ebenfalls verloren, aber Deschnew und 25 seiner Männer retteten sich an Land und erreichten das Ziel – die Mündung des Flusses Anadyr.

Diese denkwürdige Reise geriet dann in Vergessenheit. Erst etwa 90 Jahre später fand man Deschnews Aufzeichnungen von der Fahrt in der Stadt Jakutsk.

SKIDOO

176 Kautokeino, Norwegen, Foto: Staffan Widstrand

Der Skidoo ist ein robustes und schnelles Motorfahrzeug, das speziell für Transporte auf Schnee entwickelt wurde. Vorne befinden sich Ski zum Steuern, angetrieben wird er durch ein Band. Skidoos haben für die Menschen, die in hohen Breitengraden leben – besonders für die Nomaden – eine äußerst wichtige Bedeutung. Sie werden auch von Touristen sehr geschätzt. Um die empfindliche Vegetation zu schützen, die die Weidegründe der Rentiere bildet, wird in jüngster Zeit die Benutzung von Skidoos durch Touristen in Nordskandinavien mehr und mehr eingeschränkt. A. D.

SKORBUT

Symptombündel, das auf den Mangel an Vitamin C (Ascorbinsäure) zurückgeht. Durch den gestörten Aufbau des Bindegewebes werden Adern und Venen brüchig. Es kommt zu Blutungen, zunächst im Mund, dann auch in der Haut und Muskulatur, im Darm und Gehirn. Zähne fallen aus, Wunden heilen nur schwer. Skorbut war der Schrecken der frühen Entdecker, die auf ihren Reisen kaum frische Kost aßen. Bereits zehn Milligramm Vitamin C pro Tag verhindern die Krankheit. K. B.

»Nur zwey bis drey von unsern Leuten, die eine ungesunde Anlage hatten, konnten dem Scorbut nicht entgehen; insbesondere ward ein Zimmermann Nahmens Georg Jackson, schon am zehenten Tage nach unsrer Abreise vom Cap damit befallen. Das Zahnfleisch gieng bey ihm in Fäulniß über und die Zähne waren so los, daß sie ganz seitwärts lagen. Man machte mit einer Marmelade von gelben Rüben oder Carotten, die uns gegen den Scorbut vorzüglich war empfohlen worden, und davon wir ebenfalls Vorrath hatten, einen Versuch bey ihm, allein sie half zu weiter nichts als daß sie den Leib offen hielt. Unser Wundarzt, Herr Patton, fieng hierauf die Cur mit frischem Maisch oder der gekochten Malz-Infusion an; und diese brachte den Kranken nach und nach, in wenigen Wochen vollkommen wieder zurechte; seine Zähne wurden wieder fest, und er bekam gleichsam ganz neues Zahnfleisch. Da indessen die Ursach seines Übels, nemlich eine kränkliche Anlage, vor wie nach blieb, so mußte er mit dem Gebrauch der Bierwürze noch nach geendigter Cur fortfahren, und ward auf die Weise vor allen ferneren scorbutischen Zufällen bewahrt. Wir können die Würksamkeit des Malzes nicht genug rühmen; und von rechtswegen sollte ein so nützliches Mittel auf langen Reisen überall in Vorrath mitgenommen werden, allein man kann auch nicht sorgfältig genug seyn, es für dem Naßwerden und dem Schimmel zu bewahren, weil dieses die Heilkräfte desselben schwächt, wie wir am Ende unsrer Reise haben erfahren müssen.«

Georg Forster, Reise um die Welt (1778–1780), Frankfurt a. M. 1983, S. 122

SKUA

Die in beiden Polargebieten heimischen Skuas oder Raubmöwen sind aggressive Jäger und Beuteschmarotzer. Die braun gefiederten Tiere ernähren sich in der Antarktis von Pinguineiern und -küken. Außerhalb der Brutzeit erbeuten sie Fisch, Krill und andere Vögel. Fuß und Schnabel der Skuas sind ein Kompromiß zwischen Greif- und Seevogel. Der Fuß hat Schwimmhäute und kräftige Krallen, die aber nicht zum Festhalten der Beute benutzt werden. Auch läßt sich mit dem Hakenschnabel ein Pinguinjunges nicht mit einem Hieb töten. Meist zerren die Raubmöwen das Junge vom Nest weg und fressen es regelrecht lebendig auf. K. B.

177 Braune Skua (Catharacta skua), Foto: Stephan Andreae

178 Skua-Gewölle mit Füßen der Buntfußsturmschwalbe, Federn der Antarktis-Seeschwalbe und Pinguin-Federn, Foto: Peter Oszwald

SPIRITUELLES LEBEN AM POLARKREIS

JEAN-LOUP ROUSSELOT

Neben der eigenen gibt es in der Vorstellung der Eskimo drei weitere Welten, die für Menschen zu gefährlich sind – es sei denn, sie sind Schamanen. Es sind dies die Lüfte, das Wasser und das Unterirdische. Überall dort wohnen Seelen und Geister.

Das Numinose in der Arktis läßt sich schwer verallgemeinern. Nur wenige Auffassungen finden sich bei allen Eskimogruppen über längere Zeit hinweg. Eine davon ist die pragmatische Handhabung des Übernatürlichen: Wenn nötig, tritt man in Kontakt mit den Geistern, die in den anderen Welten leben; aber wenn kein Bedarf vorhanden ist, dann läßt man sie ungestört und hofft, auch von ihnen in Ruhe gelassen zu werden. Regelmäßige Zeremonien werden nur in der Westarktis abgehalten, in der Zentral- und Ostarktis dagegen, wo die Menschen nomadisch in sehr kleinen Gruppen leben, gibt es keinen solchen Festkalender.

Das Übernatürliche

Weder ein Götterpantheon noch allgemein gültige Dogmen finden sich in der schriftlosen, von der Jagd geprägten Gesellschaft der Eskimos. Statt von einem Schöpfer der Erde erzählen verschiedene Mythen von der Entstehung der Tiere, der Menschen und des Universums. In Alaska sind Sonne und Mond Geschwister, die als Folge ihres Inzests in den Himmel geflüchtet sind. In der ganzen Arktis lebten die Menschen in der Finsternis, bis der Rabe ihnen die Sonne brachte. Doch verlor er durch ein Mißgeschick einen großen Teil des Sonnenballs im Flug, wodurch im Sommer nun auch die Nachtstunden erhellt werden, während im Winter andauernde Dunkelheit herrscht.

In Alaska lebt ein Herr der Tiere auf dem Mond, in Kanada ist es Sedna, die über die Tiere herrscht. Streng wacht sie darüber, daß die Regeln und Tabus unter den Menschen eingehalten werden, sonst versteckt sie die Tiere in ihrem Haar. Nur wenn der Schamane sie in ihrer Wohnung auf dem Meeresgrund besucht, sie besänftigt und ihr Haar kämmt, werden die Tiere befreit. Daneben gibt es Kulturheroen wie den Eisbären, von dem die Menschen überlebensnotwendige Technologien lernten, und Geister von Tieren und Verstorbenen, denen man Achtung erweisen muß.

179 Fingermaske mit Ring, Künstler unbekannt, Yokon-Kuskokwim, Alaska, vor 1881, Staatliches Museum für Völkerkunde München. Fingermasken kommen bei den Yupik-Eskimo in Südalaska vor und werden von den Frauen getragen, die die Männer bei einer Vorführung begleiten. Der Ring symbolisiert den Durchgang von einer Welt in eine andere.

180 Maske aus der Sammlung Pinart, Schnitzer unbekannt, Kodiak I., Alaska, vor 1871, Musée du Château, Boulogne-sur-Mer. Die Dualität des Wesens wird hier durch die gemischten physischen Züge sichtbar gemacht.

SPIRITUELLES LEBEN

Inua und die Dualität der Lebewesen

Das Leben der Jäger, Fischer und Sammler dreht sich immer um die Tiere. Alle irdischen Wesen, auch die Tiere, besitzen einen Körper, den alle sehen können, und eine unsichtbare Seele, das Inua. Sie ist das Gegenteil der äußeren Erscheinung: Tiere haben eine menschliche Seele, Menschen eine tierische. In Träumen können Menschen ihre eigene oder die Seele eines Tieres erblicken, oder der Schamane verrät sie dem Schnitzer, der eine Maske anfertigen will.

Bei der Waljagd ist die Frau des Umialik, des Walfangkapitäns, entscheidend für den Erfolg: Regungslos muß sie auf der Schlafbank liegen, denn sie verkörpert den Wal. Bewegt sie sich, schlägt der Wal mit der Flosse, und die Jäger in ihren leichten Booten aus Tierhaut, den Umiaks, sind verloren. Mann und Frau ergänzen sich, nur gemeinsam kann die Jagd erfolgreich sein.

Wird ein Mensch krank, hat er sein Inua verloren. Nur der Schamane kann die Ursache dafür – vielleicht die Nichtbeachtung einer Vorschrift – erkennen und die Seele in einer der anderen Welten wiederfinden.

Reinkarnation

Der Name eines Verstorbenen wird nicht mehr ausgesprochen, denn die körperlose Seele des Toten ist solange gefährlich, bis ein Neugeborenes den Namen des Verstorbenen bekommen hat. Das Baby ist dann nicht nur es selbst, sondern erhält auch die Eigenschaften seines Namensvetters; das Geschlecht spielt dabei keine Rolle, da Namen nicht geschlechtsspezifisch sind. Viele Seelen lassen sich nach der Tradition der Eskimos in einem Tier, zum Beispiel in einem Vogel, nieder. So können Jäger ein bestimmtes Tier nicht mehr jagen, wenn sie in einem Traum erfahren, daß ein ihnen nahestehender Verstorbener darin weiterlebt. Eine Seele kann sich auch in etwas Gegenständlichem niederlassen, wie etwa in einer auffallenden Steinbildung oder zum Beispiel bei den Alaskaeskimos in den Sternen. Das Schlimmste, was einer Seele passieren kann, ist, daß sie in den Welten umherirrt, ohne einen Platz zu finden; das geschieht, wenn die Verwandten des Verstorbenen ihre Pflichten vernachlässigt haben. Diese Seele kann den Menschen gefährlich werden.

In der zeitgenössischen Kunst werden in Grönland gerne ruhelose Seelen oder Tupilaks dargestellt, furchterregende, erträumte Mischwesen. Dies war vor der Christianisierung undenkbar, da die abgebildeten, gefährlichen Wesen sich gegen ihren Erzeuger richten konnten; erst mit der Einführung des Christentums veränderte sich diese Überzeugung und ihre Darstellung wurde möglich.

181 Tupilak, Schnitzer unbekannt, Ammassalik, Ostgrönland, ca. 1930, Rautenstrauch-Joest-Museum, Köln. Mischwesen, das dem Schnitzer im Traum erschienen ist und gefährlich werden kann. Foto: Rheinisches Bildarchiv, Köln

Schamane und Séance

Der Schamane oder Angakok kann das Unsichtbare sehen und vermittelt zwischen den Menschen und der Geisterwelt. Er ist in erster Linie Jäger, seine Spezialausrüstung ist minimal: eine Trommel. Seine Ausbildung ist die Initiationszeit, in der er meist völlig allein mit gefährlichen Tieren, wie Bären oder Wölfen, kämpfen muß. Er überwindet sie nur, wenn er zuerst sein Leben ›verliert‹; dann werden sie ihm in Zukunft als Hilfsgeister dienen.

Neben seiner Aufgabe als Heiler vermittelt der Schamane zwischen den Menschen, er ist bemüht, soziale Konflikte zu lösen und die Gruppe zusammenzuhalten.

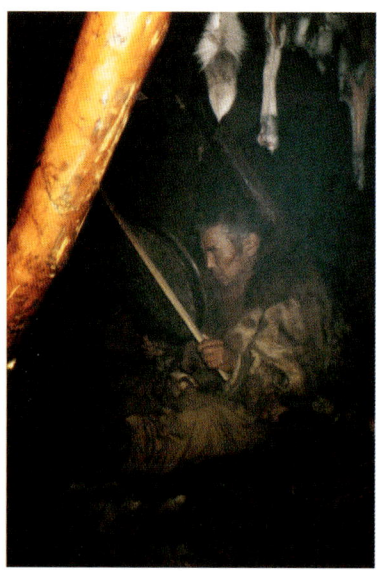

182 Schamane aus Tschukotka, Ostsibirien. Seit dem Zusammenbruch des Kommunismus dürfen die Yuit-Eskimo und die Tschuktschen wieder ihre traditionellen Riten öffentlich abhalten. Foto: Jean-Loup Rousselot

Rat und Erkenntnis erfährt er bei den Herren der Tiere, die er aufsucht, indem er die gefahrvolle Reise in eine der drei anderen Welten unternimmt. Der Schamane begibt sich auf diese Reise, wenn er die Gruppe gefährdet sieht, etwa durch Mißerfolg bei der Jagd. Die Chance auf eine erfolgreiche Jagd wird im Winter geringer: Die Wale haben die arktischen Gewässer verlassen, die Robben sind durch das Eis geschützt, die Karibus, amerikanische Rentiere, haben sich in die subarktischen Wälder zurückgezogen. Bleibt der Jagderfolg zu lange aus, beginnt die Hungerszeit und der Schamane muß sich auf die Suche nach den Tieren begeben. Durch den Rhythmus seiner Trommel versetzt er sich in Trance, fällt regungslos zu Boden und verläßt seinen Körper, der den Zuschauern sichtbar bleibt. Eine entrückt klingende Stimme berichtet den Anwesenden von Erlebnissen und Gefahren der Reise.

Er trifft auf die Geister der Tiere, die sich den Menschen entziehen. Vielleicht sagen sie ihm, warum sie verärgert sind; sonst muß er weiter zum Herrn der Tiere vordringen und versuchen zu erfahren, wie das gestörte Gleichgewicht wiederhergestellt werden kann. Auch ein anderer Schamane kann schuld an der Misere sein: Dann muß der Schamane mit diesem kämpfen und ihn überwinden, wobei er verletzt, ja sogar getötet werden kann. Auf der Reise wird der Schamane von seinen Hilfsgeistern beschützt, ihre Stärke und Klugheit sind entscheidend für einen erfolgreichen Ausgang. Als Lösung wird ein neues Tabu angeordnet, ein besonderes Amulett hergestellt, der Patient oder der vom Pech verfolgte Jäger erhält eine magische Formel oder ein Lied. Wegen seiner Macht ist der Schamane gleichzeitig geachtet und gefürchtet, bringt er aber keinen Erfolg, wird er nicht mehr konsultiert.

Zeremonien

In der Westarktis wird das Jahr regelmäßig von Zeremonien unterbrochen. Das Blasenfest, eine Art Erntedankfest, findet im Herbst statt, wenn das Meer wieder gefroren ist und die winterliche Jagd beginnt. Den während der warmen Zeit gefangenen Tieren wird für ihr Verständnis, als Nahrung für die Menschen gedient zu haben, gedankt und die Beachtung aller Tabus wird feierlich deklamiert. Die Blasen der Tiere (und manchmal einige Knochen), über Monate im Gemeinschaftshaus aufbewahrt, werden von einem Festzug ins Meer zurückbegleitet. Da die Seele in der Blase lebt, können die Tiere wiedererstehen.

Vertrag

Der Jäger muß, um sich und die Seinen zu ernähren, töten, er zerstört also das Gleichgewicht zwischen Mensch und Tier. Vielleicht wegen ihrer Wesensgleichheit tragen Mensch und Tier Verantwortung füreinander und haben ein bilaterales Abkommen geschlossen: Die Menschen brauchen die Tiere als Nahrung, und die Tiere gestatten das. Dafür aber müssen die Menschen auf strikte Verhaltensregeln achten und die Seelen der erbeuteten Tiere wie Gäste behandeln.

Der Umialik in Alaska sorgt für saubere, ästhetische Kleidung und Waffen und ordnet seiner Mannschaft vor der Jagd ein rituelles Schwitzbad an. Die Tiere sollen nicht nur mit Respekt gejagt, sondern auch würdig empfangen werden. Die Inuas der Seetiere werden von der Frau des Jägers mit Süßwasser begrüßt, um ihren Durst zu löschen. Sie sollen anschließend den anderen Tieren von ihrem angenehmen Aufenthalt unter den Menschen berichten.

SPIRITUELLES LEBEN

Tabu

In der kanadischen Arktis wird auf die Trennung der Produkte des Landes und des Meeres geachtet. Es ist also verboten, gleichzeitig Land- und Meerestiere zu jagen, zu verarbeiten oder zu verzehren. Gebärende und menstruierende Frauen werden in Alaska von der Gemeinschaft isoliert, sie gelten als unrein.

Wenn trotz scheinbar genauer Beachtung aller Tabus die Jagd erfolglos bleibt, wird der Schamane zu Hilfe gerufen. Er sucht nach dem Schuldigen, der ein Tabu gebrochen hat. Wie die Erzählungen berichten, gelang es nicht immer, die Gefahr abzuwenden. Hungersnöte löschten nicht selten kleine nomadische Gruppen aus, besonders in der Zentralarktis.

Jagdritual

Die individuelle Verbindung eines Jägers zu den Tieren ist intensiv und zeigt sich auch in seiner Ausrüstung. Jeder Jäger hat eigene Hilfsgeister, die ihn bei der Jagd unterstützen und die oft auf seiner Waffe dargestellt sind: Die schwere Bartrobbe flüchtet vor dem Jäger. Eine Harpune hat sie getroffen, die Wunde schwächt das Tier; die Harpunenleine und der daran gebundene Schwimmkörper bremsen ihre Flucht, trotzdem kann der Jäger in seinem Kajak kaum nachkommen. Aber der auf dem Schwimmkörper dargestellte Hilfsgeist ruft ihn, ermutigt ihn und zeigt ihm den Weg zu seiner fliehenden Beute.

Persönliche, geheime Lieder, von Generation zu Generation weitergegeben, werden für die Tiere gesungen; sie gehören zur Jagd, genauso wie die Waffen, die Transportmittel oder das weidmännische Wissen. Vor der Jagd auf gefährliche Tiere wird die Beute in rituellen Handlungen erlegt: ein kleiner, aus Holz geschnitzter Bär weist dort eine Wunde auf, wo der Speer das echte Tier treffen soll.

183 Schwimmblase mit Inua, Künstler unbekannt, Beringmeer, Alaska, vor 1878, Übersee-Museum, Bremen. Stöpsel eines Schwimmkörpers, der bei der Jagd auf Seesäuger benutzt wird. Die Boje ist aus dem ganzen Balg einer Robbe gefertigt, ihr After ist mit einer Scheibe verschlossen, die die Seele der Harpunenboje darstellt. Foto: Jean-Loup Rousselot

STATIONEN IN DER ANTARKTIS

Die erste wissenschaftliche Station in der Antarktis wurde 1903 von einer schottischen Expedition errichtet. 1904 übergab die britische Regierung das Winterquartier auf den Süd-Orkneys als meteorologische Station an Argentinien, das die Basis in Orcadas-Station umbenannte und bis heute betreibt. Das Gros der Antarktiscamps entstand während des Internationalen Geophysikalischen Jahres, so auch die US-amerikanische Amundsen-Scott-Station direkt am Südpol. Bei manchen Nationen, darunter Argentinien und Chile, steht allerdings die Wissenschaft im Hintergrund. Sie wollen mit der Daueranwesenheit ihre Territorialansprüche untermauern. Im Südwinter 1996 hielten 18 Staaten 44 Stationen auf und um den weißen Kontinent besetzt. K. B.

184 Sonnenbahn vom 29. auf den 30. Dezember an der Scott-Amundsen-Station am Südpol. Belichtungszeit etwa 18 Stunden, Foto: Photoarchiv Emil Schulthess Erben, Zürich

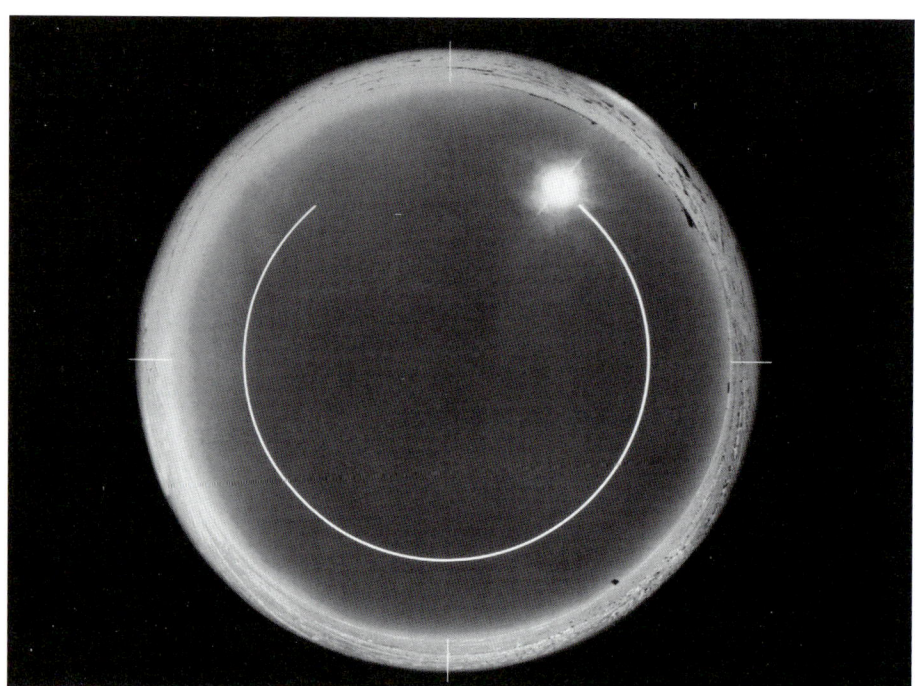

STEINKLAUER

185 Zügelpinguin (Pygoscelis antarctica) beim Nestbau, Foto: Stephan Andreae

Zügelpinguine, auch Kehlstreifpinguine genannt, bauen ihre Nester auf eisfreiem, steinigem Untergrund, um die Brut nicht durch Schmelze zu gefährden. Dabei entstehen bisweilen respektable kleine Festungen aus Steinchen. Der sicherste und beliebteste Platz befindet sich im Zentrum der Kolonie, jedoch um den Preis zahlreicher Schnabelhiebe beim Gang zum Wasser. Zum Nestbau entwickelt jedes Tier seine individuelle Praxis: Hat man einmal ein lohnendes Steinlager entdeckt, wird dieses immer wieder geduldig angesteuert, selbst wenn es vom Brutplatz 20 Meter entfernt liegt. Die redliche Mühe wird dabei oftmals subversiv hintergangen, wenn weniger ehrliche Brutnachbarn sich frech beim unermüdlichen Kollegen bedienen und nicht einmal einen Meter zum Bau des Nestes zurücklegen. S. A.

GEORG WILHELM STELLER

UWE SCHWARZ

Georg Wilhelm Steller, geboren am 10. März 1709 im fränkischen Windsheim an der Aisch, war Teilnehmer der groß angelegten zweiten Kamtschatka-Expedition. Auftraggeber dieser Unternehmung war das russische Zarenreich, das geostrategische, handelspolitische und wissenschaftliche Ziele verfolgte. Nach dem Studium der Theologie und Naturwissenschaften in Wittenberg und Halle zog es Steller nach St. Petersburg. Sein Wunsch, an der bereits 1733 unter dem Dänen Vitus Jonassen Bering gestarteten Expedition als Botaniker teilzunehmen, fand bei der Petersburger Akademie der Wissenschaften Gehör und wurde am 7. Februar 1737 vertraglich besiegelt. Steller bereitete sich intensiv auf sein Reiseziel vor. Er verließ St. Petersburg am 24. Dezember 1737 und traf am 7. Dezember 1738 in Jenisseisk ein. Logistische Mängel zwangen Steller dann, in Irkutsk zu verweilen. Er nutzte den Aufenthalt zu Forschungen am Baikalsee und im Bargusingebirge. Mit der 1150 Pflanzen umfassenden ›Flora Irkutiensis‹ vollbrachte er eine Pioniertat. Erst am 6. März 1740 reiste er weiter nach Ochotsk und erreichte bald sein vertraglich vereinbartes Forschungsfeld, die Halbinsel Kamtschatka. Nach völkerkundlichen Studien beim Stamm der Itelmenen und auf Erkundungsfahrten mit dem Hundeschlitten bis zum Kap Lopatka begab er sich 1741 auf Geheiß Berings von Bolscherezk nach Petropawlowsk. Bering überzeugte ihn davon, mit ihm die Amerikafahrt anzutreten, denn Steller war ihm als Arzt und Naturforscher gleichermaßen willkommen.

Nach langwierigen Vorbereitungen konnten am 29. Mai 1741 zwei Schiffe in See stechen. Steller befand sich auf Berings Schiff St. Peter, die St. Paul befehligte Tschirikow, den der französische Kartograph Louis Delisle de la Croyère begleitete. Am 20. Juni verloren sich beide Schiffe. Nachdem Bering das von Joseph-Nicolas Delisle kartierte sagenhafte Gama-Land nicht gefunden hatte, wechselte er am 25. Juni 1741 bei 45° 16' nördlicher Breite den Kurs nach Nordost und erblickte am 16. Juli die Südküste Alaskas. Ein über 5 000 Meter hoher schneebedeckter Bergriese erhielt den Namen St. Elias. Die Küsteninsel Kayak (60° nördliche Breite) wurde angelaufen, um Süßwasservorräte zu beschaffen. Aus Sorge um den Winterproviant drängte Bering auf baldige Rückfahrt, so daß Steller nur zehn Stunden zur Verfügung standen, neue Pflanzen zu entdecken und Artefakten von Eskimos zu sammeln. Auf der Rückfahrt entdeckte man die Aleuten. Schwere Stürme brachten das Schiff vom Kurs ab und am 4. November strandete die St. Peter auf einer Insel, wo wenig später Bering und mit ihm 18 Besatzungsmitglieder an Skorbut starben. Heute trägt die Insel der Kommandeurgruppe den Namen des Dänen. Steller betrieb hier eine naturkundliche Inventur. Unter wild lebenden Tierherden stellte er verhaltenspsychologische Studien an. Er sezierte Tierkörper zu anatomischen Zwecken. Er entdeckte die später nach ihm benannte Seekuh (Rhytina gigas/stelleri) und zählte 1 500 bis 2 000 von ihnen. Daß er sie detailliert untersuchte und die Ergebnisse niederschrieb, kann nicht hoch genug eingeschätzt werden, wurde sie doch schon wenig später (1768) durch den Menschen ausgerottet. Die Überlebenden der St. Peter ernährten sich vom Fleisch erlegter Morasthühner, Seehunde, Vögel, Steinfüchse, Seelöwen, Seeottern und Seebären, schließlich auch von Seekühen. Ein angespülter Wal lieferte Speck und Tran im Überfluß. Brot galt als Leckerbissen, aber der knappe Mehlvorrat war bei der Strandung durch Meerwasser salzig geworden. Zudem fehlte ein Ofen, und so briet man nach russischer Art kleine Kuchen (Aladi) in Seehund- oder Walfischtran. In unterirdischen Behausungen überstand man den strengen Winter. Am 13. August 1742 konnte man mit einem aus den Schiffstrümmern stammenden behelfsmäßigen Boot die Beringinsel in westlicher Richtung verlassen. Am 14. Tag war Kamtschatka endlich erreicht. Tschirikow, der die amerikanische Küste am Alexanderarchipel südöstlich der Insel Kayak erreicht hatte, war gleich nach Kamtschatka zurückgekehrt und leitete eine Suchaktion nach Berings Schiff, die ihn an der Beringinsel nur vorbeigeführt hatte. Steller hielt sich noch bis zum Sommer 1744 auf der durch Vulkanismus geprägten großen Halbinsel auf. Sein wissenschaftliches Wirken schlug sich nun in schriftlicher Form nieder: Akademieberichte, Bearbeitung des Tagebuchs seiner Amerikafahrt, Strukturierung seines Kamtschatka-

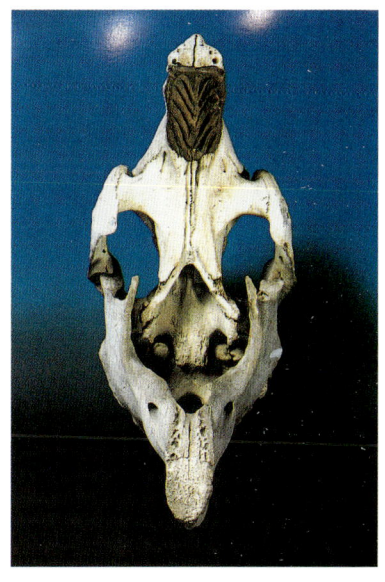

186 Schädel der Stellerschen Seekuh, Foto: Zoologisches Museum, St. Petersburg

187 Hautstück der Stellerschen Seekuh, Übersee-Museum, Bremen

werkes. Daneben reiste er zum Süden der Halbinsel und gelangte noch bis zu den ersten drei Kurileninseln. Sein soziales Engagement ließ ihn im Sommer 1743 eine Schule für Kosaken und getaufte Itelmenenkinder gründen und sogar auf seine Kosten einen verbannten Russen als Lehrer einstellen. Steller begab sich noch in den Norden Kamtschatkas, wo er bei den ›verschrieenen‹ Korjaken den Winter verbrachte. Als er die Karaginskiinsel besuchen wollte, zwang ihn auftauendes Eis zur Umkehr. Im Frühjahr 1744 war er wieder in Bolscherezk. Leutnant Sven Vaxell beendete anstelle des verstorbenen Bering mit seinem Bericht 1743 das Mammutunternehmen, das als Große Nordische Expedition in die Geschichte einging. Große Teile Sibiriens, vor allem die Eismeerküste von Archangelsk bis zur Kolymamündung, die Nordwestküste Amerikas und der Seeweg nach Japan waren erkundet. Die Akademie rief die verbliebenen Expeditionsmitglieder zurück. Steller erreichte im Spätherbst Irkutsk, wo er in einem Verhör zu dem Verdacht, itelmenische Rebellen befreit zu haben, Gegenstellung bezog. Er überquerte den Ural und erreichte im April 1746 Solikamsk. Mit Grigori Demidow botanisierte er in der Permer Pflanzenwelt. In Petersburg nahm man irrtümlicherweise an, Steller habe sich dem Verhör in Irkutsk entzogen, und so sollte er im August zurück nach Irkutsk gebracht werden. Doch der Irrtum klärte sich auf und Steller konnte den Weg nach Irkutsk im Oktober in Tara abbrechen, wo ein Kurier aus Petersburg ihm die Nachricht übergab, daß er frei sei. Steller kehrte um. Über Tobolsk erreichte er fieberkrank Tjumen, wo er am 12. November 1746 starb. Noch über 100 Jahre später galten Stellers Erkenntnisse über die arktische Fauna als beste Quelle für Brehms Tierleben. Stellers systematisches Sammeln und Notieren natürlicher und kultureller Gegenstände während dieser äußerst strapaziösen Unternehmung lassen ihn zum großen Forschungsreisenden aufsteigen, der durch sein empirisches Arbeiten im Zeichen der frühen Aufklärung steht.

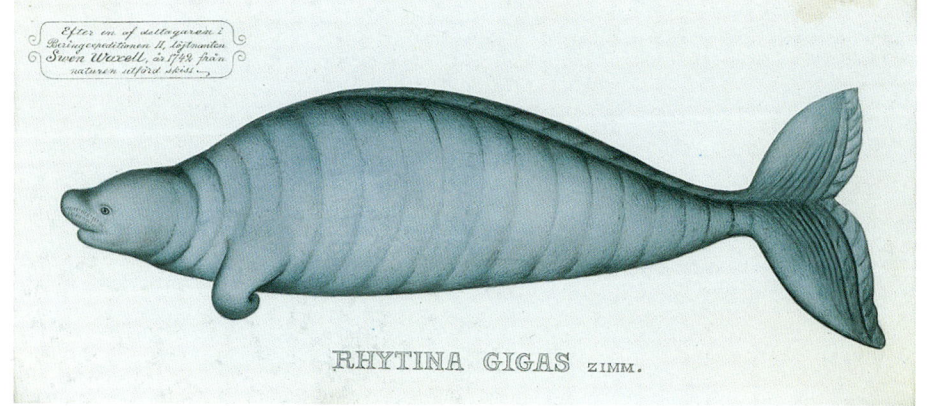

188 Die Stellersche Seekuh starb im 18. Jahrhundert aus. Soweit bekannt, ist dieses Aquarell eine der wenigen Überlieferungen von einem Augenzeugen. Das Blatt wurde von Sven Vaxell geschaffen, einem schwedischen Offizier, der an Vitus Berings Expedition 1742 teilnahm, und befindet sich im Naturhistoriska Riksmuseet in Stockholm.

STILLE

»Wenn überseeische Schoner kamen, erwies sich Kagot als erfolgreicher Handelsmann, denn er kannte die Sprache und die Bräuche der Weißen, tauschte gegen Rauchwerk Patronen für seine alte Winchesterbüchse ein, Tee, Zucker, bunten Stoff und andere absonderliche Dinge, die auf einmal so notwendig geworden waren. Das einzige, was er nie nahm, war das erheiternde Feuerwasser, auf das seine Stammesgenossen so erpicht waren. Er hatte ein anderes Mittel, sich in höchste Erregung zu versetzen – er lauschte auf die Stille. Dann vernahm er die Stimme der Äußeren Kräfte. Wenn es nötig wurde, sich an diese Kräfte zu wenden, entstanden von selbst in wohlklingende Folgerichtigkeit sich fügende Worte. In

STURMVÖGEL

der besonderen Anordnung der Aussagen verbarg sich ein Sinn, der nur dem zugänglich war, dem er galt. Die Worte zu verflechten wurde Kagot zum Bedürfnis, und er ertappte sich oft bei dem Versuch, sie sogar bei der alltäglichen Arbeit aneinanderzureihen – so, wenn er übers Eis auf Robbenfang ging, Netze stellte oder einen neuen Schlitten baute.«

Juri Rytchëu, Die Suche nach der letzten Zahl, Zürich 1995, S. 28

Vielfältige und recht uneinheitliche Vogelfamilie mit rund 55 Arten. Typisch für die mit den Albatrossen verwandten Sturmvögel sind zu hornigen Röhren ausgezogene Nasenöffnungen auf dem Schnabel und das im Drüsenmagen gebildete fleischfarbene Öl. Bei Gefahr können nistende Altvögel und Jungtiere die stinkende Flüssigkeit auswürgen und meterweit gegen den Angreifer spritzen. Die hervorragenden Flieger sind sehr gesellig: Sie brüten oft in großen Kolonien und folgen in riesigen Schwärmen ihrer Beute, etwa Plankton oder kleinen Fischen. Der Schneesturmvogel und der Antarktische Eissturmvogel brüten auf dem Antarktischen Kontinent zum Teil mehrere hundert Kilometer im Landesinneren. Die weißen Schneesturmvögel gelten Seeleuten als Boten des nahen Packeises. K. B.

189 Riesensturmvogel (Macronectes giganteus) mit Drohgebärde, Foto: Herbert Grimm

190 Riesensturmvögel (Macronectes giganteus) in der Drake-Passage, Foto: Stephan Andreae

»Auch die blauen Sturmvögel, welche sich auf diesem ganzen ungeheuren Ozean überall finden, und vornehmlich in dieser Gegend anfingen, sich in großen Schaaren von vielen Hunderten auf die glatte Oberfläche der See niederzulassen, waren um nichts schlechter gegen die Kälte ausgerüstet. Sie haben gleich den Pinguins ein sehr dichtes und dickes Gefieder. Aus jeder Wurzel wuchsen statt einer Feder ihrer zwo, nemlich eine gewöhnliche Feder und eine Duhne oder Pflaumfeder, davon eine in der andern lag, und solchergestalt eine sehr warme Decke ausmachten. Da diese Vögel fast immer in der Luft sind, so hat ihnen die Natur sehr starke und lange Flügel gegeben. Wir haben sie auf der See zwischen Neu-Seeland und America über 700 gute englische See-Meilen fern vom Lande angetroffen, eine Weite, die sie unmöglich hätten erreichen können, wenn ihnen nicht eine besondere Stärke der Knochen und Muskeln nebst der Länge ihrer Flügel dazu behülflich gewesen wäre. Da sie sich so weit vom Lande über das ganze Meer verbreiten, so müssen sie dem Anschein nach, wie viele andre Raubthiere, sowohl unter den Vögeln als unter den vierfüßigen Thieren auch thun lange Zeit, ohne frisches Futter leben können, obgleich das, was wir hierinn von ihnen bemerkt haben, diese Meynung fast eben so sehr zu entkräften scheint als es dieselbe auf der andern Seite wiederum bestätigt. So bald wir nemlich einen anschossen, so spieen sie eine Menge von zähem schleimichten Fras aus, der dem Ansehen nach erst frisch verdauet war, und den die übrigen gleichwohl mit einer Gierigkeit verschlungen, die langes Fasten und großen Hunger anzudeuten schien.«

Georg Forster, Reise um die Welt (1778–1780), Frankfurt a. M. 1983, S. 120

SÜDGEORGIEN
EIN DIPLOMATISCHER STREITFALL

ROBERT K. HEADLAND

Südgeorgien ist eine abgelegene, gebirgige Insel im Südatlantik, die über eine große Zahl an natürlichen Häfen und guten Ankerplätzen verfügt. Sie wurde 1675 erstmals gesichtet, die erste Landung erfolgte im Jahr 1775 durch Captain Cook, der im Namen des englischen Königs Georg III. in aller Form Anspruch auf die Insel erhob. In der Folgezeit entwickelte sich Südgeorgien im vergangenen Jahrhundert zunächst zu einem bevorzugten Standort für die frühen Robbenfänger, dann in diesem Jahrhundert zu einem Zentrum des modernen Walfangs. Die Insel ist seit 1904 zwar ständig bewohnt, doch trotz einer gelegentlichen Eheschließung oder Geburt kann man kaum von einer dauernd ansässigen Bevölkerung sprechen. Südgeorgien hatte das Pech, daß es als einziger Ort in der Antarktis Schauplatz kriegerischer Handlungen war – 1982, als im Zuge des Falklandkrieges argentinische Truppen die Insel einnahmen und schon 22 Tage später von der britischen Marine wieder vertrieben wurden.

Der britische Gebietsanspruch reicht bis in das schon erwähnte Jahr 1775 zurück, als Captain Cook im Namen seinen Souveräns Ansprüche auf Südgeorgien anmeldete. Dieser vorläufige Rechtstitel wurde zusammen mit dem Anspruch auf weitere, geographisch genau bezeichnete Gebiete der Antarktis in den Jahren 1908 und 1917 durch königliches Patent förmlich bekräftigt, und Südgeorgien war fortan Teil der britischen Kronkolonie Falkland Islands and Dependencies. Die örtliche Verwaltung steht seit 1909 unter der Leitung eines königlichen Beamten, der am King Edward Point residiert. Dieser Beamte untersteht seinerseits einem Regierungsbevollmächtigten mit Sitz in Stanley auf den Falklandinseln.

Argentinien beansprucht die Falklandinseln ebenfalls schon seit langem und betrachtet die britische Inbesitznahme als widerrechtlich. Außerdem hat Argentinien Besitzansprüche für Südgeorgien und eine Reihe anderer Gebiete in der Antarktis geltend gemacht. Diese Ansprüche datieren ursprünglich aus dem Jahr 1927, wurden aber erst 1938 offiziell erhoben. Angesichts des drohenden Konflikts schlug Großbritannien daher im Jahr 1947 vor, den Streit vor den Internationalen Gerichtshof zu bringen und versprach bereits im voraus, daß es sich dem Schiedsspruch auf jeden Fall beugen werde. Argentinien ging jedoch nicht auf diesen Vorschlag ein und beharrte auf dem Standpunkt, daß es sich um eine rein innere Angelegenheit handele, die nicht in die Zuständigkeit des Internationalen Gerichtshofs falle. In den Jahren 1951, 1953 und 1954 wiederholte Großbritannien sein Anerbieten und ergänzte es 1954 sogar noch dahingehend, daß es auch die Entscheidung eines unabhängigen, eigens für diese Frage einberufenen Schiedsgerichts akzeptieren wollte. Doch Argentinien sperrte sich weiterhin gegen eine juristische Beilegung des Konflikts. Im Jahr 1955 richtete Großbritannien daher ein einseitiges Gesuch an den Gerichtshof, woraufhin Argentinien sich weigerte, die Autorität des Gerichts anzuerkennen.

Als Begründung für den britischen Anspruch dienen zum einen die Entdeckung, ferner ein förmlicher Gebietsanspruch und dessen öffentliche Proklamation sowie die Inbesitznahme samt Maßnahmen zur Verwaltung des fraglichen Gebiets; eine ausführliche Begründung wurde 1955 zusammen mit der Anrufung des Internationalen Gerichtshofs vorgelegt. Die argentinischen Ansprüche lassen sich nur schwer losgelöst von ihrem Umfeld betrachten, denn sie stehen im Zusammenhang mit den Ansprüchen auf die Falklandinseln, auf eine Reihe von antarktischen Inseln und einen Teil des antarktischen Kontinents. Dabei kommt der geographischen Lage eine entscheidende Rolle zu (obwohl Südgeorgien 2 000 Kilometer von Argentinien entfernt ist). Auch wenn eine der Walfangfirmen, die auf der Insel tätig waren, ihren Hauptsitz in Buenos Aires hatte, war Argentinien niemals administrativ auf Südgeorgien tätig. Die Walfänger, die von 1904 bis 1965 auf der Insel arbeiteten, stammten fast ausschließlich aus Norwegen.

Viele Jahre, nachdem die Walverarbeitungsanlagen den Betrieb eingestellt hatten, schloß der Schrotthändler Constantino Davidoff aus Buenos Aires einen Vertrag mit den Eigentümern in Edinburgh, der ihn dazu berechtigte, Metallteile von einigen der verlassenen Walstationen auf Südgeorgien zu demontieren. Dieser Vertrag datiert aus dem Jahr 1979, und es hatte zunächst den Anschein, als handele es sich um eine rein geschäftliche Transaktion. Ende des Jahres 1981 wurde jedoch deutlich, daß die argentinische Marine dabei eine entscheidende Rolle spielte. Am 17. März 1982 landete ein Schiff der argentinischen Marine mit Schrottarbeitern an Bord widerrechtlich in Südgeorgien, und der britische Amtsträger protestierte dagegen in aller Form. Die britische HMS Endurance nahm Kurs auf die Insel, wurde jedoch später zu den Falklandinseln zurückbeordert, weil sich dort der Konflikt zuzuspitzen begann.

Am 24. März verstärkte Argentinien seine Marineeinheiten auf Südgeorgien, und am 3. April griffen zwei argentinische Schiffe mit zwei Hubschraubern und über 200 Soldaten die Forschungsstation am King Edward Point an. Nach einer zweistündigen Schlacht ergaben sich die 22 britischen Marineinfanteristen, die am 31. März von Bord der HMS Endurance an Land gegangen waren. Sie wurden mitsamt dem wissenschaftlichen Personal gefangengenommen, in argentinische Gefängnisse gebracht und schließlich in Uruguay freigelassen.

Nach dieser Operation hielten argentinische Truppen den King Edward Point und den Hafen von Leith besetzt, während einige Gruppen von britischen Wissenschaftlern auch weiterhin in vier Außenposten auf der Insel verblieben. Den Argentiniern ging es ausschließlich darum, ihre Herrschaftsansprüche geltend zu machen, und sie brachten dadurch langfristige meteorologische Beobachtungen und Forschungsprojekte zum Scheitern. Offenbar waren sie nur unzureichend auf den bevorstehenden Winter vorbereitet und mußten auf die Vorräte in der Station zurückgreifen.

Schon am 25. April streckten die Argentinier am King Edward Point nach einer Reihe von Aufklärungsoperationen und einer Machtdemonstration der britischen Marineartillerie die Waffen. Ein argentinisches Unterseeboot wurde aufgebracht, und am darauffolgenden Tag beendeten die Briten auch die argentinische Besatzung von Leith.

Dank seiner ausgezeichneten natürlichen Häfen leistete Südgeorgien den Briten im Falklandkrieg wertvolle Dienste. Am 14. Juni, 74 Tage nach der Invasion, kapitulierten die argentinischen Truppen in Stanley. Die Kampfhandlungen erstreckten sich zwar nicht unmittelbar auf Gebiete, die dem Antarktisvertrag unterliegen, aber die Kriegsschiffe der Argentinier nahmen Vorräte und Personal von ihren Stützpunkten in der Antarktis an Bord. Der Krieg fiel in eine besonders instabile Phase der argentinischen Geschichte. Eine Folge des Krieges sind die Garnisonen, die bis heute auf Südgeorgien und den Falklandinseln stationiert sind. Auch die Kontrolle der Fischereiflotten wurde verschärft, zumal die argentinische Ausbeutung der natürlichen Ressourcen im Südpolarmeer seit der Zeit des Krieges stark zugenommen hat.

Der Streit um die Hoheitsrechte über Südgeorgien geht unvermindert weiter. Zwar ist der Versuch Argentiniens, den Konflikt auf militärischem Wege zu lösen, vereitelt worden, doch auf diplomatischer Ebene erhebt Argentinien weiterhin Anspruch auf die Insel, und Großbritannien weist diese Ansprüche auch weiterhin zurück. Für alle Landkarten, die in Argentinien veröffentlicht werden, gilt die gesetzliche Auflage, daß Südgeorgien als Teil von Argentinien dargestellt sein muß.

TAIGA Die baumlose frostige Tundra geht im Süden in einen Gürtel von kleinwüchsigen Kiefern, Fichten, Lärchen und Birken über. Diese subarktische Region wird oft Taiga genannt, ein Wort, das aus dem Russischen kommt und sumpfiges sibirisches Waldland bedeutet. Der reiche Tierbestand in diesem nördlich gelegenen Waldgebiet war über Jahrhunderte ein ergiebiges Revier für die Jagd auf Bären, Wölfe, Luchse, Füchse, Elche, Marder, Fehe (graue russische Eichhörnchen) und andere Nagetiere. In der Taiga wird auch dem begehrten Zobel wegen seines erlesenen Felles nachgestellt. Die Zobeljagd bildete den Grundstein für das russisch-sibirische Pelzimperium des 17. und 18. Jahrhunderts. E. D.

THULE Der griechische Seefahrer und Geograph Pytheas berichtete als erster zwischen 350 und 320 v. Chr. von einer Insel Thule, sechs Tagesfahrten nördlich von Britannien. Tacitus setzte die vage beschriebene Region mit den Shetlandinseln gleich. Später bezeichnete Thule allgemein das sagenhafte äußerste Land am Nordrand der Welt. K. B.

TIMOFEJEWITSCH JERMAK Der Kosake Jermak führte 1581 bis 1585 im Auftrag der mächtigen Kaufmannsfamilie Stroganow eine Militärexpedition von 340 Mann nach Westsibirien – ein entscheidender Schritt in der russischen Annexion Nordasiens. Der Eroberungszug richtete sich gegen das Chanat Sibir. Bei den zahlreichen Gefechten mit den Tataren kamen viele Russen um, im August 1585 auch Timofejewitsch. K. B.

191 François-Auguste Biard, Magdalena Bay, Blick von der Gräberhalbinsel im Norden von Spitzbergen, 1840, Musée du Louvre, Paris, Foto: RMN – Gérard Blot

TOD »Auf Deck gab es eine Stelle, die hinter den Tauhaufen versteckt war; wir kamen nie dorthin. Ach, trauriger Abschied des Tages, als ich vor dem Verlassen des Schiffes über das ganze Deck lief! Als ich die Seile auseinanderzog, um sie mitzunehmen, ach, was erblickte ich dahinter? – Paride! – Wir hatten ihn vergeblich gesucht; ich dachte, er habe, zu schwach, um sich zu rühren, und zu krank, um zu antworten, sich dort versteckt wie ein Hund, der einen Winkel zum Sterben sucht. Aber war es noch Paride? Er war ohne Haare, ohne Bart; weiß lagen auf dem Boden um ihn her seine ausgespuckten Zähne: Seine Haut war verschlissen wie alter Stoff; sie schimmerte violett, perlmutterartig; nichts war schmerzlicher anzusehen. Seine Augen hatten keine Lider mehr, und ich begriff zunächst nicht, ob er uns ansah, denn er konnte nicht mehr lächeln. Sein unförmig angeschwollenes, schwammiges Zahnfleisch wuchs wie eine Frucht aus seinem Mund und schob, zerrte die Lippen auseinander: in der Mitte sah man einen weißen Zahn aufragen, seinen letzten. Er wollte mir die Hand reichen; seine spröde gewordenen Knochen zerbrachen. Ich wollte ihm die Hand drücken, sie löste sich in der meinen auf und ließ Blut und Fäulnis zwischen meinen Fingern zurück. Ich glaube, er sah Tränen in meinen Augen, denn er schien dann zu verstehen, daß er es war, den ich beweinte, und ich glaube, er hatte noch einige Hoffnung in bezug auf seinen Zustand gehabt, die meine mitleidigen Tränen ihm nun raubten, denn plötzlich stieß er einen heiseren Schrei aus, der ein Schluchzen sein sollte, ergriff mit der Hand, die ich ihm nicht zerquetscht hatte, in einer Gebärde der Verzweiflung, tragisch und wahrhaft verloren, den Zahn und seine Lippen, und ironisch, fast lachend, riß er sich plötzlich ein großes Stück aus dem Gesicht, dann sank er, bereits leblos, zurück.«

André Gide, Die Reise Urians – Fahrt auf einem Eismeer. In: Gesammelte Werke, Stuttgart 1991

TOTWASSER

»Die Tiefenzirkulation blieb so lange unerforscht, weil sie gar keinen oder höchstens einen geringen Einfluß auf die Schiffahrt hatte. Allerdings gibt es auch hier eine Ausnahme. Schon aus frühen Zeiten sind uns Seemannsberichte überliefert, nach denen Schiffe unvermittelt und ohne ersichtlichen Grund keine Fahrt mehr machten – und das trotz kräftiger Ruderleute, steifer Brisen oder robuster Dampfmaschinen. Im Altertum glaubte man, daß ein kleiner Fisch namens Remora – auch Schiffshalter genannt –, den man gelegentlich mittels einer Saugscheibe am Kiel festgeklammert fand, das Schiff mit Zauberkräften festhalte. So wird von dem römischen Geschichtsschreiber Plinius überliefert, daß die Fahrt von Kaiser Caligulas Flotte jäh unterbrochen wurde, als eine der Galeeren an einem bestimmten Fleck auf hoher See wie festgewurzelt schien. Erst als die Mannschaft einen Remora vom Steuerruder entfernte, konnte das Schiff seine Fahrt fortsetzen. In späteren Jahrhunderten versuchten die Seeleute das lästige Phänomen des plötzlichen Stillstands dadurch zu bekämpfen, daß sie mit Rudern, Brechstangen oder Kanonenfeuer das Wasser aufwühlten; andere gossen Öl auf die Meeresoberfläche oder ließen die gesamte Mannschaft auf dem Deck hin und her rennen, um das Schiff in eine heftige Schaukelbewegung zu versetzen.

Derartige ›Totwasser‹ findet man besonders häufig in den Fjorden und treibeisbeladenen Meeren Skandinaviens. Der Ozeanograph Fridtjof Nansen geriet selbst einmal in die Gefangenschaft von Totwasser, als sich sein Forschungsschiff Fram einem Packeisgebiet näherte. Der Schoner ›kam kaum vom Fleck, obwohl die Maschine voll voraus lief‹, schrieb Nansen. ›Wenngleich die Fram allerlei Gewicht hat und für gewöhnlich gute Fahrt macht, konnten wir in jenem Moment mit Höchstgeschwindigkeit bis auf einen oder zwei Faden an den Rand des Eises heranfahren und spürten doch bei der Berührung kaum ein Zittern‹. Aber es war nicht Nansen, sondern der vielseitige schwedische Ozeanograph V. W. Ekman, der das uralte Rätsel schließlich löste.

Ekman wußte, daß Fjordgewässer eine ganz charakteristische Schichtung besitzen: Eine dünne Schicht Süßwasser, das von Flüssen eingeleitet und durch schmelzendes Meereis freigesetzt wird, gleitet über das salzige, dichtere Wasser des offenen Meeres hinweg. So wie es beim Zusammentreffen von Wasser mit der weniger dichten Atmosphäre zur Wellenbildung kommt, so können auch an den Grenzflächen zweier Wasserschichten von unterschiedlicher Dichte Wellen entstehen. Wenn ein Schiffskiel, so überlegte Ekman, die dünne Oberflächenschicht leichten Wassers bis zur darunterliegenden dichteren Schicht durchschnitt, konnte seine Bewegung eine Folge unsichtbarer Wellen an der Grenze zwischen den beiden Wassermassen auslösen. Diese sogenannten internen Wellen würden sich langsam, mit etwa anderthalb bis drei Stundenkilometern, fortpflanzen und bewirken, daß sich die Schiffsgeschwindigkeit auf die der

Wellenfolge reduzierte, die der Rumpf ausgelöst hatte: Wenn das Schiff dann zu beschleunigen versuchte, trug die Energie seiner Segel, Ruder oder Schrauben eher zur Amplitudenverstärkung der internen Wellen als zur eigenen Vorwärtsbewegung bei. Das Schiff kam nur frei, wenn es das geschichtete Oberflächenwasser verließ.«

A. B. C. Whipple, Meeresströme, o. O. 1984, S. 122

TOURISMUS

OLLE MELANDER

Wer zum Nordpol oder ins Herz der Antarktis fahren will, muß sich heutzutage nicht mehr mit mühseligen Reisevorbereitungen plagen, die über Erfolg oder Mißerfolg des Unternehmens entscheiden. Alles, was er tun muß, ist: ins Reisebüro gehen und buchen. Mehr und mehr Menschen haben das in den letzten Jahren getan und sich eine derart extravagante Reise geleistet. Der Boom des Polartourismus gefährdet freilich im gleichen Zug die Unberührtheit jener eisigen Wildnis, von welcher die Neugierigen sich magisch angezogen fühlen.

Ein Novum sind Erholungsreisen in polare Regionen beileibe nicht. Auf Spitzbergen etwa gibt es Tourismus schon seit mehr als 100 Jahren. Am Isfjord stand bereits Ende des 19. Jahrhunderts ein Hotel mit zwölf Betten. Vor allem die reiche europäische Oberklasse und amerikanische Industrielle brachen zu Kreuzfahrten an die Packeisgrenze nördlich der Inselgruppe auf. Die Jagd vom Achterdeck der Schiffe aus war für sie ein beliebtes Freizeitvergnügen. Als Salomon Andrée 1896 seinen Ballonflug zum Nordpol vorbereitete, zog sein Unternehmen weitere Besucher an.

Mit einer Reisegruppe kam 1901 auch John Munroe Longyear nach Spitzbergen – und war über die reichen Steinkohlevorkommen erstaunt. Er initiierte deren Abbau und gründete die nach ihm benannte Stadt Longyearbyen, das heutige Verwaltungszentrum Svalbards. Lange Zeit waren Touristen in der Bergbaustadt, die im Besitz des norwegischen Unternehmens Store Norske Spitsbergen Kulkompani war, nicht willkommen. Erst in den 80er Jahren wurde die Stadt geöffnet, und es wurde in den Tourismus investiert. Kreuzfahrtschiffe liefen den Hafen an. Den Durchbruch brachte jedoch die Eröffnung des Flughafens in Longyearbyen. Inzwischen kommen rund 40 000 Besucher jährlich auf die Inselgruppe. Die 1995 neu gebauten Hotels verbuchten 1996 60 Prozent mehr Gäste als im Jahr zuvor.

Manchem Gutbetuchten reichen die 81° Nord Spitzbergens allerdings nicht aus. Sie wollen bis auf 90° Nord, bis zum Scheitel der Erde, vordringen und sind bereit, dafür rund 30 000 Mark auszugeben. 1990 gelangten erstmals gut 50 Westtouristen warm und bequem an Bord des russischen Eisbrechers Rossia an den Nordpol. Seither bieten russische Staatsreedereien regelmäßig den exklusiven Trip an. Mit dem Polartourismus haben sie ein neues Einsatzfeld für ihre atomgetriebenen Kolosse gefunden, die nach dem Zusammenbruch der Sowjetunion ohne Auftrag waren.

Russische Schiffe dominieren auch den Tourismus in der Südpolregion. Neun von 15 Schiffen, die während der Saison 1994/95 Ushuaia, die südlichste Stadt der Erde, anliefen, befanden sich in russischem Besitz. Auf sie geht zum gut Teil der starke Zuwachs bei den Touristenzahlen in der Antarktis zurück. Dazu beigetragen hat aber auch der Einsatz großer Kreuzfahrtschiffe, die Platz für bis zu 800 Passagiere haben und mehrere Fahrten pro Saison unternehmen. Um den Besucherstrom zu bremsen, beschränken sich einige Veranstalter freiwillig auf 400 Gäste pro Tour. Dennoch kreuzten während des Südsommers 1994/95 16 Schiffe auf 94 Fahrten mit 8 267 Urlaubern in antarktischen Gewässern.

TOURISMUS

Das Wachstum des südpolaren Tourismus ist enorm. Denn anders als Arktisreisen haben Antarktistrips eine recht kurze Tradition. Angefangen hat es 1956: Damals überflogen in einer chilenischen Maschine erstmals Touristen Teile des eisigen Kontinents. Im Jahr darauf landete sogar ein Pan-Am-Flugzeug bei der amerikanischen McMurdo-Station. 1968 konnten die ersten Touristen auf den Südpol hinunterschauen. Touren über die Antarktis erlebten Ende der 70er Jahre einen Aufschwung: Auf 43 Flügen der australischen Fluggesellschaft Quantas und der Air New Zealand konnten 11 145 Passagiere das beeindruckende Panorama aus der Luft genießen. Diese ›Champagnerflüge‹ fanden ein abruptes Ende, als 1979 eine Maschine gegen den Mount Erebus prallte und alle 257 Personen an Bord umkamen.

192 Eingezäunter Kindergarten zum Schutz gegen Eisbären, Spitzbergen, Ny Ålesund, Foto: Olle Melander

In den 80er Jahren erregten organisierte Expeditionen großes Aufsehen, deren Teilnehmer sich auf den Weg zum Südpol oder zum höchsten Berg der Antarktis, den Mount Vinson, machten. Die Zahl dieser Mutigen war freilich gering, jährlich weniger als 100. Im Südsommer 1996/97 sind weitere Regionen der Antarktis durch eine neue Flugroute von Kapstadt nach Königin-Maud-Land für Abenteuerurlauber erschlossen worden.

Kreuzfahrten in die Antarktis starteten 1958, als ein chilenisches Versorgungsschiff Passagiere mitnahm. In den folgenden Jahren beförderten Transportschiffe ab und zu Urlauber. Regelmäßige Kreuzfahrten bot Lars-Eric Lindblad ab 1966 auf dem amerikanischen Markt an. Sein Konzept, an Bord ausführlich über die antarktische Natur zu informieren und damit ein Gespür für deren Einzigartigkeit zu wecken, war ein großer Erfolg und wegweisend für den Antarktistourismus.

193 Touristenschiff in der Antarktis, im Vordergrund Zügelpinguine, Foto: Olle Melander

Der große Besucherstrom hat inzwischen Forscher und Umweltschützer alarmiert. Manche fordern, den Zugang zur Antarktis ähnlich wie zu den Galapagosinseln zu begrenzen. Kritiker des polaren Reisefiebers waren besonders von dem Moment an beunruhigt, als mehr Touristen als Wissenschaftler auf und um den Kontinent unterwegs waren. Robert Headland vom Scott Polar Research Institute wies allerdings darauf hin, daß die meisten Touristen sich nur wenige Stunden pro Tag an Land begeben, während die Forscher sich dort wochen- und monatelang aufhalten.

An den vereinzelten sehenswerten Orten herrscht indes oft ein beträchtliches Gedränge. In den wenigen Wochen der Hochsaison stapfen dort dann mehrere Tausend Urlauber durch Pinguinkolonien. Am attraktivsten sind obendrein die kleinen eisfreien Flecken der Küste, auf denen nicht nur Forscher und Touristen konkurrieren. Auf ihnen gedeiht auch die fragile Vegetation des Kontinents, und auf ihnen ziehen Vögel und Säugetiere ihre Jungen groß.

Da die Reiseveranstalter ein ökonomisches Interesse an der Erhaltung der einzigartigen Natur haben, schlossen sie sich in der International Association of Antarctic Tour Operators (IAATO) zusammen. Durch Zusammenarbeit mit den Forschungsorganisationen versucht die IAATO eine Störung der wissenschaftlichen Arbeiten zu vermeiden. Auch gibt die Organisation Naturschutzrichtlinien für ihre Kunden heraus. Ein wichtiges Prinzip lautet: Nimm nur Erinnerungen und Fotos mit.

Der Polartourismus hinterläßt ohne Zweifel Spuren in der Natur und bedarf vielleicht einer stärkeren Reglementierung durch Einfriedungen und Schilder. Doch er hat auch positive Seiten: Er kann der ortsansässigen Bevölkerung – etwa auf Spitzbergen oder in Grönland – ein Auskommen verschaffen. Außerdem sind beeindruckte Touristen überzeugende Botschafter für die Bewahrung der natürlichen Schätze. Der wirtschaftliche Profit darf freilich nicht in den Vordergrund treten. Es gilt die Interessen auszubalancieren. Reisen in die entlegenen Kältewinkel der Erde sind und bleiben damit eine Gratwanderung.

TROCKENTÄLER Durch den Rückzug von Gletschern irgendwann in der Klimageschichte sind in der antarktischen Eiswüste Trockentäler entstanden, in denen sich auch später kein Eis mehr bilden konnte. Die dunkle Oberfläche absorbiert genug Sonnenenergie, um den Winterschnee zu verdunsten, etwaige Reste blasen die Katabatischen Winde davon. Die spektakulärsten Trockentäler mit bizarren Erosionserscheinungen wurden im Victorialand entdeckt. K. B.

TUNDRA Vegetationszone nördlich der polaren Baumgrenze. Die Tundra ist geprägt vom Permafrost: Im Sommer taut der Boden nur wenige Dezimeter tief auf. Die Flora ist relativ artenarm, dafür treten die einzelnen Spezies häufig massenhaft auf. Typisch sind Moose, Flechten, Gräser, Polsterpflanzen und Zwergsträucher. Im kurzen Sommer kann sich die Tundra in einen spektakulär bunten Blumenteppich verwandeln. Etwa ein Dutzend Säugetierarten lebt das ganze Jahr über in der unwirtlichen Region – vom Lemming über den Eisbären bis zum Moschusochsen. Etwa 150 Zugvogelarten brüten im Sommer in der morastigen Steppe. K. B.

194 Polygon-Tundra am Lena-Delta, Rußland, Foto: Magnus Elander

195 Tundra: Vegetationszone nördlich der Baumgrenze

UMIAK

Für die Waljagd nutzten die Eskimos den Umiak – ein offenes, bis zu zehn Meter langes Boot, das zwischen 25 und 30 Personen tragen konnte. Wie der Kajak hatte der Umiak ein Holzgerippe, über das Tierhäute gespannt wurden. Das geräumige Gefährt kam zudem zum Einsatz, wenn die Familie mitsamt ihrer Habe auf Reisen ging. K. B.

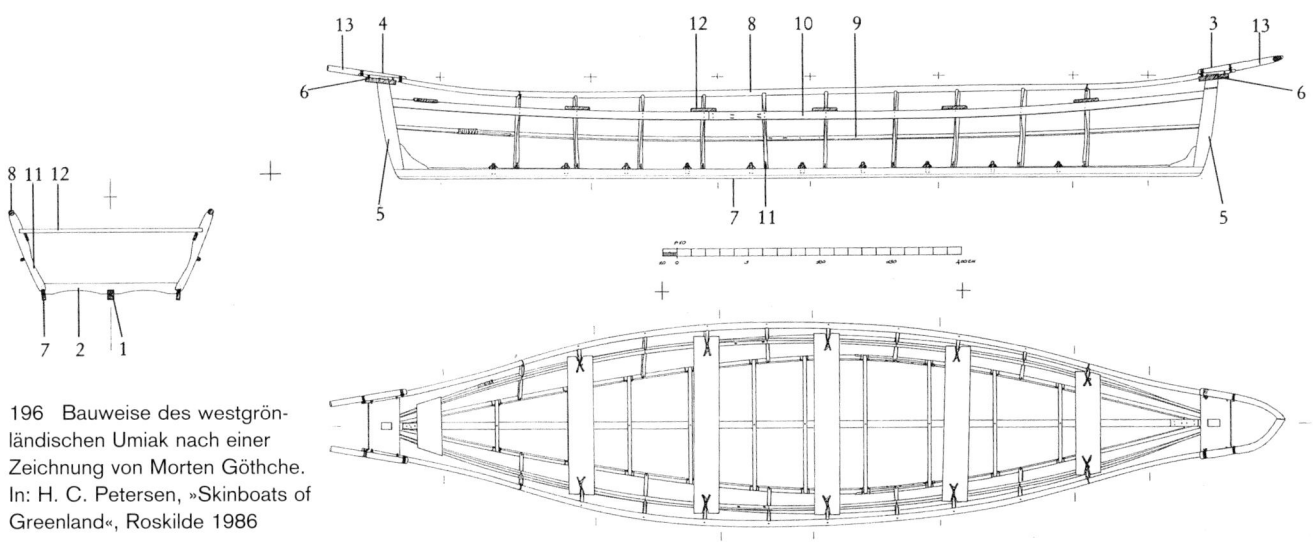

196 Bauweise des westgrönländischen Umiak nach einer Zeichnung von Morten Göthche. In: H. C. Petersen, »Skinboats of Greenland«, Roskilde 1986

UMWELTSCHÄDEN IN DER ARKTIS

ANNIKA NILSSON

Am deutlichsten sichtbar ist die Verschmutzung der Arktis in der Umgebung der Nickel-Kupfer-Schmelzhütten auf der Halbinsel Kola und in der Umgebung der russischen Stadt Norilsk. Die Schmelzhütten produzieren riesige Mengen an Metallen und Schwefeldioxid; letzteres wird in der Atmosphäre in Schwefelsäure umgewandelt, und die Folge ist, daß Wald und Bodenvegetation in der unmittelbaren Umgebung der Schmelzen völlig abgestorben sind. Neben dem Schwefeldioxidausstoß anderer eurasischer Regionen sind die Schadstoffe der Schmelzhütten mitverantwortlich für die Luftverschmutzung, die sich im Spätwinter und Frühling in deutlich sichtbaren Streifen – dem sogenannten arktischen Dunst – am nördlichen Himmel abzeichnet.

Eine weniger sichtbare, doch nicht minder tückische Bedrohung für die Umwelt in der Arktis ist die weiträumige Verteilung bestimmter Schadstoffe. So gelangen PCBs (polychlorierte Biphenyle) und eine Reihe von schwer abbaubaren Pflanzenschutzmitteln oft auf dem Umweg über die Atmosphäre in die Antarktis. Organische Schadstoffe lagern sich im Fettgewebe ab, insbesondere bei den Meeressäugern und Seevögeln, und gelangen so unweigerlich in hoher Konzentration über die Nahrungskette in den Körper von anderen Tieren und Menschen. In manchen Gegenden ist die Schadstoffkonzentration so hoch, daß sie zu Mißbildungen im Mutterleib oder bei Säuglingen und Jungtieren führen kann. Das Gehirn ist, solange es sich noch im Wachstum befindet, ebenso hochempfindlich wie das Immunsystem und die Hormone, die für den sexuellen Reifungsprozeß verantwortlich sind. Tiere, die weit oben in der Nahrungskette stehen – wie Eisbären, aber auch Menschen –, sind dieser Gefahr in besonderem Maße ausgesetzt.

Die Umweltverschmutzung berührt die Kultur der Ureinwohner der Arktis an einer besonders empfindlichen Stelle, denn die traditionelle Jagd und das anschließende Teilen der Jagdbeute spielen eine zentrale Rolle, und diese traditionellen Nahrungsmittel sind auch wichtige Nährstoffquellen. Die Verunreinigung dieser Nahrung führt daher zu Wut und Verbitterung, vor allem wenn die zuständigen Gesundheits-

197 In Norilsk färbt sich der Schnee durch die Industrie schwarz. Foto: Magnus Elander

198 Die Gegend um den Jenisey-Fluß wird von Nickel- und Kupferminen dominiert. Foto: Magnus Elander

behörden den Menschen raten, sich wie gewohnt zu ernähren und ihre Kinder auch weiterhin zu stillen.

Auch wenn die Mehrzahl der schwer abbaubaren organischen Schadstoffe mittlerweile verboten ist, werden manche nach wie vor benutzt, und andere sind immer noch präsent in Gebäuden und Geräten und gelangen von dort nach und nach in den Umweltkreislauf.

Die Schwermetalle Quecksilber und Cadmium sind in manchen Teilen der Arktis bereits in so hoher Konzentration vorhanden, daß sie zu Gesundheitsschäden führen können. Quecksilber beeinträchtigt die Entwicklung des Gehirns, und Cadmium schädigt die Nieren. In diesem speziellen Fall verschärft die weiträumige Verteilung von Schadstoffen als Folge menschlicher Aktivitäten, die ohnehin schon bestehende Belastung durch die örtlichen geologischen Gegebenheiten. Beide Metalle reichern sich in tierischem Gewebe an: Quecksilber vor allem in Meeressäugern und

Raubfischen, Cadmium in den Nieren von Huftieren. Es gibt überdies Anzeichen dafür, daß bei ihnen auch die Quecksilberkonzentration zunimmt.

Die radioaktive Verseuchung der Arktis hat eine lange Geschichte, an deren Anfang die Atomwaffenversuche in der Atmosphäre standen. Der radioaktive Niederschlag (Fallout) in der Folge dieser Tests fand über den Boden rasch Eingang in die arktische Nahrungskette, vor allem bei den Rentieren, die sich von Flechten ernähren, sowie bei Pilzen und Süßwasserfischen. Dies hat zur Folge, daß die Menschen in der Arktis, die weitgehend auf Nahrungsmittel aus ihrer unmittelbaren Umgebung angewiesen sind, höheren Dosen von radioaktivem Cäsium ausgesetzt sind als die Bewohner fast jeder anderen Region der Erde. In Skandinavien, Finnland und Nordwestrußland hat der radioaktive Niederschlag nach dem Reaktorunfall von Tschernobyl die Belastungen weiter verstärkt. Die Strahlenbelastung durch die Folgen dieses Unfalls und der Atomwaffenversuche in der Atmosphäre wird im Laufe der Zeit nachlassen, doch Atom-U-Boote, veraltete Waffensysteme und unzureichend gesicherte Kernkraftwerke sind eine ernsthafte Bedrohung für die Zukunft.

Im Jahr 1994 lenkte eine undichte Ölpipeline in der russischen Republik Komi die Aufmerksamkeit der Welt auf die Umweltschäden, die durch die Ölförderung in der arktischen Tundra entstehen. Wesentliche Probleme sind dabei die ständigen Lecks an mangelhaft gewarteten Rohrleitungen sowie die Tatsache, daß mit Öl verunreinigte Abwässer und Chemikalien in Sumpfgebiete geleitet werden und von da aus in die Flüsse der Umgebung gelangen. Obwohl solche Verschmutzungen in erster Linie ein lokales Problem sind, wird die zunehmende Ölförderung in der Arktis das Risiko von Verschmutzungen des Landes wie des Wassers erhöhen. Solche Fälle von Ölverschmutzung werden in der Arktis wahrscheinlich schwerwiegendere Folgen haben als anderswo, vor allem in Gegenden, in denen viele Seevögel und Meeressäuger leben.

199 Verschmutztes Wasser, Norilsk, Sibirien, 1996, Foto: Magnus Elander

UTOPIEN DER KÄLTE

ALBRECHT KOSCHORKE

Vier Männer ziehen ins Eis. Einer von ihnen, der Kapitän, hat gerade in einer selbstlosen Regung die Verlobte an einen Rivalen vergeben. Den zweiten spornt wissenschaftlicher Ehrgeiz an, wovon die Briefe, die er an seine Schwester schreibt, Zeugnis ablegen: Er will endlich die lange gesuchte Passage im Nordmeer entdecken. Der dritte hat in der Hochzeitsnacht seine Braut, die seine Stiefschwester war, durch eine Mordtat des vierten verloren, will den Mörder aufspüren und sich an ihm rächen. Und dieser vierte, ein Wesen von monströser Gestalt und unmenschlicher Häßlichkeit, der einzige von ihnen, der sein Ziel auch erreicht, wird sich am Nordpol auf einem Scheiterhaufen selbst verbrennen.

Kälte und Hitze – Extreme einer gefühlskargen und zugleich von merkwürdigen Obsessionen beherrschten männlichen Welt. Frauen figurieren nur in untergeordneten und passiven Rollen, als stumme Adressaten, Tauschobjekte, Mordopfer. Die Phantasien oszillieren zwischen zwei einander entgegengesetzten Fluchtpunkten: dem Nordpol und der Hochzeitsnacht. Allerdings besteht zwischen beiden keine Verbindung. Denn nicht erst seit der Romantik gilt der Magnetismus, der nach Norden weist, als physikalische Entsprechung zu dem, was Menschen Liebe nennen.

Die Rede ist von Mary Shelleys Roman »Frankenstein«. In diesem Buch hat die Fahrt ins Eis die Bedeutung einer Schlüsselmetapher. Wenn das Monster, das Frankenstein in kaltem Furor aus Leichenteilen zusammenflickte und gleich nach seiner künstlichen Belebung voller Grauen verstieß, sich in die äußerste Kälte aufmacht,

200 Porträt Fridtjof Nansen, Foto: Norsk Polarinstitutt, Oslo

201 Porträt Roald Amundsen, Foto: Norsk Polarinstitutt, Oslo

um dort zu sterben, dann kehrt es in gewisser Weise zum Ort seines Ursprungs zurück. Und wenn Frankenstein es als sein verhaßtes Alter ego mit mörderischen Absichten in die Polarwüste verfolgt, dann zeichnet dieser Weg zugleich den geheimen Vektor seiner seelischen Regungen und des davon angetriebenen wissenschaftlichen Entdeckerdrangs nach. So wird die Polreise zu einer Parabel auf die moderne Naturwissenschaft: Sie demonstriert, welche düsteren Energien am Werk sind, um den Willen zum Wissen, den Wunsch nach Herrschaft über die Elemente und letztlich über das Leben bis zu dem Punkt zu treiben, an dem alle traditionellen Verankerungen zerreißen. Wer das Geheimnis des Lebens enträtseln will, das ist die Botschaft, muß dafür den Preis der Menschlichkeit zahlen.

Es gibt typologische Entsprechungen zwischen Mary Shelleys Romanheld und den historischen Polarforschern. Dazu gehört die zündende Wirkung von Jugendlektüren meist naturwissenschaftlicher Art, wie sie auch die Biographien Fridtjof Nansens oder Roald Amundsens bezeugen; der frühe und visionäre Entschluß, die Menschheit um einen entscheidenden Schritt weiterzubringen, der von den Mitmenschen als phantastisch abgetan wird; die Flucht aus der Sphäre der gesellschaftlichen Konventionen und des Komforts, bei unbedingter Rücksichtslosigkeit gegen sich selbst; männerbündnerische Abenteuerlust, die sich gleichwohl mit einer kindlichen und fast hilflosen Anhänglichkeit an die (in den Reiseberichten zumeist verschwiegenen) Familien verbindet; Zustände tiefer Mutlosigkeit selbst nach gelungenem Abschluß der Unternehmung. Entdeckerprofile: Es sind Männer mit einem hohen Maß an Trennungsenergie. »Die Brücke hinter sich abbrechen, dem Ziele zu«, hieß Nansens Devise.

Und noch in unseren Tagen schreibt ein Polarabenteurer: »Ich will weg. Weg vom Lärm des Fliegers, weg von den Spuren im Schnee, weg von der letzten Berührung mit Menschen. Ich will mich in die Einsamkeit fallen lassen, spüren, daß ich lebe, daß ich siege. ... Wie leicht es doch ist, an Menschen zu denken, die Tausende Kilometer entfernt sind.«

Aber die größte Gemeinsamkeit, die dazu berechtigt, die wirklichen Entdecker mit den literarischen Reisenden zu vergleichen, liegt in ihrer jeden Erklärungsversuch überbietenden Hingabe an den polaren Traum. Was bewegt sie, immer wieder den Weg in »das erstarrte Reich des Todes« zu suchen, beim Anblick der »unerbittlichen, eisherzigen Gottheit« der Mitternachtssonne in »Wonne« zu schwimmen, sich dem »Zauber des silbernen Blendwerks des Nordens« auszuliefern, aus dem gleichen Grund, »aus dem ein Dichter sich gedrängt fühlt, sich in Versen zu ergießen«, um endlich »den Sieg des Lebendigen« davonzutragen oder unterzugehen?

Die Polarreisenden gestehen freimütig, daß keineswegs wissenschaftliche Motive allein und auch nicht bloß persönlicher Ehrgeiz ihren Eifer entfachen. Die einen glauben, der Zivilisation zuliebe zu handeln, wenn sie, wie Amundsen schreibt, die »höhnende Herausforderung« der letzten weißen Flecken unbeherrschter Natur annehmen, andere wollen in der gleichen Logik ihre gescheiterten Vorgänger »rächen«. Doch selbst dieser verbissene Bemächtigungswunsch reicht an das, was sie antreibt, nicht heran. Wo immer die Berichte diese Frage berühren, erheben sie sich in eine hymnische und geradezu religiöse Tonlage. Sie lassen ein Mysterium ahnen, das sich nur Eingeweihten erschließt. Es ist nicht übertrieben, in dem Wettlauf zu den Polen, der um 1900 fieberhafte Ausmaße annahm und der weniger ein Wettlauf zwischen Männern als einer zwischen Körper und Technik war – wenig später begann die Epoche der Flugexpeditionen –, eine Form von moderner Mystik zu sehen. Sie richtet ungeheure Energien auf einen unsichtbaren, unfaßbaren, in Wahrheit unbetretbaren Ort.

202 Mitglieder des Expeditionscorps von Roald Amundsens Südpolexpedition, 1911, © Anne Christin Jacobsen, Oslo

»Je näher wir dem Pol kamen«, schreibt Frederick Cook, »um so mehr belebte sich meine Einbildungskraft. Eine ruhelose, fast hysterische Erregung bemächtigte sich unser aller. Meine beiden Burschen glaubten Bären und Seehunde zu erblicken, und ich beobachtete häufig neues Land, doch bei einem Wechsel der Lichtwirkung wurde der Horizont klar. Wir wurden immer begieriger, weiter in dies Zauberreich einzudringen. Während wir die hohe Leiter der Breitengrade erklommen, wußten wir, daß jede Marschstunde uns dem Pol näher brachte – dem Pol, den die Menschen seit drei Jahrhunderten suchten, und der, wenn das Glück günstig war, mein sein sollte!«

Die Pole bilden die Achse der Welt. Der Wunsch, sich ihnen zu nähern, ist also auf ein Zentrum gerichtet. Aber für die Entdecker sind die Pole andererseits exzentrische Orte, jenseits des Lebens gelegen, jenseits der Zeit, insofern alle Meridiane und damit alle Zeitmaße sich in ihnen treffen, jenseits der wechselnden Schattenlängen und Sonnenhöhen, jenseits natürlicher Orientierung. Cooks Bericht von den letzten Märschen zum Nordpol ist in ein durch Überanstrengung, Hungertrance und erschlagende Monotonie erzeugtes Traumlicht getaucht: leeres, weißes Land, das sich mit glühenden Blicken und Schreckensgeistern bevölkert.

In der modernen Literatur haben Vorstellungen einer inversen Ordnung an den Polen eine große Rolle gespielt. Poes Arthur Gordon Pym läßt in der Antarktis südlich des 80. Breitengrades die Atmosphäre sich allmählich wieder erwärmen, um dort ein von Menschen bewohntes und doch ganz und gar fremdes Land zu imaginieren. Die Bilder der Starre werden so zu Elementen eines magischen Walls, hinter dem eine neue Art von Lebendigkeit den Eindringling anlockt und ungleich bedroht. Später greift Georg Heym dieses Motiv wieder auf: Er schreibt das Tagebuch des Polfahrers Shackleton um, der in die Hände der Südpolbewohner fällt und von ihnen operativ seiner Seele beraubt wird, um als sein eigenes Double, sein eigener Golem in die Heimat zurückzukehren. Für solche Science-Fiction-Phantasien ist es kennzeichnend, daß sie Fragmente bleiben und sich im Dunkel ungesicherter Überliefe-

203 Richard Long (geb. 1945), Arctic spindrift. A day walking through snow, wind and sunlight in a fifteen day walk in Lappland, Sweden and Norway, 1985, überarbeitete Fotografie, Stiftung Brandhorst, Köln

rungen verlieren. Immerhin stellen sie einen Versuch dar, das Geheimnis der Polarwelt und des apokalyptischen Sogs, den sie ausübt, zu entschlüsseln. Und damit Auskunft zu geben über das, was die Polmythen in Gang gesetzt hat und sich später in den Weltraumfahrten fortsetzt, die auch dem Ruf der Kälte folgen: Auskunft über die Triebstruktur der Moderne.

VEGETATION

MIKAEL STENSTRÖM

›Unfruchtbar‹ und ›öde‹ sind zwei Worte, die man häufig hört, wenn die Polregionen beschrieben werden. Tatsächlich scheinen diese Worte ja auch in einer Region, in der es weder Bäume noch andere große Pflanzen gibt, durchaus angemessen. Doch das heißt noch lange nicht, daß es dort überhaupt keine Pflanzen gibt: Sie sind nur einfach kleiner. Wenn man die Schönheit und Vielfalt der arktischen und antarktischen Pflanzenwelt würdigen will, muß man einen neuen Blickwinkel wählen – man muß buchstäblich vor ihr in die Knie gehen.

Warum sind die Pflanzen der Arktis und Antarktis so klein? Die Antwort lautet: Sie müssen so klein sein, damit sie überleben können. Eine hochwüchsige Pflanze, die im Winter nicht ganz unter der Schneedecke verschwindet, wäre schutzlos den

VEGETATION

204 Island-Mohn (Papaver radicatum) hat eine Blüte in Form einer Parabolantenne, die die Sonne einfängt. Fliegen nehmen darin ein Sonnenbad und bestäuben gleichzeitig die Blüten. Die Sonnenstrahlen bündeln sich auf der heranreifenden Frucht, in der sich die Samen aufgrund der erhöhten Wärme rascher entwickeln. Somit erhöhen sich die Chancen der Pflanze, ihren Lebenszyklus während des kurzen arktischen Sommers zu vollenden. Foto: Mikael Stenström

205 Gegenblättriger Steinbrech (Saxifraga oppositifolia). Die nördlichste Pflanze der Welt wächst bei bis zu 83° 39' in Nordostgrönland. Foto: Mikael Stenström

scharfen Eiskristallen ausgeliefert, die der Wind unablässig gegen sie schleudern würde. Auch im Sommer gibt es oft heftige Winde, die eine große Pflanze austrocknen könnten. Daher bilden viele Pflanzen dichte Kissen, die dem Wind keinen Angriffspunkt bieten und die die aufgenommene Sonnenwärme speichern können. Bei einigen Weidenarten verlaufen Stämme und Äste fast vollständig unterirdisch, und nur kurze Stiele und Blätter wagen sich hervor. Viele dieser Pflanzen wachsen außerordentlich langsam und werden zum Teil sehr alt. So kann ein 30 Zentimeter großes Kissen der Diapensia lapponica über 700 Jahre alt sein.

Mehr als 800 Blütenpflanzenarten sind bis in die Arktis vorgedrungen – ein klares Indiz für die vielfältigen Lebensbedingungen in dieser Region. Im Gegensatz dazu gibt es auf dem antarktischen Festland nur zwei Arten von Blütenpflanzen. Die Antarktis liegt weitab vom nächsten Kontinent, und das hat die Chancen für die Ansiedlung neuer Pflanzenarten vermindert. Außerdem ist der größte Teil des Kontinents von ewigem Eis bedeckt, und das Klima ist wesentlich härter als in den meisten Gegenden der Arktis. An den wenigen Stellen, wo Pflanzen wachsen können, spielen Moose und Flechten eine größere Rolle als Blütenpflanzen. Einige Flechten wachsen sogar in den polaren Wüstengebieten im Inneren des antarktischen Kontinents, wo wahrhaft extreme Bedingungen herrschen.

Landkarten, die die Verbreitung der arktischen Pflanzen verzeichnen, so zum Beispiel die bekannten Karten von Eric Hultén, gestatten oft interessante Einblicke in die Geschichte der Arktis. So sind beispielsweise im arktischen Teil von Alaska und im Osten Rußlands vielfach dieselben Pflanzenarten anzutreffen – eine Erinnerung an die einstige Landbrücke über das Beringmeer. Am Ende der letzten Eiszeit drangen die Pflanzen in die Arktis vor, nachdem sie den langen Winter im ›Exil‹ verbracht hatten. Anhand ihres genetischen Materials kann man Vermutungen darüber anstellen, wo sich dieses Exil befand und auf welchen Wegen die Rückwanderung erfolgte. Durch die Analyse verschiedener DNA-Typen konnten Forscher den Schluß ziehen, daß nicht alle Arten am Ende der Vereisung von Süden gekommen sind. Einige schei-

206 Wollgras (Eriophorum vaginatum), kommt auf weiten Tundraflächen vor. Über 100 000 m² werden von seinen großen Büscheln dominiert, wie hier an der Mündung des russischen Flusses Yana. Das Wollgras ist ein Meister der Sparsamkeit: Praktisch alle aufgenommenen Nährstoffe werden in den Büscheln recycelt, um neue Triebe zu bilden. Foto: Mikael Stenström

nen auch in den Teilen der nördlichen Arktis überlebt zu haben, die während der gesamten Eiszeit eisfrei geblieben waren. Wenn man verstehen will, wie es zur heutigen Verteilung genetischer Varianten gekommen ist, muß man auch wissen, wie Blütenpollen durch Insekten verteilt wurden.

Manche Wechselbeziehungen zwischen Pflanzen und Tieren können sehr weitreichende Folgen haben. Neuere Forschungen haben ergeben, daß die chemischen Abwehrreaktionen der Seggen, die immer dann auftreten, wenn sie zu stark abgefressen werden, möglicherweise für die periodische Bevölkerungsexplosion und das anschließende Massensterben bei den Lemmingen verantwortlich sind. Die Lemmingzyklen beeinflussen ihrerseits das Leben von Raubtieren wie dem Polarfuchs und der Schnee-Eule. Da die Pflanzen die Basis jedes Ökosystems bilden, ist es auch sehr wichtig, daß wir die Auswirkungen des globalen Wandels auf die Pflanzenwelt der Arktis und Antarktis verstehen. Experimente mit erhöhten Temperaturen (zur Simulation des Treibhauseffekts) und verstärkter UVB-Strahlung (zur Simulation der Ozonverminderung) haben gezeigt, daß nicht alle Arten in gleicher Weise auf diese Veränderungen reagieren. Das bedeutet, daß die Pflanzengemeinschaften, die wir heute kennen, in der nahen Zukunft ganz anders aussehen können – sowohl für uns als auch für die Tiere, die sich von ihnen ernähren.

VERTRAG UND FORSCHUNG

ROBERT K. HEADLAND

Sowohl das Scientific Committee on Antarctic Research (SCAR: Wissenschaftliches Komitee für Antarktisforschung) als auch der Antarktisvertrag sind von entscheidender Bedeutung für das Schicksal der Antarktis: Das SCAR ist wissenschaftlich orientiert, der Antarktisvertrag regelt politische und rechtliche Fragen. Sie haben jedoch vieles gemeinsam – so zum Beispiel eine weitgehende Überschneidung der beteiligten Staaten – und arbeiten im Rahmen des Systems an Verträgen und Konventionen zur Kontrolle der Antarktis, das sich im Laufe der Zeit herausgebildet hat, vielfach zusammen.

Das Scientific Committee on Antarctic Research (SCAR)

Das Komitee ist Mitglied des International Council of Scientific Unions (ICSU: Internationaler Wissenschaftsrat). Es wurde 1958 auf Empfehlung des Sonderkomitees für das Internationale Geophysikalische Jahr ins Leben gerufen. In der 1997 revidierten Satzung des Komitees wird die Antarktis definiert als der Bereich, der begrenzt wird von der antarktischen Konvergenz inklusive einiger subantarktischer Inseln, die zwar außerhalb der Konvergenz liegen, aber dennoch dem Interessenbereich zuzurechnen sind (Gough Island, die Prince Edward Islands, die Crozetinseln, die Kergueleninseln, die Île Saint-Paul, die Île Nouvelle-Amsterdam und die Macquarie-Inseln).

Das Komitee ist also für den gesamten Geltungsbereich des Atlantikvertrags zuständig, und außerdem für einige vorgelagerte Inseln. Die Gründung des Komitees erfolgte am 3. Februar 1958 unter der Bezeichnung Special Committee on Antarctic Research, und die Gründungsmitglieder waren die Wissenschaftsakademien der Staaten, die sich am Internationalen Geophysikalischen Jahr beteiligten – dieselben Staaten, die auch 1959 als erste den Antarktisvertrag unterzeichneten.

Das Sekretariat des SCAR hat seinen Sitz in Cambridge (Großbritannien). Es ist die ranghöchste, nichtstaatliche Instanz, die sich mit Fragen der Antarktis befaßt. Alle zwei Jahre treffen sich die Mitglieder des Komitees in einem der Mitgliedsstaaten; die 24. Versammlung fand im August 1996 in Cambridge statt. Es gibt acht »ständige Arbeitsgruppen« in den Hauptdisziplinen: Biologie, Geodäsie und Geographie, Geologie, Glaziologie, Humanbiologie und Medizin, Physik und Chemie der Atmosphäre, terrestrische und atmosphärische Solarforschung und Geophysik. Bei Bedarf konstituieren sich Spezialistengruppen, die sich mit interdisziplinären Fragen beschäftigen. Derzeit gibt es drei solche Spezialistengruppen: zu Robben, Umweltfragen und Naturschutz, zu den Auswirkungen des globalen Wandels auf die uralten Lebensräume der Antarktis und zur Ökologie der Südlichen Weltmeere und zur Evolution der Lithosphäre. Früher gab es noch eine Arbeitsgruppe, die sich speziell mit logistischen Fragen beschäftigte, doch ihre Aufgaben werden heute von einer 1989 neu gegründeten Institution wahrgenommen, dem Council of Managers of National Antarctic Programmes.

Die Wissenschaftsakademien der Mitgliedsländer machen geplante Antarktis-Forschungsprogramme im voraus publik, und die Ankündigungen werden jährlich zwischen den Ländern ausgetauscht. Satzung und Arbeitsweise des Komitees werden im SCAR Manual (SCAR-Handbuch) beschrieben.

Mitgliedsstaaten des Scientific Committee on Antarctic Research in der Reihenfolge ihres Beitritts (Stand März 1997):
Vollmitglieder (25):

Argentinien[1]	3. Februar 1958
Australien[1]	3. Februar 1958
Belgien[1]	3. Februar 1958

Chile[1]	3. Februar 1958
Frankreich[1]	3. Februar 1958
Großbritannien[1]	3. Februar 1958
Japan[1]	3. Februar 1958
Neuseeland[1]	3. Februar 1958
Norwegen[1]	3. Februar 1958
Rußland[1,3]	3. Februar 1958
Südafrika[1]	3. Februar 1958
USA[1]	3. Februar 1958
Polen	22. Mai 1978
Deutschland	
BRD[2]	22. Mai 1978
DDR[2]	8. September 1981
Brasilien	1. Oktober 1984
Indien	1. Oktober 1984
Volksrepublik China	23. Juni 1986
Schweden	(24. März 1987) 12. September 1988
Italien	(19. Mai 1987) 12. September 1988
Uruguay	(29. Juli 1987) 12. September 1988
Spanien	(15. Januar 1987) 23. Juli 1990
Niederlande	(20. Mai 1987) 23. Juli 1990
Südkorea	(18. Dezember 1987) 23. Juli 1990
Finnland	(1. Juli 1988) 23. Juli 1990
Ecuador	(12. September 1988) 15. Juni 1992

Assoziierte Mitglieder (7):[4]

Peru	14. April 1987
Schweiz	16. Juni 1987
Estland	15. Juni 1992
Pakistan	15. Juni 1992
Kanada	5. September 1994
Ukraine	5. September 1994
Bulgarien	5. März 1995

Die Daten in Klammern bei einigen Vollmitgliedern bezeichnen die Aufnahme als assoziierte Mitglieder.

1 Eins der zwölf Gründungsmitglieder des Komitees.
2 Die beiden deutschen Staaten schlossen sich am 3. Oktober 1990 zusammen.
3 Ursprünglich die Sowjetunion; ab Dezember 1991 übernahm Rußland deren SCAR-Mitgliedschaft.
4 Kolumbien trat am 23. Juli 1990 als assoziiertes Mitglied bei und am 3. Juli 1995 wieder aus.

Der Antarktisvertrag

Der Vertrag ergab sich teils aus der wissenschaftlichen Zusammenarbeit zwischen den Ländern, die am Internationalen Geophysikalischen Jahr 1957/58 teilnahmen – dem Jahr (in Wirklichkeit handelte es sich um einen Zeitraum von 18 Monaten), das den Beginn des Status der Antarktis als ›Kontinent der Wissenschaft‹ markiert. Die Zahl der Länder, die wissenschaftliche Forschungsstationen in der Antarktis unterhielten, verdreifachte sich in diesen anderthalb Jahren, und zehn der zwölf beteiligten Länder erhielten ihre Stationen auch in den folgenden Jahren aufrecht. Inzwischen sind Stationen aus weiteren 18 Ländern hinzugekommen, und alle sind mit umfangreicheren langfristigen Forschungsaufgaben beschäftigt. Die Forschungen werden durch das Scientific Committee on Antarctic Research koordiniert. Den Umgang der einzelnen Staaten miteinander regelt der Antarktisvertrag mit seinen zugehörigen Konventionen und sonstigen Bestimmungen.

Der Vertrag wurde von Diplomaten der einzelnen Länder auf einer Konferenz in Washington ausgehandelt und am 1. Dezember 1959 unterzeichnet; am 23. Juni 1961 trat er in Kraft. Er ist zeitlich nicht begrenzt; Artikel XII sieht allerdings vor, daß die Wirkungsweise des Vertrags nach Ablauf von 30 Jahren nach Inkrafttreten (das heißt nach 1991) auf Ersuchen einer der Vertragsparteien überprüft werden kann.

Der Gültigkeitsbereich des Antarktisvertrags wird in Artikel VI wie folgt beschrieben:

... das Gebiet südlich von 60° südlicher Breite einschließlich aller Eisbänke; jedoch läßt dieser Vertrag die Rechte oder die Ausübung der Rechte eines Staates nach dem Völkerrecht in bezug auf die Hohe See in jenem Gebiet unberührt.

Das heißt, der Vertrag schließt den gesamten antarktischen Kontinent sowie die weiter südlicheren der subantarktischen Inseln mit ein.

Im Vertrag wird als dessen Hauptzweck genannt:

Die Antarktis wird nur für friedliche Zwecke genutzt ... (Artikel I)

und

Die Freiheit der wissenschaftlichen Forschung in der Antarktis und die Zusammenarbeit zu diesem Zweck, wie sie während des Internationalen Geophysikalischen Jahres gehandhabt wurden, bestehen ... weiter (Artikel II).

Um die Verwirklichung dieser Ziele nicht zu gefährden, sind militärische Maßnahmen jeglicher Art untersagt; zwar steht der Vertrag dem Einsatz militärischen Personals oder Materials für die wissenschaftliche Forschung oder für sonstige friedliche Zwecke nicht entgegen (Artikel I, Absatz 2), doch müssen alle Pläne für antarktische Unternehmungen vorab angemeldet sein (Artikel III und VII), und die Vertragsparteien haben das Recht, Beobachter zu entsenden, die über die Einhaltung der Vertragsbestimmungen wachen (Artikel VII, VIII und IX). Kurioserweise ist, obwohl ihr Einsatz ausschließlich zur Unterstützung wissenschaftlicher Forschungen gestattet ist, ein Großteil der in der Antarktis stationierten Personen Militär, so daß die Antarktis der am stärksten militarisierte unter allen Kontinenten ist.

Die Auseinandersetzungen um die Hoheitsrechte in der Antarktis haben solche Ausmaße angenommen, daß all diese Bestimmungen nicht ausgereicht hätten, um die Ziele des Vertrages zu sichern, gäbe es nicht den Artikel IV:

(1) Dieser Vertrag ist nicht so auszulegen,

(a) als stelle er einen Verzicht einer Vertragspartei auf vorher geltend gemachte Rechte oder Ansprüche auf Gebietshoheit in der Antarktis dar;

(b) als stelle er einen vollständigen oder teilweisen Verzicht einer Vertragspartei auf die Grundlage eines Anspruchs auf Gebietshoheit in der Antarktis dar, die sich aus ihrer Tätigkeit oder derjenigen ihrer Staatsangehörigen in der Antarktis oder auf andere Weise ergeben könnten;

(c) als greife er der Haltung einer Vertragspartei hinsichtlich ihrer Anerkennung oder Nichtanerkennung des Rechts oder Anspruchs oder der Grundlage für den Anspruch eines anderen Staates auf Gebietshoheit in der Antarktis vor.

(2) Handlungen oder Tätigkeiten, die während der Geltungsdauer dieses Vertrages vorgenommen werden, bilden keine Grundlage für die Geltendmachung, Unterstützung oder Ablehnung eines Anspruchs auf Gebietshoheit in der Antarktis und begründen dort keine Hoheitsrechte. Solange dieser Vertrag in Kraft ist, werden

keine neuen Ansprüche oder Erweiterungen bestehender Ansprüche auf Gebietshoheit in der Antarktis geltend gemacht.

Um es in einem Bild auszudrücken: Damit ist dafür gesorgt, daß das Problem der Hoheitsrechte in der Antarktis auf Eis gelegt ist.

Seit Inkrafttreten des Vertrages haben die Konsultativstaaten fast 200 Empfehlungen und eine Reihe von Konventionen verabschiedet; über die Hälfte der Empfehlungen und alle Konventionen beziehen sich auf Naturschutz- und Umweltfragen. Dazu zählen ein Maßnahmenkatalog zur Erhaltung der antarktischen Flora und Fauna (1964), eine Konvention zum Schutz der antarktischen Robben (1972), eine Konvention zur Erhaltung der antarktischen Meeresflora und -fauna (1980), eine Konvention zur Regulierung des Abbaus von Bodenschätzen in der Antarktis (Christchurch, 1988) und das 1991 in Madrid unterzeichnete Umweltschutzprotokoll. Diese Empfehlungen, Konventionen und Protokolle sind neben zahlreichen weiteren Informationen zum Vertrag im Handbook of the Antarctic Treaty System veröffentlicht.

Vertreter der Vertragsstaaten treffen sich alljährlich in einem der Konsultativstaaten; die 21. Konferenz fand im Mai 1997 in Neuseeland statt. Derzeit gibt es kein Sekretariat, daher ist das Gastgeberland des Jahrestreffens zugleich für die Koordination der Arbeiten zuständig. Sobald es sich als notwendig erweist, wenn etwa ein neues Land einen Aufnahmeantrag gestellt hat oder wenn zusätzliche Vereinbarungen ausgehandelt werden sollen, wird ein außerordentliches Treffen der Konsultativstaaten anberaumt.

Die Konsultativstaaten tauschen jeweils zu Beginn des antarktischen Sommers auf diplomatischem Wege mit weiteren Informationen versehene Berichte über bevorstehende antarktische Unternehmungen und das teilnehmende Personal aus. Dabei handelt es sich um Planungen, und die Unwägbarkeiten der Antarktis machen es oft erforderlich, daß später ein weiterer Bericht darüber folgt, was tatsächlich erreicht wurde.

Antarktisvertrag: Unterzeichnerstaaten in chronologischer Reihenfolge (Stand März 1997)

GROSSBRITANNIEN	31. Mai 1960
SÜDAFRIKA	21. Juni 1960
BELGIEN	26. Juli 1960
JAPAN	4. August 1960
USA	18. August 1960
NORWEGEN	24. August 1960
FRANKREICH	16. September 1960
NEUSEELAND	1. November 1960
RUSSLAND[3]	2. November 1960
Polen	8. Juni 1961 (29. Juli 1977)
ARGENTINIEN	23. Juni 1961
AUSTRALIEN	23. Juni 1961
CHILE	23. Juni 1961
Tschechische Republik[4]	14. Juni 1962
Slowakei[4]	14. Juni 1962
Dänemark	20. Mai 1965
Niederlande	30. März 1967 (19. November 1990)
Rumänien	15. September 1971
Deutschland (DDR)[1]	19. November 1974 (5. Oktober 1987)
Brasilien	16. Mai 1975 (12. September 1983)

Bulgarien	11. September 1978
Deutschland (BRD)[1]	5. Februar 1978 (3. März 1981)
Uruguay	11. Januar 1980 (7. Oktober 1985)
Papua-Neuguinea[2]	16. März 1981
Italien	18. März 1981 (5. Oktober 1987)
Peru	10. April 1981 (9. Oktober 1989)
Spanien	31. März 1982 (21. September 1988)
Volksrepublik China	8. Juni 1983 (7. Oktober 1985)
Indien	19. August 1983 (12. September 1983)
Ungarn	27. Januar 1984
Schweden	24. April 1984 (21. September 1988)
Finnland	15. Mai 1984 (9. Oktober 1989)
Kuba	16. August 1984
Südkorea	28. November 1986 (9. Oktober 1989)
Griechenland	8. Januar 1987
Nordkorea	21. Januar 1987
Österreich	25. August 1987
Ecuador	15. September 1987 (19. November 1990)
Kanada	4. Mai 1988
Kolumbien	31. Januar 1989
Schweiz	15. November 1990
Guatemala	31. Juli 1991
Ukraine	28. Oktober 1992
Türkei	24. Januar 1996

Die zwölf Gründungsmitglieder – die Staaten, die den Vertrag am 1. Dezember 1959 unterzeichneten – sind fett und versal gedruckt; genannt sind die Daten, an denen der Vertrag ratifiziert, gebilligt oder angenommen wurde.

Konsultativstaaten: 26 Staaten (fett gedruckt), die zwölf ursprünglichen Unterzeichnerstaaten sowie 14 weitere, die diesen Status dadurch erworben haben, daß sie sich aktiv an der Erforschung der Antarktis beteiligten (Aufnahmedaten in Klammern). 43 Staaten erkennen den Vertrag an.

1 Die beiden deutschen Staaten schlossen sich am 3. Oktober 1990 zusammen.
2 Papua-Neuguinea wurde nach der Unabhängigkeit von Australien automatisch Vertragsmitglied.
3 Die ehemalige Sowjetunion, seit Dezember 1991 von Rußland repräsentiert.
4 Aufgenommen als Tschechoslowakei. Die beiden Staaten trennten sich zum 1. Januar 1993.

VERZWEIFLUNG

»6. Dezember (1911) Wir liegen im ›Sumpf der Verzweiflung‹ – das Unwetter tobt mit unverminderter Heftigkeit. Die Temperatur ist auf $1/2°$ über Null gestiegen. Im Zelt schwimmt alles. Wer hinausgeht, kommt von einem Platzregen begossen wieder herein. Der Schnee klettert beständig höher um Wälle, Ponys, Zelte und Schlitten. Die Tiere sehen trostlos aus! Und dabei sind wir noch immer 22 Kilometer vom Beardmoregletscher entfernt. Mich durchschauert eine Hoffnungslosigkeit, der ich mich kaum noch erwehren kann. «

Robert Scott, Letzte Fahrt,
Wiesbaden 1995, S. 127

VÖGEL DER ARKTIS

207 Löffelstrandläufer (Eurynorhynchus pygmaeus), Tschuktschenhalbinsel, Foto: Staffan Widstrand

Der kurze arktische Sommer wird von einem überwältigend reichen Vogelleben geprägt. In die Tundra und in die Hocharktis kommen dann Millionen von Vögeln, die meisten aus ihren wärmeren Winterquartieren. Viele haben Tausende, ja Zehntausende von Kilometern zurückgelegt. Die Küstenseeschwalbe – der Globetrotter der Tierwelt – kommt den ganzen weiten Weg aus der Antarktis. Tundra und Küstengewässer brodeln vor Leben. Pflanzen gedeihen üppig, und die Vögel können in nährstoffreicher Kost schwelgen. Jetzt ist auch ihre Brutzeit.

Das Vogelleben in der Arktis wird bestimmt von rund 150 Arten. Wat- und Seevögel dominieren, Regenpfeifer, Alke, Schwäne, Gänse, Seetaucher, Seeschwalben, Möwen, Enten, Labben, Sturmvögel und so weiter. Sogar in den nördlichsten Vorposten des Eismeeres, wie etwa Franz-Joseph-Land, herrscht im Sommer ein hektisches Vogelleben. Dort wurden um die 40 Arten beobachtet. Möwen, Schnee-Eulen und einige Watvögel finden heute das besondere Interesse von Ornithologen.

Wenn sich der Sommer im August und September seinem Ende nähert, beginnt die Massenflucht in die Wärme des Südens. Knapp zehn Arten überwintern im rauhen Polarwinter oder unternehmen nur kurze Reisen. Sperlingsarten, Alpenschneehühner und Schnee-Eulen gehören zu dieser exklusiven Gruppe. E. D.

208 Rosenmöwe (Rhodostethia rosea) am Brutplatz, Lena Delta, Rußland, Foto: Magnus Elander

209 Elfenbeinmöwen (Pagophila eburnea), Foto: Magnus Elander

WAKE Nicht oder nur oberflächlich zugefrorene Stelle in einer Eisdecke. K. B.

WAL- UND ROBBENFANG
POLARISIERTE MEINUNG
KLAUS BARTHELMESS

Menschen, die sich ökologische Nischen in hohen Breitengraden mit Walen und Robben teilen, haben diese erneuerbaren Ressourcen stets ausgebeutet. Unterschiedliche Fangmethoden entstanden in beutespezifischer und litoraltopographischer Anpassung, überregionaler Handel mit arktischen Produkten von Seesäugern ist schon für die Prähistorie nachweisbar.

WAL- UND ROBBENFANG

Die Entwicklung off-shore tauglicher Walfangtechnologie um die letzte Jahrtausendwende durch die Basken ermöglichte 500 Jahre später, die aufkommende Nachfrage des europäischen Marktes nach Seesäugeröl zu befriedigen. Internationale Konkurrenz um dieselben Populationen verhinderte sinnvolle Bestandshege, so daß wirtschaftliche Überexpansion und daraus resultierende Überfischung eines Fanggrundes nach dem anderen stereotype Ausbeutungsmuster der neuzeitlichen Wal- und Robbenfanggeschichte wurden. Erst gegen Ende des vorigen Jahrhunderts begann man vereinzelt, der Überexpansion durch nationale Gesetzgebung und internationale Vereinbarungen gegenzusteuern; in artenschützender Hinsicht übrigens durchweg verblüffend erfolgreich.

Es war indes die Ausbeutung der Meeressäuger gerade in hohen Breitengraden, an der sich Mitte der 1960er Jahre die Kritik der Tierschützer entzündete, die ihrerseits einen Paradigmenwechsel in den westlichen Industriegesellschaften einleitete. Das Erschlagen der neugeborenen Sattelrobben (Whitecoats), perfekte Verkörperungen des Kindchenschemas, das Besudeln eines Bildes unbefleckter Weiße mit dampfendem Blut muß in naturfernen Kulturen als Akt nicht steigerbarer Rohheit und Barbarei empfunden werden. Kanadischen Werbefilmern war dies nicht genug. Sie bestachen Robbenschläger, Whitecoats lebendig abzuhäuten (Artek-Film Les phoques de la banquise, 1964). Die entsetzlichen Szenen lösten internationale Empörung aus und heizten die Protestkampagnen zahlloser Tier- und Umweltschutzorganisationen an, bis der Markt für Robbenprodukte Anfang der 1980er Jahre weltweit zusammenbrach.

Hinsichtlich des Walfangs verabschiedete die Stockholmer Umweltschutzkonferenz 1972 eine Resolution gegen die ökologisch unvertretbaren Fangquoten, die alljährlich von der Internationalen Walfangkommission (IWC) erlassen wurden. Seit jener Konferenz hat sich in den westlichen Industrienationen der Konsens gebildet, daß Wale für wirtschaftliche Ausbeutung tabu seien. Politisch artikuliert sich diese Meinung großer Teile der Bevölkerung in der IWC. Die Zahl ihrer Mitglieder hat sich in dieser Zeit fast verdreifacht, die Mehrheit verfolgt dabei vorrangig Antiwalfanginteressen.

210 Walfang nach baskischer Methode bei den Samen, Radierung von Montalegre nach Degler. In: Heinrich Scherer, »Atlas Novus«, Nürnberg 1701, Walfangsammlung Barthelmess, Foto: Peter Oszwald

211 Robbenschlag in der Arktis. Der Künstler hat fälschlich Seehunde statt arktischer Robbenarten dargestellt. Holzstich nach W. H. Overend. In: »The Illustrated London News« vom 9. 4. 1887. Walfangsammlung Barthelmess, Foto: Peter Oszwald

212 Walroßjagd, geprägte Chromolithographie, ›Glanzbild‹, England, um 1890, Walfangsammlung Barthelmess, Foto: Peter Oszwald

1993 empfahl der Wissenschaftsausschuß der IWC nach siebenjähriger Diskussion einstimmig ein sogenanntes Revidiertes Bewirtschaftungsverfahren. Es hätte ökologisch vertretbare Fangquoten für ausgewählte Zwergwalbestände zugelassen. Doch in der IWC-Vollversammlung fand die Empfehlung der eigenen Populationsexperten keine politische Mehrheit. Der Vorsitzende des Wissenschaftsausschusses trat daraufhin unter Protest von seinem Amt zurück. Gleichwohl ist das Revidierte Bewirtschaftungsverfahren noch nicht vom Tisch. Um es zu verabschieden, soll es in ein sogenanntes Revidiertes Bewirtschaftungsschema eingebettet werden.

Einer der brillantesten Strategen der Antiwalfangbewegung, Sidney Holt, Berater des Internationalen Tierschutzfonds (IFAW), erläuterte daraufhin gegenüber der Presse die neue Taktik der Walfanggegner innerhalb der IWC: Da das Revidierte Bewirtschaftungsverfahren ökologischen Bedenken offenbar standhalte, arbeite man nun verstärkt daran, das umfassendere Bewirtschaftungsschema mit zusätzlichen Bedingungen zur Fangkontrolle und Fangpraxis zu versehen, die »von den Walfängern in 50 Jahren nicht erfüllt wurden und wahrscheinlich nie erfüllt werden würden«.

Ähnlich rigorose Tendenzen in der Antiwalfangbewegung hatten indes schon vor rund zehn Jahren eine kleine Gegenbewegung auf den Plan gerufen. Ursprünglich hatte eine Handvoll Sozial- und Kulturwissenschaftler die Verelendung beklagt, die die Antirobbenfangkampagnen der 60er und 70er Jahre über neufundländische Robbenschläger und grönländische Jägerfamilien gebracht hatten. Hinter den Walfanggegnern, die ihr Ziel eines totalen Fangstopps noch lange nicht erreicht hatten, machte man oft dieselben Umweltorganisationen aus. Verschreckt vom Erfolg der Robbenschützer, formierten sich schwerpunktmäßig in zirkumarktischen Kulturen die ›Sozialaktivisten‹ – wie sie von ihren Gegnern alsbald spöttisch apostrophiert wurden – zum Widerstand auf verschiedenen Ebenen.

Auf zwischenstaatlicher Ebene steht die Nordatlantische Meeressäugerkommission (NAMMCO) in den Startlöchern, um Bewirtschaftungsaufgaben zu übernehmen, wenn das völkerrechtliche Gremium der IWC sie nicht länger wahrnehmen sollte. Auf Verbands- und Vereinsebene organisierten sich lokale und ethnische Interessen, zum Beispiel in der Eskimowalfangkommission Alaskas (AEWC), der Grindwalfängervereinigung der Färöer, der Japanischen Kleinwalfängervereinigung (JSTCWC), der Vereinigung grönländischer Jäger und Fischer (KNAPK) oder zwei norwegischen Kleinwalfangverbänden. Auf internationaler, nichtstaatlicher Ebene betreibt die High North Alliance Lobbyarbeit im Auftrag ihrer Mitglieder aus Grönland, Island, Norwegen und den Färöern. Aber auch private Bürgerinitiativen entstanden, wie Friends of Whalers in Brooklyn, New York, oder das Solidaritätskomitee Färöer (FISC) im englischen Surbiton, das sich speziell gegen die sogenannte Pilotwalkampagne der Environmental Investigation Agency, der Whale and Dolphin Conservation Society, des International Fund for Animal Welfare und des Deutschen Tierhilfswerkes wendet.

213 Buckelwal (Megaptera novaengliae), Antarktis 1995, Foto: Herbert Grimm

War die Walschutzbewegung in ihren Zielen kompromißlos, so fiel die Kritik ihrer organisierten und unorganisierten Gegner nicht minder radikal aus. In ihren Kernsätzen bestreitet die Gegenbewegung nichts weniger als die moralische Legitimation der Antiwalfangbewegung: Wale seien für Walfanggegner sicherlich ein Symbol, aber für Walfänger (Jäger des ›großen Fisches‹) seien sie das schon lange. Doch die Überlegenheit des jungen Symbols über das alte sei so lange nicht akzeptabel, wie der tierschützende Wertewandel in den westlichen Industriegesellschaften nicht interkultureller oder gar völkerrechtlicher Standard sei. Zum anderen wird eine angebliche Ablaßmentalität der engagierten Naturschützer gegeißelt; denn die Antiwalfangbewegung profitiere von einem milliardenschweren Spendenmarkt, der vorrangig in jenen naturfernen Ballungsgebieten entstanden sei, wo 20 Prozent der Weltbevölkerung 80 Prozent der Naturressourcen verbrauchten.

Die Gegner des Robbenschlags konnten ihren Kulturkampf seinerzeit innerhalb von zwei Jahrzehnten gewinnen, weil sie in jenen Ländern lebten, die den wichtigsten Exportmarkt für Robbenprodukte bildeten. Die Walfanggegner führen ihren Kulturkampf schon erheblich länger, und trotz allen Einsatzes ist ein Ende noch nicht in Sicht. Denn die letzten Walfangkommunen dieser Welt fangen vorwiegend für den Eigenbedarf oder den nationalen Markt. Und sie verweisen mit Nachdruck darauf, daß sie nicht in der Tradition der kapitalistischen Fangreedereien stehen, die während eines halben Jahrtausends Walfanggeschichte in skrupelloser Konkurrenz miteinander die Ozeane beinah wal-los harpuniert hätten.

Ein Novum der jüngsten Zeit ist, daß der wissenschaftliche Diskurs in der IWC über ökologisch verträgliche Fangquoten von immer mehr Signatarstaaten unter Verweis auf innenpolitische Befindlichkeiten verweigert wird: Da die Wählerschaft in ihren Ländern mehrheitlich jeglichen Walfang kategorisch ablehne, seien ihre IWC-Delegationen nicht demokratisch legitimiert, einer Aufhebung des Walfangmoratoriums zuzustimmen. Dieser Absage an das Prinzip der Rationalität, das bislang alle internationalen Übereinkommen zur Bewirtschaftung von erneuerbaren Lebendressourcen geleitet hat, versuchen Walfanginteressenten nun durch die zur Jahreswende 1996/97 erfolgte Gründung eines World Council of Whalers (in Port Alberni, British Columbia) gegenzusteuern. Demonstrativ sitzen dort walfangende Ureinwohner der USA, Kanadas, Grönlands, Tschukotkas und Indonesiens »in einem Boot« mit norwegischen, färöischen, karibischen und japanischen Walfängern. Die rigide Ablehnung jeglichen Walfangs setzt Tierschützer damit dem Ruch eines gegenüber Ureinwohnern rücksichtslosen Kulturimperialismus oder gar des Rassismus aus.

Blasprofile der Wale

Blauwal

Buckelwal

Finnwal

Pottwal

Seiwal

Südkaper

Zwergwal

214 Der Fachmann erkennt den Wal an seinem Blasstrahl

Der Kulturkampf um die Wale geht weiter und der um die Robben entflammt vielleicht neu: Das Motto einer mehrtägigen Robbenfang-Konferenz und -Handelsschau im November 1997 lautete »Sealing – the Future«.

WEGENER ALFRED (1880–1930), deutscher Geophysiker und Meteorologe. Veröffentlichte 1912 seine revolutionäre Theorie der Kontinentaldrift, für die ihm lange die Anerkennung versagt blieb. Auf drei Grönlandexpeditionen sammelte er große Mengen meteorologischer und glaziologischer Daten. So überquerte er 1912/13 gemeinsam mit dem Dänen Johan Peter Koch die grönländische Eiskappe von Ost nach West mit Ponyschlitten. Im November 1930 kam er auf dem Inlandeis ums Leben. K. B.

215 Alfred Wegener, Foto: AWI

WEISS »Die weisse Farbe streift bei den Polen umher. Für mich bedeutet das ewige Unruhe und ewiger Schrecken. Sie ist des öfteren hinter mir her gewesen. Das lässt sich nicht beschreiben. Wenn das Weisse sich bewegt. Wie eine Feder nähert sich der Eisbär, tanzend über Steine und Abstände. Plötzlich aus der gefleckten Landschaft hervorgezaubert. Ich wage nicht, daran zu denken. Aber ich habe viele Stunden damit verbracht, die unglaublichen Kombinationen von Zufällen (?) auszurechnen, die daran schuld sind, dass sie mich nicht erreicht hat. Zufälle gibt es nur für den, der überlebt. Das ist kein Zufall. Melville schreibt über die weisse Farbe in Moby Dick (den ich natürlich hier las): ›Trotz all der Verbindungen dieser Farbe zum Schönen und Guten bleibt in der weissen Farbe ein unerklärliches Geheimnis zurück, das selbst die rote Farbe übertrifft, die abschreckt, weil sie die Farbe des Blutes ist.‹

Die weisse Stille macht das Blut in mir schneller schlagen. Ist es die weisse Farbe oder das weisse Tier. Ist es nicht gleichgültig – ist es nicht nur die Angst hier bei den Schneeflecken, bei der erstarrten Küste, die weisse Stille, der viel zu klare Weitblick.«

Per Kirkeby, Bravura, Bern/Berlin 1984, S. 155

WELTRAND »Drei Mönche, Theophilus, Sergius und Hyginus, verlassen ihr Kloster in Mesopotamien und beschließen, dorthin zu ziehen, wo Erde und Himmel sich berühren. Sie wandern den Tigris entlang nach Persien … Darauf pilgern sie gen Indien … Hundertzehn Tage wandern sie weiter gen Osten und gelangen in das Land der Pygmäen, darauf in das Land der Schlan-

216 Antarktis, Foto: Stuart Klipper

gen und Drachen, danach in ein Land, wo himmelhohe Berge aufwärts ragen, weiter in eine große Ebene … Dann kommen sie an ein Meer, von dem ein furchtbarer Gestank ausgeht und in dem sich feuerige Schlangen bewegen. … Vierzig Tage wandern sie ohne Speise weiter, darauf vernehmen sie den Psalmengesang von unzähligen Schaaren und ein süßer Duft durchströmt die Luft. Vor ihnen erhebt sich eine Kirche aus lauterm Krystall, von deren Altar eine Quelle ausgeht, welche wie Milch erscheint. Die Sterne über der Kirche haben einen hellern Glanz und die Sonne leuchtet sieben Mal so hell darüber. Berge, Bäume und Früchte waren von nie gesehener Größe und Schönheit, und ganz anders erklang der Gesang der Vögel in den Lüften.«

Franz Kampers, Mittelalterliche Sagen vom Paradiese und vom Holze des Kreuzes Christi, Köln 1897, S. 46 ff.

WETTLAUF ZUM NORDPOL

ERIC DYRING

Die größte Kontroverse in der Geschichte der Arktis drehte sich zu Beginn des Jahrhunderts um die Frage, wer als erster seinen Fuß auf den Nordpol gesetzt hatte. Die Wettstreiter waren Frederick A. Cook, der behauptete, den Pol am 21. April 1908 erreicht zu haben, und Robert E. Peary, der darauf bestand, daß er, und niemand sonst, als erster am 6. April 1909 am Nordpol gewesen sei.

Der Streit, der mit einzigartiger Gehässigkeit geführt wurde, weckte in der gesamten Welt großes Interesse. Experten, gelehrte Gesellschaften und sogar die Behörden lasen die Log- und Tagebücher der Konkurrenten sehr genau, gleichzeitig nahm man ihren Lebenswandel unter die Lupe. Die Debatte wurde mit erniedrigenden Worten geführt, vor allem Peary war schonungslos in seinem Bemühen, Cook niederzumachen.

Um die Jahrhundertwende hatten Polarabenteuer Hochkonjunktur. Auf denjenigen, der die Tücken der Polarnatur bezwingen konnte, warteten Ruhm und Ehre. Er war begehrt als Autor und Dozent und wurde als Nationalheld geehrt, zudem gewann sein Land hohes internationales Ansehen.

Robert Peary war förmlich besessen von der Idee, als erster den Nordpol zu erreichen. Alles andere war unwichtig. Die Mittel, die er zum Erreichen seines Ziel anwendete, hielten einer moralischen Überprüfung nicht immer stand. Polarfahrer und Rekordjäger war sein Beruf, nicht Forscher. Während eines Zeitraumes von 23 Jahren weilte er insgesamt 18 Jahre inmitten der unbarmherzigen arktischen Natur. Den ersten Versuch zum Nordpol vorzustoßen, unternahm er 1898, in den nächsten zehn Jahren folgten weitere. Mit jedem Mißerfolg kam er seinem verlockenden Ziel ein Stückchen näher, gleichzeitig wurde seine technische Ausrüstung immer ausgefeilter. In einem letzten Anlauf erreichten Peary, sein ständiger Begleiter, der Mulatte Matthew Henson, und vier Eskimos nach Pearys vagen Berechungen am 6. April 1909 den Pol. Die amerikanische Flagge wurde auf dem Eis gehißt.

Zu Hause erfuhr er die Nachricht, daß Cook mit zwei Begleitern den Pol ein Jahr früher erreicht hatte. Die Ehre des Siegers stand auf dem Spiel, Peary begann umgehend, Cook des Schwindels zu bezichtigen.

Die große Frage bleibt, ob überhaupt einer von beiden den Pol erreicht hat. Über dieses Thema ist viel geschrieben und debattiert worden. Sowohl Cook als auch Peary haben ihre jeweiligen Fürsprecher. Manche Experten glauben, daß beide bis zum Pol vordrangen, manche glauben, daß es keinem gelungen ist. Das Problem für beide war der Mangel an Beweisen. Sie hatten für die Positionsbestimmung natürlich keinen Zugang zur Präzision der Satellitennavigation, sondern waren angewiesen auf Sextant und Chronometer. Im Eismeer ist das nicht leicht. Die Sonne kann tagelang im Nebel verschwinden, und niedrige Wolken und das Polareis sind zudem in ständiger und schneller Bewegung. Die Kontroverse zwischen Cook und Peary

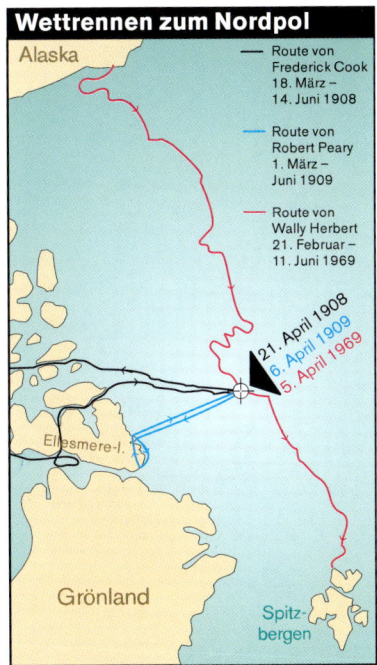

217 Ob Cook und Peary den Nordpol wirklich erreicht haben, ist ungeklärt.

wurde für beide zur persönlichen Tragödie. Ihr Name ist für immer mit dem verzehrenden Streit verknüpft. Leider werden auch wir das Rätsel nie lösen können.

Schiff, Schlitten, Ballon, Flugzeug, Eisbrecher und Atom-U-Boot

Die ersten Versuche, zum nördlichsten Punkt der Erde zu gelangen, wurden bereits im 16. Jahrhundert unternommen. Das Ziel war, den Orient über das Eismeer zu erreichen. Der Golfstrom machte die Gewässer um Spitzbergen und Nowaja Semlja als Fahrwasser besonders geeignet. Im 19. Jahrhundert versuchten mehrere Expe-

218 Robert F. Peary und Frederick Cook streiten sich um die Eroberung des Nordpols. In: »Le petit Journal«, 20. Jg., 19. September 1909, Foto: Archiv für Kunst und Geschichte, Berlin

219 Das Luftschiff Norge überfliegt 1926 den Nordpol.

ditionen, nordwärts in die Gewässer zwischen Grönland und Kanada vorzudringen. Aber alle Versuche, mit Schiffen das Polareis zu brechen, mißglückten, man drang maximal bis 82° oder 83° nördlicher Breite vor.

Ab den 60er Jahren des 19. Jahrhunderts änderte man jedoch die Taktik. Die Expeditionen versuchten zunächst, so weit wie möglich per Schiff nach Norden zu kommen, um dann die letzte Wegstrecke zum Nordpol mit Schlitten, die entweder von Hunden oder von Menschen gezogen wurden, fortzusetzen. Die Ausgangspunkte wurden so gewählt, daß die Strecke zum Pol so kurz wie möglich war – vom äußersten Norden Spitzbergens oder Grönlands oder der arktischen Inselwelt Kanadas. Cook und Peary starteten von einer der Ellesmereinseln.

Die Verwendung von Schlitten war jedoch anstrengend und unsicher. Das Eismeer ist von kleinen und großen Spalten mit offenem Wasser durchzogen, die einen Marsch gen Norden leicht stoppen können. Als nun um die Jahrhundertwende die Luftfahrttechnik entwickelt wurde, traf diese naturgemäß auf das Interesse der Polarforscher. Als erster startete der Schwede Salomon Andrée eine Ballonfahrt von Spitzbergen aus – die in einer Tragödie endete.

Arktische Flugpioniere der 20er Jahre waren Hubert Wilkins, Richard E. Byrd, Roald Amundsen, Lincoln Ellsworth und Umberto Nobile. Byrd behauptete, am 9. Mai 1926 den Nordpol überflogen zu haben, was jedoch in Frage gestellt worden ist. Seine Flugzeit reichte nämlich nicht aus, um von Spitzbergen aus zum Nordpol und zurück zu fliegen.

Die Unsicherheit, ob Cook, Peary und Byrd wirklich den Nordpol erreicht haben, ist also groß. Die erste nachgewiesene Fahrt zum Nordpol machte das Luftschiff Norge am 13. Mai 1926. Amundsen, Lincoln und Nobile überflogen den Pol auf ihrer Reise über das Eismeer von Spitzbergen nach Alaska.

Nach dem Zweiten Weltkrieg ist die Zahl der Reisen zum Nordpol rasch gestiegen. Gut 60 Mal haben Atom-U-Boote den Pol nach einer Fahrt unter dem Eis erreicht, und 23 Mal sind Eisbrecher – atom- und dieselbetriebene – dort gewesen. Die ersten, die den Pol nachweislich über das Eis erreicht haben, waren 1968 der Amerikaner Ralph Plaisted und seine drei Begleiter, die Schneescooter benutzten. Der Engländer Wally Herbert und drei Männer waren 1969 die ersten, die das Eismeer mit Hundeschlitten überquert haben. Man hat ausgerechnet, daß heute circa 8 400 Menschen auf dem Eis des Nordpols gestanden haben, über die Hälfte von ihnen Militärs.

Der Nordpol, der um die Jahrhundertwende eine gewaltige Herausforderung darstellte, ist heute ein exklusives Reiseziel. Ihn besuchen vor allem die Besatzungen der Atom-U-Boote und Touristen, die einige zehntausend Dollar bezahlen, um mit gecharterten russischen Atomeisbrechern reisen zu dürfen. Aber zum Pol gelangt auch heute noch der eine oder andere Abenteurer, der seine Tatkraft und seine Fähigkeit, die Polarnatur zu bezwingen, beweisen will.

CARL WEYPRECHT UND JULIUS PAYER

Am 13. Juni 1872 verließ der Dreimastschoner SS Admiral Tegetthoff Bremerhaven und nahm Kurs auf das Eismeer. An Bord befand sich die Österreichisch-Ungarische Nordpol-Expedition – insgesamt 24 Mann – unter der Leitung von Carl Weyprecht und Julius Payer. Ihr Ziel war die Erforschung der unbekannten Regionen des Eismeeres östlich von Nowaja Semlja.

Das Schiff wurde von Treibeis eingeschlossen, aber die Mannschaft konnte an Bord bleiben. Im August 1873 entdeckten sie eine große Inselgruppe, die sie nach ihrem Kaiser Franz-Joseph-Land tauften. Nach zwei Wintern sah sich die Expedition gezwungen, das eingefrorene Schiff bei Wilczekland aufzugeben. Drei Monate lang kämpfte man sich unter schweren Strapazen durch Eis und unbekannte Gewässer, bis schließlich Nowaja Semlja erreicht war. Dort wurden die Männer von zwei russischen Fischerbooten gerettet. 812 Tage nach dem Start landete die Expedition im nordnorwegischen Vardö.

Die Heimkehr nach Österreich wurde zu einem Triumphzug. Bis auf einen Mann hatten alle überlebt.

Die Mitglieder der Expedition gelten – allerdings nicht unumstritten – als Entdecker der Inselgruppe Franz-Joseph-Land. Fest steht jedoch, daß Julius Payer während des zweiten Winters Teile der Inselgruppe kartierte.

Nach der Rückkehr setzte sich Carl Weyprecht als treibende Kraft für das Erste Internationale Polarjahr 1882 bis 1883 ein, dies war die erste internationale Zusammenarbeit zur Erforschung der Polarregionen. Elf Länder nahmen mit 13 Polarstationen daran teil, zehn Stationen entstanden in der Arktis und drei weitere auf Inseln im Antarktischen Ozean. E. D.

WHITEOUT

ROBERT GREENLER

Der Polarreisende ist orientierungslos in einer gleichförmig weißen Welt – der Himmel ist weiß, der Boden ist weiß, und auch da, wo eigentlich der Horizont sein sollte, sieht er nichts als Weiß. Am Himmel und auf der Erde kann er nichts erkennen außer der leuchtend roten Jacke seines Begleiters, der vor ihm durch die weiße Wüste der Polarregion stolpert, in 100 Metern Entfernung. Das ist der ›Whiteout‹ – eine der vielen Gefahren, die eine Reise in Schnee und Eis der Arktis oder Antarktis birgt.

Eine gestaltlos weiße Umgebung, wie man sie etwa bei dichtem Nebel oder in einem Schneesturm antrifft, ist leicht vorstellbar. Doch in der Situation, die ich hier beschreibe, in der die rote Jacke eines Begleiters auch noch in beträchtlicher Entfernung klar zu erkennen ist, herrschen andere Bedingungen (Abb. 221).

220 Eisbär im Whiteout, Foto: Norbert Rosing

Angenommen man steht unter einer geschlossenen Wolkendecke, die zwar dick genug ist, um die Sonne zu verhüllen, aber doch nicht so dicht, daß sie den überwiegenden Teil des Lichts daran hindert, bis zum Boden durchzudringen. Das Sonnenlicht, das von oben auf diese Wolkenschicht auftrifft, wird teilweise nach oben reflektiert, aber ein Großteil wird an den zahllosen kleinen Wassertröpfchen und Eiskristallen gestreut und gelangt durch die Wolkenschicht nach unten. Wenn nun die Erdoberfläche mit Schnee bedeckt ist, wird der größte Teil dieses Lichts wieder nach oben zur Wolkendecke hin gestreut. Auch von diesem Licht wird wieder ein Teil von den Wolken zurück zur schneebedeckten Erde reflektiert und von dort wiederum nach oben zur Wolkendecke.

Durch diese vielfachen Reflexion zwischen dem schneebedeckten Erdboden und der Wolkendecke wird das Licht schließlich gänzlich diffus und kommt aus allen Richtungen zugleich. Die Folge ist, daß Schneeverwehungen oder Vertiefungen im Schnee keine Schatten mehr werfen. Polarreisende berichten immer wieder, daß sie in der gestaltlosen Schneewüste wie blind gegen Eisblöcke gelaufen oder in unsichtbare Abgründe gestürzt sind. Wenn das Licht aus allen Richtungen gleichzeitig kommt, verschwindet auch der Horizont, und man hat keinen sichtbaren Anhaltspunkt dafür, wo Oben oder Unten ist. Es gibt Menschen, die dieser Verlust der visuellen Orientierung so hilflos macht, daß sie in einem Whiteout nicht einmal mehr aufrecht stehen können. Eine unglaubliche Erfahrung!

221 Whiteout, Foto: Robert Greenler

WIKINGER

LARS G. HOLMBLAD

Ein norwegischer Händler namens Ottar besuchte gegen Ende des 9. Jahrhunderts den Hof des englischen Königs Alfred des Großen. Ottar erzählte dem König von seinen Reisen, und König Alfred ließ die Schilderungen in seiner Übersetzung der Weltgeschichte des Orosius aufzeichnen.

Innerhalb der nördlichen Bevölkerung wohnte Ottar am nördlichsten Ort, in Hålogaland, circa 20 Kilometer südwestlich des heutigen Tromsö. Er scheint ein mächtiger und vermögender Mann gewesen zu sein. Als er seinen Besuch bei König Alfred dem Großen machte, besaß er 600 zahme Rentiere. Diese dienten den Samen gleichsam als Lockvögel, um wilde Rentiere einfangen zu können. Ottar war somit der erste uns bekannte Nichtsame, der Rentiere besaß. Außerdem hatte er 20 Kühe, 20 Schweine und 20 Schafe sowie Pferde für die Feldarbeit. Aber seine wichtigste Einkommensquelle waren die Steuern, die er von den Samen verlangte. Die Abgaben bestanden in Tierhäuten, unterschiedlichen Fellen, Vogelfedern, Walknochen sowie in aus Wal- und Robbenhaut geflochtenen Tauen.

Eine der Erzählungen, die der König niederschrieb, handelte von Ottars Reise ins Eismeer. Neugierde und wirtschaftliche Interessen waren der Anlaß für diese Reise. Vor allem wollte er den Walroßbestand untersuchen. Walrosse waren wegen ihrer Stoßzähne (Elfenbein), ihres Specks und ihrer Haut begehrt. Aus der Haut ließ sich hervorragend Tauwerk herstellen. Aber Ottar wollte auch erforschen, wie weit das feste Land reichte und ob es menschliche Besiedlungen nördlich der nächstgelegenen Einöden gab. In dieser Wildnis hielten sich zu jener Zeit nur einzelne samische Jäger und Fischer auf.

Ottar und seine Besatzung segelten zunächst drei Tage entlang der Küste, backbord das offene Meer und steuerbord die Einöde. Nach drei Tagen erreichten sie die nördlichsten Fangreviere der Walfänger. Danach fuhren sie weitere drei Tage nach Norden, umsegelten das Nordkap und setzten die Reise gen Osten fort. Nach einigen Tagen fuhren sie schießlich nach Süden in das Weiße Meer.

222 Dank ihrer Navigationskunst stießen die Wikinger in ferne Gefilde vor.

Ottar fuhr weitere fünf Tage, bis er an einen großen Fluß kam. Das Land diesseits des Flusses war, abgesehen von einzelnen samischen Fischern, Jägern und Vogelfängern, unbewohnt. Die andere Seite des Flusses war jedoch bebaut. Die Menschen, die dort wohnten, waren Bjarmer (Karelier und andere eng verwandte finno-ugrische Völker). Man schloß mit ihnen einen Friedensvertrag, um die Reise ungefährdet fortsetzen zu können. Die Bjarmer gaben Ottar viele Erläuterungen über ihr eigenes Land und die umliegenden Regionen. Ottar meinte jedoch, daß er den Wahrheitsgehalt dieser Berichte nicht kontrollieren könne. Er stellte aber fest, daß Bjarmer und Samen ähnliche Sprachen sprachen.

»Falschsegler« entdeckte Grönland, Leif Eriksson erreichte Amerika

Auf einer Reise von Island nach Norwegen zu Beginn des 10. Jahrhunderts geriet der Wikinger Gunnbjörn Ulf-Krakason in Seenot und driftete nach Westen. Er strandete bei einigen Schären östlich der grönländischen Küste. Diese erhielten später den Namen Gunnbjörn-Schäre. Erik der Rote gründete eine Siedlung an der Westküste Grönlands, genauer am Eiriksfjord. Er nannte das Land Grönland und sagte nach der Wikingersage, daß »es Menschen anlockt, wenn das Land einen schönen Namen trägt«.

223 Grönlandfalke, Foto: Staffan Widstrand

Im Jahr 986 soll eine Flotte aus 25 Schiffen mit circa 400 Personen an Bord Island verlassen haben. Nur 14 dieser Schiffe erreichten Land nahe Kap Farvel und Grönland, die übrigen kehrten um oder erlitten Schiffbruch. Es entstanden neue Siedlungen. Maximal gab es 330 Wikingergehöfte auf Grönland. Die Bevölkerung dürfte aus höchstens 3 000 Personen bestanden haben. Später wurden sogar zwei Klöster auf Grönland gegründet.

Haupterwerbsquellen waren Viehzucht, Jagd und Fischfang. Man hielt Schafe, Rinder und Pferde, jagte Rentiere, Robben, Eisbären, Wale und Walrosse. Vogeleier und Eiderdauen wurden gesammelt. Da das Klima etwas milder war als heute, konnte auch Getreide angebaut werden. Nach Europa wurden Walroßstoßzähne, Wolle, Häute, aus Häuten gefertigtes Tauwerk und Grönland-Falken exportiert. Diese waren an den europäischen Fürstenhöfen überaus beliebt und wurden zur Jagd eingesetzt.

Es ist sicher, daß diese nördlichen Bewohner von ihren Siedlungen aus Jagdtouren Richtung Norden bis nach Bjarnarey in der Diskobucht an der grönländischen Westküste und nach Krosseyjar bei Angmagssalik an der Ostküste unternahmen. Bei Kingigtorssuaq in der Baffinbai fand man eine zehn mal drei Zentimeter große Steinplatte mit einer Runeninschrift, die auf das 14. Jahrhundert datiert wird. Leider ist das Original verschwunden, eine Kopie findet sich aber im Nationalmuseum in Kopenhagen.

Isländische Sagen erzählen, daß der Wikinger Leif Eriksson weit nach Westen segelte und Gebiete erreichte, wo es unter anderem Holz gab, das man ins baumlose Grönland mitnahm. Man kann vermuten, daß es sich um das heutige Labrador handelte und er außerdem die Baffininsel und Neufundland erreicht hat. Bei archäologischen Ausgrabungen im Norden Neufundlands hat man Überreste von Wikingersiedlungen gefunden, außerdem Eisenschmieden bei L'Anse aux Meadows. Aber hier hielten sich die Wikinger nach C-14-Analysen nur zwischen 1 000 und 1 200 auf.

Archäologen nehmen an, daß die Bewohner im 15. Jahrhundert noch weiter nach Norden vorstießen, vermutlich sogar bis zur heutigen Ellesmereinsel. Circa

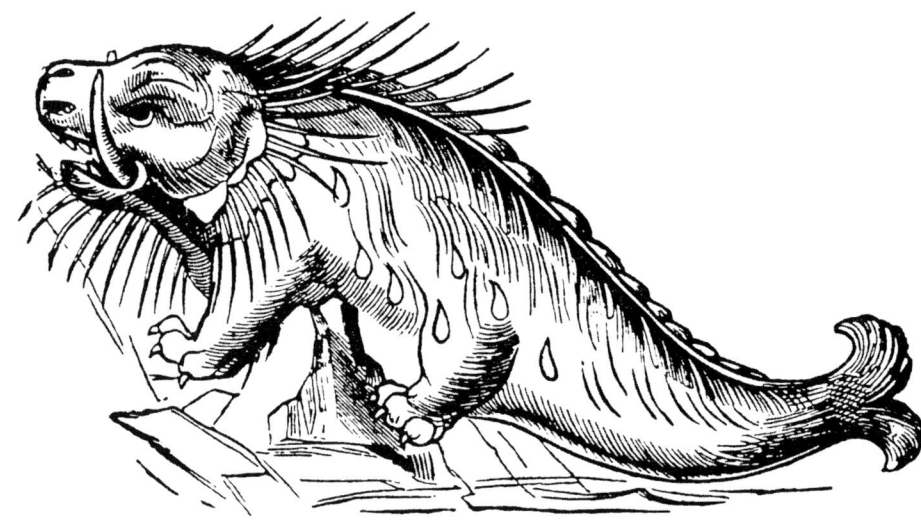

224 Eine der ältesten Darstellungen eines Walrosses. Nach Pedersen, 1951

25 Fundstücke, die man mit dieser Bevölkerung in Verbindung bringen kann (Meißel, Messer, Gewichte usw.), wurden nämlich im arktischen Kanada entdeckt.

Die nordischen Bewohner konnten sich auf Grönland nicht akklimatisieren. Sie paßten sich dem Nomadenleben der Urbevölkerung, der Eskimos, nicht an, sondern lebten weiterhin als seßhafte Bauern. Während des 14. und 15. Jahrhunderts wurden mehrere Siedlungen vernichtet. Im Jahr 1410 fand in Gardar eine Hochzeit statt, an der Menschen aus Island teilnahmen. Dieses war der letzte Kontakt zu den nordischen Bewohnern Grönlands. Man weiß nicht, was danach passierte, aber es sind viele Theorien über das Verschwinden der Isländer aus Grönland entwickelt worden: Sie können einer heftigen Klimaverschlechterung, Krankheiten, Mißernten oder Überfällen der Urbevölkerung zum Opfer gefallen sein.

Schiffstypen und Navigation

Der Schiffstyp, der vermutlich auf dem Nordatlantik und in den arktischen Gewässern Verwendung fand, war ein kräftigerer und breiterer Typ eines Handelsschiffs, ein sogenannter Knarr (Knorr) oder Grönlandfahrer. Auf diesen Schiffen fanden 20 bis 30 Männer und Vieh Platz. Sie konnten große Lasten befördern und waren geräumig. Derartige Handelsschiffe wurden bei Roskilde in Dänemark, nördlich von Göteborg in Schweden sowie im norwegischen Vestfold gefunden. Der älteste Fund wird auf das 9. Jahrhundert datiert, ein Schiff von circa 15 Meter Länge.

Die Navigationskunst der Wikinger hat großes Interesse geweckt. Man glaubt zum Beispiel, daß sie bei diesigem Wetter sogenannte Sonnensteine verwendeten und auf diese Weise das polarisierende Licht genau wie ein modernes Fluginstrument, den Kollman's Sky Compass ausnutzten. Die dafür in Frage kommenden Steine sind Kordierit, Diorit, Andalusit und isländischer Doppelspat. Bei Unartoq auf Grönland fand man eine hölzerne Peilscheibe, die mit ihren eingeritzten Linien und Kerben ein primitiver Kompaß gewesen sein könnte. Aber vor allem machten die umfangreichen Kenntnisse über die Natur die Wikinger zu guten Seefahrern. Sie konnten ausgezeichnet verschiedene meteorologische Phänomene deuten, Vogelflugstrecken und das Aussehen der Wellen interpretieren. Außerdem wußten sie, wo sich Robben und Wale für gewöhnlich aufhielten.

WILKES CHARLES

(1798–1877), amerikanischer Marineoffizier. Unter seinem Kommando stachen 1838 sechs Schiffe mit 82 Offizieren, 342 Matrosen und neun Naturforschern Richtung Antarktis in See. Die Expedition fuhr 2 500 Kilometer antarktischer Küste ab, zeichnete Karten und kam zum Schluß, die Antarktis sei ein Kontinent. K. B.

WILKINS SIR HUBERT

(1888–1958), australischer Polarforscher. Nach mehreren Testtouren flog Wilkins im April 1928 von Alaska nach Spitzbergen und zurück – 3 400 Kilometer in gut 20 Stunden. Gesponsored vom Zeitungsmagnaten William Randolph Hearst, brach er im September 1928 nach Süden auf, um den weißen Kontinent aus der Luft zu erkunden. Von der Deceptioninsel aus unternahm er am 16. November 1928 den ersten Antarktisflug. Bis 1930 überflog Wilkins unter anderem Graham- und Charcotland. Insgesamt kartierte er mehr als 200 000 Quadratkilometer. 1931 fuhr er mit dem US-U-Boot Nautilus unter der arktischen Eiskappe bis 82° 15' Nord. Nach seinem Tod wurde seine Asche über dem Nordpol verstreut. K. B.

WIND

Der Wind an den Polen bläst kräftig: Auf den weiten Eisflächen gibt es wenig, das ihn brechen könnte. Typisch sind die katabatischen Winde – Lawinen schwerer Kaltluft, die die Hänge der Eiskappen hinunterstürzen. Sie erreichen in der Antarktis Rekordgeschwindigkeiten von mehr als 300 Kilometern pro Stunde und machen den Kontinent zum windigsten überhaupt. Ab einer bestimmten Stärke wirbelt der Sturm losen Schnee auf und entfacht den von den Reisenden gefürchteten Blizzard: Die kalten Kristalle dringen überall ein – in Zelte, Vorratskisten, Kleidung – und haben eine enorme Erosionskraft. Ausgerechnet in der »Heimat des Blizzards«, in der Commonwealthbucht, schlug die australische Antarktisexpedition unter der Führung von Douglas Mawson 1911 bis 1914 ihr Lager auf. Sie hatte im Südsommer 1912/13 fast zwei Drittel der Zeit mit Wind der durchschnittlichen Stärke sieben bis acht zu kämpfen. Die Heftigkeit des Windes bestimmt auch das Kälteempfinden. Da die kalte Luftströmung die Körperwärme schneller ableitet, friert man schneller. So fühlt sich eine Lufttemperatur von minus 15 Grad Celsius bei einem Wind von 40 Stundenkilometern an wie minus 37 Grad Celsius. K. B.

226 Australasiatische Antarktis-Expedition 1911–1914 unter Douglas Mawson, Foto: Frank Hurley

225 Sturm in Bethel, Alaska, Foto: James H. Barker

»Alle kennen den berühmten Riesen Inugpasugssuk. Der war so groß, daß seine Kopfläuse wie Feldmäuse waren. Er zog in alten Tagen unter den Menschen umher und bekam sogar einen Knaben zum Pflegesohn.

Als dieser Riese einmal mit seinem Pflegesohn unterwegs war, traf er seinen Uebermann Inuarugdligasukssuk, den ›Riesenzwerg‹. Dieser war noch größer und noch stärker. Sie gerieten aneinander, die zwei Riesen, und der ›Riesenzwerg‹ hätte seinen Widersacher getötet, wenn der Pflegesohn nicht seine Kniekehlen durchgeschnitten hätte, während sie rangen. So wurde er getötet, aber während er seinen Geist aufgab, schrie er noch einen Notruf über die Berge hin. Und im nächsten Augenblick kam oben auf dem Hügel seine Frau zum Vorschein, gerade so gewaltig wie er selbst. Sie war so groß, daß ihre Brüste gleich zwei großen Seehunden über ihrem Körper lagen, und indem sie den Riesen erfaßte, wogten die Brüste so schwer und gewaltig über ihn, daß er beinahe gefallen wäre. Aber auch ihr schnitt der Junge die Kniekehlen durch und so wurde sie getötet. In der Eile hatte das Riesenweib ihren Säugling verloren, den sie in ihrem Rückenbeutel trug, und er lag im Weidenkraut und heulte, als der Riese ihn fand. Hier ließ er ihn liegen, damit er umkommen sollte. Aber diese Bosheit gab dem Säugling plötzlich Kraft; in seine Pelze eingeschnürt, hob er sich hoch in die Luft und wurde zu einem Luftgeist. Und er rächte sich an denen, die ihn elternlos gemacht hatten, und ließ alle Winde los über die Erde mit Regen im Sommer und Schnee im Winter. Wir nennen ihn Narsuk. Wenn er den Riemen von den Pelzwindeln löst, die um ihn geschnürt sind, entsteht ein so gewaltiger Zug oben in der Luft, daß Stürme daraus werden. Je mehr er die Windeln aufschnürt, desto stärker stürmt es. Schließlich können die Menschen nicht mehr auf Fang gehen und müssen hungern. Dann müssen die Geisterbeschwörer zu Narsuk auffahren und die Windeln wieder fest um ihn zusammenschnüren.«

Knud Rasmussen, Rasmussens Thulefahrt, Frankfurt a. M. 1926, S. 379–380

WINTERSCHLAF Von den warmblütigen Tieren der Arktis und Antarktis hält keines einen Winterschlaf. Da frostfreie Unterschlupfe fehlen, müssen sie auch bei tiefsten Temperaturen aktiv bleiben. Eisbärenweibchen ziehen sich zwar zur Winterruhe in Schneehöhlen zurück, anders als beim Winterschlaf sinkt aber ihre Körpertemperatur nicht ab. Sie sparen wertvolle Energie allein dadurch, daß sie sich nicht bewegen. K. B.

227 Eisbär (Ursus maritimus) und Polarfüchse (Alopex lagopus), Cape Churchill, Kanada, Foto: B & C Alexander

WOSTOK-SEE

Einer der größten und tiefsten Süßwasserseen der Erde liegt in der Ostantarktis unter einem vier Kilometer dicken Eispanzer. Bereits in den 70er Jahren entdeckten Wissenschaftler einen subglazialen See nahe der sowjetischen Station Wostok. Eine Auswertung neuer Satellitendaten brachte 1996 dessen tatsächliche Ausmaße zutage – eine Länge von 200 und eine Breite von 50 Kilometern und damit eine Größe ähnlich dem Ontariosee. An der tiefsten Stelle mißt der Wostoksee 500 Meter. Forscher vermuten in seinem Wasser lebende, »fossile« Mikroben, die bis zu einer Million Jahre alt sein könnten. Wie die rund 70 anderen bekannten, freilich kleineren Seen unter dem antarktischen Eisschild verdankt der Wostoksee seine Existenz der Wärme aus dem Erdinneren. S. F., K. B.

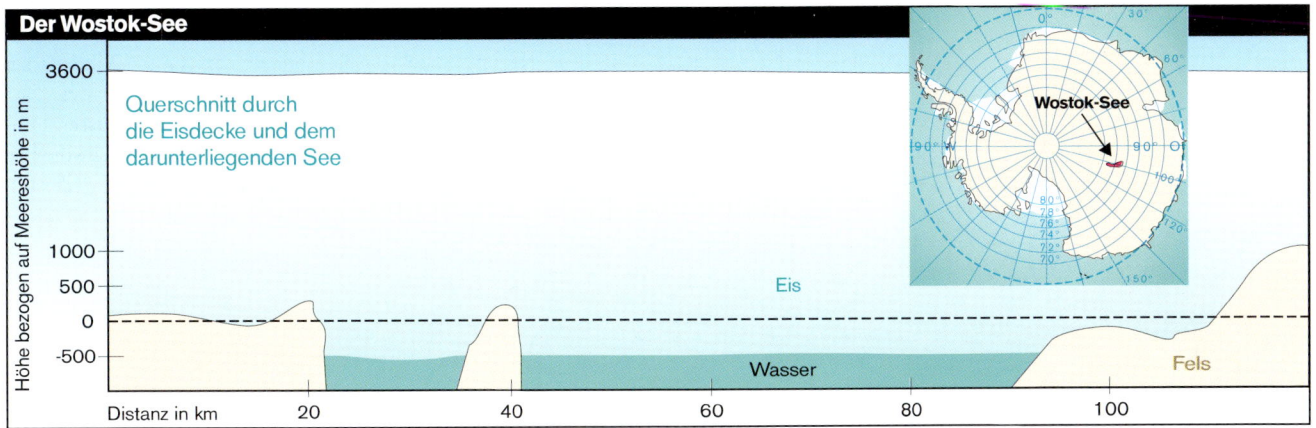

228 Süßwasser tief unter dem Eispanzer

WÜSTEN IM EIS

RICHARD S. WILLIAMS, JR.

Vor rund 10 000 Jahren neigte sich in den gemäßigten Breiten die letzte von mehr als zehn Vergletscherungen oder Eiszeiten der vergangenen 1,8 Millionen Jahre (Pleistozän) ihrem Ende zu. Bis auf einige wenige Reste schmolzen die großen Gletscher in Nordamerika, Eurasien und im südlichen Südamerika rasch ab, und das gefrorene Wasser der Erde (die Kryosphäre) fand eine letzte dauerhafte Zuflucht in den Polarregionen und in gemäßigten Breiten auf den Gipfeln hoher Berge. In den Polarregionen sind Land (samt Seen und Flüssen), Meer, Atmosphäre und Flora wie Fauna geprägt vom Eis in seinen verschiedenen Erscheinungsformen: von Gletschern, Treibeis (auf dem Meer oder auf Seen und Flüssen), Schnee und Dauerfrostböden (Permafrost). Anders als Gletscher und Dauerfrostböden, die sich nur sehr langsam verändern (über Jahre, Jahrzehnte, ja Jahrhunderte hinweg), unterliegen Treibeis und Schnee großen jahreszeitlichen Schwankungen, wenn die Tagestemperaturen im späten Frühjahr, Sommer und Frühherbst über null Grad steigen und vom Spätherbst bis zum frühen Frühjahr wieder unter den Gefrierpunkt absinken. Auf der Nordhalbkugel nimmt im Winter die Landfläche, die unter einer Schneedecke liegt, um 200 Prozent zu; verschneite Land- und Meereisflächen verändern das Rückstrahlungsvermögen (Albedo) und die Strahlungsbilanz der unteren Atmosphäre um mehr als 50 Prozent. Wenn in polaren und gemäßigten Regionen und im Hochgebirge der Schnee sublimiert und/oder schmilzt, gelangt Wasser in die Atmosphäre, in Böden, Seen und Entwässerungssysteme. Je nach Jahreszeit variiert auch die Ausdehnung des Meereises um fast 100 Prozent: von einem niedrigsten Stand von acht Millionen Quadratkilometern im September zu einem Höchststand von 15 Millionen Quadratkilometern im März. Auf der Südhalbkugel, in den Meeren rings um den antarktischen Kontinent, kann sich die flächenmäßige Aus-

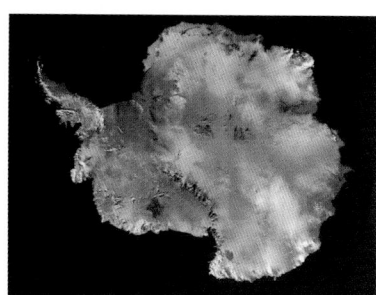

229 NOAA AVHRR Mosaik-Bild der Antarktis, März 1995

dehnung des Meereises sogar verfünffachen: von einem niedrigsten Stand von vier Millionen Quadratkilometern im Februar auf einen Höchststand von 20 Millionen Quadratkilometern im September. Wenn das Meerwasser gefriert, wird Salz freigesetzt, und damit ändern sich der Salzgehalt und die Dichte der oberen Wasserschichten. Wenn dieses dichtere, spezifisch schwerere Wasser nun nach unten sinkt, bildet es kalte Unterströme, die aus beiden Polarregionen in Richtung Äquator abfließen. Vom antarktischen Kontinent aus geschieht dies ungehindert, während an den südlichen Abflüssen des Nordpolarmeers zum Nordatlantik und Nordpazifik hin jeweils ein unterseeischer Höhenzug den Strom behindert, insbesondere die quer zum Mittelatlantischen Rücken verlaufende Schwelle zwischen Grönland und Island auf der einen und Island und Schottland auf der anderen Seite. Das Meereis bildet auch eine Art Isolationsschicht zwischen dem Meer und der Atmosphäre, denn es begrenzt die Verdunstung außer an vorübergehend eisfreien Stellen und Wasserrinnen. Da das Meereis ein höheres Rückstrahlungsvermögen (Albedo) hat als Seewasser, wird auch die Strahlungsabsorption durch die Erdoberfläche deutlich reduziert. Die Kryosphäre der Polargebiete beeinflußt das gesamte Erdklima nachhaltig, da kalte und trockene kontinentale Luftmassen, kaltes Oberflächenwasser und die Unterströme zum Äquator hin fließen. Besonders interessant sind jedoch die Gletscher der Polarregion, vor allem die großen Eiswüsten in Grönland und auf dem antarktischen Kontinent.

Die beiden letzten zusammenhängenden Inlandeisgebiete der Erde, das eine auf der Nordhalbkugel – das grönländische Inlandeis –, das andere auf der Südhalbkugel – das antarktische Inlandeis (Abb. 229) – machen zusammen 99,2 Prozent (7,9 Prozent bzw. 91,3 Prozent) des heute vorhandenen Gletschereises auf unserem Planeten aus. Wenn sie restlos abschmelzen würden, würde der Meeresspiegel weltweit um rund 75 Meter steigen (eustatische Meeresspiegelschwankung). Vor ungefähr 18 000 Jahren, auf dem Höhepunkt der letzten Eiszeit, lag der Meeresspiegel 125 Meter tiefer als heute, da das Inlandeis im Vergleich zu heute 250 Prozent mehr an Masse hatte und eine 300 Prozent größere Fläche bedeckte. Es gab acht Prozent mehr Land, weil der Anteil der Meere an der Erdoberfläche statt 71 Prozent nur 63 Prozent betrug; Nordamerika und Asien, Indien und Sri Lanka, Irland, England und Frankreich, Indonesien, Australien und Tasmanien waren durch Landbrücken verbunden (oder nur noch durch schmale Meeresarme getrennt, wie bei Indonesien und Australien). Teilweise ragten diese Landbrücken auch noch bei steigendem Meeresspiegel im späten Pleistozän und frühen Holozän heraus, und Menschen wie Tiere gelangten über sie vom indonesischen Archipel nach Australien, von Australien nach Tasmanien, und erstmals in der Erdgeschichte wanderte der Homo sapiens über die Landbrücke an der Beringstraße aus der Alten in die Neue Welt, von Asien nach Amerika.

Heute sind 10,7 Prozent der Landfläche und 3,1 Prozent der gesamten Erdoberfläche von Gletschern bedeckt. Sie sind das zweitgrößte Wasserreservoir der Erde (2,15 Prozent) nach den Ozeanen (97,2 Prozent) und enthalten zu 77 Prozent Süßwasser. Die beiden letzten zusammenhängenden Inlandeisgebiete, Grönland und Antarktika, sind 1 736 095 beziehungsweise 13 586 300 Quadratkilometer groß. Der Gletscher mit der höchsten Fließgeschwindigkeit ist der Jakobshavn Isbræ in Westgrönland. Er bewegt sich als rasch fließender Eisstrom innerhalb des grönländischen Inlandeises mit etwa 25 Metern pro Tag durch ein 130 Kilometer langes subglaziales Tal (Trogtal), und zu seinem Einzugsbereich gehören etwa zehn Prozent der grönländischen Eisdecke. Der Gletscher, der weltweit die größten Eismassen befördert, ist der Byrdgletscher (Abb. 230), ein Tal- beziehungsweise Auslaßgletscher, der aus der Ostantarktis kommend in einem subglazialen Tal (Trogtal) durch das Transantarktische Gebirge zum Ross-Eisschelf der West-Antarktis fließt: Er hat einen Einzugsbereich von rund 1 000 000 Quadratkilometern. Der längste Gletscher der Welt ist der Lambertgletscher: Er reicht vom Amery-Eisschelf in der Ostantarktis über 400 Kilometer landeinwärts und hat einen Einzugsbereich von schätzungsweise 900 000 Quadratkilometern.

Auf dem grönländischen wie auf dem antarktischen Inlandeis herrschen in höheren Lagen extrem kalte Temperaturen, und die Luftfeuchtigkeit ist äußerst gering. An der Forschungsstation am Südpol betrug die höchste Temperatur, die je gemessen wurde, minus 14 Grad, und die sowjetische Station Wostok verzeichnete mit minus 89 Grad einen absoluten Kälterekord. Die niedrigste Temperatur, die im Inneren von Grönland je registriert wurde, lag bei minus 66 Grad. Die schwerere Kaltluft strömt vom höher gelegenen Landesinneren hinab zu den Küsten, und die Folge sind lang andauernde katabatische Winde (Fallwinde) mit hohen Windgeschwindigkeiten. In Port Martin an der Küste der Ostantarktis betrug die höchste mittlere Windgeschwindigkeit in einem Zeitraum von 24 Stunden 174 Stundenkilometer; die höchste mittlere Windgeschwindigkeit für einen ganzen Monat lag bei 105 Stundenkilometern. Am Luftwaffenstützpunkt Thule im Nordwesten von Grönland erreichte eine Windböe sogar eine Spitzengeschwindigkeit von 333 Stundenkilometern. Zwar gibt es in den Küstenregionen des antarktischen Kontinents und des südlichen Grönlands Schneestürme, doch im Landesinneren von Antarktika, vor allem im polaren Tafelland, sowie im nördlichen Teil von Grönland fallen nur sehr geringe jährliche Niederschlagsmengen. In vielen Teilen des kalten Herzens der Antarktis schmelzen Schnee und Gletschereis niemals; der Schnee wird von den ständigen Winden verweht, und Eis und Schnee sublimieren: Sie gehen vom festen direkt in den gasförmigen Aggregatzustand über, ohne daß sie zuvor eine flüssige Phase durchlaufen. Dieser Vorgang der Sublimation spielt eine wichtige Rolle bei der Bergung von Meteoriten aus dem ›Blauen Eis‹ der Antarktis. An manchen Stellen beträgt der Schwund durch Sublimation bis zu einem Meter pro Jahr, so daß man alljährlich an der gleichen Stelle eine neue ›Ernte‹ an Meteoriten einbringen kann. Bislang sind in den Regionen des ›Blauen Eises‹ – so zum Beispiel in den Königin-Fabiola-Bergen (Yamamoto-Bergen) der Ostantarktis – mehr als 15 000 Meteoriten entdeckt worden, und Jahr für Jahr kommen weitere hinzu. Meteoriten aus der Antarktis machen inzwischen mehr als 50 Prozent der Meteoritenfunde in den Museen der Welt aus; einer davon ist der berühmte Allan-Hills-Meteorit (ALH 84001), der möglicherweise fossile Überreste primitiver Lebensformen vom Mars enthält.

In vielerlei Hinsicht findet man im Inneren des antarktischen Kontinents und in den höheren Lagen des grönländischen Inlandeises die extremsten Wüstenbedingungen der Erde. Das gilt in ganz besonderem Maße für das polare Tafelland der Ostantarktis aufgrund seiner Höhe (mehr als 3 000 Meter über dem Meeresspiegel), der niedrigen Luftfeuchtigkeit, der niedrigen Temperaturen und der geringen Niederschlagsmenge. Auch in den trockensten Wüstengebieten der Erde, in den hyperariden Trockenwüsten wie zum Beispiel der Namib in Südwestafrika, der Atacama in Nordchile, der Gibsonwüste in Westaustralien oder der Rub Al Khali im Süden der Arabischen Halbinsel gibt es bestimmte Tiere und Pflanzen, die sich im Laufe ihrer Entwicklung an den extremen Wassermangel und die hohen täglichen Temperaturschwankungen angepaßt haben. Dies gilt nicht für das Innere der antarktischen und grönländischen Festlandeisgebiete, wo es außer den Menschen, die sich zu wissenschaftlichen oder Forschungszwecken vorübergehend dort aufhalten, kein

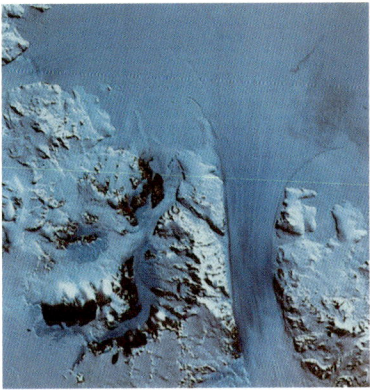

230 Landsat-Bild des Byrd-Gletschers, Antarktis

231 Landsat-Bild der Königin-Fabiola-Berge, Ost-Antarktis

Leben gibt. Andere Organismen waren nicht imstande, sich an den Mangel an Wasser und Nahrung und an die extrem niedrigen Temperaturen anzupassen.

Die Eiswüsten Grönlands und der Antarktis mit ihren langen dunklen Wintermonaten, den häufigen und heftigen Stürmen und den endlosen, von Gletscherspalten durchzogenen Eisflächen stellen seit jeher ungeheure logistische, physische und psychische Anforderungen an Forschungsreisende und Wissenschaftler. Moderne Fortbewegungsmittel, transportable, exakt arbeitende Navigationssysteme wie GPS, speziell aufbereitete Nahrungsmittel und den Bedingungen entsprechend entwickelte Kleidung und Unterkünfte haben das Risiko ein wenig vermindert, aber eine erfolgreiche Forschungs- und/oder Erkundungsexpedition in beiden Festlandeisgebieten bedarf nach wie vor genauester Planung und einer guten Portion Glück, und sie muß völlig autark sein. Außer dem Wasser, das man durch das Schmelzen von Schnee gewinnen kann – vorausgesetzt, man hat eine geeignete Energiequelle zur Verfügung oder einen Apparat, der mit Solarenergie arbeitet –, gibt es keinerlei lebenserhaltende Ressourcen, auf die man zurückgreifen könnte.

ZAPPA

»Iß nicht den gelben Schnee

Träumte, ich wär ein Eskimo
Ein eisiger Wind begann zu pfeifen
Unter meinen Stiefeln und meinem großen Zeh
War der ganze Boden gefroren
Es war hundert Grad unter Null

Und meine Mama schrie
Buh-a-huu-huu
Und meine Mama schrie
Nanuk, das ist Bäh!

Nanuk, das ist Bäh!
Sei kein böser Eskimo
Spar dein Geld, geh nicht in die Show

Tja, ich drehte mich um und sagte ho-ho
Und die Nordlichter begannen zu leuchten
Und sie sagte mit einer Träne im Auge
Paß doch auf, wo die Hunde hinmachen
Und iß mir ja nicht diesen gelben Schnee!«

Frank Zappa, Plastic people, Songbook 1977,
Song vom Album Apostrophe, um 1966

ZHOKOV

WLADIMIR PITULKO

Im arktischen Rußland gibt es fast 1 500 archäologische Fundstätten. Dennoch birgt dieses riesige Gebiet zahlreiche archäologische Geheimnisse, die bis heute kaum erforscht wurden.

Vor kurzer Zeit wurde eine der interessantesten Fundstätten freigelegt. Sie befindet sich auf der entlegenen kleinen Insel Zhokov, welche auf 76° nördlicher Breite in der Ostsibirischen See, nordöstlich der Neusibirischen Inseln, liegt und schon vor ungefähr 30 Jahren zufällig entdeckt wurde, aber die Grabungen haben erst vor kurzer Zeit begonnen.

Warum ist die Fundstätte auf Zhokov so einzigartig? Zum einen befindet sie sich in der hohen Arktis auf einer kleinen Insel, die Hunderte von Kilometern vom Festland entfernt liegt. Darüber hinaus zeigt die Radiokarbondatierung einer Reihe von Kohle-, Holz-, Knochen- und Geweihproben, daß die Fundstätte 8 000 Jahre alt ist. Somit gehört sie zu den am weitesten nördlich gelegenen archäologischen Fundstätten in der Welt. Es gibt zwar in der Arktis einige Fundstätten, die 3 000 bis 4 000 Jahre älter sind, doch diese liegen weiter südlich, auf der Höhe des Nördlichen Polarkreises.

Als die Fundstätte auf Zhokov zum ersten Mal gesichtet und analysiert wurde, war die allgemeine Reaktion: »Das ist unglaublich! Wie sind sie nur hierher gelangt?«

232 Klingen aus Feuerstein und Klingenkerne. Funde von der Zhokov Insel, etwa 8000 Jahre alt, Foto: Stephen Loring, Courtesy Vladimir Pitulko

Aber in Anbetracht der naturgeschichtlichen Entwicklung dieser Region war theoretisch durchaus damit zu rechnen, daß man hier auf archäologische Funde stoßen würde, die ebenso alt sind wie auf Zhokov oder sogar noch älter. Die Neusibirischen Inseln sind die Überbleibsel einer ausgedehnten Tiefebene, die hier in der Eiszeit existierte. Zu jener Zeit lag der Meeresspiegel 100 bis 120 Meter niedriger als heute. Als dann vor etwa 15 000 Jahren der Meeresspiegel anstieg, wurde die Tiefebene größtenteils mit Wasser überflutet, und die verbleibende Landmasse wurde abgetragen und teilweise weggespült.

Dennoch hielt sich für mehrere Jahrtausende eine reiche Fauna mit Mammuts, Bisons, Pferden und anderen Tieren. Dies zog die paläolithischen Jäger an, die zu jener Zeit Ostsibirien besiedelten – das gleiche Volk, das schließlich die Beringstraße überquerte und die Neue Welt »entdeckte« und besiedelte.

Die Fundstätte auf Zhokov weist einige bemerkenswerte Besonderheiten auf. Vor allem gibt es dort die bedeutendste Sammlung von Jagdausrüstungsteilen und anderen Gegenständen aus Knochen, Elfenbein und Geweih, die jemals in den uns bekannten mesolithischen Fundstätten in der Arktis entdeckt wurde. Sie umfaßt verschiedene Werkzeuge, darunter Speerspitzen und Messer mit Steineinlagen, Harpunenspitzen und hölzerne Hausgeräte sowie eine Fülle von Artefakten aus Stein wie zum Beispiel Mikrolithen und Mikroklingen, Äxte aus teilweise geschliffenem Stein.

Die zahlreichen Knochenfunde belegen, daß die Jagdgewohnheiten des Zhokov-Volkes sehr ungewöhnlich waren. Es handelt sich bisher um die einzige Grabungsstätte in dieser Region, deren Funde darauf schließen lassen, daß der Eisbär das Hauptnahrungsmittel darstellte. Man könnte die Ureinwohner von Zhokov sogar als ›Eisbärjäger‹ bezeichnen. Darüber hinaus sind möglicherweise Belege für den Einsatz von Schlittenhunden entdeckt worden.

ZIRKUMPOLARSTROM

Der Zirkumpolarstrom, ein 1 000 bis 2 000 Kilometer breites Band um die Antarktis, bildet das größte Strömungssystem der Weltmeere. Er verbindet drei Ozeane – den Indischen Ozean, den Atlantik und den Pazifik. Hauptantriebskraft ist der unablässige Westwind. K. B.

ZUGVÖGEL

THOMAS ALERSTAM

Die Küstenseeschwalbe ist ein häufiger und gern gesehener Gast an den sommerlichen Gestaden meiner schwedischen Heimat. Es ist eine Freude, der Leichtigkeit und Eleganz ihres Fluges zuzusehen. Schon als kleiner Junge habe ich, als ich einmal in eine Brutkolonie spazierte, gelernt, mit welcher Vehemenz sie ihr Gelege verteidigen können. Sie kommen im sirrenden Sturzflug auf einen herunter, und man muß sich ducken und in Deckung gehen, bevor sie den Kopf zu fassen bekommen. Schon seit jenen Jahren freue ich mich jedes Jahr wieder neu, wenn ich Ende April die erste Küstenseeschwalbe sehe, und im Juli und August schaue ich ihnen nach, wenn sie wieder von dannen ziehen.

Sie haben eine lange Reise vor sich. Genauer gesagt ist es die längste Reise, die überhaupt eine Zugvogelart unternimmt. Eine Küstenseeschwalbe, die in meine Heimat, auf eine Insel im Öresund zwischen Dänemark und Schweden zum Brüten gekommen war und dort beringt wurde, fand eine russische Expedition im darauffolgenden Winter im Packeis vor dem antarktischen Kontinent wieder, und zwar bei 65° nördlicher Breite, 111° östlicher Länge.

Die antarktische Packeiszone ist das Hauptwinterquartier der Küstenseeschwalbe. In kleinen Gruppen leben sie weit verstreut über die gewaltigen Packeisflächen fernab vom Festland, und es ist nicht leicht abzuschätzen, wie viele es sind; aber gewiß sind es viele hunderttausend. Hier sitzen sie, wenn ihre Flugfedern in der Mauser sind, und leben von dem reichen Meeresplankton zwischen dem Treibeis.

Der Zug der Küstenseeschwalben ist weltumspannend – es gibt praktisch keine Weltgegend, die sie nicht auf ihrem Flug von den äußersten nördlichen zu den äußersten südlichen Breiten passieren. Beobachtungen beringter Vögel haben ergeben, daß die grönländischen und nordeuropäischen Seeschwalben vor allem entlang der Ostküste des Atlantiks gen Süden ziehen und südlich von Südafrika ins offene Meer stechen, während die sibirischen und nordamerikanischen Seeschwalben den Weg über den Pazifik nehmen. Allerdings wissen wir insgesamt über den Zug der Küstenseeschwalbe bisher nur sehr wenig, und es gibt eindeutige Indizien – bemerkenswerte Funde von beringten Vögeln und Schwärme, die am Boden gesichtet wurden –, daß die Schwalben auch lange Flüge über Land unternehmen. Und es gibt auch gute Gründe anzunehmen, daß jene Küstenseeschwalben, die über Land fliegen, dies in sehr großer Höhe tun, höher als selbst unsere Ferngläser reichen. Jüngste Radarbeobachtungen untermauern die These, daß viele dieser Seeschwalben zuerst den antarktischen Kontinent einmal umrunden, bevor sie auf ihre Reise gen Norden aufbrechen.

Begegnungen mit der Küstenseeschwalbe

Ich will Ihnen ein paar Begegnungen beschreiben, die ich im Laufe meiner Forschungen zur Ökologie der Zugvögel mit Küstenseeschwalben gemacht habe. Ich habe sie im Gedächtnis, als sei es erst gestern gewesen.

Aufbruch aus Sibirien. 2. August, 75° nördlicher Breite, 138° östlicher Länge. Ich bin an Bord eines Forschungsschiffes, sitze an meinem Radargerät, mit dem ich die Zugbewegungen der Vögel verfolge, im Packeis nicht weit von der Küste der Neusibirischen Inseln. Kühle, kristallklare Luft, Sonnenschein, glitzernd blauer Himmel, manchmal verdunkelt von Schnee, der mit den günstigen Winden kommt und geht. Einige Stunden vor Mitternacht spürt das Radar einen Vogelschwarm auf östlichem Kurs auf. Er steigt ständig, von 300 auf 700 Meter über Meereshöhe. Der Schwarm kommt näher und zieht beinahe direkt über unser Schiff hinweg. Ich starre wie gebannt in mein Fernglas, hoffe, daß ich sie entdecken und identifizieren kann – und da habe ich sie, hoch oben im blauen Himmel, neun Seeschwalben in wunderbarer Formation! Wenn man ihre Flugbahn zurückverfolgt, so ist zu vermuten, daß sie auf der sibirischen Halbinsel Taimyr gestartet sind und unterwegs nach Alaska sind, von wo sie vielleicht südwärts über den Pazifischen Ozean fliegen werden.

Aufbruch aus der Ostsee. Ende Juli, 56° nördlicher Breite, 14° östlicher Länge. Eine Zeitlang hatte ich mein Radargerät an einer Bucht aufgestellt, von wo viele See- und Watvögel aus der Ostsee aufbrechen und zunächst über Land an Höhe gewinnen, bevor sie dann die See hinüber nach Südskandinavien überqueren. Küstenseeschwalben sind häufig in diesen Zugvogelscharen anzutreffen. Das Radar verrät mir, daß sie regelmäßig auf 1000 und bis zu 3000 Meter Höhe aufsteigen und dann über Land den Weg nach Westen einschlagen, direkt hinüber zur Nordsee und zum Atlantik. Wir haben viele dieser Flüge mit dem Radargerät verfolgt, und auch heute noch kehren wir immer wieder in die Bucht zurück, um den Schwalben zuzusehen und zuzuhören, wie sie sich über der See formieren und dann hoch oben im Abendhimmel entschwinden.

Aufbruch aus der Antarktis. 7.–9. März, 68° südlicher Breite, 67° westlicher Länge. Es wird Herbst in der Antarktis, und die Küstenseeschwalben brechen zu ihrem Frühjahrszug auf. Wiederum bin ich an Bord eines Forschungsschiffes und verfolge die Bewegungen der Zugvögel mit dem Radargerät. Zwischen den umgebenden Eisbergen gibt es reichlichen lokalen Verkehr – südpolare Raubmöwen, Sturmschwalben, Schneesturmvögel, Scharben und andere antarktische Seevögel. Weddellrobben und See-Elefanten sonnen sich auf den Eisschollen und an den Küsten der nahegelegenen Inseln. Bei einem kurzen Landgang unter Adéliepinguinen (eben in der Mauser) fallen mir die leisen Rufe der Schwärme hoch über uns auf – Küstenseeschwalben! Radar- und Feldbeobachtungen zufolge überqueren in den drei Tagen unseres Aufenthalts beinahe 10000 Seeschwalben diese Stelle. Die Vögel halten auf einen schmalen Fjord zu, der nach Nordwesten direkt zu den Bergen der Antarktischen Halbinsel führt. Sie werden auf mindestens 1500 Meter Höhe steigen müssen, um die Eiskappe der Halbinsel zu überqueren, und jenseits werden sie ihren Flug vermutlich über den Larsen-Eisschelf und die endlosen Packeisflächen des Weddellmeers zum Atlantik hin fortsetzen. Wir überlegen, ob das großartige Schauspiel, das wir hier miterleben, wohl zu einem der Rundflüge gehört, zu denen die Küstenseeschwalben sich regelmäßig um den antarktischen Kontinent herum aufmachen.

Über tropischen Meeren. 5. April, 6° nördlicher Breite, 26° westlicher Länge. Wir sind mit unserem Schiff auf der Rückreise von der Antarktis in Richtung Schweden. Gestern haben wir den Äquator überquert, und in den tropischen Gewässern des Atlantiks geht es beständig weiter nordwärts. Es ist ein sonniger Tag, sehr warm, und wir schauen den fliegenden Fischen zu, den Meeresschildkröten und ab und zu einem Wal. Vögel sind kaum zu sehen, doch plötzlich fahren wir mitten in einen Schwarm hinein, der eifrig mit Fischen beschäftigt ist. Ein Schwarm kleiner Fische, die man an der Oberfläche hüpfen und glitzern sieht, wird von einer gemischten Gruppe aus mindestens zwölf Küstenseeschwalben, 22 Rußseeschwalben, zwei Sturmtauchern und einer kleinen Raubmöwe angegriffen. Die Vögel langen ordentlich zu, tauchen in unserem Kielwasser immer und immer wieder herab, bis wir sie aus den Augen verlieren. Von solchen Begegnungen mit ortsfesten Gruppen von Seevögeln hört man immer wieder, und Küstenseeschwalben auf der Durchreise schließen sich solchen Gruppen gern an.

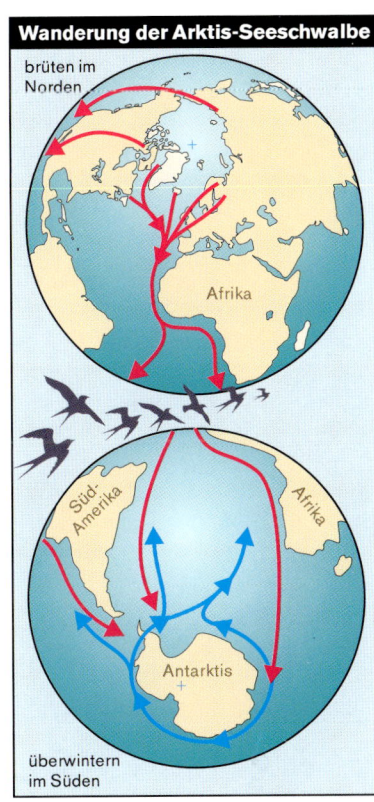

233 Die Arktis-Seeschwalbe legt jährlich 40 000 km auf ihrem Weg von ihren nördlichen Brutgebieten in die Antarktis zurück. Ihre Reisezeit beträgt jährlich 200 Tage mit einer Durchschnittsgeschwindigkeit von 43 km/h.

Ankunft in Grönland. 1. Juni, 69° nördlicher Breite, 53° westlicher Länge. Wir beobachten die Ankunft von Zugvögeln in der Diskobucht, einem Brutplatz für große Kolonien von Küstenseeschwalben. Der Frühling kommt sehr spät in jenem Jahr, und die Bucht ist noch fast ganz zugefroren, kreuz und quer mit imposanten Eisbergen übersät. Es ist bitter kalt, der Boden größtenteils mit Schnee bedeckt, doch Schneeammern singen munter ihr Lied. Nicht weit von unserer Beobachtungsstation sind an der Küste ein paar Rinnen im Eis aufgebrochen, und plötzlich schwirren überall die Küstenseeschwalben! Bis zum Vortag, an dem einige Gruppen eingetroffen waren, hatten wir überhaupt keine Schwalben gesehen. Doch heute ist der große Ankunftstag – jetzt kommen sie zu Tausenden! Sie kommen von Osten, das heißt, sie haben die Diskobucht über die große und mindestens zweieinhalbtausend Meter hohe grönländische Eiskappe erreicht. Wir sehen Schwärme hoch oben in der Luft, und nun kommen sie im Sturzflug zu den offenen Rinnen hinunter, um zu fischen. Sie sind wieder zurück in der Mitternachtssonne, die sie zweimal im Jahr erleben, an beiden Polen unseres Planeten.

Bauplan für ein Leben auf Reisen

Wenn man sich vor Augen führt, was die Evolution bei der Küstenseeschwalbe geleistet hat, so ist es schon beeindruckend. Überlegen Sie doch nur, was es heißt, in einzelnen Sprüngen, durch Versuch und Irrtum, eine solche ›Maschine‹ zu konstruieren. Sie muß genau wissen, welches die richtige Jahreszeit zum Aufbruch ist, sie muß Wetter und Wind registrieren wie der beste Meteorologe, ihre Flugwerkzeuge beherrschen wie der beste Bordtechniker und Pilot, immer wissen, wo die richtigen Flugpausen zu machen sind, die richtige Menge an Treibstoffreserven an Bord nehmen, die richtige Flughöhe wählen und Navigation und Orientierung so meisterhaft beherrschen, daß sie nach einer Weltreise im folgenden Jahr an genau der gleichen Stelle wieder ankommt!
Wenn sie in Scharen fliegen, können die Schwalben sich aneinander orientieren, aber man sieht oft einzelne, und sie müssen in der Lage sein, auch allein ihren Weg zu finden. Die Informationen muß sie in ihren Genen haben, und sie müssen von ihrem kleinen Hirn verarbeitet werden – ein beeindruckendes Beispiel einer meisterhaften Ingenieurs- und Programmierleistung der Natur. Sollten Sie sich mit dem Gedanken tragen, sich Ihre eigene Küstenseeschwalbe zu bauen, liefert Ihnen die Übersicht mit ›technischen Daten‹ weitere Hinweise, welche Anforderungen zu erfüllen sind.

Offene Fragen

Eine Million Küstenseeschwalben sind Jahr für Jahr auf ihren Routen zwischen Arktis und Antarktis unterwegs und nutzen jeweils die jahreszeitlich besten ökologischen Nischen zum Überleben und zur Aufzucht ihrer Jungen – und lösen diese Aufgabe perfekt. Sie sind die greifbarste Verbindung zwischen den beiden Polarregionen. Die Küstenseeschwalbe ist für die Zugvogelforschung eine ganz besondere Herausforderung – viele wichtige Fragen sind aber nach wie vor offen.
Sind die Pläne, nach denen sie wandern, so eingerichtet, daß sie so schnell wie möglich vorankommen, so wenig wie möglich an Energie verbrauchen, so gut wie möglich geschützt sind? Sind die Hauptflugrouten bei der Nord- andere als bei der

ZUGVOGEL

Südreise? Können die Schwalben sich wirklich auf dem ganzen Planeten orientieren, so daß sie ihren Rückweg auf der anderen Seite der Erdkugel, auf einer ganz anderen Route finden als derjenigen, auf der sie kamen? Gehört für die Mehrzahl von ihnen tatsächlich eine Umrundung des antarktischen Kontinents zum Programm dieser unglaublichen Wanderung?

Ich glaube nicht, daß es unsere Bewunderung der Küstenseeschwalbe und unseren Respekt vor ihr mindern wird, wenn wir die Antwort auf diese Fragen finden. Im Gegenteil: Je mehr wir von ihr wissen, desto klarer wird uns werden, wie wichtig es ist, daß wir dafür sorgen, daß immer genug Raum auf unserem Planeten für Reisen wie diese bleibt – für Küstenseeschwalben wie für Menschen und für alle anderen Bewohner unserer Erde.

234 Arktisseeschwalbe (Sterna paradisaea), Foto: Norbert Rosing

Technische Daten und Leistungen der Küstenseeschwalbe

Körpergewicht: 0,11 kg
Spannweite: 0,8 m
Entfernung ihrer Wanderung: 20 000 km (zwischen Arktis und Antarktis)
Zurückgelegte Entfernung pro Jahr: 2 × 20 000 = 40 000 km
Dauer ihrer Wanderung: 100 Tage (einschließlich Zwischenlandungen zur Nahrungsaufnahme)
Jährliche Zahl der Tage auf der Wanderung: 2 × 100 = 200 Tage
Fluggeschwindigkeit: 12 m/s (43 km/h), echte Fluggeschwindigkeit unter Berücksichtigung von Ladung, Windverhältnissen, Höhe sowie den Auf- und Abstiegen, um die optimalen Reisebedingungen zu halten
Flugdauer: 465 Stunden zwischen Arktis und Antarktis (durch günstige Winde wahrscheinlich etwas weniger)
Flugleistung: 5 Watt
Brennstoff: Fett (Brennwert 39 Kilojoule pro Gramm), als ›zusätzliche Ladung an Bord‹ genommen bei der Zwischenlandung an guten Fischgründen
Ladekapazität: 50 g, theoretisch über 100 g
Brennstoffverbrauch: 1,3 Gramm Fett auf 100 Kilometer, 260 g Fett für die 20 000 km
Formationsgröße: durchschnittliche Formationsgröße etwa 12 Einheiten, bisweilen Formationen bis 100 Einheiten
Steigfähigkeit: 1,2 m/s (72 m/min)
Flughöhe: 0–5 000 m
Bordkompaß: Orientierung nach Sonne, Sternen und Magnetfeld der Erde
Navigationssystem: unbekannt
Gesamtpopulation: etwa 1 Million Einheiten
Durchschnittliche Lebenserwartung: fast 10 Jahre (für erwachsene Vögel)
Durchschnittliche Lebensflugleistung: 10 × 40 000 = 400 000 km (die Entfernung Erde – Mond)
Höchstes belegtes Alter einer Küstenseeschwalbe: 34 Jahre
Lebensflugleistung der ältesten bekannten Küstenseeschwalbe: 1 360 000 km
Konstruktion und Ausführung: die Evolution.

Gerhard Mercator, »Polus Arcticus«, 1602

»Nun ist diese Geschichte aus,
und der Winter ist wieder um so vieles kürzer geworden.«

Knud Rasmussen, Rasmussens Thulefahrt, Frankfurt a. M. 1926, Vorrede

LEIHGEBER

Aarhus
Aarhus Kunstmuseum

Amsterdam
Rijksmuseum
Stichting Nederlands Scheepvaarts-
museum

Bad Bramstedt
Arved Fuchs

Basel
Littmann Kulturprojekte

Beauvais
Musée départemental de l'Oise

Berlin
Stadtmuseum Berlin, Naturwissen-
schaftliche Sammlungen
Staatliche Museen Preußischer Kultur-
besitz, Kunstbibliothek
Staatliche Museen Preußischer Kultur-
besitz, Museum für Völkerkunde
Staatsbibliothek Preußischer Kultur-
besitz, Kartenabteilung
Museum für Naturkunde
Stereoskopischer Bildverleih Kaiser-
Panorama Berlin, Prof. Erhard Senf

Bern
Kunstmuseum Bern, Paul-Klee-Stiftung

Bonn
Ursula Gebauer
Kunstmuseum
Martin Noël
Universitäts- und Landesbibliothek
Zoologisches Forschungsinstitut
Alexander König

Bremen
Übersee-Museum

Bremerhaven
Alfred-Wegener-Institut für Polar- und
Meeresforschung

Cambridge
Scott Polar Research Institute

Dresden
Jan Oelker

Duisburg
Britta Lauer

Düsseldorf
Kunstsammlung Nordrhein-Westfalen,
Sammlung Ulbricht

Enkhuizen
Rijksmuseum Het Zuiderzeemuseum

Erfurt
Herbert Grimm
Naturkundemuseum

Essen
Deutsches Plakat-Museum

Frankfurt a. M.
Museum für Moderne Kunst
Museum für Völkerkunde

Gotha
Schloßmuseum

Göteborg
Universität, Institut für
Biologie

Gränna
Andréemuseet

Greenwich London
National Maritime Museum

Groningen
Noordelijk Scheepvaartsmuseum

Hamburg
Museum für Kunst
und Gewerbe
Weißes Haus

Helsinki
Finnish Meteorological Institute
Finnisches Nationalmuseum
University Library

Järfälla (S)
Staffan Widstrand

Jena
Phyletisches Museum, Institut für Spezielle Zoologie und Evolutionsbiologie, Friedrich-Schiller-Universität

Kopenhagen
Nationalmuseum

Köln
Rautenstrauch-Joest-Museum für Völkerkunde
Stiftung Brandhorst
Studiensammlung Barthelmess zur Geschichte des Wal- und Robbenfangs
Lutz Fritsch

Krefeld
Thomas Andreae

Leipzig
Museum der bildenden Künste

London
The James Caird Society, Dulwich College
Natural History Museum
Anthony d'Offay Gallery
Royal Geographical Society

Mannheim
Reiß-Museum

Miami
Rubell Family Collection

Minneapolis
Stuart Klipper

Monaco
Musée océanographique de Monaco

München
Bayerische Staatsgemäldesammlungen, Staatsgalerie Moderner Kunst
Deutsches Museum
Münchner Stadtmuseum
Staatliches Museum für Völkerkunde

Münster
Universitäts- und Landesbibliothek

Neufundland
Newfoundland Museum

New York
Charlie Morrow
Sonnabend Gallery

Nuuk
Grönlands Nationalmuseum und Archiv

Nürnberg
Germanisches Nationalmuseum

Offenbach
Deutsches Ledermuseum / Deutsches Schuhmuseum in Offenbach am Main

Oldenburg
Staatliches Museum für Naturkunde und Vorgeschichte

Oslo
Fram-Museet
Anne Christin Jacobsen
Norsk Sjöfartsmuseum
Norsk Polarinstitutt
Skimuseet Holmenkollen
Universitetets Oldsaksamling
University of Oslo, Ethnographisches Museum

Paris
Daniel Spoerri

Remagen
Fondation Jean Arp und Sophie Taeuber-Arp

Rovaniemi
University of Lappland, Arctic Centre

Saint Firmin-sur-Loire
Pontus Hulten

Salechard
Yamalo-Nenetz District Shemanowsky Museum

Salzgitter
Amt für Kultur, Geschichte und Heimatpflege, Städt. Museum Schloß Salder

Selborne (Hampshire)
The Oates Memorial Museum

Solna
Primus AB

St. Petersburg
Institut für Geschichte der materiellen Kultur bei der Akademie der Wissenschaften der Russischen Föderation
Museum der Arktis und Antarktis
Zoologisches Institut bei der Akademie der Wissenschaften der Russischen Föderation

Stockholm
Magnus Elander
Historiska Museet
Livrustkammaren
Naturhistoriska Riksmuseet
Sjöhistoriska Museet
The Royal Swedish Academy of Sciences, Centre for History of Science
University of Stockholm, Institute of Biology Education
University of Stockholm, Institute of Geology and Geochemistry

Stralsund
Deutsches Museum für Meereskunde und Fischerei

Stuttgart
Staatsgalerie Stuttgart

Tallinn
Estonian History Museum, Ajaloomuseum

Tromsø
Tromsø University Museum

Uppsala
Landesarchiv
Uppsala University Library, Carolina Rediviva
Uppsala University, Paleontological Museum
Uppsala University, Zoological Museum

Washington, D. C.
National Museum of Natural History, Department of Anthropology, Smithsonian Institution

Wernetshausen
Andreas Züst

Wohltorf
Oswald Dreyer-Eimbcke

sowie Leihgeber, die ungenannt bleiben möchten.

VERZEICHNIS DER AUSSTELLUNGSSTÜCKE

Einführung

Ansicht der südlichen Hemisphäre mit dem antarktischen Kontinent, Satellitenbild, Planetary Visions Ltd., London

Ansicht der nördlichen Hemisphäre mit der Arktis, Satellitenbild, Planetary Visions Ltd., London

Tischlampe aus getrocknetem Wal-Auge
Mitte 20. Jh.
Ø je 10 cm
Studiensammlung Barthelmess zur Geschichte des Wal- u. Robbenfangs, Köln

Eisenmeteorit, Fund aus Savissivik, Thule, Grönland
Eisen, 35 x 50 x 40 cm
Grönlands Nationalmuseum u. Archiv, Nuuk

Präparat einer Küstenseeschwalbe, ›Sterna paradisaea‹
Spannweite 55 cm
Naturhistoriska Riksmuseet, Stockholm

Oroncé Finé (1494–1555)
Doppelherzförmige Weltkarte, die Pole im Zentrum. In: »Nova et integra Universi orbis descriptio«, 1531
Privatsammlung

Gerard de Jode (ca. 1517–1591)
Weltkarte, »Hemispherium ab aequinoctiali linei ad circulum poli arctici et ad circulum poli antarctici«, Antwerpen 1593
kolorierter Kupferstich, 33 x 53 cm
Stichting Nederlands Scheepvaartsmuseum, Amsterdam

John Seller (gest. 1697)
»A map of the constellations about North pole«, der polare Sternenhimmel mit ausgemalten Sternzeichen, im Zentrum der Kleine Bär
17. Jh.
kolorierter Kupferstich, 12,5 x 12,5 cm
Privatsammlung

Johannes Hevelius (1611–1687)
Firmamentum sobiescianum, Uppsala 1687
Sternbild des Kleinen Bären mit dem Polarstern
Kupferstich, 35 x 50 cm
Astronomisches Institut der Universität Uppsala
Archiv, Bonn

Eigil Knuth (1903–1996)
Porträt der Grönländerin Sabine (Tiqertooq), 64 Jahre, 1936–1937
bemalter Ton
Grönlands Nationalmuseum u. Archiv, Nuuk

Eigil Knuth (1903–1996)
Porträt der Grönländerin Amanda (Quangiuani), 61 Jahre, 1936–1937
Zement
Grönlands Nationalmuseum u. Archiv, Nuuk

Eigil Knuth (1903–1996)
Porträt der Grönländerin Qitora, 23 Jahre, 1936–1937
bemalter Ton
Grönlands Nationalmuseum u. Archiv, Nuuk

Eigil Knuth (1903–1996)
Porträt der Grönländerin Johanna, 58 Jahre, 1936–1937
Speckstein
Grönlands Nationalmuseum u. Archiv, Nuuk

Joseph Beuys (1921–1986)
Schneemann, 1984
Steinkohle, Zeitungsausschnitt
22 x 37 x 18 cm
Kunstsammlung Nordrhein-Westfalen, Slg. Ulbricht, Düsseldorf

Wasser und Eis

Video-Einrichtung zur Demonstration des großen ›conveyor belt‹, der großen Meeresströmungen zwischen den Polen
Archiv, Bonn

Sedimentkern vom Lomonossow-Rücken, Digitalmosaik, erstellt von der Universität Stockholm, Institut für Geologie u. Geochemie
Colorkopie, 934 x 10 cm
Archiv, Bonn

Sedimentkern vom Lomonossow-Rücken
L. 150 cm
Universität Stockholm, Dep. of Geology and Geochemistry

Zwei Eisbohrkerne aus Grönland u. aus der Antarktis
Alfred-Wegener-Institut für Polar- u. Meeresforschung, Bremerhaven

Richard Long (geb. 1945)
A circle in Alaska, 1977
Fotografie, 87 x 122 cm
Privatsammlung, Courtesy Anthony d'Offay Gallery, London

Robert Longo (geb. 1953)
Männer im Eis eingeschlossen, 1980
Kohle u. Graphit auf Papier, 3 Tafeln
je 123 x 101 cm
Rubell Family Collection, Miami

Richard Long (geb. 1945)
Arctic spindrift, A day walking through snow, wind and sunlight in a fifteen day walk in Lappland, Sweden and Norway, 1985
Fotografie auf Karton, kaschiert, mit Text
Bleistift, Buntstift, 85 x 116 cm
Stiftung Brandhorst, Köln

Eisbohrkern, 1995
Stahl, L. 160 cm
Alfred-Wegener-Institut für Polar- u. Meeresforschung, Bremerhaven

Britta Lauer (geb. 1945)
Eis, 1995
25-teilige Fotoarbeit, 396 x 324 cm
Besitz der Künstlerin

Licht

Aurora borealis
Videoproduktion des Finnish Meteorological Institute u. Röykkä, Helsinki

Optisches Theater zur Demonstration von Halos u. Nebensonnen nach Robert Greenler
Archiv, Bonn

Sieben Sonnen. In: Johannes Hevelius, »Mercurius in Sole visus Gedani«, 1662
Kupferstich, 35 x 50 cm
Archiv, Bonn

Mondhalos, »Eine Erscheinung am Südhimmel, erblickt von 20 Personen am 24. u. 25. August 1801 in Ljusnarsberg vicarage«, (Schweden), 1801
Aquarell auf Papier, 32,5 x 39,5 cm
Landesarchiv, Uppsala

Walter Tape
Südpolhalo am 2. Januar 1990, Antarktis
Fotografie, 50 x 70 cm
Archiv, Bonn

Walter Tape
Südpolhalo am 13. Januar 1986
Fotografie, 50 x 70 cm
Archiv, Bonn

Walroßschädel
Norsk Sjöfartsmuseum Oslo

Petroleumlampe von der Deutschen Grönlandexpedition Alfred Wegeners 1930–1931
H. 30 cm
Alfred-Wegener-Institut für Polar- u. Meeresforschung, Bremerhaven

Zwei Eskimolampen aus der Sammlung von Fridtjof Nansen
Speckstein, Ø 25 cm
Fram-Museet, Oslo

Schneebrille
Staatliches Museum für Völkerkunde, München

Overall-Oberteil mit Kapuze, 1875, auf dem Rücken aufgemaltes Schloß zur Vermeidung von Schneeblindheit des Hintermannes, Arktisexpedition Nares, 1875–1876
Leinen, 101,8 x 156,8 cm
National Maritime Museum, Greenwich/London

Järg Geismar (geb. 1958)
Couple, 1989
Holz, Kabel, Steckdosen,
100 x 200 x 250 cm
Littmann Kulturprojekte, Basel

James Turrell (geb. 1943)
PALUKA, Perceptual Cell, 1992
Holz, opakes Fiberglas, Neonröhren, Stroboskop, 260 x 126 x 126 cm
Weißes Haus, Hamburg

Präparat einer Trottellumme, ›Uria aalge‹
H. 37 cm
Zoologisches Forschungsinstitut Alexander König, Bonn

William Scoresby jr. (1789–1857)
Journal of a voyage to the Northern Whale-Fishery, Edinburgh 1823, mit Luftspiegelungen von Schiffen im Eismeer
Kupferstich, 30 x 50 cm
Archiv, Bonn

Robert Greenler
Gletscherwand jenseits des Meereises, eine Luftspiegelung, Point Barrow, Alaska
Fotografie, 35 x 50 cm
Archiv, Bonn

Pekka Parviainen
Sonnenuntergang am Pol
4 Fotografien, 50 x 70 cm
Archiv, Bonn

Die magnetischen Pole

John R. Wildman
Porträt Captain Sir James Clark Ross (1800–1862), er entdeckte 1831 den magnetischen Nordpol, r. o. Polarstern,
r. u. Deklination
Öl auf Leinwand, 145 x 112 cm
National Maritime Museum, Greenwich/London

Georg Friedrich Brander (1713–1783)
Inklinatorium magneticum, um 1777
Messing, Marmor, H. 47,1 cm
Deutsches Museum, München

Georg Friedrich Brander (1713–1783)
Inklinatorium magneticum, um 1770
Messing
Deutsches Museum, München

Stange einer Schiffsbug-Flagge, die James Clark Ross am 1. Juni 1831 am magnetischen Nordpol errichtete
Holz, L. 204 cm
National Maritime Museum, Greenwich/London

Georg Baselitz (geb. 1938)
Seeschwalbe, 1971
Öl auf Leinwand, 180 x 140 cm
Bayerische Staatsgemäldesammlungen, München, Staatsgalerie Moderner Kunst

Eis und Geist

Maske, Sibirien, Taymir-Halbinsel
Metall, H. 25 cm
University of Lappland, Arctic Centre Rovaniemi

Pfeife, Sibirien, Samojeden
Elfenbein, 5 x 4,5 x 27 cm
Estonian History Museum, Ajaloomuseum, Tallinn

Parka mit Kapuze, bedruckt mit Kringeln, Kamtschatka, Korjaken
Rentierleder, 125 x 170 cm
Estonian History Museum, Ajaloomuseum, Tallinn

Holzhut, Alaska, Aleuten
Holz, Borsten, 22 x 40 x 21 cm
Staatliches Museum für Naturkunde u. Vorgeschichte, Oldenburg

Schamanen-Mantel, Sibirien, Karagassen
Leder, L. 180 cm
Staatliches Museum für Völkerkunde, München

Fingermasken, Alaska, Beringmeer-Eskimo
um 1870
Holz, 9,5 x 7 cm
Staatliches Museum für Völkerkunde, München

Vogel mit Flügeln, Kamtschatka, Korjaken
Elfenbein, 5 x 12 x 22 cm
Estonian History Museum, Ajaloomuseum, Tallinn

Rassel aus Seepapageischnäbeln, Alaska, Pazifik-Eskimo
Horn, Ø 22 cm
Estonian History Museum, Ajaloomuseum, Tallinn

Vogelmaske, Alaska, Beringmeer-Eskimo
19. Jh.
Holz, 44,5 x 15,5 cm
Museum für Völkerkunde, Frankfurt a. M.

A) Guttorm Valkeapää, Der Geist des Toten
   1933, 48,5 x 45 cm
B) L. J. Hurri, Könkämä, Raide im Sturm
   1933, 34 x 40 cm
C) Guttorm Valkeapää, Opferstein, 1933
   40 x 37,5 cm
D) Lars Hurri, Totenhochzeit, 1933
   32 x 35,5 cm
E) Anonym, Salko Nile, 1929, 66 x 46 cm
Kupferstiche
Amt für Kultur, Geschichte u. Heimatpflege, Städtisches Museum Schloß Salder, Salzgitter

Ledergürtel mit Knochen, Zähnen, Miniaturobjekten (Säge, Ulo, Messer, Waffenspitzen), Kanada, Netsilik (?)
L. 83 cm
Universität Oslo, Ethnographisches Museum

Amulett, gekrümmter Mann, Grönland, Ammassalik
Holz, H. 10 cm
Universität Oslo, Ethnographisches Museum

Schneebrille, Kanada, Netsilik-Eskimo
Holz, Sehne, L. 13,5 cm
Universität Oslo, Ethnographisches Museum

Ring- u. Pin-Spiel, Netsilik
Knochen, L. 9 cm
Universität Oslo, Ethnographisches Museum, Slg. Amundsen

Bogen, Netsilik, King William Island
Moschusochsenhorn, L. 110 cm
Universität Oslo, Ethnographisches Museum

Männermantel (Fellseite außen), Kanada, Netsilik
Karibupelz, 127 x 135 cm
Universität Oslo, Ethnographisches Museum

Tupilak, Ostgrönland, um 1900
Holz, 18 x 2,5 cm
Rautenstrauch-Joest-Museum für Völkerkunde, Köln

Anthropomorphes Feuerbrett, Sibirien, Tschuktschen, vor 1899
Holz, H. 40 cm
Staatliches Museum für Völkerkunde, München

Amulett-Brustgürtel für einen Mann, Grönland, Ammassalik
Leder, L. 52 cm
University of Lappland, Arctic Centre Rovaniemi

Amulettpuppe, Ostjaken (Chanten), Sibirien, Gouv. Tobolsk, Emter-See
Holz, Stoff, H. 69 cm
National Museum of Finland, Helsinki

Visor aus schwarzem Holz u. Beinverzierung, Grönland, Ammassalik
Holz, B. 14 cm
Universität Oslo, Ethnographisches Museum

Umiak-Modell, Alaska, Aleut- od. Pazifik-Eskimo
Leder, Holz, 110 x 42 x 22 cm
Staatliches Museum für Naturkunde u. Vorgeschichte, Oldenburg

Trommel mit Trommelschlegel, Lappland, 18. Jh.
Holz, Leder, 40 x 32 cm
Reiß-Museum, Mannheim

Einbaum-Schlitten, sog. Pulke, Lappland, Inari
Holz, 41 x 47 x 190 cm
National Museum of Finland, Helsinki

Holzschale in Vogelform, Alaska, Pazifik-Eskimo
Holz, 15,5 x 24 x 44 cm
Estonian History Museum, Ajaloomuseum, Tallinn

Kajak-Amulett, Paar, Seeotterdarstellung zur Aufhängung unter dem Vorderdeck, Alaska, Aleuten
Elfenbein, 1,7 x 2,3 x 8 cm
Estonian History Museum, Ajaloomuseum, Tallinn

Figur, weiblich, Kanada, Netsilik-Eskimo
Geweih, H. 15,2 cm
Universität Oslo, Ethnographisches Museum

Drillbohrer-Stab mit Ritzzeichnungen in Elfenbein, Alaska-Eskimo
31,5 x 1 x 1 cm
Estonian History Museum, Ajaloomuseum, Tallinn

Handschuhe mit Seepapageischnäbeln, Alaska, Aleut- od. Pazifik-Eskimo
Leder, Horn, 47 x 20 cm
Staatliches Museum für Naturkunde u. Vorgeschichte, Oldenburg

Kajak-Modell, Mann mit Lippenpflock u. Kormoran, Alaska, Aleuten
Sehnenschnur u. Elfenbein, 4 x 7 x 25 cm
Estonian History Museum, Ajaloomuseum, Tallinn

Idol für Schwangere, Ostjaken (Chanten), Sibirien, Gouv. Tobolsk, Vasjugan
Holz, H. 18 cm
National Museum of Finland, Helsinki

Frauenmantel mit Babykapuze, Kanada, Netsilik
Karibupelz, Leder, 170 x 120 cm
Universität Oslo, Ethnographisches Museum

Schwimmkörper aus dem Balg einer Robbe, Nunivak-Eskimo, SW-Alaska, vor 1828
hölzerne Afterscheibe, Federn, Elfenbeinknöpfe
28 x 43 x 105 cm
Übersee-Museum, Bremen

Jacob Aröe
Ansicht von Julianehåb in Grönland, 1835
Wasserfarben auf Papier, 31 x 40 cm
Grönlands Nationalmuseum u. Archiv, Nuuk

Modell der Kirche von Julianehåb, 19. Jh.
Holz, 19 x 24 x 18 cm
Grönlands Nationalmuseum u. Archiv, Nuuk

Kajak, dreisitzig, Aleuten, vor 1857
Robbendarm, Spanten u. Süllringe aus Walbarten
L. 6,90 m
Übersee-Museum, Bremen

Kamleika aus Robbendarm, vor 1870
123 x 66 x 15 cm
Übersee-Museum, Bremen

Gebetbuch, in Samisch geschrieben, u. Ikonenbehälter mit Schiebedeckel, Lappland vor 1900
Einband aus Rentierleder, 22,5 x 28 cm
Behälter 4 x 10 x 38 cm
National Museum of Finland, Helsinki

Johannes Kreutzmann (1862–1940)
Grönländerin mit Kind, um 1920
Holz, bemalt, 42 x 13 x 15 cm,
Grönlands Nationalmuseum u. Archiv, Nuuk

Johannes Kreutzmann (1862–1940)
Grönländer aus Kangamiut, um 1920
Holz, bemalt, 44 x 15,5 x 10 cm
Grönlands Nationalmuseum u. Archiv, Nuuk

Johannes Kreutzmann (1862–1940)
Grönländerin, ihren Kamik (Stiefel) weichbiegend, um 1920
Holz, bemalt, 34 x 13 x 22 cm
Grönlands Nationalmuseum u. Archiv, Nuuk

Johannes Kreutzmann (1862–1940)
Grönländerin mit Kind, Kangamiut
um 1920
Holz, bemalt, 143 x 50 x 40 cm
Grönlands Nationalmuseum u. Archiv, Nuuk

Arnaqaoq, vier Schamanenzeichnungen für Knud Rasmussen. V. Thule Expedition 1921-24, Melville-Habinsel, Kanada
um 1922
Bleistift auf Papier
Nationalmuseum, Kopenhagen

Eskimokarte, geritzt aus Walroßzahn, Alaska, Insel Nunivak, um 1930
Elfenbein, L. 33 cm
Museum für Völkerkunde, Berlin

Lebendiges Jamal (Zelt)

Lederbeutel, dekoriert
63 x 43 cm
Yamalo-Nenetz District Shemanowsky Museum, Salechard

Zeltabdeckung aus Stoff
Yamalo-Nenetz District Shemanowsky Museum, Salechard

Lederbeutel mit Pelzbesatz
52 x 45 cm
Yamalo-Nenetz District Shemanowsky Museum, Salechard

Eiserner Kochherd mit Rohr
70 x 35 x 35 cm, Rohr: 15 x 200 cm
Yamalo-Nenetz District Shemanowsky Museum, Salechard

Hölzerne Saucenpfanne
16 x 9 cm
Yamalo-Nenetz District Shemanowsky Museum, Salechard

Zwei Grasmatten
200 x 75 cm
Yamalo-Nenetz District Shemanowsky Museum, Salechard

Eisenplatte (Herdunterteil)
71 x 51 cm
Yamalo-Nenetz District Shemanowsky Museum, Salechard

Zeltverkleidung aus Rentierhaut
Yamalo-Nenetz District Shemanowsky Museum, Salechard

Zwei Birkenmatten
200 x 100 cm
Yamalo-Nenetz District Shemanowsky Museum, Salechard

Blaugelbes Stoffkissen
121 x 38 cm
Yamalo-Nenetz District Shemanowsky Museum, Salechard

Schlafkissen
Stoff, 200 x 400 cm
Yamalo-Nenetz District Shemanowsky Museum, Salechard

Tierhautbeutel mit Stoff-, Samt- u. Perlenapplikationen
45 x 50 cm
Yamalo-Nenetz District Shemanowsky Museum, Salechard

Bettzeug aus Rentierhaut, 6-teilig
115 x 140 cm
Yamalo-Nenetz District Shemanowsky Museum, Salechard

Feuerhaken mit Holzklotz
98 x 5,5 cm
Yamalo-Nenetz District Shemanowsky Museum, Salechard

Schlafkleid
Yamalo-Nenetz District Shemanowsky Museum, Salechard

Hölzerne Saucenpfanne
17 x 10 cm
Yamalo-Nenetz District Shemanowsky Museum, Salechard

Eisentopf
30 x 19 cm
Yamalo-Nenetz District Shemanowsky Museum, Salechard

Behälter aus Birkenrinde mit Deckel
12 x 24 cm
Yamalo-Nenetz District Shemanowsky Museum, Salechard

Hölzerne Fleisch- od. Fischplatte
67 x 26 cm
Yamalo-Nenetz District Shemanowsky Museum, Salechard

Kornevatik, gewebter Eßkorb
Stoff, 26 x 21 cm
Yamalo-Nenetz District Shemanowsky Museum, Salechard

Bank aus Wurzelholz
H. 24 cm
Yamalo-Nenetz District Shemanowsky Museum, Salechard

Niedriger Eßtisch mit Schubladen
73 x 56 x 42 cm
Yamalo-Nenetz District Shemanowsky Museum, Salechard

Fischlöffel mit Rasseln
52 x 14 cm
Yamalo-Nenetz District Shemanowsky Museum, Salechard

Holztruhe, mit Blech verziert
63 x 31 x 27 cm
Yamalo-Nenetz District Shemanowsky Museum, Salechard

Eßgeschirr
Yamalo-Nenetz District Shemanowsky Museum, Salechard

Hölzerne Wiege mit Tierhaut-Bettzeug, dekoriert mit Perlen, Ketten u. kleiner Glocke
62 x 35 cm
Yamalo-Nenetz District Shemanowsky Museum, Salechard

Hölzerne Fisch-Schüssel
12,5 x 5,5 cm
Yamalo-Nenetz District Shemanowsky Museum, Salechard

Eisenkessel
23 x 22 cm
Yamalo-Nenetz District Shemanowsky Museum, Salechard

Kelle aus Lärchenholz
14 x 10 cm, Griff 37 cm
Yamalo-Nenetz District Shemanowsky Museum, Salechard

Haken für die Wiege mit hölzernen Rasseln
80 x 7,5 cm
Yamalo-Nenetz District Shemanowsky Museum, Salechard

Schneeausklopfer für Frauen aus geschnitztem Holz
94 x 5 cm
Yamalo-Nenetz District Shemanowsky Museum, Salechard

Blechwaschbecken, 18. Jh.
Ø 19 cm, H. 8 cm
Yamalo-Nenetz District Shemanowsky Museum, Salechard

Lebendiges Jamal (Tschum-Umgebung)

Hölzerne Schaufel zum Messen der Schneehöhe
142 x 9,2 cm
Yamalo-Nenetz District Shemanowsky Museum, Salechard

Axt
Yamalo-Nenetz District Shemanowsky Museum, Salechard

Spaltklotz für Feuerholz mit Lederstreifen
31,5 x 22 cm
Yamalo-Nenetz District Shemanowsky Museum, Salechard

Fischnetz
840 x 160 cm
Yamalo-Nenetz District Shemanowsky Museum, Salechard

Rentiergeschirr
Diverse Knochenstücke, Holzteile u. Tierhautseile, L. 520 cm
Yamalo-Nenetz District Shemanowsky Museum, Salechard

Seil aus Sehnen
L. 170 cm
Yamalo-Nenetz District Shemanowsky Museum, Salechard

Bootsschaufel
70 x 21 x 9,5 cm
Yamalo-Nenetz District Shemanowsky Museum, Salechard

Pelztierfalle in Form einer hölzernen Armbrust
46,5 x 7,2 cm, Bogen 73,5 cm
Yamalo-Nenetz District Shemanowsky Museum, Salechard

Schneeausklopfer für Männer
51 x 9,8 cm
Yamalo-Nenetz District Shemanowsky Museum, Salechard

Hirtenlasso aus Rentierhaut
Yamalo-Nenetz District Shemanowsky Museum, Salechard

Longalli, hölzerner Kragen zum Zähmen untrainierter Rentiere
67 x 2,8 cm
Yamalo-Nenetz District Shemanowsky Museum, Salechard

Botalo, hölzerne Tafel mit Knochen-Rasseln (zum Zähmen oder zum Identifizieren verlorener Rentiere)
44,7 x 12,5 cm
Yamalo-Nenetz District Shemanowsky Museum, Salechard

Reifen (hölzerner Kragen) zum Zähmen von Rentieren
30 x 19 cm
Yamalo-Nenetz District Shemanowsky Museum, Salechard

Lebendiges Jamal (Frauenhandwerk)

Holzspäne zum Reinigen, Händewaschen etc.
31 x 4,5 cm
Yamalo-Nenetz District Shemanowsky Museum, Salechard

Rentiersehne zum Nähen
70 x 4 cm
Yamalo-Nenetz District Shemanowsky Museum, Salechard

Rahmen zum Trocknen von Tierhäuten
Holz, 56 x 13 cm
Yamalo-Nenetz District Shemanowsky Museum, Salechard

Rahmen zum Trocknen von Tierhäuten
Holz, 93 x 5,3 cm
Yamalo-Nenetz District Shemanowsky Museum, Salechard

Hautkratzer mit Holzgriff u. kleiner Eisenklinge
59 x 3,8 cm
Yamalo-Nenetz District Shemanowsky Museum, Salechard

Peshka, Haut vom neugeborenen Rentierkalb
75 x 30 cm
Yamalo-Nenetz District Shemanowsky Museum, Salechard

Hellbraune Rentierhaut
98 x 73 cm
Yamalo-Nenetz District Shemanowsky Museum, Salechard

Kamus, Haut von Rentierläufen, für Fußbekleidung
50 x 20 cm u. 52 x 25 cm
Yamalo-Nenetz District Shemanowsky Museum, Salechard

Verzierter Knochenfingerhut
2,9 x 2 cm
Yamalo-Nenetz District Shemanowsky Museum, Salechard

Tucha, Nähbeutel mit Inhalt (Stoffbänder, Sehnen, Fäden, Perlen, Stickmuster, Fingerhut u. Nadelkissen)
35 x 24,5 cm
Yamalo-Nenetz District Shemanowsky Museum, Salechard

Schnitzmesser zum Schneiden von Verzierungen
Yamalo-Nenetz District Shemanowsky Museum, Salechard

Frauenbeutel, mit Pelz verziert, weißen Perlen u. Stoffstücken
16,8 x 14,3 cm
Yamalo-Nenetz District Shemanowsky Museum, Salechard

Nadelkissen, mit Pelz verziert, eiserner Fingerhut u. Knochen-Verschluß, geformt als Vogelfigur
20 x 20 cm
Yamalo-Nenetz District Shemanowsky Museum, Salechard

Nadelkissen aus Leder u. Stoff, mit Perlen verziert
28 x 16,5 cm
Yamalo-Nenetz District Shemanowsky Museum, Salechard

Verziertes Band mit Pelzstreifen u. schmalem Stoffband
13,5 x 5 cm
Yamalo-Nenetz District Shemanowsky Museum, Salechard

Lebendiges Jamal (Schmuck)

Bestickter Männergürtel aus Stoff, Perlen u. kleinen Stoffstreifen
125 x 7 cm
Yamalo-Nenetz District Shemanowsky Museum, Salechard

Zwei bestickte Lederbänder mit grünen, gelben u. dunkelvioletten Perlen
40,5 x 4,5 cm
Yamalo-Nenetz District Shemanowsky Museum, Salechard

Bestickter Fransengürtel mit Stoff u. farbigen Perlen
74 x 6 cm
Yamalo-Nenetz District Shemanowsky Museum, Salechard

Besticktes Lederband mit farbigen Perlen
46,5 x 6 cm
Yamalo-Nenetz District Shemanowsky Museum, Salechard

Tucha, alter Tierhautsack, mit Kalbshufen verziert
28 x 39 cm
Yamalo-Nenetz District Shemanowsky Museum, Salechard

Tucha, Lederhautbeutel, mit kleinen Eisenketten verziert
38 x 31 cm
Yamalo-Nenetz District Shemanowsky Museum, Salechard

Besticktes Lederband mit weißen u. roten Perlen
72 x 4 cm
Yamalo-Nenetz District Shemanowsky Museum, Salechard

Verziertes Brustkleid für Frauen mit weißen, blauen u. roten Perlen
Stoff, 49 x 21,5 cm
Yamalo-Nenetz District Shemanowsky Museum, Salechard

Lebendiges Jamal (Kinder)

Spielzeugwiege aus Birkenrinde, Entenschnäbeln u. Brustknochen, mit Stoff u. bunten Fäden verziert
9,5 x 5,5 cm
Yamalo-Nenetz District Shemanowsky Museum, Salechard

Kanthi Stoffpuppe
14 x 11 cm
Yamalo-Nenetz District Shemanowsky Museum, Salechard

Kälberhufe, als Spielzeug verwendet
2 x 1,8 cm bis zu 6 x 4,5 cm
Yamalo-Nenetz District Shemanowsky Museum, Salechard

Modell einer Rentierschlitten-Karawane mit Frauenschlitten (ne khan), Frachtschlitten (vandako), Männerschlitten (khasava khan), Frachtschlitten (numa), Männerschlitten (khan), Frachtschlitten (siabu)
Holz, 5 x 70 cm
Yamalo-Nenetz District Shemanowsky Museum, Salechard

Kinderbeinkleidung aus Rentierkalbsfell (Fellseite innen), mit roter Spitze u. zahlreichen Flicken
30 x 13 cm
Yamalo-Nenetz District Shemanowsky Museum, Salechard

Nenzen-Spielzeugwiege aus Entenschnäbeln u. Brustknochen, mit Perlen u. Stoff verziert
6 x 3 cm
Yamalo-Nenetz District Shemanowsky Museum, Salechard

Nenzen-Puppe, Frau mit Zöpfen in Pelz- u. Stoffkleidung, mit Perlen u. Metallverzierungen
24 x 15 cm
Yamalo-Nenetz District Shemanowsky Museum, Salechard

Modell eines Männerschlittens, Holz mit Rentierhaut-Bettzeug
26,5 x 11,3 cm
Yamalo-Nenetz District Shemanowsky Museum, Salechard

Komi, Puppe in Frauenkleidung
33 x 29 cm
Yamalo-Nenetz District Shemanowsky Museum, Salechard

Nenzen-Puppe, Frau mit Zöpfen, Pelzmantel u. Mütze, der Kopf aus Entenschnäbeln
19 x 7 x 21 cm
Yamalo-Nenetz District Shemanowsky Museum, Salechard

Nenzen-Puppe in Männerkleidung
Stoff, 10,5 x 9 cm
Yamalo-Nenetz District Shemanowsky Museum, Salechard

Modell eines Holzbootes mit drei Paddeln
42 x 8 x 3,5 cm
Yamalo-Nenetz District Shemanowsky Museum, Salechard

Modell eines Lastschlittens mit stoffbedeckter Fracht
27 x 13,5 cm
Yamalo-Nenetz District Shemanowsky Museum, Salechard

Modell eines Frauenschlittens, Holz mit Rentierhaut-Bettzeug
28 x 10 cm
Yamalo-Nenetz District Shemanowsky Museum, Salechard

Lebendiges Jamal (Männerkleidung und Jagdgerät)

Mantelgürtel
Yamalo-Nenetz District Shemanowsky Museum, Salechard

Halter für Schuhe
Leder, 170 x 2 cm
Yamalo-Nenetz District Shemanowsky Museum, Salechard

Winterschuhe aus Rentierhaut, mit Streifen u. buntem Stoff verziert
40 x 80 x 36 cm
Yamalo-Nenetz District Shemanowsky Museum, Salechard

Überschuhe
Leder, 44 x 50 cm
Yamalo-Nenetz District Shemanowsky Museum, Salechard

Winterpelzmantel mit Rentierfell, mit Streifen u. buntem Stoff geschmückt
142 x 153 cm
Yamalo-Nenetz District Shemanowsky Museum, Salechard

Messer mit eiserner Klinge, Knochengriff u. hölzerner Scheide
28,5 x 3,5 cm u. 23,5 x 6,5 cm
Yamalo-Nenetz District Shemanowsky Museum, Salechard

Hölzerner Köcher mit verziertem Deckel u. vier Pfeilen, Pfeile mit weißen u. braunen Federn, gegabelter Spitze aus Eisen u. Knochen
81,5 x 10,5 x 6,5 cm
Yamalo-Nenetz District Shemanowsky Museum, Salechard

Persönliches Jagdgerät bestehend aus Geschoß-Meßbecher aus Rentiergeweih, Pulver-Meßbecher aus Rentiergeweih, Kugelbehälter aus Holz, Pulversack aus Leder mit Knochenring u. Meßbecher aus Rentiergeweih
6 x 2,7 x 3,15 cm u. 3,14 x 9,6 x 5 cm
Yamalo-Nenetz District Shemanowsky Museum, Salechard

Bogenbohrer
52,5 x 4,8 cm
Yamalo-Nenetz District Shemanowsky Museum, Salechard

Winterstrümpfe aus Tierhaut, mit Pelz u. rotem Stoff verziert
38 x 79 x 30 cm
Yamalo-Nenetz District Shemanowsky Museum, Salechard

Männeroberbekleidung
156 x 179 cm
Yamalo-Nenetz District Shemanowsky Museum, Salechard

Lebendiges Jamal (Ritualobjekte)

Ahnenbild
Holz, 8 x 50 cm
Yamalo-Nenetz District Shemanowsky Museum, Salechard

Schamanenbrustkleid, mit Metallplatten u. roten Stoffstücken verziert
74 x 24 cm
Yamalo-Nenetz District Shemanowsky Museum, Salechard

Trommelschlegel aus Holz u. Eichhörnchenfell, am Ende ein geschnitztes Porträt
43 x 9 cm
Yamalo-Nenetz District Shemanowsky Museum, Salechard

Schutzgeist in Menschengestalt
Holz, 65 x 21 cm
Yamalo-Nenetz District Shemanowsky Museum, Salechard

Nytarma, Ahnengeist, hölzerne Figurine, in Rentierpelz gekleidet
46 x 27 cm
Yamalo-Nenetz District Shemanowsky Museum, Salechard

Nytarma, Ahnengeister, zwei hölzerne Figurinen in Tierhautanzügen auf hölzerner Scheibe
Ø 21 cm
Yamalo-Nenetz District Shemanowsky Museum, Salechard

Schamanentrommel mit Naturfell, Holzgriff, mit Metallringen u. kleinen Glocken verziert
Ø 56 cm
Yamalo-Nenetz District Shemanowsky Museum, Salechard

Kleine Pferdefigur (Schamanenhilfsgeist)
Holz, 14,5 x 23 x 6,3 cm
Yamalo-Nenetz District Shemanowsky Museum, Salechard

Schutzgeist in Menschengestalt
Holz, 88 x 20 cm
Yamalo-Nenetz District Shemanowsky Museum, Salechard

Lebendiges Jamal (Frauenkleidung)

Winterpelzmütze aus Rentierhaut, Polarfuchspelz u. Stoffverzierungen
37 x 76 cm
Yamalo-Nenetz District Shemanowsky Museum, Salechard

Winterpelzmantel aus Rentierhaut, Kragen aus Polarfuchspelz u. Stoffverzierungen
130 x 158 cm

Yamalo-Nenetz District Shemanowsky Museum,
Salechard

Halstuch aus grünem u. rotem Stoff, mit
kleinen Glocken verziert
104 x 101 cm
Yamalo-Nenetz District Shemanowsky Museum,
Salechard

Gürtel mit Kupferschnalle
L. 308 cm
Yamalo-Nenetz District Shemanowsky Museum,
Salechard

Sommermantel aus Stoff mit Eichhörnchen-
pelzkragen, mit Perlen verziert
102 x 120 cm
Yamalo-Nenetz District Shemanowsky Museum,
Salechard

Lederstiefel aus Rentierhaut
42 x 33 cm
Yamalo-Nenetz District Shemanowsky Museum,
Salechard

Winterstiefel aus Rentierpelz
54 x 25 cm
Yamalo-Nenetz District Shemanowsky Museum,
Salechard

Die alten Völker (Einführung)

Gravierter Mammutzahn (Abguß)
30 x 15 x 10 cm
National Museum of Natural History, Dep. of
Anthropology, Smithsonian Institution,
Washington, D. C.

Steinbeil (Diring Yuriak)
National Museum of Natural History, Dep. of
Anthropology, Smithsonian Institution,
Washington, D. C.

Bogenspitze (Utakok, Alaska)
National Museum of Natural History, Dep. of
Anthropology, Smithsonian Institution,
Washington, D. C.

Die alten Völker (Alaska-Eskimo)

Objekt mit Elfenbeinflügeln (Harpunen-Gegen-
gewicht), Punuk Kultur, St. Lawrence Insel,
Alaska, 0–10. Jh.
14 x 7,5 x 3 cm
National Museum of Natural History, Dep. of
Anthropology, Smithsonian Institution,
Washington, D. C.

Servierschüssel, Fundort: Kurigitavik, Cape
Prince of Wales, Beringstraße, Alaska
0–10. Jh.
Holz, 26,5 x 9 x 5 cm
National Museum of Natural History, Dep. of
Anthropology, Smithsonian Institution,
Washington, D. C.

Frauenmesser (Ulo) mit Schieferklinge u. Ge-
weihgriff, Fundort: Kushunuk, Yukon-Kuskok-
wim Delta, Alaska, 0–10. Jh.
Schiefer, Geweih, 15 x 9 x 2,5 cm
National Museum of Natural History, Dep. of
Anthropology, Smithsonian Institution,
Washington, D. C.

Nadelbehälter, Punuk Kultur, Diomede Inseln
0–10. Jh.
Elfenbein, 9 x 2 x 1,5 cm
National Museum of Natural History, Dep. of
Anthropology, Smithsonian Institution,
Washington, D. C.

Schneebrille u. Holzschüssel, Fundort: Große
Diomede Insel, Beringstraße, Alaska, 0–10. Jh.
Holz, 15 x 5 x 4 cm
National Museum of Natural History, Dep. of
Anthropology, Smithsonian Institution,
Washington, D. C.

Talisman für Walfang, Fundort: Kleine Diomede
Insel, Beringstraße, Alaska, 0–10. Jh.
Knochen, 10 x 8 x 1,5 cm
National Museum of Natural History, Dep. of
Anthropology, Smithsonian Institution,
Washington, D. C.

Schmales Stück einer Rüstung, Fundort: Kuri-
gitavik, Cape Prince of Wales, Beringstraße,
Alaska, 0–10. Jh.
Knochen, 14,5 x 2,5 x 0,3 cm
National Museum of Natural History, Dep. of
Anthropology, Smithsonian Institution,
Washington, D. C.

Gezackte Harpune, Fundort: Kurigitavik, Cape
Prince of Wales, Alaska, 0–10. Jh.
7,5 x 1,5 x 0,5 cm
National Museum of Natural History, Dep. of
Anthropology, Smithsonian Institution,
Washington, D. C.

Die alten Völker (das alte Jamal)

Hundeharnisch, Fundort: Ust-Poluy
1. Jh. v. Chr.
14 x 1,5 cm
Yamalo-Nenetz District Shemanowsky Museum,
Salechard

Pfeilspitze, Fundort: Ust-Poluy, 1. Jh. v. Chr.
Knochen, 11,5 x 1,8 cm
Yamalo-Nenetz District Shemanowsky Museum,
Salechard

Pfeilspitze, Fundort: Ust-Poluy, 1. Jh. v. Chr.
Knochen, 13,5 x 1,8 cm
Yamalo-Nenetz District Shemanowsky Museum,
Salechard

Spitze eines Hirtenstabs für Hunde od. Ren-
tiere, Fundort: Ust-Poluy, 1. Jh. v. Chr.
Knochen, 15,2 x 2,7 cm
Yamalo-Nenetz District Shemanowsky Museum,
Salechard

Hunde-Harnisch, 1. Jh. v. Chr.
Knochen, 3,6 x 3,8 cm
Yamalo-Nenetz District Shemanowsky Museum,
Salechard

Teil eines Bogens, Fundort: Yarte 6, 12.–14. Jh.
Knochen, 11,8 x 2 cm

Yamalo-Nenetz District Shemanowsky Museum,
Salechard

Scheide, Fundort: Yuribey r., 9.–12. Jh.
Bronze, 27,7 x 3 cm
Yamalo-Nenetz District Shemanowsky Museum,
Salechard

Messergriff, Fundort: Yuribey r., 9.–12. Jh.
Bronze, 12,7 x 4 cm
Yamalo-Nenetz District Shemanowsky Museum,
Salechard

Teil eines Bogens, Fundort: Ust-Poluy
1. Jh. v. Chr.
Knochen, 10 x 2,7 cm
Yamalo-Nenetz District Shemanowsky Museum,
Salechard

Pfeilspitze, 1. Jh. v. Chr.
Knochen
Yamalo-Nenetz District Shemanowsky Museum,
Salechard

Scheide, Fundort: Yarte 6, 12.–14. Jh.
Holz, 28,5 x 6 cm
Yamalo-Nenetz District Shemanowsky Museum,
Salechard

Bogen, Fundort: Yarte 6, 12.–14. Jh.
Holz, 50 x 3 cm
Yamalo-Nenetz District Shemanowsky Museum,
Salechard

Pfeilspitze, Fundort: Ust-Poluy, 1. Jh. v. Chr.
Knochen, 6,5 x 1,9 cm
Yamalo-Nenetz District Shemanowsky Museum,
Salechard

Spielzeugbogen, Fundort: Yarte 6, 12.–14. Jh.
Holz, 16 x 1,3 cm
Yamalo-Nenetz District Shemanowsky Museum,
Salechard

Armband, Fundort: unbekannt, 13.–14. Jh.
Silber
Yamalo-Nenetz District Shemanowsky Museum,
Salechard

Spielzeugpfeil, Fundort: Yarte 6, 12.–14. Jh.
Holz, 15,5 x 0,8 cm
Yamalo-Nenetz District Shemanowsky Museum,
Salechard

Kamm, Fundort: Yarte 6, 12.–14. Jh.
Holz, 11 x 6 cm
Yamalo-Nenetz District Shemanowsky Museum,
Salechard

Hammer zur Tierhautbearbeitung, Fundort:
Yarte 6, 12.–14. Jh.
Knochen, 15 x 8,5 cm
Yamalo-Nenetz District Shemanowsky Museum,
Salechard

Zentrifugenkreisel (Gyroskop, Kinderspielzeug),
Fundort: Yarte 6, 12.–14. Jh.
Holz, 5 x 2,8 cm
Yamalo-Nenetz District Shemanowsky Museum,
Salechard

Kufe eines Spielzeugschlittens, Fundort: Yarte 6
12.–14. Jh.

Holz, 24 x 2 cm
Yamalo-Nenetz District Shemanowsky Museum, Salechard

Handgelenkschutzschild für Bogenschützen
Fundort: s. Yamgort, 12.–13. Jh.
Silber, 12,9 x 7,7 cm
Yamalo-Nenetz District Shemanowsky Museum, Salechard

Spielzeugschwert, Fundort: Tiutei-Sale 1
6.-7. Jh.
Holz, 39,5 x 8 cm
Yamalo-Nenetz District Shemanowsky Museum, Salechard

Spielzeugaxt mit Griff, Fundort: Yarte 6
12.–14. Jh.
Knochen, 15,7 x 4,7 cm
Yamalo-Nenetz District Shemanowsky Museum, Salechard

Funkenschläger, Fundort: Yarte 6, 12.–14. Jh.
Eisen, 8 x 4 cm
Yamalo-Nenetz District Shemanowsky Museum, Salechard

Handgelenkschutzschild für Bogenschützen,
Fundort: s. Belaya Gora, 12.–13. Jh.
Silber, 13 x 7 cm
Yamalo-Nenetz District Shemanowsky Museum, Salechard

Schaber, Fundort: Ust-Poluy, 1. Jh. v. Chr.
Knochen, 13,4 x 6,5 cm
Yamalo-Nenetz District Shemanowsky Museum, Salechard

Drehplatte, Fundort: Ust-Poluy, 1. Jh. v. Chr.
Knochen, 3,9 x 2,5 cm
Yamalo-Nenetz District Shemanowsky Museum, Salechard

Schaber, Fundort: Yarte 6, 12.–14. Jh.
Knochen, 45 x 3 cm
Yamalo-Nenetz District Shemanowsky Museum, Salechard

Zwei Ohrringe, Fundort: s. Ovgort,10.–12. Jh.
Silber, 8,7 x 9,6 cm
Yamalo-Nenetz District Shemanowsky Museum, Salechard

Schaber, Fundort: Yarte 6, 12.–14. Jh.
Stein, 7,2 x 8 cm
Yamalo-Nenetz District Shemanowsky Museum, Salechard

Fabeltier, Fundort: Yuribey, 9.–12. Jh.
Bronze, 12,9 x 3,7 cm
Yamalo-Nenetz District Shemanowsky Museum, Salechard

Tierhautfragment, Fundort: Yarte 6, 12.–14. Jh.
50 x 23 cm
Yamalo-Nenetz District Shemanowsky Museum, Salechard

Gedenktafel mit Kriegerbild, Fundort:
s. Kushevat, 5.–8. Jh.
Bronze, 7,8 x 6 cm
Yamalo-Nenetz District Shemanowsky Museum, Salechard

Gedenktafel mit drei Männern, Fundort:
s. Yamgort, 9. 12. Jh.
Silber, Ø 11 cm
Yamalo-Nenetz District Shemanowsky Museum, Salechard

Gedenktafel mit Kriegerbild, Fundort:
Salechard, 1.–3. Jh.
Bronze, 13 x 9,5 cm
Yamalo-Nenetz District Shemanowsky Museum, Salechard

Gedenktafel mit Rentier, Fundort: Salechard, 10.–12. Jh.
Silber, Ø 12 cm
Yamalo-Nenetz District Shemanowsky Museum, Salechard

Schale mit mythologischer Szene, Fundort:
s. Yamgort, 11. Jh.
Silber, Ø 28 cm
Yamalo-Nenetz District Shemanowsky Museum, Salechard

Tierfigur, Fundort: s. Ovgort, 1. Jtsd.
Bronze, 8,1 x 3,6 cm
Yamalo-Nenetz District Shemanowsky Museum, Salechard

Tonscherbe, Fundort: Ust-Poluy, 1. Jh. v. Chr.
17,5 x 8 cm
Yamalo-Nenetz District Shemanowsky Museum, Salechard

Armband, Fundort: Jamal, 12.–14. Jh.
Silber
Yamalo-Nenetz District Shemanowsky Museum, Salechard

Tonscherbe, Fundort: Ust-Poluy, 1. Jh. v. Chr.
Ton, 8 x 7 cm
Yamalo-Nenetz District Shemanowsky Museum, Salechard

Haushaltshaken, Fundort: Yarte 6, 12.–14. Jh.
Knochen, 20 x 16,3 cm
Yamalo-Nenetz District Shemanowsky Museum, Salechard

Kopfgehänge, Fundort: Yuribei-Fluß
12.–14. Jh.
Silber, 5,1 x 7,5 cm
Yamalo-Nenetz District Shemanowsky Museum, Salechard

Löffel, Fundort: Yarte 6, 12.–14. Jh.
Knochen, 22 x 12,5 cm
Yamalo-Nenetz District Shemanowsky Museum, Salechard

Teil von einem Schlitten, Fundort: Tiutei-Sale 1
6.–7. Jh.
Holz, 62 x 6 cm
Yamalo-Nenetz District Shemanowsky Museum, Salechard

Tonscherbe, Fundort: Ust-Poluy, 1. Jh. v. Chr.
Ton, 11,2 x 9 cm
Yamalo-Nenetz District Shemanowsky Museum, Salechard

Drei Teile eines Rentierharnischs, Fundort:
Tiutei Sale 1, 12.–14. Jh.
Knochen, 15,3 x 1,4 cm / 15 x 1,2 cm
Yamalo-Nenetz District Shemanowsky Museum, Salechard

Spielzeugaxt mit Griff, Fundort: Yarte 6
12.–14. Jh.
Knochen, Holz, 19,6 x 7 cm
Yamalo-Nenetz District Shemanowsky Museum, Salechard

Griff mit Rentierdarstellung, Fundort: Yuribey r.
8.–10. Jh.
Bronze, 9,6 x 5 cm
Yamalo-Nenetz District Shemanowsky Museum, Salechard

Schaber, Fundort: Yarte 6, 12.–14. Jh.
Knochen, 25 x 12 cm
Yamalo-Nenetz District Shemanowsky Museum, Salechard

Messergriff, Fundort: s. Zeleniy Yar, 9.–12. Jh.
Bronze, 13,2 x 3,7 cm
Yamalo-Nenetz District Shemanowsky Museum, Salechard

Skistockteller, Fundort: Yarte 6, 12.–14. Jh.
Holz, 11,5 x 8,5 cm
Yamalo-Nenetz District Shemanowsky Museum, Salechard

Die alten Völker (jüngere Steinzeit)

Messer od. Dolch mit Elchgriff u. Schieferklinge, 3000–1000 v. Chr.
Schiefer, Geweih, 21,9 x 6,2 cm
National Museum of Finland, Dep. of Archeology, Helsinki

Große gezackte Speerspitze, Fundort: Synnes,
Insel Viger, 3000–1000 v. Chr.
Schiefer, 21 x 5 cm
Universitetets Oldsaksamling, Oslo

Dolch, Fundort: Øyen, Gemeinde Bindal
3000–1000 v. Chr.
Schiefer, 15,5 x 4,8 x 0,5 cm
Universitetets Oldsaksamling, Oslo

Gerundetes Messer, Fundort: Troms, Gemeinde Tromsø, 3000–1000 v. Chr.
Schiefer, 5 x 6 cm
Universitetets Oldsaksamling, Oslo

Pfeilspitze, Fundort: Herrø bei Helgøy
3000–1000 v. Chr.
Schiefer, 12 x 1,5 cm
Universitetets Oldsaksamling, Oslo

Breites Messer, Fundort: Liaskjellet, Gemeinde Tranøy, 3000–1000 v. Chr.
Schiefer, 22 x 6 cm
Universitetets Oldsaksamling, Oslo

Gerundetes Messer, Fundort: Brikdalbrücke
Nord-Trøndelag, 3000–1000 v. Chr.
Schiefer, 10,5 x 3,5 cm
Universitetets Oldsaksamling, Oslo

Bajonett, 4000 v. Chr.
Schiefer, 20 x 5 x 1 cm
Newfoundland Museum, Neufundland

Gezackte Schieferspitze, Fundort: Flatset,
Gemeinde Hadsel, 3000–1000 v. Chr.
11 x 3 cm
Universitetets Oldsaksamling, Oslo

Die alten Völker (Mittelalter)

Medaillon mit Darstellung eines Pferde-Geistes
Mittelalter
Bronze, 7,5 x 7,5 x 0,3 cm
National Museum of Natural History, Dep. of
Anthropology, Smithsonian Institution,
Washington, D. C.

**Die alten Völker
(maritime Kultur, Labrador)**

Zwei Senkbleie, Fundort: Nulliak, 4000 v. Chr.
Speckstein, 6 x 3 x 1 cm / 4,2 x 2,1 x 1,5 cm
Newfoundland Museum, Neufundland

Gezackte Harpune, 4000 v. Chr.
Knochen, 25 x 2 x 1 cm
Newfoundland Museum, Neufundland

Anhänger, Fundort: Nulliak, 4000 v. Chr.
Speckstein, geschnitzt, 3,5 x 2 x 0,5 cm
Newfoundland Museum, Neufundland

Zwei Plättchen, Fundort: Nulliak, 4000 v. Chr.
Speckstein, graviert, 4 x 3 x 0,5 cm /
2,1 x 5 x 0,5 cm
Newfoundland Museum, Neufundland

Doppelspitzige Klinge, ocker-gefleckt, Fundort:
Nulliak, 4000 v. Chr.
25 x 4 x 1 cm
Newfoundland Museum, Neufundland

Axt, Fundort: Nulliak, 4000 v. Chr.
Schiefer, 10 x 6 x 1 cm
Newfoundland Museum, Neufundland

Stielspitze, ocker-gefleckt, Fundort: Nulliak
4000 v. Chr.
8 x 2,5 x 1 cm
Newfoundland Museum, Neufundland

Platte aus ocker-geflecktem Muskovit, Fundort:
Nulliak, 4000 v. Chr.
40 x 50 x 2 cm
Newfoundland Museum, Neufundland

Frauenmesser (Ulo), Fundort: Adlatok 1
4000 v. Chr.
Schiefer, 13 x 7 x 1 cm
Newfoundland Museum, Neufundland

Stielspitze eines Hundeführstocks (Ramah)
Fundort: Nulliak, 4000 v. Chr.
13,5 x 3 x 1 cm
Newfoundland Museum, Neufundland

Reibstein, Fundort: Nulliak, 4000 v. Chr.
Sandstein, 10 x 7,5 x 1 cm
Newfoundland Museum, Neufundland

**Die alten Völker
(nordpazifische maritime Kulturen)**

Hacke mit Einritzungen, Fundort: Stikine Fluß,
British Columbia, Kanada, 10.–14. Jh.
Jade, 18 x 4 x 4,5 cm
National Museum of Natural History, Dep. of
Anthropology, Smithsonian Institution,
Washington, D. C.

Gezackte Harpune, Fundort: Our Point, Uyak
Bay, Kodiak Island, Alaska, 10.–14. Jh.
Knochen, 17 x 2 x 0,5 cm
National Museum of Natural History, Dep. of
Anthropology, Smithsonian Institution,
Washington, D. C.

Flensmesser, Fundort: Our Point, Uyak Bay,
Kodiak Island, Alaska, 10.–14. Jh.
Schiefer, 19 x 9 x 0,3 cm
National Museum of Natural History, Dep. of
Anthropology, Smithsonian Institution,
Washington, D. C.

Öllampe, Fundort: Our Point, Uyak Bay, Kodiak
Island, Alaska, 10.–14. Jh.
Stein, 15 x 13 x 6,5 cm
National Museum of Natural History, Dep. of
Anthropology, Smithsonian Institution,
Washington, D. C.

Figur mit Vogelkamm, Fundort: Port Moller,
Alaska, 10.–14. Jh.
Elfenbein, 9 x 3 x 1,5 cm
National Museum of Natural History, Dep. of
Anthropology, Smithsonian Institution,
Washington, D. C.

Große gezackte Spitze, Fundort: Our Point, Uyak
Bay, Kodiak Island, Alaska, 10.–14. Jh.
Schiefer, 18,3 x 5 x 0,3 cm
National Museum of Natural History, Dep. of
Anthropology, Smithsonian Institution,
Washington, D. C.

Pfeilspitze, Fundort: Ugashik, Bristol Bay,
Alaska, 10.–14. Jh.
Schiefer, 10 x 2,5 x 0,5 cm
National Museum of Natural History, Dep. of
Anthropology, Smithsonian Institution,
Washington, D. C.

Lippenpflock, Fundort: Our Point, Uyak Bay,
Kodiak Island, Alsaka, 10.–14. Jh.
3 x 3 x 2 cm
National Museum of Natural History, Smithsonian Institution, Washington, D. C.

Die alten Völker (Zhokov, Hausrat)

Schaufel oder Kelle, Fundort: Zhokov
6000 v. Chr.
Holz, 60 x 8 x 5 cm
Institut für Geschichte der materiellen Kultur,
St. Petersburg

Kelle, Fundort: Zhokov, 6000 v. Chr.
Holz, 30,7 x 7,8 x 6,5 cm
Institut für Geschichte der materiellen Kultur,
St. Petersburg

Die alten Völker (Zhokov, Jagd)

Gezackte Fischharpune, Fundort: Zhokov
6000 v. Chr.
Knochen, 22 x 2 x 1 cm
Institut für Geschichte der materiellen Kultur,
St. Petersburg

Klinge, Fundort: Zhokov, 6000 v. Chr.
brauner Feuerstein, 3 x 0,8 cm
Institut für Geschichte der materiellen Kultur,
St. Petersburg

Kleines Stück eines Mahlsteins, Fundort:
Zhokov, 6000 v. Chr.
grau-brauner Bims, 5 x 3 x 1 cm
Institut für Geschichte der materiellen Kultur,
St. Petersburg

Klinge, Fundort: Zhokov, 6000 v. Chr.
grauer Quarz, 2,8 x 0,6 cm
Institut für Geschichte der materiellen Kultur,
St. Petersburg

Fragmente eines Pfeilschafts, Fundort: Zhokov
6000 v. Chr.
Holz, 10 x 1 x 1 cm
Institut für Geschichte der materiellen Kultur,
St. Petersburg

Klinge, Fundort: Zhokov, 6000 v. Chr.
Obsidian, 3 x 1 x 0,2 cm
Institut für Geschichte der materiellen Kultur,
St. Petersburg

Klinge, Fundort: Zhokov, 6000 v. Chr.
brauner Quarz, 2,6 x 0,8 cm
Institut für Geschichte der materiellen Kultur,
St. Petersburg

Kern für Feuersteinklinge, Fundort: Zhokov
6000 v. Chr.
brauner Feuerstein, 3 x 2 x 2 cm
Institut für Geschichte der materiellen Kultur,
St. Petersburg

Projektilspitze aus Knochen mit zwei Einsätzen
Fundort: Zhokov, 6000 v. Chr.
20 x 4 x 1 cm
Institut für Geschichte der materiellen Kultur,
St. Petersburg

Kern für Feuersteinklinge, Fundort: Zhokov
6000 v. Chr.
schwarzer Feuerstein, 3 x 2 x 2 cm
Institut für Geschichte der materiellen Kultur,
St. Petersburg

Klingenschaft, Fundort: Zhokov, 6000 v. Chr.
brauner Feuerstein, 2,1 x 2,8 cm
Institut für Geschichte der materiellen Kultur,
St. Petersburg

Klinge, Fundort: Zhokov, 6000 v. Chr.
grauer Quarz, 4,7 x 0,9 cm
Institut für Geschichte der materiellen Kultur,
St. Petersburg

Kern für Feuersteinklinge, Fundort: Zhokov
6000 v. Chr.
brauner Feuerstein, 3 x 2 x 2 cm
Institut für Geschichte der materiellen Kultur,
St. Petersburg

Klinge, Fundort: Zhokov, 6000 v. Chr.
grauer Feuerstein, 3 x 1 x 0,2 cm
Institut für Geschichte der materiellen Kultur,
St. Petersburg

Die alten Völker (Zhokov, Tierfunde)

Stück eines Rentiergeweihs, Fundort: Zhokov
6000 v. Chr.
15 x 4 x 3 cm
Institut für Geschichte der materiellen Kultur,
St. Petersburg

Eisbärschädel, Fundort: Zhokov, 6000 v. Chr.
20 x 10 x 10 cm
Institut für Geschichte der materiellen Kultur,
St. Petersburg

Die alten Völker (Zhokov, Transport)

Schlittenkufe
Holz, 130 x 4 x 2 cm
Institut für Geschichte der materiellen Kultur,
St. Petersburg

**Die alten Völker
(Zhokov, unbekannte Funktion)**

Drei Holzschäfte mit Knaufenden, Fundort:
Zhokov, 6000 v. Chr.
Holz, je 9 x 3 x 3 cm
Institut für Geschichte der materiellen Kultur,
St. Petersburg

Die alten Völker (Zhokov, Werkzeug)

Messer, einseitig eingelegt, Fundort: Zhokov
6000 v. Chr.
Geweih, 23 x 2 cm
Institut für Geschichte der materiellen Kultur,
St. Petersburg

Messer, einseitig eingelegt, Fundort: Zhokov
6000 v. Chr.
Geweih mit Quarzeinlagen, 14,7 x 2,2 cm
Institut für Geschichte der materiellen Kultur,
St. Petersburg

Pfriem, Fundort: Zhokov, 6000 v. Chr.
Knochen, 16 x 2 x 1 cm,
Institut für Geschichte der materiellen Kultur,
St. Petersburg

Spitze eines Rentiergeweihs, Fundort: Zhokov
6000 v. Chr.
Geweih, 30 x 6 x 6 cm
Institut für Geschichte der materiellen Kultur,
St. Petersburg

Steinaxt, Fundort: Zhokov, 6000 v. Chr.
schwarzer Quarz, 7,8 x 3 x 1,8 cm
Institut für Geschichte der materiellen Kultur,
St. Petersburg

Steinaxt, Fundort: Zhokov, 6000 v. Chr.
Jade, 12 x 3 x 1,2 cm
Institut für Geschichte der materiellen Kultur,
St. Petersburg

Spitze eines Mammut-Stoßzahns, Fundort:
Zhokov, 6000 v. Chr.
Elfenbein, 17,1 x 5,2 cm
Institut für Geschichte der materiellen Kultur,
St. Petersburg

**Die alten Völker
(Elemente der zirkumpolaren Kulturen)**

Schneeschuh-Modell, Beringsee-Eskimo
spätes 19. Jh.
10 x 5 x 50 cm
National Museum of Natural History, Dep. of
Anthropology, Smithsonian Institution,
Washington, D. C.

Kajak-Modell mit Accessoires, Beringsee-
Eskimo, Fundort: Port Clarence, Alaska
spätes 19. Jh.
9 x 12 x 80 cm
National Museum of Natural History, Dep. of
Anthropology, Smithsonian Institution,
Washington, D. C.

Winterpelzparka für eine Puppe, Beringsee-
Eskimo, spätes 19. Jh.
38 x 40 x 5 cm
National Museum of Natural History, Dep. of
Anthropology, Smithsonian Institution,
Washington, D. C.

Öllampe aus Keramik, Beringsee-Eskimo
spätes 19. Jh.
Keramik, 11 x 11 x 3,5 cm
National Museum of Natural History, Dep. of
Anthropology, Smithsonian Institution,
Washington, D. C.

Ein Satz Walroßharpunen, Beringsee-Eskimo
1877–1881
34 x 6 x 3 cm
National Museum of Natural History, Dep. of
Anthropology, Smithsonian Institution,
Washington, D. C.

Frauenmesser (Ulo) mit Eisenklinge u. Elfen-
beingriff, Beringsee-Eskimo, spätes 19. Jh.
9 x 7,5 x 2 cm
National Museum of Natural History, Dep. of
Anthropology, Smithsonian Institution,
Washington, D. C.

Schlittenmodell, Beringsee-Eskimo
spätes 19. Jh.
15 x 10 x 40 cm
National Museum of Natural History, Dep. of
Anthropology, Smithsonian Institution,
Washington, D. C.

Harpunenspitze mit Widerhaken
L. 33 cm
Newfoundland Museum, Neufundland

Stift in Gestalt eines Kormorans
Newfoundland Museum, Neufundland

Kamm mit Vogelkopfspitze
Rentiergeweih, L. 16 cm
Newfoundland Museum, Neufundland

Stein in Form eines Killerwals
20 x 8 cm
Newfoundland Museum, Neufundland

Harpunenspitze mit Widerhaken u. Seilöse
8,2 x 1,2 x 0,7 cm
Newfoundland Museum, Neufundland

Harpunenstiel
L. 30 cm
Newfoundland Museum, Neufundland

Schieferspitze
L. 300 cm
Newfoundland Museum, Neufundland

Pelzhandel

Jean-Antoine Houdon (1741–1828)
Die Fröstelnde, nach 1781
Papiermaché, bronzegetönt
144,1 x 42 x 50 cm
Schloßmuseum, Gotha

Daniel Spoerri (geb. 1930)
Figure humaine comparée à celle du Loup,
dessins d'après Charles LeBrun: »Le Carnaval
des Animaux. Physiognomonia«, 1670. 1996
Pelz, Eisen, Graphik
Sammlung des Künstlers

Jagd

Jan Oelker (geb. 1960)
Jagdszenen von der Tschuktschen-Halbinsel in
Ostsibirien, 1995–1997
21 Fotografien
Besitz des Künstlers

Anpirschschild mit Schlitten
Holz, Stoff, 85 x 83 cm
Nationalmuseum, Kopenhagen

Werkzeug zum Robbenschlagen, sog. ›Hakapik‹
Holz, Metall, L. 150 cm
Studiensammlung Barthelmess zur Geschichte
des Wal- u. Robbenfangs, Köln

Harpune zum Töten von Walroß u. Seehund
Eisen, L. 60 cm
Rijksmuseum Amsterdam

Ein Paar Kayak-Handschuhe mit Doppeldaumen
Seehundleder, L. 25 cm
Museum für Völkerkunde, Berlin

Bernhard Grodtschilling (1697–1776)
Die Grönländer Pök u. Kiperok in Norwegen
1724
Öl auf Holz, 20 x 14,5 cm
Grönlands Nationalmuseum u. Archiv, Nuuk

François-Auguste Biard (1798–1882)
Matrosen in einem Boot, sich gegen Eisbären
verteidigend, um 1839
Öl auf Leinwand, 131 x 163,5 cm
Museum der bildenden Künste, Leipzig

Eugène Modeste Le Poittevin (1806–1870)
Hivernage d'un équipage des marins hollandais
sur la côte orientale de la Nouvelle-Zemble
1839

Öl auf Leinwand, 108 x 156 cm
Musée départemental de l'Oise, Beauvais

Gewehr, Modell Jahrmann 1848, benutzt während der 3. Fram-Fahrt zur Entdeckung des Südpols, 1848
L. 170 cm
Fram-Museet, Oslo

Kajak-Modell, Grönland, 1870
Leder, Holz, L. 72 cm
Nationalmuseum, Kopenhagen

Umiak-Modell, Grönland, 1889
Holz, 80 x 16 x 10 cm
Nationalmuseum, Kopenhagen

Drillbohrer aus Ammassalik, Grönland, 1897
Holz, Knochen, L. 38 cm
Nationalmuseum, Kopenhagen

Geschnitzter Pfropfen zum Verschließen von Wunden harpunierter Robben, Ammassalik, Grönland, 1932
Holz, 11 x 2,5 cm
Nationalmuseum, Kopenhagen

Eigil Knuth (1903–1996)
Mädchen mit Polarfuchsmütze, 1936–1937
bemalter Ton, 20 x 5 x 5 cm
Grönlands Nationalmuseum u. Archiv, Nuuk

Kajak-Modell, um 1960
Holz, Walknochen, Robbenhaut, L. 72 cm
Grönlands Nationalmuseum u. Archiv, Nuuk

Robbenschwimmblase
15 x 43 x 85 cm
Gronlands Nationalmuseum u. Archiv, Nuuk

Walfang

Modell einer Walharpune
Messing, 20 x 20 x 35 cm
Norsk Sjöfartsmuseum, Oslo

Walschulterblatt mit Malereien vom Walfang
17. Jh.
100 x 100 cm
Phyletisches Museum, Institut für Spezielle Zoologie u. Evolutionsbiologie
Friedrich-Schiller-Universität, Jena

Walfängeranzug
Walroßdarm
Staatliches Museum für Völkerkunde, München

Harpunengewehr
Holz, Stahl, 136 x 12 cm
Grönlands Nationalmuseum u. Archiv, Nuuk

Zwei Flensmesser zum Zerlegen von Walen
Metall, Holz, L. 175 cm
Studiensammlung Barthelmess zur Geschichte des Wal- u. Robbenfangs, Köln

Zwei Walharpunen, 17./19. Jh.
Metall, Holz, L. 200 bzw. 350 cm
Rijksmuseum Het Zuiderzeemuseum, Enkhuizen

Linkes Schulterblatt eines Grönlandwals bemalt mit einer Walfangszene, vor 1625
Öl auf Walbein, 120 x 118 cm
Germanisches Nationalmuseum, Nürnberg

Thomas Edge (gest. 1624)
Greenland (recte Spitzbergen!), ursprünglich aus: »Purchase his pilgrims«, nachgestochene Karte, diverse Walfangszenen, 1625
Kupferstich, 29 x 33 cm
Privatsammlung

Friedrich de Witt (1616–1689)
Poli arctici et circumiacentium terrarum descriptio. Amsterdam 1679, Karte umgeben von Walfangszenen, 1679
kolorierter Kupferstich, 52 x 57,5 cm
Privatsammlung

Abraham Storck (1635–1710)
Waljagd u. Eisbärfang nahe Spitzbergen, 1690
Öl auf Leinwand, 65 x 75 cm
Rijksmuseum, Amsterdam

»Abbildliche Geschichte der Seetiere u. zwar derselben besondere Vorstellung in welche die Wahlfische nach ihren Arten, Figurgrosse, Nahrungfang u. die Zubereitung des Fischbeins u. was sonst im Eismeer bemerkwurdig vor Augen gestellt werden alles aus, 1730«
kolorierter Kupferstich, 70 x 75 cm
Rijksmuseum Het Zuiderzeemuseum, Enkhuizen

Zwei Spazierstöcke aus Narwalzahn, 18. Jh.
L. je 100 cm
Rijksmuseum Het Zuiderzeemuseum, Enkhuizen

Anonym
Entspecken des Wals, 18. Jh.
kolorierter Kupferstich, 25 x 20 cm
Rijksmuseum Het Zuiderzeemuseum, Enkhuizen

Walharpune, um 1900
Stahl, Messing, Holz, 173 x 33 x 110 cm
Grönlands Nationalmuseum u. Archiv, Nuuk

Walharpune, elektrisch, um 1930, verwendet von der englischen Walfangflotte unter Sir James Clark Ross 1934–1938
Metall, L. 177 cm
Studiensammlung Barthelmess zur Geschichte des Wal- u. Robbenfangs, Köln

Fell eines See-Leoparden ›Hydrurga leptonix‹, geschossen im Weddellmeer während der ersten deutschen Walfangexpedition 1936–1937
183 x 95 cm
Studiensammlung Barthelmess zur Geschichte des Wal- u. Robbenfangs, Köln

Harpunenkanone aus Pottwalknochen
um 1950
12 x 30 x 12 cm
Studiensammlung Barthelmess zur Geschichte des Wal- u. Robbenfangs, Köln

Pinguin aus Pottwalzahn, norwegischer Antarktiswalfang, Mitte 20. Jh.
Pottwalzahn, H. 12 cm
Studiensammlung Barthelmess zur Geschichte des Wal- u. Robbenfangs, Köln

Fauna der Arktis

Präparate von zwei Schneehühnern
Naturhistoriska Riksmuseet, Stockholm

Walroßschädel
34 x 29 x 60 cm
Grönlands Nationalmuseum u. Archiv, Nuuk

Präparat eines Polarluchses, ›Lynx lynx‹
40 x 100 cm
Naturhistoriska Riksmuseet, Stockholm

Präparat einer Schnee-Eule
H. 60 cm
Naturhistoriska Riksmuseet, Stockholm

Präparat eines Rauhfußbussards
Naturhistoriska Riksmuseet, Stockholm

Zwei Kopf-Nachbildungen der Klappmütze, ›Cystophora cristata‹
Epoxidharz, je 40 x 55 x 30 cm
Naturhistoriska Riksmuseet, Stockholm

Mumie des Mammutkalbes Dima
30 x 120 x 110 cm
Zoologisches Institut bei der Akademie der Wissenschaften der Russischen Föderation, St. Petersburg

Skelett von Adams Mammut
Zoologisches Institut bei der Akademie der Wissenschaften der Russischen Föderation, St. Petersburg

Präparat eines Eisbären, ›Ursus maritimus‹, weiblich, 30 Jahre alt, im Wechselfell
106 x 50 x 176 cm
Stadtmuseum Berlin, Naturwissenschaftliche Sammlungen

Der sibirische Salamander, ›Hynobius kaiserlingii‹
Naßpräparat, H. 10 cm
Museum für Naturkunde, Berlin

P. J. de Buit
Der Mann und der Bär. Die Geschichte des Cornelis Gerrits Jongkees, der 1668 von einem Bär attackiert wurde. 1683
Kupferstich
Rijksmuseum Het Zuiderzeemuseum, Enkhuizen

Präparat eines Tordalk ›Alca torda‹
H. 39 cm
Zoologisches Forschungsinstitut Alexander König, Bonn

Präparat des nördlichen Eissturmvogels ›Fulmarus glacialis‹
H. 39 cm, L. 43 cm
Zoologisches Forschungsinstitut Alexander König, Bonn

Präparat einer Dickschnabellumme, ›Uria lomvia‹
H. 38 cm
Zoologisches Forschungsinstitut Alexander König, Bonn

Präparat eines Papageitauchers, ›Fratercula arctica‹
H. 38 cm
Zoologisches Forschungsinstitut Alexander König, Bonn

Präparat eines Rentiers, ›Rangifer tarandus‹
190 x 120 x 180 cm
Zoologisches Forschungsinstitut Alexander König, Bonn

Fauna der Antarktis

Präparat eines Riesensturmvogels (sitzend)
60 x 70 x 30 cm
Alfred-Wegener-Institut für Polar- u. Meeresforschung, Bremerhaven

Eier von Eselspinguin, Antarktisseeschwalbe, Riesensturmvogel u. Skua
Naturkundemuseum, Erfurt

Schädel eines Wanderalbatros
L. 25 cm
Naturkundemuseum, Erfurt

Sechs Skuagewölle mit Füßen der Buntfußsturmschwalbe, Federn der Antarktisseeschwalbe u. Pinguinfedern
Herbert Grimm, Erfurt

Skelett eines Kaiserpinguins, ›Aptenodytes forsteri‹
85 x 30 x 35 cm
Alfred-Wegener-Institut für Polar- u. Meeresforschung, Bremerhaven

Präparate zweier junger Eselspinguine
Naturkundemuseum, Erfurt

Präparat eines Wanderalbatros im Flug, ›Diomedea exulans‹
Spannweite, 300 cm
Universität Stockholm, Dep. of Biology Education

Georg Forster (1754–1794)
›Daption capensis‹, Kaptaube (Kapsturmvogel)
1758
Bleistift u. Aquarell auf Papier, 33 x 48 cm
Natural History Museum, London

Georg Forster (1754–1794)
›Diomedea exulans‹, Wanderalbatros, 1758
Bleistift u. Aquarell auf Papier, 33 x 48 cm
Natural History Museum, London

Georg Forster (1754–1794)
›Aptenodytes patagonicus‹, Königspinguin
1775
Bleistift u. Aquarell auf Papier, 53 x 36,5 cm
Natural History Museum, London

Georg Forster (1754–1794)
›Pachyptila vittata‹, Walvogel, 1777
Bleistift u. Aquarell auf Papier, 34 x 48 cm
Natural History Museum, London

Georg Forster (1754–1794)
›Pagodroma nivea‹, Schneesturmvogel, 1777
Bleistift u. Aquarell auf Papier, 33,5 x 48 cm
Natural History Museum, London

Georg Forster (1754–1794)
›Spheniscus magellanicus‹, Magellan Pinguin
1781
Bleistift u. Aquarell auf Papier, 53,5 x 36,5 cm
Natural History Museum, London

Georg Forster (1754–1794)
›Pygoscelis antarctica‹, Zügelpinguin, 1781
Bleistift u. Aquarell auf Papier, 48 x 34 cm
Natural History Museum, London

Georg Forster (1754–1794)
›Eudyptula minor‹, Korora, 1781
Bleistift u. Aquarell auf Papier, 48 x 33,5 cm
Natural History Museum, London

Georg Forster (1754–1794)
›Eudyptula minor‹, Korora, 1781
Bleistift u. Aquarell auf Papier, 48 x 32,5 cm
Natural History Museum, London

Georg Forster (1754–1794)
›Phoebetria palbebrata‹, Rußalbatros, 1785
Bleistift u. Aquarell auf Papier, 33 x 48 cm
Natural History Museum, London

Georg Forster (1754–1794)
›Diomedea chlororhynchos‹, Gelbnasenalbatros
1789
Bleistift u. Aquarell auf Papier, 34 x 48,2 cm
Natural History Museum, London

Georg Forster (1754–1794)
›Thassaloica antarctica‹, Antarktissturmvogel
1789
Bleistift u. Aquarell auf Papier, 36 x 53,5 cm
Natural History Museum, London

Georg Forster (1754–1794)
›Adamastor cinerius‹, Grausturmvogel, 1789
Bleistift u. Aquarell auf Papier, 35,5 x 52,5 cm
Natural History Museum, London

Georg Forster (1754–1794)
›Halobaena caeruela‹, Blauer Sturmvogel
1789
Bleistift u. Aquarell auf Papier, 48 x 33 cm
Natural History Museum, London

Georg Forster (1754–1794)
›Phalacrocorax mallenaicus‹, Felskormoran
1789
Bleistift u. Aquarell auf Papier, 52,5 x 37 cm
Natural History Museum, London

Georg Forster (1754–1794)
›Pelecanoides urinatrix‹, Tauchsturmvogel
1789
Bleistift u. Aquarell auf Papier, 48,5 x 33,5 cm
Natural History Museum, London

Georg Forster (1754–1794)
›Chionis alba‹, Scheidenschnabel, 1789
Bleistift u. Aquarell auf Papier, 52,5 x 36 cm
Natural History Museum, London

Georg Forster (1754–1794)
›Fulmarus glacialoides‹, Silbersturmvogel, 1840
Bleistift u. Aquarell auf Papier, 33 x 47,5 cm
Natural History Museum, London

Georg Forster (1754–1794)
›Pterodroma inexpectata‹, Gesprenkelter Sturmvogel, 1844
Bleistift u. Aquarell auf Papier, 37 x 53,5 cm
Natural History Museum, London

Gruppe mit 2 Eselspinguinen, Jungtier, Scheidenschnabel, 1988
63 x 70 x 130 cm
Museum für Naturkunde, Berlin

Zügelpinguin mit angreifender Skua, 1988
90 x 70 x 132 cm
Museum für Naturkunde, Berlin

Gruppe mit Adéliepinguinen, 1988
60 x 70 x 88 cm
Museum für Naturkunde, Berlin

Gruppe mit Zügelpinguinen, 1988
55 x 70 x 130 cm
Museum für Naturkunde, Berlin

Präparat eines Weißgesicht-Scheidenschnabels ›Chionis alba‹
Alfred-Wegener-Institut für Polar- u. Meeresforschung, Bremerhaven

Tundra

J. G. Gmelin (1709–1755)
»Flora sibirica«, St. Petersburg 1741, darin:
Spezies der Pyrola
Kupferstich, 25 x 22 cm
Archiv, Bonn

Eric Hulten (1894–1981)
»The circumpolar plants. II.«, Uppsala 1971
Universitäts- u. Landesbibliothek, Bonn

Eric Hulten in Kamtschatka, 1920–1922
4 Fotografien, 60 x 80 cm
Pontus Hulten, Saint Firmin-sur-Loire

Präparat eines Strandläufers
Naturhistoriska Riksmuseet, Stockholm

Präparat eines Lemming, ›Lemmus lemmus‹
Uppsala University, Zoologisches Museum

Tundrastück
Eine Einrichtung von Jeannette Setterberg und Mikael Stenstrøm, Universität Göteborg, Institut für Systematische Botanik

Eine marine Nahrungskette

Mageninhalt (Krill) eines Finnwals
Alfred-Wegener-Institut für Polar- u. Meeresforschung, Bremerhaven

Skelett eines Finnwals
L. 14 m
Deutsches Museum für Meereskunde u. Fischerei, Stralsund

Zwei Beispiele historischer Kieselalgen (Diatomeen) aus der Sammlung Hustedt, 1. Material der Deutschen Antarktis-Expedition 1937–39, gesammelt am 8. 2. 1939, 64°10' S, 00°08' O., 2. Material der Nansen-Nordpol-Expedition, gesammelt im Juli 1894, 81°07' N, 127°30' O

Alfred-Wegener-Institut für Polar- u. Meeresforschung, Bremerhaven

Die innere Sicht

Anne Siering-Beikircher (geb. 1959)
Die Antarktis, 1997
Buchobjekt aus Glas, 31 x 31 x 6,5 cm
Besitz der Künstlerin

Imi Knoebel (geb. 1940)
Pinguin, 1992
Holz, bemalt, 40 x 15 x 7,6 cm
Privatsammlung Bonn

Max Ernst (1891–1976)
Ohne Titel, See-Elefant, Fotovorlage entnommen aus: Douglas Mawson, »Leben u. Tod am Südpol«, Leipzig 1922, Bd. 2, Foto: H. Hamilton, um 1921
Foto einer Collage als Postkarte, 8,7 x 13,7 cm
Fondation Jean Arp u. Sophie Taeuber-Arp, Remagen

Paul Klee (1879–1940)
Am obern Rand der Welt vermeintlich, 1939
Bleistift auf Konzeptpapier, 29,6 x 21 cm
Kunstmuseum Bern, Paul-Klee-Stiftung

Antonin Artaud (1896–1948)
Galapagos – Les Iles au bout du Monde, Paris, Sept. 1955, darin: Max Ernst
Titelvignette
Kunstmuseum, Bonn

Hiroshi Sugimoto (geb. 1948)
Arctic Ocean, North Cape, 1991
Fotografie, 61,2 x 79,2 cm
Courtesy Sonnabend Gallery, New York

Stephan Balkenhol (geb. 1957)
57 Pinguine, 1991
Holz, je 150 x 35 x 35 cm
Museum für Moderne Kunst, Frankfurt a. M.

Martin Noël (geb. 1956)
Spuren des Pinguins, 1992
Holzschnitt, Acryl auf Papier, 160 x 115 cm
Privatsammlung, Bonn

Per Kirkeby (geb. 1938)
Nanortalik. 23.8.93. Aus: Aquarelle aus Grönland, 1993
Aquarell auf Papier, 24 x 32,5 cm
Aarhus Kunstmuseum

Per Kirkeby (geb. 1938)
Qaanaaq. 1.9.93. Aus: Aquarelle aus Grönland, 1993
Aquarell auf Papier, 32 x 41 cm
Aarhus Kunstmuseum

Per Kirkeby (geb. 1938)
Qaqortoq. 15.8.93. Aus: Aquarelle aus Grönland, 1993
Aquarell auf Papier, 24 x 32,5 cm
Aarhus Kunstmuseum

Per Kirkeby (geb. 1938)
Qaanaaq. 1.9.93. Aus: Aquarelle aus Grönland, 1993
Aquarell auf Papier, 32 x 41 cm
Aarhus Kunstmuseum

Per Kirkeby (geb. 1938)
Qaanaaq. 5.9.93. Aus: Aquarelle aus Grönland, 1993
Aquarell auf Papier, 32 x 41 cm
Aarhus Kunstmuseum

Per Kirkeby (geb. 1938)
Narsaq. 26.8.93. Aus: Aquarelle aus Grönland 1993
Aquarell auf Papier, 24 x 32,5 cm
Aarhus Kunstmuseum

Schwarzer steifer Hut (Bowler hat)
Stoff, Filz
Thomas Andreae, Krefeld

Amundsen mit seinem Gönner Peter Christophersen auf der Rückkehr vom Südpol nach Buenos Aires, 1911. Aus: Roald Amundsen, »Die Eroberung des Südpols«, München 1912
Fotografie, 15,2 x 20,2 cm
Archiv, Bonn

Geschichte der Entdeckung (Überblicke)

Antonius Florianus
Geografia tavole moderne, Venedig 1555
46 x 83 cm
University Library, Helsinki

Petrus Plancius (1552–1622)
Wandkarte, Asiae tabula nova multis locis tam ex terrelli peregrinazionicum recentiori navigatio 1602
106 x 148 cm
Stichting Nederlands Scheepvaartsmuseum, Amsterdam

Nicolas Sanson (1600–1667)
Les deux pôles arctique ou septentrional et Antarctique ou meridional, Amsterdam 1648
kolorierter Kupferstich, 51 x 63 cm
Privatsammlung

Albert Manesson Mallet (1630–1706)
Planisphere de Turuet, Bertius, Arzuel. Aus: Une description de l'univers, Paris 1683
kolorierter Kupferstich, 29 x 24 cm
Privatsammlung

Peter Schenk (1660–1719)
Diversa orbis terrae visu..., Weltkarte, mit Nebenkarten der Pole u. der Erde in verschiedenen Projektionen, Amsterdam 1706
kolorierter Kupferstich, 53 x 62 cm
Privatsammlung

Louis-Charles Desnos (1725–1791)
Histoire de la découverte des mondes nouveaux et inconnus, Doppelkarte der beiden Pole um 1740
kolorierter Kupferstich, 37,5 x 54 cm
Privatsammlung

Lesauvage
Carte des deux régions polaires, 19. Jh.
kolorierter Kupferstich, 18 x 28 cm
Privatsammlung

Geschichte der Entdeckung (Wikinger und danach)

Raymond Hejdström
Bildstein der Wikinger aus Gotland, gezeigt wird die Konstruktion eines Schiffes
Fotografie, 50 x 35 cm
Gotlands Fornsal, Reproduktion

Die Nordpolarregionen als Ausschnitt aus Martin Behaim's Globus, Nürnberg 1492
43 x 29 cm
Reproduktion

Steven eines Wikinger-Schiffes, Rekonstruktion 1:1
Epoxy, L. 350 cm
Wikingerschiffshalle, Roskilde

Schwimmkompaß aus der Wikingerzeit (Rekonstruktion) mit eingestanzten Runen
Messing, Ø 20 cm
Sjöhistoriska Museet, Stockholm

Claudius Ptolemäus (100–178 n. Chr.)
Karte von Nord-Europa, Straßburg, 1513
koloriert, 50 x 70 cm
Carolina Rediviva, Uppsala University

Olaus Magnus (1490–1557)
Septentrio. In: »Historien der Mittnächtigen Länder«, Basel 1567
Kupferstich
Privatsammlung

Abraham Ortelius (1527–1598)
Islandia, 1590
kolorierter Kupferstich, 33,5 x 49 cm
Privatsammlung

Karte von Nowaja Semlja, Holland, nach 1596
koloriert, 60 x 80 cm
Carolina Rediviva, Uppsala University

Gerhard Mercator (1512–1594)
»Septentrionalium terrarum descriptio«, Duisburg 1595. Darin enthalten Fakten über Davis u. Frobisher
kolorierter Kupferstich, 42 x 55 cm
Privatsammlung

Geschichte der Entdeckung (Barentsz und später)

Zwei orthodoxe Kreuze, 16. Jh.
Kupferlegierung mit Emailresten
Tromsø University Museum

Gerrit de Veer
»Waerachtighe Beschryvinghe van drie seylagien, ter werelt noyt soo vreemt ghehoort«
Amsterdam 1598
Faksimile
Archiv, Bonn

Willem Barentsz
Delineatio cartae trium navigationum per Batavos ad septentrionalium ..., 1599
Kupferstich, 29 x 38 cm
Privatsammlung

Johann Jansson (1588–1664)
Nova et acurata Poli Arctici. Karte entwickelt
aus Mercator u. Hondius. r. u. Bär u. Eskimo
1632
kolorierter Kupferstich, 50 x 58,5 cm
Privatsammlung

Willem Janzoon Bleau (1571–1638)
Regiones subpola arctico, 1640
Kupferstich, 40 x 55 cm
Privatsammlung

Moses Pitt (1654–1696)
A map of the North pole, Oxford 1682,
umgeben von Fangszenen, Eskimo, Karte von
Nowaja Semlja
kolorierter Kupferstich, 58 x 71 cm
Privatsammlung

Marco Vincenzo Coronelli (1650–1718)
Terre Artiche. Der Nordpol, umgeben von
unüberwindlichen Eisbarrieren, 1692
kolorierter Kupferstich, 47,5 x 62 cm
Privatsammlung

Sonnenpeilgerät in viereckiger Schachtel
Augsburg, 17. Jh.
6 x 6 cm
Noordelijk Scheepvaartsmuseum, Groningen

Längenmesser für Seekarten, Fundstück aus
Willem Barentsz Lager auf Nowaja Semlja
1596
Eisen, L. 17 cm
Rijksmuseum, Amsterdam

Rundes Kompaßhaus, Fundstück aus Willem
Barentsz Lager auf Nowaja Semlja, 1596
Holz, H. 10 cm, Ø 15 cm
Rijksmuseum, Amsterdam

Flöte, Fundstück aus Willem Barentsz Lager
auf Nowaja Semlja, 1596
Birkenholz, L. 60 cm
Rijksmuseum, Amsterdam

Zirkel, Fundstück aus Willem Barentsz Lager
auf Nowaja Semlja, 1596
Eisen, L. 8 cm
Rijksmuseum, Amsterdam

Holzbohrer zum Schiffsbau, Fundstück aus Wil-
lem Barentsz Lager auf Nowaja Semlja, 1596
Eisen, Holz, 60 x 35 cm
Rijksmuseum, Amsterdam

Die ersten Weltbilder

Konrad Miller
Mappa Mundi, Rekonstruktion nach Erathoste-
nes Weltkarte, 275–194 v. Chr. In: Die ältesten
Weltkarten, Stuttgart 1898
43 x 58 cm
Archiv, Bonn

Konrad Miller
Rekonstruktion der Karte des Spaniers Pom-
ponius Mela 43 v. Chr. In: Die ältesten Weltkarten, Stuttgart 1898
58 x 43 cm
Archiv, Bonn

**Geschichte der Entdeckung
(Pomoren und später)**

Isaac Massa (1586–1643)
Tabula Septentrionalis Russiae, Samoithiae et
Tingosiae, quemadmodum ea ab universalii
Russiae Separata et ab Isaaco Massa descripta
est. Anno 1609, 1612
13,9 x 33,9 cm
University of Lappland, Arctic Centre Rovaniemi

I. P. Ruban
Semjon Tscheljuskin am Nordkap, 1970
Öl auf Leinwand, 200 x 137 cm
Museum der Arktis u. Antarktis, St. Petersburg

B. N. Brodski
Büste des Semjon Iwanowitsch Deschnew
(ca. 1605–1637), 1948
Gips, bemalt, (Kopie), 65 x 40 x 32 cm
Museum der Arktis u. Antarktis, St. Petersburg

S. L. Leontjew
Modell des Schiffes der Pomoren ›Kotsch‹
Maßstab 1:30
Holz, Tuch, 88 x 20 x 80 cm
Museum der Arktis u. Antarktis, St. Petersburg

Kompaß-Sonnenuhr mit Gehäuse, 17. Jh.
Bein, Holz, 1,3 x 3,4 x 2,4 cm
Museum der Arktis u. Antarktis, St. Petersburg

Heinrich Scherer (1628–1704)
Regionum circumpolarium Lapponiae, Islandiae
et Groenlandiae, 1701
kolorierter Kupferstich, 34 x 44 cm
Privatsammlung

Guillaume de L'Isle (1675–1726)
Hémisphère septentrional pour voir plus distinc-
tement les terres arctiques, Amsterdam 1740
kolorierter Kupferstich, 56 x 68 cm
Privatsammlung

Jean Palairet (1697–1774)
»A map of the icy sea in which the several com-
munications with the land, waters and other
new discoveries are exhibited«, um 1758
Stecher: John Gibson
kolorierter Kupferstich, Ø 19,5 cm
Privatsammlung

Jakobsstab, 1760
Holz, 50 x 70 cm
Noordelijk Scheepvaartsmuseum, Groningen

G. H. van Keulen (1678–1726)
David's Quadrant, 1791
50 x 70 cm
Noordelijk Scheepvaartsmuseum, Groningen

Franz Johann Reilly (1766–1820)
Grönland u. Faröer, 1789–1806
Kupferstich, 47 x 30,5 cm
Privatsammlung

Geschichte der Entdeckung (Steller)

Gerhard Müller
Neue Karte der russischen Entdeckungen in
Nordamerika mit den angrenzenden Ländern
1758, Kupferstich, 43 x 58 cm
Reproduktion

Generalkarte des russischen Imperiums, 1745
bemalte Seide, 61 x 101 cm
Museum der Arktis u. Antarktis, St. Petersburg

Hautstück der Stellerschen Seekuh
›Rhytina gigas‹
85 x 42 cm
Übersee-Museum, Bremen

Sven Vaxell
Die Stellersche Seekuh ›Rhytina gigas‹,
um 1780
Aquarell, 25 x 45 cm
Naturhistoriska Riksmuseet, Stockholm

Schädelskelett der Stellerschen Seekuh,
mitgebracht von A. E. Nordenskiöld
1879
45 x 45 x 75 cm
Uppsala University, Zoological Museum

Geschichte der Entdeckung (Franklin)

Oktant, frühes 19. Jh.
Messing, Ebenholz, Knochen, 46 x 38 cm
Sjöhistoriska Museet, Stockholm

Logbrett, zur Notierung von Zeit, Richtung u.
Distanz, 19. Jh.
Holz, Metall, 53 x 26 cm
Sjöhistoriska Museet, Stockholm

Georg Cruishank (1792–1878)
Die Rückkehr von Capt. Ross, 1818
Farblithographie, 53 x 71 cm
Scott Polar Research Institute, Cambridge

Capt. Washington R.N.F.R.S.: Chart of the
North Polar Sea 1855, Reproduktion des
Originals, Hydrographic Office, Tounton (G.B.)
Archiv, Bonn

Topf mit Roast Beef, Relikte der Franklin-Expedition, 1845–1848, zur Rettung Franklins hinterlassen
H. 13 cm, Ø 13 cm
Royal Geographical Society, London

Keks, Relikt der Franklin-Expedition,
1845–1848, hinterlassen für John Franklin von
James Ross
Ø 12 cm
Royal Geographical Society, London

Hundehalsband, Relikte der Franklin-Expedi-
tion, 1845–1848
Metall
Royal Geographical Society, London

Eßgabel, Relikt der Franklin-Expedition
1845–1848
Silber
Royal Geographical Society, London

Schokoladenstück, Relikt der Franklin-Expedi-
tion, 1845–1848, hinterlassen für John
Franklin von James Ross, gefunden von
Markham
Royal Geographical Society, London

Sextant, der von Admiral Richards von der HMS Assistance zur Franklin Suche 1852–1854 benutzt wurde, 19. Jh.
Messing, Glas, 9 x 13 x 15 cm
National Maritime Museum, Greenwich/London

Inklinationskompaß (Dip Circle) von der Franklin Expedition, gefunden 1859 bei Point Victory
19. Jh.
Messing, 28,6 x 21,6 x 21,6 cm
National Maritime Museum, Greenwich/London

Orden aus dem Besitz von Sir John Franklin, gefunden auf der Such-Expedition von John Roe, 1859, von Eskimos aufgelesen, 1836
versch. Metalle, 8,9 x 5 cm
National Maritime Museum, Greenwich/London

Feuerwaffe, gefunden von der McLintock Expedition, 1840
Stahl, 11 x 5 x 117 cm
National Maritime Museum, Greenwich/London

Knopf (auf Samtsockel), 1845, Relikt der Franklin-Expedition, 1845–1848
Ø 4 cm
Royal Geographical Society, London

Hundeflöte, 1845, Relikt der Franklin-Expedition, 1845–1848
Metall, L. 4 cm
Royal Geographical Society, London

Ein Paar Wollhandschuhe, 1845, gefunden in Beechy Island von der Sherard Osborn Expedition
Baumwolle, 19 x 14 cm
National Maritime Museum, Greenwich/London

Kleine gelbe Glasperle in einer Schachtel, 1845 Relikt der Franklin-Expedition, 1845–1848
6 x 3 cm
Royal Geographical Society, London

Vier kleine Stücke Kohle, 1845, Relikte der Franklin-Expedition, 1845–1848
Royal Geographical Society, London

Zerbeulte Suppendose, ›Goldner Patent‹, 1845
Blech, 12,5 x 10 cm
National Maritime Museum, Greenwich/London

Matrosenstiefel, um 1845, gefunden in Starvation Bay von der Schwatka-Expedition 1878–1880
Leder, L. 28 cm, H. 30,5 cm
National Maritime Museum, Greenwich/London

Ein Stück roter Stoff, 1845, Relikt der Franklin-Expedition, 1845–1848
Stoff, in Glas geklebt, 15 x 10 cm
Royal Geographical Society, London

Ein Stück Seil, 1845, Relikt der Franklin-Expedition, 1845–1848
L. 7 cm
Royal Geographical Society, London

Ein Stück Holz in einer Schachtel, 1845, Relikt der Franklin-Expedition, 1845–1848
10 x 8 cm
Royal Geographical Society, London

Ein Stück dunkler Stoff in einem Glasrahmen 1845, Relikt der Franklin-Expedition 1845–1848
Stoff, 15 x 10 cm
Royal Geographical Society, London

Taschenuhr, 1845, gefunden von der McLintock Expedition, 1857–1859
Metall, 5 x 4 cm
National Maritime Museum, Greenwich/London

John Wilson Carmichael (1800–1868)
Erebus u. Terror in der Antarktis (recte Arktis!) 1847
Öl auf Leinwand, 122 x 183 cm
National Maritime Museum, Greenwich/London

Schneemesser, gefertigt von Inuit aus gefundenem Besteck der Franklin-Expedition, um 1848
Holz, Metall, L. 45 cm
National Maritime Museum, Greenwich/London

Schneebrille, um 1850
Leder, Kupferdrahtgaze, 1 x 5 x 3,3 cm
National Maritime Museum, Greenwich/London

Holzstück von der Fog, dem letzten Suchschiff 1857
L. 12 cm
Royal Geographical Society, London

Übersichtskarte der wahrscheinlichen Route Sir John Franklins Expedition vom J. 1845–1848 von A. Petermann. Ms. 1:12 000 000 Gotha, Justus Perthes, 1859
21,6 x 27,1 cm, Blatt 33,9 x 54 cm,
Staatsbibliothek Berlin, Preußischer Kulturbesitz, Kartenabteilung

Andrea Lucchesi
Porträt Sir John Franklin, 1898
Bronze, 35 x 25 x 20 cm
National Maritime Museum, Greenwich/London

Porträt Erasmus Kallihiruna, Inuit, der Capt. Erasmus Ommanney auf der Assistance zur Franklin-Suche begleitete
England, 19. Jh.
Öl auf Leinwand, 90 x 100 cm
National Maritime Museum, Greenwich/London

Messer mit Holzgriff, 1912
Metall, Holz, L. 15 cm
Royal Geographical Society, London

Geschichte der Entdeckung (Nansen)

Fridtjof Nansen (1861–1930)
Nebelheim. Entdeckung u. Erforschung der nördlichen Länder u. Meere, 2 Bde., Leipzig 1911
Kunst- u. Ausstellungshalle der Bundesrepublik Deutschland, Bonn

Eßteller von der Fram, mit Schriftzug
Blech, emailliert
Fram-Museet, Oslo

Skier u. Schneeschuhe der 2. Fram-Expedition
Norsk Sjöfartsmuseum, Oslo

Elektrische Anlage der Fram, Schalttafel
160 x 140 cm
Fram-Museet, Oslo

Nansens Schuhe von der Grönlanddurchquerung, »Lapp footwear«
Fram-Museet, Oslo

Theodolit von der Fram
Messing, 50 x 45 x 30 cm
Fram-Museet, Oslo

Modell der Fram, Zustand nach dem Umbau durch Otto Sverdrup
84 x 30 x 100 cm
Arved Fuchs, Bad Bramstedt

Porträt Fridtjof Nansen
Gips, H. 50 cm
Norsk Polarinstitutt, Oslo

Dr. Fridtjof Nansen's Norwegische Polarexpedition 1893–1896. Ms.: 1: 20 000 000
42 x 33,1 cm
Staatsbibliothek Berlin, Preußischer Kulturbesitz, Kartenabteilung

Locke von Fridtjof Nansen, abgeschnitten von J. F. Child 1896
Fram-Museet, Oslo

Kajak mit voller Ausrüstung von Fridtjof Nansen
L. 6 m
Fram-Museet, Oslo

Geschichte der Entdeckung (Nordostpassage, Nordenskiöld)

Präparat eines Löffelstrandläufers, ›Eurynorhynchus pygmaeus‹, mitgebracht von A. E. Nordenskiöld, 1879
Uppsala University, Zoological Museum

Modell der Vega, Ms.: 1: 40, in originaler Vitrine
200 x 200 x 60 cm
Sjöhistoriska Museet, Stockholm

Vase, bemalt mit Motiven der Polarabenteuer der Vega. Geschenk des französischen Präsidenten an Prinz Oskar anläßlich der Rückkehr der Vega nach Stockholm
Porzellan, H. 130 cm, Ø 45 cm
Sjöhistoriska Museet, Stockholm

Seekarte um das Gebiet der Taimyr-Halbinsel, benutzt von A. E. Nordenskiöld für die Durchfahrt der Nordostpassage mit handgeschriebenen Eintragungen, 1878
100 x 150 cm
University Library, Helsinki

A. E. Nordenskiölds Brief an seine Frau Anna am 23. November 1878
27 x 21 cm
The Royal Swedish Academy of Sciences, Center for History of Science, Stockholm

Admiralshut, getragen von König Oscar II. anläßlich der Rückkehr von A. E. Nordenskiöld 1880
Stoff
Livrustkammaren, Stockholm

Admiralsmantel, getragen von König Oscar II. anläßlich der Rückkehr von A. E. Nordenskiöld
1880
Stoff, L. 120 cm
Livrustkammaren, Stockholm

Die Rückkehr A. E. Nordenskiölds nach Stockholm nach einem zeitgenössischen Stich
29 x 43 cm
Archiv, Bonn

Tagebuch des Schiffszimmermanns Sven Andersson, geschrieben während der ersten Durchfahrt durch die Nordostpassage
1878–1880
The Royal Swedish Academy of Sciences, Center for History of Science, Stockholm

Sven Andersson, genannt Vega-Sven, Schiffszimmermann von A. E. Nordenskiöld
Zeitungsausschnitt aus Sydöstran, 1. 12. 79
Archiv, Bonn

Metallkugel auf Metallpfosten, diente zur Wegmarkierung in der Arktis u. als Depot für Nachrichten u. Versorgung. Aufgestellt zu Ehren von A. E. Nordenskiöld 1919
Kupfer, H. 160 cm, Ø 30 cm
Museum der Arktis u. Antarktis, St. Petersburg

Adolf Bock (1890–1959)
Vega durchquert den Beringsund, eine Kanonensalve abfeuernd, 1927
Gouache auf Papier, 41 x 51 cm
Sjöhistoriska Museet, Stockholm

Geschichte der Entdeckung (Amundsen)

Lauritz Haaland (1855–1938)
Gjöa in der Nordwestpassage, 1906
Öl auf Leinwand, 120 x 200 cm
Norsk Sjöfartsmuseum, Leihgabe des Fram-Museet, Oslo

Amundsens Tischglocke von der Fram
H. 15 cm
Fram-Museet, Oslo

Porträt Roald Amundsen
Bronze, 60 x 30 x 30 cm
Fram-Museet, Oslo

Südpolarkarte von V. v. Haardt, Georg von Neumayer gewidmet. Nebenkarten, Strömungen u. Forschungsreisen, 1:10 000 000, Verlag Ed. Hölzel, Wien 1895
4-teilig, je 85 x 95 cm
Staatsbibliothek Berlin, Preußischer Kulturbesitz, Kartenabteilung

Amundsens Schuhe von der Norge-Expedition
Fram-Museet, Oslo

Sonnenbrille von Roald Amundsen
Anne Christin Jacobsen, Oslo

Wasserdichter Behälter zum Trockenhalten von Streichhölzern, benutzt von Roald Amundsen während seiner Südpolexpedition, 1911
L. 25 cm
Anne Christin Jacobsen, Oslo

Arne Vigeland
Statuette Roald Amundsen mit Hund
Bronze, H. 60 cm
Anne Christin Jacobsen, Oslo

Ein Paar Socken Amundsens, Südpolexpedition, 1910–1912
Skimuseet Holmenkollen, Oslo

Erste-Hilfe-Etui für Schlittenmannschaften, benutzt von Roald Amundsen während seiner Südpolexpedition, 1910–1912
25 x 20 cm
Anne Christin Jacobsen, Oslo

Porträt Roald Amundsen, Nome, Alaska, 1923 signiert
Fotografie, 38 x 29 cm
Norsk Polarinstitutt, Oslo

L. Dietrich
Basreliefporträt Roald Amundsen, 1931
Marmor, 47 x 43 x 7,7 cm
Museum der Arktis u. Antarktis, St. Petersburg

Geschichte der Entdeckung (Scott)

Robert Scott u. seine Frau Kathleen auf der Brücke der Terra Nova am 26. November 1910
Sie trafen sich nie wieder
Fotografie, 43 x 29 cm
Reproduktion © Popperfoto

George Marston
Panorama von der Ross-See, um 1908
Aquarell, 19 x 230 cm
Scott Polar Research Institute, Cambridge

Schneeschuhe für die Ponies der Scott-Expedition zum Südpol, 1910
Scott Polar Research Institute, Cambridge

Bill Wilson
Camping after dark, 1910
Bleistiftzeichnung
Scott Polar Research Institute, Cambridge

Bill Wilson
Panorama mit Mount Erebus, Antarktis, 1910
Bleistiftzeichnung, 19,5 x 130 cm
Scott Polar Research Institute, Cambridge

Harrington Mann (1864–1937)
Porträt Robert Falcon Scott
Öl auf Leinwand, 170 x 150 cm
Royal Geographical Society, London

Tasse von der Discovery
Steingut, H. 10 cm, Ø 8 cm
Royal Geographical Society, London

Hufeisen, Glücksbringer Capt. Scotts
Metall, 10 x 10 x 10 cm
Royal Geographical Society, London

Schlittenkompaß, verwendet von Scott, 1901–1904
3 x 12 x 6 cm
National Maritime Museum, Greenwich/London

Scotts Teleskop, England, 1901
Metall, Glas, Leder, L. 120 cm
Royal Geographical Society, London

Königspinguin, von Scott 1904 von der Macquarie-Insel mitgebracht
H. 120 cm, Sockel 25 x 25 cm
Royal Geographical Society, London

Streichholzschachteln aus Metall von Scotts Südpolfahrt, 1911–1912
6 x 2 cm
Royal Geographical Society, London

Skier von Scotts Expedition, 1911
Holz, Metall, L. 220 cm
Royal Geographical Society, London

Sog. Nansen-Schlitten von Scotts Expedition 1911
Holz, 30 x 80 x 400 cm
Royal Geographical Society, London

Teil eines Sextanten von Amundsen, 1912 am Südpol von Scott gefunden
Metall, Glas, L. 3 cm
Royal Geographical Society, London

Säckchen mit Curry, Tee u. Salz, Captain Scotts Proviant, gefunden in Scotts letztem Lager in der Antarktis, 1912
40 x 30 cm
Royal Geographical Society, London

J. S. Dollmann (1851–1934)
A very Gallant Gentleman, 1915
(Kopie), Öl auf Leinwand, 47,8 x 67 cm
The Oates Memorial Museum, Selborne (Hampshire)

Geschichte der Entdeckung (Mawson)

Lange Unterhosen der britischen Firma Jaeger, Antarktisexpedition Douglas Mawsons 1911–1914
Baumwolle, L. 102 cm
National Maritime Museum, Greenwich/London

James Francis Hurley
Fotografien von der Antarktisexpedition Douglas Mawsons, 1911–1914
Reproduktion
The Mawson Collection, University of Adelaide

Eispickel, Antarktisexpedition Douglas Mawsons, 1911–1914
Stahl, Holz, L. 49,6 cm
National Maritime Museum, Greenwich/London

Wollmütze der Firma Jaeger, Antarktisexpedition Douglas Mawsons, 1911–1914
Mohairwolle, 38,5 x 31 cm
National Maritime Museum, Greenwich/London

Ein Paar Schafslederhandschuhe, Antarktisexpedition Douglas Mawsons, 1911–1914
Schafsleder, L. 33 cm
National Maritime Museum, Greenwich/London

Stiefel aus Rentierfell, Antarktisexpedition Douglas Mawsons, 1911–1914
30 x 21 x 34 cm
National Maritime Museum, Greenwich/London

Geschichte der Entdeckung (Shackleton)

Frank Hurley (1885–1962)
Die Nachtwache, 1914
Fotografie, 29 x 43 cm
Royal Geographical Society, London

Sir Ernest Shackleton u. Lady Emily Shackleton an Deck der Endurance, 1914
Sie wird ihn zwei Jahre nicht wiedersehen
Fotografie, 43 x 29 cm
Reproduktion, BBC Hulton Picture Library

Das modifizierte Walfangboot ›James Caird‹, Rettungsboot der ›Endurance‹, Ernest Shackletons Antarktisexpedition, 1914–1916
Dulwich College, London

Porträt Sir Ernest Shackleton
Fotografie, 29 x 21,5 cm
Archiv, Bonn

Frank Hurley (1885–1962)
Das Wrack der Endurance, 1915
Fotografie, 29 x 21,5 cm
Archiv, Bonn

Frank Hurley (1885–1962)
Vorbereitung der James Caird, 1915
Fotografie, 21,5 x 29 cm
Archiv, Bonn

Primus-Gaskocher, 1914
Metall, H. 25 cm, Ø 22 cm
Primus AB, Solna

Sir Ernest Shackletons Kopfbedeckung (Burberry helmet), Antarktisexpedition, 1901–1904, darauf handschriftliche Widmung an Frank Thornton, 1907
40 x 30 cm
Royal Geographical Society, London

Geschichte der Entdeckung (Wegener)

Stock von der deutschen Grönlandexpedition Alfred Wegeners, 1930–1931
Holz, L. 130 cm
Alfred-Wegener-Institut für Polar- u. Meeresforschung, Bremerhaven

Sonnenkompaß von der deutschen Grönlandexpedition Alfred Wegeners, 1930–1931
Metall, Ø 9 cm
Alfred-Wegener-Institut für Polar- u. Meeresforschung, Bremerhaven

Büste Alfred Wegener
Gips, bemalt, H. 50 cm
Alfred-Wegener-Institut für Polar- u. Meeresforschung, Bremerhaven

Tauwaage von der deutschen Grönlandexpedition Alfred Wegeners, 1930–1931
Metall, Textil, 30 x 30 x 30 cm
Alfred-Wegener-Institut für Polar- u. Meeresforschung, Bremerhaven

Schneemesser von der deutschen Grönlandexpedition Alfred Wegeners, 1930–1931
Knochen, L. 30 cm
Alfred-Wegener-Institut für Polar- u. Meeresforschung, Bremerhaven

Präparat eines Pfeilschwanzkrebses ›Limulus‹
L. 20 cm
Uppsala Universily, Paläontlogisches Museum

Fossil eines Arthropoden (Insektenverwandter), Kambrium, Fundort: Grönland, 82
25 x 20 cm
Uppsala University Uppsala, Paläontologisches Museum

Fossil mit Abdruck der Metasequoia, Fundort: Spitzbergen
L. 20 cm
Naturhistoriska Riksmuseet, Stockholm

Fossil mit Abdruck eines Ahornblattes ›Acer‹ Fundort: Brjanlaekur, Island
L. 35 cm
Naturhistoriska Riksmuseet, Stockholm

Fossil mit Abdruck von ›Otozamites linearis‹ (ausgestorbener Farn), rückseitig ›Pachypteris dalmatica‹, Fundort: Graham Land, Antarktis, überbracht von Otto Nordenskjöld
L. 35 cm
Naturhistoriska Riksmuseet, Stockholm

Fossil des ›Trilobit olenoides‹, ausgestorben seit 500 Mio. Jahren, Fundort: Grönland
1,5 x 2 cm
Uppsala University Uppsala, Paläontologisches Museum

Fossil mit Abdruck der Trockhodendroides Fundort: Spitzbergen
L. 20 cm
Naturhistoriska Riksmuseet, Stockholm

Guillaume de L'Isle (1675–1726)
L'Hémisphere meridional pour voir plus destinctement les terres australes, Amsterdam 1740
kolorierter Kupferstich, 56 x 68 cm
Privatsammlung

Robert Benard (geb. 1743)
Carte de l'hémisphere Austral montrant les routes des navigations les plus célèbres par le capitaine Jacques Cook, um 1790
kolorierter Kupferstich, 57 x 56 cm
Privatsammlung

J. u. C. Walker
Circumjacent the South pole, erste Küstenstreifen der antarktischen Halbinsel erkennbar
London, um 1818
kolorierter Kupferstich, 27,7 x 27,8 cm
Privatsammlung

Russische Driftstationen

Einrichtungsgegenstände von der russischen arktischen Driftstation ›Nordpol 1‹, 1937 (25-teilig)
Museum der Arktis u. Antarktis, St. Petersburg

Russisches Zelt von der Driftstation ›Nordpol 2‹ 1952
Stoff, Metall, 190 x 380 cm
Museum der Arktis u. Antarktis, St. Petersburg

Stromerzeugungsgerät (Dynamomaschine) mit Hand- u. Pedalbetrieb von der russischen arktischen Driftstation ›Nordpol 1‹, 1937
Metall, 102 x 110 x 57 cm
Museum der Arktis u. Antarktis, St. Petersburg

I. P. Ruban
Schneesturm beim Lager der Driftstation ›Nordpol 4‹, 1955
Öl auf Leinwand, 229 x 142 cm
Museum der Arktis u. Antarktis, St. Petersburg

Polarforschung bis heute

Modell des deutschen Forschungsschiffes ›Polarstern‹
110 x 66 x 250 cm
Alfred-Wegener-Institut für Polar- u. Meeresforschung, Bremerhaven

Schneetraktor ›Pinguin‹ für den Einsatz in der russischen Antarktis-Station Wostok
Modell 1:10, 82 x 82 x 46 cm
Museum der Arktis u. Antarktis, St. Petersburg

Stanislav Fischer (geb. 1936)
Die russische Antarktis-Station Wostok. Aerologen bauen ihre Station, 1963
Fotografie, 43 x 29 cm
Archiv, Bonn

Komplette Nordpol- u. komplette Südpolkleidung; Kamiks (Schuhe aus Leder der Bartrobbe u. Ringelrobbe); Gore-Tex-Latzhose; Gore-Tex-Jacke; 1 Daunenjacke; schwere Stiefel (für Basislager); Mütze aus Fuchsfell; MSR-Kocher mit Benzinflasche; Gesichtsmaske
Arved Fuchs, Bad Bramstedt

Schuhe, mit denen Arved Fuchs am 30. 12. 1989 den Südpol erreichte
Deutsches Ledermuseum/Deutsches Schuhmuseum in Offenbach am Main

Nansen-Schlitten, moderne Ausführung, 1995
Holz, 120 (Reck) x 80 x 380 cm
Alfred-Wegener-Institut für Polar- u. Meeresforschung, Bremerhaven

Geschichte der Entdeckung (Andrée)

Kaiserpanorama, stereoskopisches Rundlaufgerät für 12 Betrachter. 3 Serien Stereo-Glasdias à 36 Bilder. 1. Reise nach Spitzbergen, Grönland u. mit dem Nordpolfahrer Nansen in die Eisregionen, 1893/94. 2. Andrées Fahrt nach Spitzbergen u. der interessante Ballon-Aufstieg, 1897. 3. Von Hammerfest nach Spitzbergen zur Wellmann-Expedition
Holz, Mechanik, Glas, Ø 280 cm
Stereoskopischer Bildverleih Kaiser-Panorama Berlin, Prof. Erhard Senf

Nansen-Schlitten aus dem Besitz von Salomon Andrée
Holz, 20 x 298 x 60 cm
Andréemuseet, Gränna

Kamera mit Stereoobjektiv aus dem Besitz von
Salomon Andrée
25 x 17 x 30 cm
Andréemuseet, Gränna

Konstruktionszeichnung für das Steamhouse
von Salomon Andrée auf Spitzbergen, 1895
80 x 110 cm
Carolina Rediviva, Uppsala University

Medizin

Herbert G. Ponting (1870–1935)
Frostbeulen. Die Hand von Dr. Atkinson, Mitglied von Scotts Antarktisexpedition
1910–1913
Fotografie, 21,5 x 29 cm
© Popperfoto

Medizin Set, Schachteln, Flaschen, Gläser,
Gestell zum Erhitzen
Royal Geographical Society, London

Tafel mit chirurgischem u. zahnärztlichem
Besteck von der Fram
Metall, 50 x 50 cm
Fram-Museet, Oslo

Flachzange, die u. a. zum Zähneziehen benutzt
wurde von der deutschen Grönlandexpedition
Alfred Wegeners
1930–1931
Metall, L.16 cm
Alfred-Wegener-Institut für Polar- u. Meeresforschung, Bremerhaven

Zwei Eisbärkrallen
Leihgabe Ursula Gebauer, Bonn

Anorak aus Robbenhaut
Fram-Museet, Oslo

James (Jakob) Lind (1716–1794)
Abhandlung vom Scharbock, Riga u. Leipzig
bey Friedrich Hartknoch, 1775
Universitäts- u. Landesbibliothek, Münster

Cochlearia officinalis
Herbar
Universität Göteborg, Institute of Botany

›Pemmican. Arctic food‹, Arktis-Expedition
Nares,1875–1876
15,2 x 24,1 x 21,6 cm
National Maritime Museum, Greenwich/London

Anzug aus Robbenfell, bestehend aus Mütze,
Jacke, Hose u. Schuhen, Arktisexpedition
Nares,1875–1876
National Maritime Museum, Greenwich/London

Banjo des Dr. L. D. A. Hussey, Meteorologe der
Antarktis-Shackleton-Expedition, 1914–1917,
einer der wenigen Gegenstände, die gerettet
wurden. Mit Unterschriften von Shackleton u.
den Expeditionsmitgliedern, vor 1913
5,1 x 28 x 91,5 cm
National Maritime Museum, Greenwich/London

Kopfbedeckung aus Vielfraß-Fell für Überwinterer der russischen Antarktis-Station Wostok
um 1950
37 x 35 x 35 cm
Museum der Arktis u. Antarktis, St. Petersburg

Wärmeschutz-Weste, gefüllt mit Eiderdaunen
zu Temperatur- u. Windschutz für Überwinterer
der russischen Antarktis-Station Wostok
um 1950
50 x 52 cm
Museum der Arktis u. Antarktis, St. Petersburg

Stahlrohr von der russischen Antarktis-Station
Wostok, geborsten bei minus 80°, 1958
Stahl, L. 28 cm
Museum der Arktis u. Antarktis, St. Petersburg

Elektrisch beheizbare Maske zu Temperatur-
u. Windschutz für Überwinterer der russischen
Antarktis-Station Wostok, 1960
38 x 22 x 10 cm
Museum der Arktis u. Antarktis, St. Petersburg

Operationsbesteck des Arztes L. Rogosow,
Station Nowolazarewskaja (Antarktis), mit dem
er am 30. 4. 1961 eine Selbstoperation am
Blinddarm durchführte, um 1961
(18-teilig), nichtrostender Stahl
Museum der Arktis u. Antarktis, St. Petersburg

Der Arzt L. Rogosow, Station Nowolazarewskaja (Antarktis), bei der Durchführung einer
Selbstoperation am Blinddarm am 30. 4. 1961
Fotografie (Reproduktion), 16 x 24 cm
Museum der Arktis u. Antarktis, St. Petersburg

Elektrisch beheizbarer Helm zum Atmen bei
Temperaturen von circa minus 80 Grad für
Überwinterer der russischen Antarktis-Station
Wostok, um 1980
Tuch, Metall, Glas, L. 106 cm
Maske 24 x 31 cm, App. 25 x 19 cm
Museum der Arktis u. Antarktis, St. Petersburg

›Survival Bag‹ des AWI für Mitglieder von Expeditionen, ausgelegt für 2 Mann u. 10 Tage
1995
60 x 80 x 60 cm
Alfred-Wegener-Institut für Polar- u. Meeresforschung, Bremerhaven

Fernerkundung von Tieren in Arktis und Antarktis

Internetservice der KAH zur Spurverfolgung via
Satellitentransmittlern von Eisbären, Robben
und Albatrossen mit Hilfe des Alfred-Wegener-
Instituts für Polar- und Meeresforschung,
Bremerhaven, des Bristish Antarctic Survey,
Cambridge und des Norsk Polarinstitutt, Oslo

Arctic Frozen Sound

Charles Morrow (geb. 1942)
Arctic sound furniture, 1997, Akustisches aus
der Arktis mit folgenden Themen:
1. Gefrorener Klang nach Gargantua u. Pantagruel von Rabelais
2. Wetter-Ecke
3. Arktis-Radio u. Stimmen
4. Die Tiere
5. Wasser u. Eis

Vier Karten

Winterstationen in der Antarktis 1997
Politische Gebietsansprüche in der Antarktis,
Radioaktive Verschmutzung der Arktis u.
Militärische Aktivitäten in der Arktis,
beide nach Angaben von Eric Dyring

Polarplakate

Paul Neumann
Omega-Lampe, Omega-Werke Leutzsch-
Leipzig, Eisbären betrachten die Nordlicht-
Glühbirne
Staatsgalerie, Stuttgart, Graphische Sammlung

Eisbären mit Robben, Lagerplakat für Zoologische Gärten
lithographiert von Adolph Friedlaender
57,5 x 79,5 cm
Museum für Kunst u. Gewerbe, Hamburg

Capt. Gust. Röhl's Ausstellung vom Nord-
zum Südpol
lithographiert von Adolph Friedlaender
77,5 x 60 cm
Museum für Kunst u. Gewerbe, Hamburg

anonym
Bohnerwachs, Werbeplakat mit Adéliepinguinen
Lithographie, 28,5 x 23 cm
Staatsgalerie, Stuttgart, Graphische Sammlung

Am Nordpol, Marineschauspiel-Theater
lithographiert von Adolph Friedlaender
43 x 65 cm
Deutsches Plakat Museum, Essen

Riesen-Walfisch 21 Meter lang 150 000 Pfund
schwer völlig geruchlos! Gefangen zwischen
Spitzbergen u. der Bären-Insel, 1832
lithographiert von Adolph Friedlaender
65 x 90 cm
Deutsches Plakat Museum, Essen

Carl Hagenbecks Eismeer-Panorama, 1896
lithographiert von Adolph Friedlaender
33 x 43 cm
Museum für Kunst u. Gewerbe, Hamburg

Hellmuth Eichrodt (geb. 1872)
Kunst-Eis hat abzugeben Brauerei-Ketterer
vor 1901
Lithographie, 72 x 50,5 cm
Kunstbibliothek SMPK, Berlin

Hans Lindenstädt (geb. 1874)
Fram-Cacao-Schokolade (Breslau), Mann
auf Eisschollen vor eingefrorenem Schiff
um 1900
Lithographie, 79 x 58 cm
Kunstbibliothek SMPK, Berlin

Theodor Fernand Schultz-Wettel
Neufelds Sprachführer u. Wörterbücher,
Werbeplakat mit Königspinguinen, vor 1914
Lithographie, 63 x 40 cm
Münchner Stadtmuseum

Polarlabor

Sammlung historischer Bücher zur Polarbibliothek
Andreas Züst, Wernetshausen

A planning chart for the Arctic region,
sog. Admiralitätskarte, herausgegeben vom britischen Verteidigungsministerium
Ms. 1:7.500.000
Offsetdruck, 121 x 70,5 cm
Stephan Andreae

A planning chart for the Antarctic region,
sog. Admiralitätskarte, herausgegeben vom britischen Verteidigungsministerium
Ms. 1:15.000.000
Offsetdruck, 121 x 70,5 cm
Stephan Andreae

Satellite image map of Antarctica
Ms. 1:5.000.000, 1996
Offsetdruck 103 x 143 cm
Stephan Andreae

Lutz Fritsch (geb. 1955)
Konzept für eine Bibliothek im Eis im Container des Alfred-Wegener-Instituts für Polarforschung. Einrichtung auf dem Vorplatz der Kunst- u. Ausstellungshalle der Bundesrepublik Deutschland, Bonn

Olaus Magnus
Carta Marina, Venedig 1539
Reproduktion, Annagreta Dyring

Polarhorizonte

Stuart Klipper (geb. 1941)
Packeis, arktischer Ozean zwischen Spitzbergen u. Island, 1981
Fotografie, 45 x 139 cm
Stuart Klipper, Minneapolis

Stuart Klipper (geb. 1941)
Eiskante bei der Leningradskaja-Station
Antarktis, 1989
Fotografie, 45 x 139 cm
Stuart Klipper, Minneapolis

Stuart Klipper (geb. 1941)
Das Pol-Plateau nahe am geographischen Südpol, 1989
Fotografie, 45 x 139 cm
Stuart Klipper, Minneapolis

Stuart Klipper (geb. 1941)
Meereiskante, McMurdo-Sund, westlich der Ross-Insel, Antarktis, 1989
Fotografie, 45 x 139 cm
Stuart Klipper, Minneapolis

Stuart Klipper (geb. 1941)
Tafeleisberge am Astrolabe-Gletscher nahe am magnetischen Südpol, 1989
Fotografie, 45 x 139 cm
Stuart Klipper, Minneapolis

Stuart Klipper (geb. 1941)
Packeis jenseits der Oates-Küste, Antarktis 1989
Fotografie, 45 x 139 cm
Stuart Klipper, Minneapolis

Stuart Klipper (geb. 1941)
McMurdo-Sund, Antarktis, 1989
Fotografie, 45 x 139 cm
Stuart Klipper, Minneapolis

Stuart Klipper (geb. 1941)
Das Pol-Plateau nahe am geographischen Südpol, 1989
Fotografie, 45 x 139 cm
Stuart Klipper, Minneapolis

Stuart Klipper (geb. 1941)
Mehrjähriges Eis mit Seevögeln in Grönland, Davis Straße, 1990
Fotografie, 45 x 139 cm
Stuart Klipper, Minneapolis

Stuart Klipper (geb. 1941)
Southern Ocean, S 76° 43' 37',
W 163° 10' 45', 1993
Fotografie, 45 x 139 cm
Stuart Klipper, Minneapolis

Stuart Klipper (geb. 1941)
Southern Ocean, S 75° 26' 28',
W 176° 20' 08', 1993
Fotografie, 45 x 139 cm
Stuart Klipper, Minneapolis

Stuart Klipper (geb. 1941)
Antarktischer Ozean nahe dem Ross-Eisschelf 1994
Fotografie, 45 x 139 cm
Stuart Klipper, Minneapolis

Staffan Widstrand und Magnus Elander
Zwölf Szenen vom Polarkreis, 1996
Fotografien, je 50 x 70 cm
Im Besitz der Künstler

Polarperspektiven

Multimediale, interaktive Projektion zur aktuellen Polarforschung mit folgenden Themen:
Meereis, Entstehung und Drift
Ozonverringerung
Das Phänomen der magnetischen Pole
Tierwanderungen
Topographie der Pole
Eiszeiten
Eisschelfe in der Antarktis
Polare Jahreszeiten (Eisbildung, Wetter)

Die Satellitendaten stammen von Landsat, SPOT, Meteosat, NOAA, ERS 1 und 2 und DMSP
Produktionsteam:
Kunst- und Ausstellungshalle der Bundesrepublik Deutschland, Bonn
Dyring Production AB, Uppsala
Stephan Andreae, Köln
Planetary Visions Ltd., London
Multimedia Corporation, London
Deutsches Zentrum für Luft- und Raumfahrt e.V., Oberpfaffenhofen

Exponate mit dem Vermerk: Archiv, Bonn, wurden von der Kunst- und Ausstellungshalle der Bundesrepublik Deutschland für die Ausstellung reproduziert.

Wir bitten, etwaige Änderungen der Exponatenliste nach Redaktionsschluß zu entschuldigen.

AUTORENBIOGRAPHIEN

Thomas Alerstam geboren 1914, ist Professor für Tierökologie an der Universität Lund (Schweden). Derzeit leitet er ein langfristiges internationales Forschungsprojekt über das Flugverhalten und Orientierungsvermögen bei Zugvögeln. Seine Forschungen haben ihn mehrfach für längere Zeit in die Arktis geführt. Thomas Alerstam ist Mitglied des Schwedischen Rats für Naturforschung.

Stephan Andreae geboren 1952 in Köln, freischaffender Künstler, Ausstellungsmacher und Autor, studierte Philosophie und Theaterwissenschaften, später Freie Graphik und Multimedia an der Kunsthochschule Köln bei Daniel Spoerri. Seitdem Konzeptentwicklungen und Organisation zahlreicher Ausstellungen, insbesondere für die Berliner Festspiele (Le Musée sentimental de Prusse 1981, Mythen der Neuen Welt 1982, Berlin – Berlin 1987) und die Kunst- und Ausstellungshalle der Bundesrepublik Deutschland (Buñuel 1994, Sarkis 1995).

Klaus Bachmann geboren 1958, studierte Chemie in Würzburg und Hamburg. Klaus Bachmann arbeitete mehrere Jahre als Redakteur für die Zeitschrift »GEO«. Derzeit lebt er als freier Wissenschaftsjournalist in Buchholz bei Hamburg.

Susan Barr geboren in Großbritannien, lebt seit 1973 in Norwegen. Sie erwarb an der Universität London den Bachelor of Arts in Skandinavistik und einen Magistertitel der Universität Oslo in Ethnologie. In den Jahren 1979 bis 1982 war sie Kulturbeauftragte für die norwegischen arktischen Gebiete Svalbard (Spitzbergen) und Jan Mayen. Seit 1982 arbeitet sie am Norwegischen Polarinstitut in Oslo, derzeit als Abteilungsleiterin für Polargeschichte und Dokumentation.

Sie betrieb umfassende Feldforschung in Svalbard, Jan Mayen, Nordostgrönland, Franz-Joseph-Land sowie Südgeorgien und Königin-Maud-Land. Zahlreiche Veröffentlichungen über Polargeschichte und den Schutz von Monumenten und Stätten in den Polarregionen.

Klaus Barthelmess geboren 1955 in Köln, Historiker, wissenschaftlicher Mitarbeiter des Kölnischen Stadtmuseums, Autor beziehungsweise Co-Autor einer Reihe von Büchern und zahlreichen Aufsätzen zur Geschichte des Wal- und Robbenfangs, der Walkunde, der aktuellen Walfangdebatte und zu tierkundlichen Darstellungen in der Kunst. Seit 1987 Berater des Kendall Whaling Museum, Sharon, Massachusetts, USA. Mitherausgeber des »International Network for Whaling Research INWR Digest«, Edmonton, Alberta. Dem Artenschutz der Wale verbunden, bereiste er die europäischen Walfangkulturen und fuhr selbst auf Walfang.

Pjotr W. Bojarski ist Leiter der Russischen Arktischen Marineexpedition und stellvertretender Direktor des Russischen Forschungsinstitutes für Kultur- und Naturerbe in Moskau.

Pjotr W. Bojarksi untersucht gemeinsam mit Juri L. Masurow seit zehn Jahren das Natur- und Kulturerbe der Regionen der Barents- und Karasee und des Weißen Meeres. Ihre Arbeit fand im Rahmen der Russischen Arktischen Marineexpedition statt, einer Forschungsabteilung des Russischen Forschungsinstitutes für Kultur- und Naturerbe der Russischen Akademie der Wissenschaften. Die Resultate dieser Untersuchungen wurden in zahlreichen Berichten und Abhandlungen veröffentlicht. Bojarski und Masurow gründeten innerhalb des Forschungsinstituts ein kleines Museum für die Funde in der Arktis.

Paul J. Crutzen geboren 1933 in Amsterdam, promovierte in Meteorologie an der Universität von Stockholm. Er ist einer der ersten Wissenschaftler, der die chemischen Ursachen der Ozonverminderung untersuchte und definierte. Als Mitglied mehrerer deutscher Umweltkommissionen schrieb er verschiedene Bücher über Umweltthemen, darunter »Das Ende des blauen Planeten« (1989) und »Atmosphere, Climate and Change« (1991; zusammen mit T. E. Graedel). Zur Zeit ist er Direktor des Max-Planck-Institutes für Chemie in Mainz. Er erhielt zahlreiche Auszeichnungen für seine herausragende Arbeit, dazu zählen der Tyler Prize (1986), der Volvo-Umweltpreis (1991) und der Nobelpreis für Chemie (1995).

Gerhard S. Dieckmann ist seit 1983 wissenschaftlicher Mitarbeiter am Alfred-Wegener-Institut für Polar- und Meeresforschung in Bremerhaven. Er hat als gebürtiger Südafrikaner 1978 an der Universität Kapstadt sein Studium mit dem Master of Science über die Ökologie von Großalgen im Atlantik abgeschlossen. 1979 siedelte er nach Deutschland über und promovierte 1982 an der Universität Kiel über Seegras und Schwermetalle. Am Alfred-Wegener-Institut leitet er die biologische Meereisforschung und befaßt sich mit Untersuchungen über den Lebensraum Meereis und über die Entstehung von grünen Eisbergen in der Antarktis. Im Rahmen seiner Forschungen hat er an sieben Expeditionen in die Antarktis teilgenommen.

Annagreta Dyring geboren in Lappland (Schweden). Master of Arts an der Universität Uppsala. Kunstfotografin. Sie war zuständig für die Öffentlichkeitsarbeit der Universität Uppsala. 1979 bis 1996 Direktorin des nationalen schwedischen Programms für das öffentliche Wissenschaftsverständnis. Durchführung zahlreicher Ausstellungen und weiterer Aktivitäten, die wissenschaftlichen Themen und der Kombination von Kunst und Wissenschaft gewidmet sind. Sie entwickelte ein Wissenschaftstheater und ist an der allgemeinen Diskussion wissen-

schaftlicher Themen beteiligt. Veröffentlichung zahlreicher Bücher und Artikel. Delegierte der Kommission für Innovation der Europäischen Gemeinschaft. 1996 Ehrendoktor der Universität Stockholm.

Eric Dyring ist promovierter Geophysiker. Im Internationalen Geophysikalischen Jahr 1956/57 war er stellvertretender Leiter der schwedisch-finnisch-schweizerischen Expedition zur Murchison Bay, Svalbard, und nahm in den 90er Jahren an diversen Polarexpeditionen teil. Eric Dyring war 1978 bis 1980 geschäftsführender Direktor des Schwedischen Nationalmuseums für Naturwissenschaft und Industrie und hat als Kurator und wissenschaftlicher Berater am Schwedischen Museum für Moderne Kunst in Stockholm, am Centre Georges Pompidou in Paris und der Kunst- und Ausstellungshalle in Bonn (Erdsicht 1992) gewirkt. Als Wissenschaftsjournalist kann er auf eine lange Karriere zurückblicken und ist Verfasser mehrerer Bücher und einer großen Zahl von Fachaufsätzen. Seine Fotografien sind in den Sammlungen diverser Kunstmuseen vertreten.

Eberhard Fahrbach arbeitet seit 1986 als physikalischer Ozeanograph am Alfred-Wegener-Institut für Polar- und Meeresforschung in Bremerhaven. Sein Interesse gilt den Meeresströmungen in den Polargebieten, besonders im Weddellmeer und der Grönlandsee, um deren Einfluß auf das globale Klimageschehen abzuschätzen. Bevor er sich für die polare Meeresforschung entschied, arbeitete er am Institut für Meereskunde in Kiel über den Küstenauftrieb vor Nordwestafrika und Südamerika sowie über das äquatoriale Stromsystem im Atlantik.

Stanislav Fischer geboren 1936 in Ledce (Tschechoslowakei). Studium der Kernphysik an der Universität Moskau bis 1961; Promotion 1968. Teilnahme an der achten sowjetischen Antarktisexpedition (1962–1964), Überwinterung in der Forschungsstation Wostok. Einjährige Tätigkeit (1992–1993) im Auftrag der Russischen Akademie der Wissenschaften am Geophysikalischen Institut des Forschungszentrums auf der Halbinsel Kola. 1961 bis 1970 arbeitete er am Laboratorium für kosmische Strahlung, Lomnicky Peak (Slowakei), 1971 am Physikalischen Institut der Tschechischen Akademie der Wissenschaften, Prag, und ist seit 1972 Forschungsleiter am Institut für Astronomie. Er ist Mitglied der Internationalen Raumfahrtakademie, Paris.

William W. Fitzhugh Direktor des Smithsonian Arctic Studies Center und Kurator für Nordamerikanische Anthropologie. Er ist Spezialist für Anthropologie und Archäologie der Pole. Mehr als 25 Jahre forschte er über die arktischen Völker und Kulturen in Nordkanada, Alaska, Sibirien und Skandinavien und verfaßte zahlreiche Veröffentlichungen hierzu. Er war unter anderem an der Produktion mehrerer Filme beteiligt und an den beiden internationalen Ausstellungen: »Inua: Spirit World of the Bering Sea Eskimo« sowie der in russisch-amerikanischer Zusammenarbeit entwickelten Ausstellung »Crossroads of the Continents: Cultures of Siberia and Alaska«. Zur Zeit forscht er über die Archäologie der Halbinsel Jamal in der westrussischen Arktis.

Karl Fredga ist Professor für Genetik an der Universität Uppsala und einer der führenden Lemming-Forscher der Welt. Er hat zahlreiche Reisen in die Arktis unternommen, um die Lebensbedingungen und die Genetik dieser Tiere zu studieren.

Arved Fuchs geboren 1953, Ausbildung bei der Handelsmarine mit dem schon früh angestrebten Berufswunsch, Polarforscher zu werden. Seit 1977 unternimmt er Expeditionen in die Arktis und Antarktis. Fuchs erreichte 1989 als erster Deutscher innerhalb eines Jahres Südpol und Nordpol zu Fuß. 1991 bis 1994 umsegelte er den Nordpol und ihm gelang dabei die Durchfahrt der Nordwestpassage ohne Eisbrecherhilfe. »Arctic Passages« führt ihn zur Zeit nach Spitzbergen und Ostgrönland auf den Spuren der ersten deutschen Nordpolarexpedition 1868 bis 1870.

Hartmut Grassl geboren 1940 in Berchtesgaden, promovierte 1970 in Meteorologie an der Münchener Universität, Habilitation 1978. Er verfügt über weitreichende Erfahrungen in den Polarwissenschaften. 1988 wurde er als Professor für Meteorologie an die Universität Hamburg berufen. 1989 bis 1994 war er Direktor des Max-Planck-Institutes für Meteorologie in Hamburg. Seit 1994 ist er Direktor des Weltklimaforschungsprogramms der World Meteorological Organisation (WMO) in Genf. Er hat zahlreiche Vorträge und Bücher veröffentlicht.

Robert Greenler lehrt Physik an der University of Wisconsin in Milwaukee. Eines seiner Forschungsgebiete ist die Untersuchung optischer Erscheinungen in der Atmosphäre. Sein Interesse an diesen Phänomenen führte ihn auch in die Arktis und Antarktis. Die Ergebnisse seiner Forschungsreisen hat er in dem Buch »Rainbow, Halos and Glories« veröffentlicht.

David Gubbins geboren 1947 in Southampton (Großbritannien). 1965 Bachelor of Arts in Naturwissenschaften, 1972 promovierte er am Department of Geodesy and Geophysics der Universität Cambridge. 1972/73 Forschungen an der University of Colorado, 1973/74 am Massachusetts Institute of Technology, Cambridge (USA), 1973 bis 1975 an der University of California, Los Angeles und 1977 bis 1990 am Churchill College, Cambridge. Seit 1989 ist er Professor für Geophysik an der University of Leeds. Seine Forschungsgebiete sind: Geomagnetismus, Seismologie und theoretische Geophysik. Darüber veröffentlichte er ein Buch und mehr als 100 wissenschaftliche Artikel. 1985 war er Fellow of the American Geophysical Union und 1996 Fellow of the Royal Society.

Robert Keith Headland geboren 1944, zur Zeit Archivar des Scott Polar Research Institutes der Universität Cambridge. Studien über die historische Geographie der Arktis und Antarktis. Er war viele Jahre an wissenschaftlichen und anderen Expeditionen in diese Regionen beteiligt und überwinterte zweimal mit der British Antarctic Survey. Nach der Öffnung des russischen Gebietes der Arktis, 1991, besuchte er viele der vormals gesperrten Gebiete, oft an Bord von nuklearbetriebenen Eisbrechern. Für einige Jahre war er Dozent an Bord von Passagierschiffen, was ihm Gelegenheit gab, Theorie und Praxis zu verknüpfen, da er viele der Orte besuchte, über die er geforscht hatte.

Lars G. Holmblad Archäologe, geboren 1952, ist seit 1981 am Statens Historiska Museum in Stockholm tätig. Er veröffentlichte unter anderem 1995 den Nordischen Wikingerführer, arbeitete im Medienbereich, produzierte CD-Roms über Wikinger und Geschichte und arbeitet derzeit an einem Datennetz für Schulen.

Pontus Hulten wurde 1924 in Stockholm geboren. Er studierte Kunstgeschichte, Ethnologie und Religionswissenschaften und promovierte über die Verbindungen zwischen Johannes Vermeer und Spinoza an der Universität Stockholm. Hulten war der erste Direktor des Moderna Museet, das 1958 in Stockholm eröffnet wurde. Als Gründungsdirektor des Musée national d'art moderne im neuen Centre Georges Pompidou in Paris, realisierte Hulten u. a. die Ausstellungen »Picabia«, »Max Ernst«, »Marcel Duchamp«, »Paris – New York«, »Paris – Berlin« und »Moskau – Paris«. 1982 gründete Hulten das Museum of Contemporary Art in Los Angeles. Er zeigte dort u. a. die Ausstellungen »The first Show« und »Automobile and Culture«. In Paris errichtete er 1985 das »Institut des Hautes Etudes en Arts Plastiques«. 1986 eröffnete er als Direktor den Palazzo Grassi in Venedig mit der Ausstellung »Futurismo e futurismi«, später folgten »Der Arcimboldo Effekt« und »Jean Tinguely«. Von 1990 bis 1995 war Pontus Hulten Intendant der Kunst- und Ausstellungshalle der Bundesrepublik Deutschland in Bonn. 1996 gründete er das Tinguely-Museum in Basel.

Marek E. Jasinski ist Leiter des Instituts für Archäologie an der Norwegischen Universität für Wissenschaft und Technologie. Seine Spezialgebiete sind Meeresarchäologie und arktische Archäologie sowie Nordrußland in nachmittelalterlicher Zeit. Er führte zahlreiche Grabungen in Spitzbergen, Nordnorwegen und Nordrußland durch.

Per Kirkeby geboren 1938, ist einer der bekanntesten bildenden Künstler Dänemarks und genießt als Maler und Bildhauer höchstes internationales Ansehen. Als ausgebildeter Geologe und später als Künstler unternahm Kirkeby mehrere Expeditionen nach Grönland; daraus entstanden zahlreiche Zeichnungsserien, Fotografien und Filme.

Nikolaj A. Kornilow geboren 1930 in Rußland. Teilnahme an vielen Expeditionen in die Arktis, Leiter einer der russischen Driftstationen (Nr. 10). Sieben Jahre lang Leitung des russischen antarktischen Wissenschaftsteams in seiner Funktion als Leiter der russischen Station Molodeznaja in der Antarktis. 1977 bis 1994 stellvertretender Direktor des Russischen Arktischen und Antarktischen Forschungsinstituts (AARI). Zur Zeit als hauptverantwortlicher Spezialist für Expeditionen bei der Arktischen und Antarktischen Forschungsinitiative in St. Petersburg (International Arctic and Antarctic Research Initiatives: INTAARI) tätig.

Albrecht Koschorke geboren 1958, Studium der Literaturwissenschaft, Philosophie und Ethnologie in München und Paris. Lehrt zur Zeit an der Freien Universität Berlin. Buchpublikationen: »Leopold von Sacher-Masoch. Die Inszenierung einer Perversion«, 1988; »Die Geschichte des Horizonts. Grenze und Grenzüberschreitung in literarischen Landschaftsbildern«, 1990. Eine große Arbeit mit dem Titel »Empfindsamkeit als Schriftkultur. Körperströme, Zeichenzirkulation und mediale Wissensökonomie in der Schwellzeit zur Moderne« ist noch nicht gedruckt.

Igor Krupnik geboren und aufgewachsen in Rußland, Anthropologe, derzeit Forschungsbeauftragter am Arctic Studies Center des National Museum of Natural History der Smithsonian Institution. Spezialist für sibirisch-arktische Ethnologie, traditionelle Kulturen und die kulturellen Veränderungen der Gegenwart in der Arktis. Fast seit 20 Jahren Forschungen und Veröffentlichungen über das Vermächtnis, die Ökologie und die traditionelle Ökonomie der sibirischen Völker. Vor dem Beginn seiner Tätigkeit für die Smithsonian Institution lehrte er an der University of Alaska in Fairbanks und am Institut für Ethnologie der Russischen Akademie der Wissenschaften in Moskau.

Sven Lundström geboren 1952, promovierte 1977 in Archäologie. Er ist Direktor des Andrée Museums, Gränna (Schweden). Zur Zeit arbeitet er an der Erneuerung und Weiterentwicklung des Museums sowie an der Gründung eines Schwedischen Polarzentrums in Gränna. Er schrieb zahlreiche Bücher über Polargeschichte und bereitet ein Buch über Salomon August Andrée vor.

Juri L. Masurow ist Abteilungsleiter am russischen Forschungsinstitut für Kultur- und Naturerbe in Moskau und außerordentlicher Professor an der Staatlichen Lomonossow Universität in Moskau. Zu seiner weiteren Tätigkeit vgl. die Biographie von Pjotr W. Bojarski.

Olle Melander geboren 1944 in Stockholm. Seine erste Polarexpedition unternahm er 1965 in den Verwaltungsbezirk Svalbard. Nach geologischen, glaziologischen und geomorphologischen Studien promovierte er 1980. 1986 bis 1997 war er verantwortlich für das schwedische Antarktis-Forschungsprogramm. Olle Melander hat einer Reihe wissenschaftlicher Polarexpeditionen vorgestanden und auch als Naturkundler und Leiter zahlreicher Touristenexkursionen in die Arktis und Antarktis reiche Erfahrungen gesammelt.

Günter Metken geboren 1928, Kritiker und Essayist. Verantwortlicher Mitarbeiter bei der documenta 6 und 8, bei der Biennale Venedig 1995 und bei zahlreichen Ausstellungen des Centre Georges Pompidou in Paris. Mitverfasser des Œuvrekatalogs Max Ernst, Herausgeber der Anthologie »Als die Surrealisten noch recht hatten«. Bücher, Katalogtexte und Aufsätze über Spurensicherung und Kunst des 19. und 20. Jahrhunderts. 1992 Fellow am Wissenschaftskolleg zu Berlin.

Heinz Miller geboren 1944 in Innsbruck, studierte Physik und Geophysik in München. Nach seiner Promotion 1972 mit einer Arbeit über die geophysikalische Exploration eines alpinen Gletschers begann er mit Studien über die Struktur und den Aufbau von Erdkruste und Erdmantel in Äthiopien, den Anden, den Alpen und Island. Nach seiner ersten Expedition in die Antarktis 1979 beschäftigte er sich wieder verstärkt mit glaziologischen Fragestellungen. Seit 1985 ist er Professor für Geophysik an der Universität Bremen und gleichzeitig Leiter der Sektion Geophysik und Glaziologie am Alfred-Wegener-Institut, Bremerhaven. Miller ist Mitglied der Kommission für Glaziologie der Bayerischen Akademie der Wissenschaften und der Europäischen Akademie der Wissenschaften und Künste.

Annika Nilsson schreibt als freie Autorin über naturwissenschaftliche Themen, speziell über Umweltfragen und Biotechnologie. Sie hat mehrere Bücher verfaßt, unter anderem »Arctic Pollution Issues: A State of the Arctic Environment Report« (Umweltverschmutzung in der Arktis: Ein Bericht über den Zustand der Umwelt in der Arktis), 1997. Sie lebt in Huddinge, Schweden.

Wladimir Pitulko geboren 1960, Archäologe mit dem Spezialgebiet russische Arktis, in der er seit über 20 Jahren Ausgrabungen durchführt. Er arbeitet am Institut für Geschichte der materiellen Kultur an der Akademie der Wissenschaften in St. Petersburg und erhielt eine Vielzahl von Forschungsstipendien, darunter das Fulbright Forschungsstipendium an der Smithsonian Institution, Zentrum für arktische Studien.

Monika Puskeppeleit geboren 1955. Von 1974 bis 1984 Studium der Philosophie und Geschichte an der Universität Marburg sowie Medizin an den Universitäten Frankfurt a. M. und Heidelberg. Seit 1982 gilt ihr Interesse der Polarforschung, insbesondere der Expeditionsmedizin in Polargebieten. Sie ist wissenschaftliches Mitglied der Deutschen Gesellschaft für Polarforschung, der Deutschen Gesellschaft für Polarmedizin und Grenzgebiete, der Deutschen Gesellschaft für Luft- und Raumfahrtmedizin sowie der Österreichischen Gesellschaft für Alpin- und Höhenmedizin. Von 1989 bis 1991 war sie am Alfred-Wegener-Institut für Polar- und Meeresforschung in Bremerhaven tätig und leitete als verantwortliche Ärztin und Stationsleiterin die erste deutsche Frauenüberwinterung auf der Georg-von-Neumayer-Station in der Antarktis. Seit 1993 setzt sie ihre Weiterbildung zur Ärztin für Neurochirurgie fort und ist an internationalen wissenschaftlichen Projekten zur UV-B Strahlendosimetrie in den Polarregionen beteiligt.

Johanna Roos geboren 1942, Dipl.-Dolmetscherin für Russisch. Sie promovierte in Politikwissenschaften mit dem Thema: Sibirien zwischen Politik und Ökonomie. Zur Erschließung der Energieträger Erdöl und Erdgas. Köln 1984. Ausstellungsarbeit in der Bundesrepublik, in Moskau und St. Petersburg. Seit 1991 Projektkoordination Osteuropa in der Kunst- und Ausstellungshalle der Bundesrepublik Deutschland, Bonn.

Jean-Loup Rousselot geboren 1944 in Joinville (Frankreich), nach Studienjahren in Nancy und Tübingen promovierte er in Ethnologie an der Münchener Universität. Er ist Konservator der nordamerikanischen und arktischen Sammlungen sowie Stellvertretender Direktor des Staatlichen Museums für Völkerkunde in München. Seit 25 Jahren erforscht er vor allem die materielle Kultur der Polarvölker. Während jährlicher Studienreisen in die Arktis vertieft er seine persönlichen Kontakte mit der indigenen Bevölkerung. Durch Ausstellungen, Vorträge und Publikationen will er das Interesse des europäischen Publikums für die nordamerikanischen und arktischen Ethnien wecken und ihre Anpassung an die extreme Umwelt verständlich machen.

Uwe Schwarz geboren 1955, Studium an der Universität Bonn, Diplom-Geograph. Schwerpunktmäßige Aktivitäten: Museumspädagogik, natur- und kulturgeographische Exkursionen, Vorträge, Ausstellungen. Zahlreiche Publikationen auch zur Entdeckungs- und Reisegeschichte sowie zur Geschichte der Kartographie. Er ist wissenschaftlicher Mitarbeiter im Kölnischen Stadtmuseum.

Mikael Stenström hat am Institut für systematische Botanik an der Universität Göteborg studiert. Er untersucht die Vermehrung und Ökologie arktischer Pflanzen und ihre Reaktion auf Klimaveränderungen, überwiegend in Abisko im nordschwedischen Lappland. 1994 nahm er an der schwedisch-russischen Expedition zur Ökologie der Tundra teil und bereiste in diesem Zusammenhang die sibirische Küste.

Lars Thomasson geboren 1928, früherer Ausbildungschef der Kommune Hällefors in Schweden, war unter anderem Sprecher des Sámiid Riikkasearvi/Svenska Samernas Riksförbund (Vereinigung der schwedischen Samen), Mitglied einer staatlichen Forschungskommission über die Samen sowie eines von den Regierungen Finnlands, Norwegens und Schwedens besetzten beratenden Gremiums zu Fragen der Samen.

Max Tilzer geboren 1939, studierte in Wien Biologie und spezialisierte sich auf die Ökologie von Wasserlebensräumen. Seit 15 Jahren ist er Professor an der Universität Konstanz und leitet ein umfangreiches interdisziplinäres Forschungsprojekt über das Ökosystem des Bodensees. Während dieser Zeit nahm er auch an mehreren Forschungsreisen mit dem Forschungsschiff Polarstern in die Antarktis teil. 1992 bis November 1997 war er zwischenzeitlich wissenschaftlicher Direktor des Alfred-Wegener-Instituts für Polar- und Meeresforschung in Bremerhaven. Es war sein besonderes Bestreben, die an diesem Institut vertretenen Forschungsrichtungen zusammenzuführen, um das hochgradig interaktive Erdsystem umfassend zu untersuchen. Neben seiner naturwissenschaftlichen Tätigkeit ist er sehr an den Künsten interessiert, insbesondere an Naturphotographie und der Rezeption klassischer Musik.

Aleksej W. Turchin geboren 1957 in Rußland. Promovierte in Meereskunde an der Universität von St. Petersburg. Teilnahme an mehreren russischen wissenschaftlichen Expeditionen in die Arktis, 1982 bis 1983 15 Monate Mitglied einer russischen Driftstation in der Arktis. Teilnahme an drei russischen Expeditionen in die Antarktis. 1991/92 Verwaltungsdirektor der International Antarctic Expedition und der International Arctic Expedition Tundra-94. Seit 1992 Direktor der Arktischen und Antarktischen Forschungsinitiative in St. Petersburg (International Arctic and Antarctic Research Initiatives: INTAARI).

Øystein Wiig geboren 1949 in Oslo, Professor für Säugetierkunde. Seit 1994 Leiter der Säugetierabteilung des Zoologischen Museums der Universität Oslo. Teilnahme an rund 20 Expeditionen in die Arktis. Er hat an die

100 Publikationen zur Säugetierkunde veröffentlicht. Sein Forschungsschwerpunkt ist die Ökologie der arktischen Meeressäuger.

Richard S. Williams, jr. arbeitet seit 1971 als promovierter Geologe für den U. S. Geological Survey (USGS) und ist seit 1995 stellvertretender Vorsitzender des Committee for Research and Exploration der National Geographic Society. Er gilt als nachhaltiger Befürworter einer internationalen Zusammenarbeit bei Forschungsprojekten, die mit Hilfe von Satellitendaten natürliche und von Menschen verursachte globale Veränderungen auf der Erdoberfläche beobachten. Williams' Spezialgebiet sind Luft- und Satellitenüberwachungssysteme zur Erforschung dynamischer glaziologischer, vulkanischer und geomorphologischer Prozesse. Er ist Verfasser von über 180 wissenschaftlichen Publikationen und leitet zwei internationale Großprojekte: eine elfbändige Buchreihe des USGS mit dem Titel Satellite Image Atlas of Glaciers of the World (Satellitenbildatlas der Gletscher der Welt) und eine auf insgesamt 25 Blätter angelegte Kartenserie der USGS mit dem Titel Coastal-Change and Glaciological Maps of Antarctica (Karten der Küstenveränderungen und Gletscher des antarktischen Kontinents), die die dynamische Küstenlinie der Antarktis genau erfassen wird.

BIBLIOGRAPHIE

Mehr als eine Million Bücher sind über die Polargebiete geschrieben worden. Eine kleine Polarbibliothek steht in der Ausstellung interessierten Besuchern zur Vertiefung ihres Wissens zur Verfügung.
Hier eine kurz kommentierte Auswahl:

Einführungen

John May, Das Greenpeace-Buch der Antarktis, Ravensburg 1988
Sehr instruktives Allgemeinwerk
Klaus Odening, Antarktische Tierwelt, Leipzig 1984
Sehr informatives und kompetentes Standardwerk
Reader's Digest, Antarctica, Surry Hills 1990
Umfassendes zum Allgemeinwissen des Kontinents, hervorragend bebildert
Jeff Rubin, Antarctica, o. O. 1996
Umfangreicher Touristenführer
Bernard Stonehouse, Arktis Antarktis, Luzern o. J.
Sehr instruktives Allgemeinwerk für den Polar-Anfänger
David Sugden, Arctic and Antarctic. A modern geographical synthesis, Totowa 1982
Umfangreiches Werk zur Geographie der Polargebiete
Richard Vaughan, The Arctic – A History, Gloucestershire, 1994
Umfassende Abhandlung der Geschichte der Arktis

Polarforschung und große Fahrt

Roald Amundsen, Die Eroberung des Südpols, Berlin 1987
Der Südpolklassiker!
Owen Beattie und John Geiger, Der eisige Schlaf, Köln 1990
Furchterregendes zu der wiederaufgefundenen Franklin-Expedition
Don Belt, An Arctic Breakthrough, in: National Geographic Magazine, Vol. 191, Nr. 2, Februar 1997
Artikel über die russischen Drift-Eis-Stationen
Apseley Cherry-Garrad, The Worst Journey in the World, London 1994
Augenzeugenbericht über das Drama Scotts am Südpol
Oswald Dreyer-Eimbcke, Auf den Spuren der Entdecker am südlichsten Ende der Welt, Gotha 1996
Der Kartographieexperte beschreibt Meilensteine der Kartographie vom 16. bis ins 20. Jahrhundert
Harding McGregor Dunnett, Shackleton's boat. The story of the James Caird, Kent 1996
Mit Engagement geschriebene Geschichte der Rettung Shackletons und seiner Crew
Gmelin/Steller, Die große nordische Expedition von 1733 bis 1743, München 1990
Ein Muß für den, der sich für Seefahrt, Bering oder Steller interessiert
Robert K. Headland, Chronological list of Antarctic Expeditions and related Historical events, Cambridge (GB), 1989
Nahezu komplette Chronologie der Entdeckungsreisen in die Antarktis
Wieland Hintzsche und Thomas Nickol, Die große Nordische Expedition, Georg Wilhelm Steller (1709–1746), Gotha, 1996
Umfangreicher und schön bebilderter Katalog zu dem fast vergessenen deutschen Begleiter Berings
Clive Holland, Arctic exploration and development c. 500 b.c. to 1915. An Encyclopedia, New York/London, 1994
Nahezu komplette Chronologie der Entdeckungsreisen in die Arktis
Clive Holland, Farthest North – A History of North Polar Exploration in Eye-Witness accounts, London 1994
Faszinierender Bericht zur ganzen Entdeckungsgeschichte der Arktis
Roland Huntford, Die Amundsen-Photographien, Braunschweig 1989
Eindrucksvolle handkolorierte Glasnegative u. a. von der Entdeckung des Südpols
George Kish, North-east Passage – Adolf Erik Nordenskiöld, his life and times, Amsterdam 1973
Umfassende Berichte und Hintergründe zum Bezwinger der Nordostpassage
Britta Lauer, Im Eismeer, München 1995
Neue und ungewohnte Ansichten über den Stoff aus dem die Pole sind
Brendan Lehane, The Northwest Passage, Amsterdam 1981
Gut geschriebenes Buch über 400 Jahre Suche nach der Nordwestpassage
Gösta Liljequist, High Latitudes – A history of Swedish Polar Travels and Research, Stockholm 1993
Darstellung der schwedischen Polar-Aktivitäten von 1758 bis in die 80er Jahre
Fridtjof Nansen, Auf Skiern durch Grönland, Berlin 1991
Einer der Klassiker des großen Forschers und Nobelpreisträgers
Fridtjof Nansen, In Nacht und Eis, Wiesbaden 1985
Keine Worte! Ein Muß!
Fridtjof Nansen, Nebelheim, Entdeckung und Erforschung der nördlichen Länder und Meere, Leipzig 1911
Ein weiteres Meisterwerk des großen Schriftstellers
Ivan Papanin, Life on an Ice floe, New York 1939
Insiderbericht über die erste russische Driftstation SP–1 1937 vom Expeditionsleiter
Robert E. Peary, Schlittenreise zum Nordpol, Leipzig 1985
Ob er ihn entdeckt hat, bleibt umstritten
Ernest H. Shackleton, 21 Meilen vom Südpol, Berlin o. J.
In 3 Bänden nur noch schwer auffindbar, aber ebenfalls ein Klassiker
Gerrit de Veer, Om de Noord, Nijmegen 1996
Faksimile der berühmten Ausgabe der abenteuerlichen Reisen des Willem Barentsz von 1594–1597

Arktische Völker

Am Nordrand der Erde: Eskimo, Wien 1991
Kleiner, aber sehr informativer Katalog zum Leben der arktischen Völker
William W. Fitzhugh und Aron Crowell, Crossroads of Continents, Washington 1988
Umfangreicher und sehr schön illustrierter Katalog der gleichnamigen Ausstellung über die eingeborenen Völker Nordamerikas und Ostsibiriens
James Forsyth, A history of the peoples of Siberia – Russia's north Asian Colony 1581–1990, Cambridge 1992
Gut geschriebene Geschichte der sibirischen Völker
Peter Freuchen, Die Flucht ins weiße Land, Berlin 1929
Abenteuerliches vom Begleiter Knud Rasmussens
Evelin Haase, Der Schamanismus der Eskimos, Aachen 1987
Gut gegliedertes und verständliches Buch zum Geistesleben der arktischen Völker
Hansen, Meldgaard, Nordquist, The Greenland Mummies, London 1991
Aufsehenerregendes Buch über den Mumienfund in Grönland
Moreau S. Maxwell, Prehistory of the Eastern Arctic, o. O. 1985
Erklärt Methoden der archäologischen Arbeit in der kanadischen Arktis und Grönland
Knud Rasmussen, Rasmussens Thulefahrt, Frankfurt a. M. 1926
Glückwunsch zu diesem Juwel im Bücherschrank, wer ihn noch antiquarisch ersteht
Jean-Loup Rousselot, Kanuitpit? Kunst und Kulturen der Eskimo, München 1994
Gute Zusammenfassung des täglichen Lebens anhand ethnologischer Sammlungen
Jean-Loup Rousselot, Bernard Abel, José Pierre, Catherine Bihl, Masques Eskimo d'Alaska, o. O. 1991
Hervorragend bebilderter Band zur Formenvielfalt der Masken und den damit verbundenen religiösen Vorstellungen

Naturwissenschaft

Robert H. Eather, Majestic Lights – The Aurora in Science, History and the Arts, Washington 1980
Alles über Nord- und Südlichter
Robert Greenler, Rainbows, Halos and Glories, Cambridge 1994
Auch für Laien verständliches Buch über die faszinierenden polaren Lichtphänomene
Irmtraut und Gotthilf Hempel, Biologie der Polarmeere, Jena 1995
Informatives zur aktuellen Polarforschung, auch für Laien gut lesbar aufbereitet

Eric Hulten, Atlas of the North European Vascular plants North of the Tropic of Cancer, o. O. 1986
Die »Bibel« der nordeuropäischen Flora

James (Jakob) Lind, Abhandlung vom Scharbock, Riga und Leipzig 1775
Die englische Erstveröffentlichung enthielt neue und wichtige Erkenntnisse zum Skorbut. Cook hat es gelesen und blieb mit seiner Mannschaft gesund

Annika Nilsson, AMAP, Arctic Pollution Issues: A State of the Arctic Environment Report, Oslo 1997
Wichtige Veröffentlichung zur Verschmutzung der Arktis

Bernard Stonehouse, Polar Ecology, London 1989
Wichtiges Werk über Flora und Fauna der Polargebiete

Politik

Susan Barr, Norway's polar territories, Otta 1987
Enthält den wichtigen Spitzbergen-Vertrag

Varia

Joscelyn Godwin, Arktos – the Polar Myth in Science, Symbolism and Nazi Survival, London 1993
Ein Überblick über religiöse, mythologische und philosophische Ideen zu den Polen

Albrecht Koschorke, Die Geschichte des Horizonts, Frankfurt a. M. 1990
Hervorragende Analyse zur Wahrnehmung des Raumes und der Ferne

Friedhelm Marx, Wege ins Eis, Frankfurt a. M. 1995
Literarische Entdeckungen zu den Nord- und Südpolfahrten

Knud Rasmussen, Schneehüttenlieder, Essen 1947
Eine köstliche Winterabendlektüre

Michel Serres, Die Nordwest-Passage, Berlin 1994
Kulturkritischer Essay zur Passage von der exakten Wissenschaft zur Wissenschaft vom Menschen

PERSONEN- UND ORTSREGISTER

Adélieland (Terre Adédlie) 43, 176, 177
Afrika 27, 69, 76, 169
Alaska 26–28, 31, 38, 46, 57, 60, 64, 98, 106–108, 134, 168, 174, 184, 185, 202, 204, 205, 207, 233, 237, 243, 251
Aleuten 31, 79, 90, 207
Alexanderarchipel 207
Alfred der Große, angelsächs. König 240
Amboise 54
Amerika 26, 30–31, 36, 64, 69, 79, 85, 93, 146, 147, 168–170, 208, 241, 245, 246
Ameryschelfeis 71, 247
Ammassalik 203
Amundsen, Roald 17, 19, 20 Abb., 23, 34, 51, 61, 63, 66, 71, 77, 109, 114, 123, 143, 145, 147, 150, 151, 183, 192–194 Abb., 220 Abb., 221 Abb., 237
Amundsen-Scott-Station 206
Andersch, Alfred 59
Andreae, Stephan 56
Andrée, Salomon August 20–22, 61, 184, 214, 237
Archangelsk 31, 178, 181, 182, 208
Archer, Colin 63, 140
Argentinien 19, 46, 51, 53, 89, 126, 172, 173, 176, 177, 206, 210, 225, 228
Arp, Hans 56
Asien 26, 27, 28, 31, 36, 79, 107, 146, 148, 200, 246
Atacamawüste 47
Aurora-Inseln 86
Australien 47, 49, 51, 53, 63, 76, 86, 88, 121, 126, 169, 172, 176, 177, 185, 225, 228, 229, 246, 247
Axel Heiberg Island 60

Bäreninsel (Bjønøy) 44, 133, 148
Baffin, William 30, 146
Baffinland 24, 241
Balleny-Inseln 88
Barentsz, Willem 30, 107, 124, 148, 150, 155, 180
Barrow, John 146
Bartholomäusinsel 165
Barusingebirge 207
Behaim, Martin 136
Belgien 51, 53, 172, 225, 228
Bellingshausen, Fabian Gottlieb von 31, 49, 133
Belyinsel 96
Bennett, Floyd 34
Bennettinsel (Ostrow Bennett) 110
Bergen, Claus 31 Abb.
Bering, Vitus Jonassen 31, 79, 93, 107, 168, 200, 207, 208
Beringinsel 207
Beuys, Joseph 186 Abb.
Biard, François-Auguste 45 Abb., 95 Abb., 212 Abb.
Birkeland, Kristian 29

Bladmoregletscher 229
Bolscherezk 207, 208
Boothia-Halbinsel 70
Borchgrevink, Carsten 34
Boston 136
Boyle, T.Coraghessan 96
Brasilien 172, 226, 228
Breton, André 56
Buchan, David 63, 146
Buenos Aires 176, 210, 211
Bulgarien 226, 229
Bundesrepublik Deutschland, BRD 33, 50, 51, 63, 145, 172, 184, 226, 228, 229
Bunge, Alexander Alexandrowitsch 120
Burdwood, Kains T. 88
Burdwood's Island 88
Burrough, Stephen 148, 150
Byrd, Richard 34, 61, 62, 123, 237
Byrdgletscher 246

Cabot, John (Giovanni Caboto) 35, 146
Cabot, Sebastian 146
Cape Denison 121, 122, 123
Carmichael, John Wilson 66 Abb.
Chancellor, Richard 148
Charcot, Jean-Baptiste 77
Charcotland 243
Charles II, König von England 90
Chile 46, 47, 53, 89, 172, 173, 176, 177, 206, 226, 228, 247
China, Volksrepublik 24, 35, 49, 61, 93, 115, 226, 229
Cholmogory 179
Christchurch 228
Churchill 144
Coatsland 176
Coleridge, Samuel T. 18
Cook, Frederick 35, 51, 71, 110, 126, 161, 193, 210, 221, 235, 236 Abb., 237
Cook, James 35, 48, 62, 165
Coronelli, Marco Vincenzo 109 Abb.
Crocker Land 60
Crozet-Inseln 88, 225

Dänemark 33, 174, 242, 250
Dallmann, Eduard 36, 174
Darlington, Harry 67
Darlington, Jennie 67
Davidoff, Constantino 211
Davis, John 36, 146
DDR 226
Dease, Peter 147
Deceptioninsel 61, 243
Delaware 46
Delisle de la Croyère, Louis 207
De Long, George Washington 36, 139, 151
De-Long-Inseln 108, 174, 175
Demidow, Grigori 208
Deschnew, Semjon 36, 79, 200
Diskobucht 241, 252
Dobson, Gordon 36
Dostojewski, Fjodor Michailowitsch 56
Drake, Sir Francis 88, 165
Drygalski, Erich Dagobert von 31, 42, 77
Dumont d'Urville, Jules 42, 50
Dynamics Explorer 9, 29

Ecuador 172, 226, 229
Edinburgh 211
Einstein, Albert 138
Elephantinsel 197
Elizabeth I, Königin von England 90
Elizabethides 88
Ellesmere Island 46, 241
Ellsworth, Lincoln 19, 61, 145, 237
Eluard, Gala 56
Eluard, Paul 56
Emden 134
Emerald, William Elliott 88
Emerald Islands 88
England 33, 64, 67, 121, 146, 165, 196, 197, 246
Erebus 186
Erik der Rote 60, 241
Eriksson, Leif 241
Ernst, Max 54, 55 Abb., 56 Abb., 57
Esperanza 165
Estland 226
Eurasien 26, 38, 108, 245
– Eurasisch-Arktischer-Archipel 106
Europa 27, 93, 123, 147, 169–171
– Europäer 29

Färö 233
Falklandinseln 145, 175, 176, 210
Fedorow, Jewgeni 36
Fedosejewa, Swetlana 25
Feuchtwanger, Lion 20
Filchner-Rønne-Schelfeis 19
Finnland 118, 186, 188, 189, 219, 226, 229
Flinders, Matthew 63
Forster, Georg 43, 62 Abb., 63, 165, 166, 201, 209
Frankenstein 219
Franklin, Lady Jane 63 Abb. 64, 66
Franklin, Sir John 63, 64 Abb., 65, 66, 109, 123, 146, 147
Frankreich 33, 49–51, 53, 63, 94, 126, 146, 172, 176, 177, 226, 228, 246
Franz-Joseph-Land (Semlja Franza-Jossifa) 21, 24, 86, 108, 133, 141, 143, 174, 236, 238
Freuchen, Peter 68, 112, 114
Friedrich, Caspar David 56
Friesische Inseln 154, 156
Frobisher, Martin 24, 67, 146
Fuchs, Arved 17 Abb.
Fylingdales Moor 134

Galapagosinseln 215
Gama-Land 207
Georg III., König von Großbritannien 48, 210
Gerassimow, Dimitri 148
Gerlache, Adrien de 71
Gide, André 138, 213
Gmelin, Johann Georg 76, 79, 135
Göring, Hermann 185
Gondwana 76, 77, 116
Gough Island 225
Gränna 22
Grahamland 52, 71, 175, 243
Greenwich 176

Gribovaja 156
Griechenland 42, 229
Grönland 26–28, 32, 33, 38, 57, 60, 63, 71, 75, 78, 89, 90, 95, 96, 99, 106–110, 114, 124, 134, 137, 139, 145, 150, 151, 174, 177, 184, 191, 203, 215, 233, 237, 241, 242, 246–248, 252
Großbritannien 49, 50, 51, 53, 63, 89, 126, 172, 173, 175, 177, 210, 226, 228
Guatemala 229

Haakanson, Sven 98
Halle 206
Hampden, John 165
Harrison, John 35
Hawaii 35
Hayes, Isaac 151
Headland, Robert 215
Heard Island 173
Henry VII, König von England 146
Henson, Matthew 235
Herbert, Wally 110, 238
Heroldinsel 108, 175
Heym, Georg 221
Hiberna-Ölfeld 46
Hikoligjnaq 144
Himalaya 71
Hofmann, D. J. 160
Holland 146
Holt, Sidney 232
Hooper, Calvin 174
Hudson, Henry 146, 150
Hultén, Elsie 166, 167
Hultén, Eric 166, 167, 223
Hurley, Frank 85 Abb., 123

Ile de France 115
Ile Nouvelle-Amsterdam 225
Ile Saint-Paul 225
Indien 76, 149, 226, 229, 246
Indonesien 233, 246
Indrelid, Sven 25
Ipiutakkultur 28
Irkutsk 207, 208
Irland 196, 246
Isker 200
Island 33, 60, 241, 242, 246
Italien 33, 226, 229
Itelmenen 207, 208
Iwan III., Großfürst von Moskau 91

Jackson, Frederick 143
Jakutsk 120, 200
Jamaica 35
Jamal 96, 98
Jan Mayen 133, 174
Japan 26, 27, 150, 172, 208, 226, 228
Jeannetteinsel 42
Jenisseisk 207
Johansen, Hjalmar 110, 141, 143
Jomonkultur 27

Kadachigov, Gennady 37 Abb
Kallihiruna, Erasmus 64 Abb.
Kampers, Franz 235
Kamtschatka 31, 79, 166, 167, 207, 208

Kanada 24, 27, 38, 46, 57, 66, 77, 94, 124, 151, 170, 175, 185, 202, 226, 229, 233, 237, 242
Kane, Elisha Kent 124, 151
Kap Adare 51
Kap der Guten Hoffnung 106
Kap Deschnew 200
Kap Hoorn 106
Kap Lopatka 207
Kap Moltke 112
Kapkolonie 49
Kapstadt 215
Karaginskiinsel 208
Kautokeino 200
Kayak 207
Kerguelen de Trémarec, Yves-Joseph de 48
Kergueleninseln 88, 225
Kerven, Rosalind 136
Kiel 165
Kiew 179
Kildare 196
King Edward Cove 199
King Edward Point 210, 211
King-George-Insel 19
King-Williams-Land 67
Kircher, Athanasius 136, 137
Kirkeby, Per 113 Abb., 234
Kiruna 29
Knuth, Eigil 111, 112 Abb., 113, 114
Koch Johan Peter 234
Kodiak 79, 202
Köln 54
König-George-V.-Küste 121
Königin-Maud-Land 52, 176, 177, 215
Kola 91, 118, 149, 151, 180, 186, 187, 217
Koldewey, Carl 78
Koldewey-Station 19
Kolumbien 226, 229
Komi 219
Konstantinow, Juri 41
Kopenhagen 241
Korjaken 208
Krasnojarsk 134
Krenkel, Ernst 36
Kreutzmann, Johannes 105 Abb.
Kristiania (Oslo) 140
Kuba 229
Kurilen 31, 208

Labrador 27, 35, 146, 185, 241
Ladoga 179
Lambert, Gustave 151
Lambertgletscher 71, 247
Lappland 222
Larsen, Henry 147
Laurasia 116
Ledjanaja Gavan 156
Leith 211
Leonardo da Vinci 54
Lindqvist, Frans Wilhelm 184
Ljachow, Iwan 108, 119
Lomonossow, Michail W. 119, 149
London 51, 65, 91, 94, 148, 150, 151, 196, 197, 199
Long, Richard 222 Abb.

Longyear, John Munroe 214
Longyearbyen 178, 214

Macquarie Island 51, 88, 122, 225
Madrid 228
Mamontowaja Kurja 24
Mandschurei 26
Mangaseja (Mangazeya) 92, 178, 179, 180
Marshall 197 Abb.
Mawson, Douglas 56, 61, 85, 88, 121, 123, 132, 243
McClure, Robert 66, 109
McMurdo-Station 215
Mercator (Gerhard Kremer) 106, 136, 255
Mercator, Rumbold 106
Mertz, Xavier 121
Mesopotamien 234
Michail Fjodorowitsch, Zar 180
Mirnyj 100–102
Mochanow, Juri 25
Mohn, Henrik 139
Montevideo 199
Moore, Thomas 174
Moskau 91, 92, 101, 166, 179
Mount Erebus 122, 196
Mount Vinson 215
Müller, Gerhard Friedrich 76, 79
Murmansk 47, 134, 199
Mylius 112, 114

Nagurski, Jan 61
Namibia 47
Namibwüste 47, 247
Nansen, Fridtjof 17, 23 Abb., 39, 63, 110, 114, 117, 123, 124, 139, 140 Abb., 141 Abb., 142 Abb., 143, 184, 192 Abb., 195, 213, 220 Abb.
Neuenglandstaaten 49
Neufundland 46, 146, 241
Neumayer, Georg von 78, 145
Neumayer-Station 19, 128, 135, 145
Neuseeland 49, 53, 88, 126, 172, 175, 177, 226, 228
Neusibirische Inseln 86, 93, 108, 110, 120, 139, 140, 248–250
New York 54, 89, 233
Newton, Isaac 195
Niederlande 226
Nobel, Alfred 20
Nobile, Umberto 19, 61, 237
Nordenskiöld, Adolf Erik 108, 145, 149–151
Nordenskjöld, Otto 145, 146, 155
Nordkap 138, 240
Nordkorea 229
Norwegen 51, 53, 86, 91, 140, 143, 172, 174, 177, 178, 186, 188, 189, 222, 226, 228
Nowaja Semlja 30, 86, 94, 107, 124, 134, 148, 152–154, 156, 178, 179, 180, 181, 236, 238, 241
Nowgorod 91, 179
Nuuk 135

Ochotsk 207
Oimjakon 172

Österreich 229
Okvikkultur 28
Orient 236
Oslo 63
Ottar 240, 241

Pachtusow 155
Pakistan 226
Pallande, Louis 149
Papanin, Iwan 36
Papua-Neuguinea 229
Paris 42, 54
Parry, William E. 146, 161
Paul I., Zar 90
Pauletinsel 146
Payer, Julius von 108
Pazifik 26, 28, 35, 63, 79, 93
Peary, Robert 17, 35, 51, 60, 109, 123, 161, 193, 235, 236 Abb., 237
Persien 234
Peru 172, 226, 229
Peter der Große, Zar 31, 79, 93, 149
Peter-I.-Insel 176, 177
Petermann, August 65 Abb., 78, 151
Petrograd 166
Petropawlowsk 166
Pitulko, Wladimir 26
Plaisted, Ralph 110, 237
Plancius, Petrus 148, 149
Plinius 213
Poe, Edgar Allen 221
Point Barrow 60
Polen 226, 228
Pomoren 29
Pomorje 178, 179, 181–183
Ponting, Herbert 183 Abb.
Port Alberni 233
Port Lockroy 52
Portugal 146
Portugiesen 69, 106
Prince Edward Islands 173, 225
Prinzessin-Martha-Küste 50
Prinzessin-Ragnhild-Küste 50
Pustozersk 179
Pytheas 136, 212

Rae, John 147
Ransmayr, Christoph 117, 145
Rasmussen, Knud 17, 19, 42, 58, 67, 68, 84, 112, 114, 117, 119, 144, 184 Abb., 191, 192, 244, 255
Reeh, Niels 46
Rijp, Cornelius 107
Ritscher, Alfred 62, 184
Ritter, Christiane 117
Rogozow, L. 125 Abb.
Ross, Sir James Clark 50, 65, 69 Abb., 70 Abb., 186
Ross, Sir John 146, 186
Ross-Eisschelf 45, 46, 62, 193, 247
Rønne, Edith 67
Rønne, Finn 67
Rumänien 228
Ruser, Hans 31
Russen 179, 180, 208, 212
Russische Föderation 156

Rußland 29, 41, 42, 47, 76, 79, 86, 92, 93, 96, 97, 120, 133–135, 146, 148, 151, 156, 174, 175, 178, 182, 186, 199, 219, 226, 228

Samen 186–190, 231, 241
Sandwich-Inseln 173, 175
Saudi-Arabien 47
Schirschow, Peter 36
Schweden 22, 51, 53, 91, 108, 140, 186, 188, 222, 226, 229, 242, 250, 251
Schweiz 33, 226, 229
Scott, Robert Falcon 17, 19, 23, 51, 114, 123, 145, 183, 192, 193 Abb., 194, 196, 197, 229
Scott Island 51
Sedona 54, 202
Sedow, Georgi 61, 155
Semlja Franza-Iossifa (s. Franz-Joseph-Land)
Sewernaja Semlja 86 Abb., 108
Sewerny Poljus (SP) 36–42
Seymourinsel 77
Shackleton, Ernest 85, 114, 122, 123, 183, 184, 192, 193, 196, 197 Abb., 199, 221
Shelly, Mary 219, 220
Shetlandinseln 36, 49, 89, 175, 212
Sibirien 26, 40, 57, 61, 76, 77, 92, 93, 107, 119, 134, 135, 139, 161, 162, 168, 170, 199, 204, 208, 218, 219, 249
Signy 89
Skandinavien 24, 28, 29, 168, 185, 201
Slowakei 228
Solowezki 91
Solowezkiinsel 91
Somow, Michail 37
Sowjetunion 53, 105, 111, 133, 134, 143, 151, 229
Spanien 106, 146, 226, 229
Spitzbergen (Svalbard) 19, 21, 24, 30, 34, 44, 46, 61, 94, 133, 134, 137, 139–141, 145, 148, 150, 151, 174, 178, 180–182, 212, 214, 215, 236, 237, 243
Sri Lanka 246
St. Petersburg 37, 76, 91, 206–208
Stanley 210, 211
Steinen, Karl von der 51
Steller, Georg Wilhelm 76, 79, 135, 168, 206, 208
Strömer, Carl 29
Stroganow 199, 200, 212
Südafrika 53, 77, 185, 226, 228, 250
Südamerika 26, 69, 76, 77, 116, 185, 245
Südgeorgien 48, 51, 89, 175, 197, 199, 210, 211
Südkorea 226, 229
Süd-Orkney-Inseln 51, 89, 175
Südpatagonien 46
Südwestafrka 247
Svalbard (Spitzbergen) 86, 107
Sverdrup, Otto 63, 109, 140, 143, 174
Sverdrup-Inseln (Archipel) 109, 174
Symmes, John C. 137

Tacitus 212
Tasman, Abel Janszoon 48

Tasmanien 64, 65, 246
Tataren 212
Tempel, Ernst Wilhelm Leberecht 54
Terra australis 35, 48
Terror 186
Thule 134, 136, 184, 212, 247
Tibet 60
Timofejewitsch, Jermak 200, 212
Toronto 94
Tschechische Republik 228
Tschernobyl 219
Tschertow Owrag 26
Tschuchnowski, Boris G. 61
Tschukotka 204, 233
Tschuktschenhalbinsel 149, 162, 200, 230
Türkei 229
Turi, Johan 189 Abb.

UdSSR 116
Ukraine 143, 229
Ungarn 229
Ural 24, 93, 152, 179, 200, 208
Uruguay 172, 226, 229
USA 67, 105, 133, 134, 151, 225, 228, 233

Van Diemen's Land 64
Veer, Gerrit de 148 Abb., 181 Abb.
Vereinigte Staaten, USA 46, 49, 50, 52, 53, 66, 67, 105, 110, 111, 133, 134, 151, 172, 174, 175, 225, 228, 233
Verne, Jules 60 137
Viktora Insel 174, 216

Weddell, James 185
Wegener, Alfred 17, 18, 76, 115, 123, 125, 234 Abb.
Weiße Insel 96
Wellman, Walter 61
Weyprecht, Carl 108, 155, 238
White, John 24
Wiencke Island 52
Wikinger 240–242
Wilczekland 238
Wild, Frank 197 Abb., 199
Wildman, John R. 69 Abb.
Wilhelm-II.-Land 31
Wilkes, Charles 50
Wilkins, George H. 61
Wilkins, Sir Hubert 243
Wilna 63
Wilson, Bill 194 Abb.
Wittenberg 206
Wladimir-Susdal 179
Wladiwostok 47
Wostok 89, 99, 102, 103 Abb., 104, 105, 172, 245, 247
Wrangel, Ferdinand von 174
Wrangelinsel 26, 37, 108, 110, 119, 174, 175

Zappa, Frank 152, 248
Zeppelin, Graf 61
Zhokov 26, 248, 249
Zweig, Stefan 145

QUELLENNACHWEISE UND COPYRIGHTS

Texte

S. 18 Samuel T. Coleridge, Der alte Seemann. In: Friedhelm Marx (Hrsg.), Wege ins Eis, Frankfurt a. M./Leipzig 1995, S. 22 ff. © Insel-Verlag Frankfurt am Main

S. 19 Knud Rasmussen, Rasmussens Thulefahrt, Frankfurt a. M. 1926, S. 256–258

S. 20 Lion Feuchtwanger, Erfolg, Frankfurt a. M. 1988, S. 665–666

S. 23 Robert Scott, Letzte Fahrt, Heinrich-Albert-Verlag, Wiesbaden 1996, S. 155

S. 23 Konrad Kretschmer, Die physische Erdkunde im christlichen Mittelalter. In: Dr. Albrecht Penck, Geographische Abhandlungen, Wien/Olmütz 1890, S. 34–35, 47, 75, 77

S. 35 Frederick A. Cook, Meine Eroberung des Nordpols, Hamburg/Berlin 1912, S. 256

S. 43 Knud Rasmussen, Rasmussens Thulefahrt, Frankfurt a. M. 1926, S. 388

S. 43 Georg Forster, Reise um die Welt (1778–1780), Insel-Verlag, Frankfurt a. M. 1983, S. 112

S. 58 Knud Rasmussen, Rasmussens Thulefahrt, Frankfurt a. M. 1926, S. 247 u. S. 62–64

S. 59 Alfred Andersch, Hohe Breitengrade. © 1969 by Diogenes Verlag AG Zürich, S. 126

S. 60 Jules Verne, Die Abenteuer des Kapitän Hatteras, Berlin 1984, S. 178–179

S. 67 Knud Rasmussen, Rasmussens Thulefahrt, Frankfurt a. M. 1926, S. 302

S. 68 Peter Freuchen. In: Knud Rasmussen, Rasmussens Thulefahrt, Frankfurt a. M. 1926, S. 218

S. 77 Roald Amundsen, »Weihnachten 1910«. In: Die Eroberung des Südpols, München 1912, S. 254. © 1986 by Edition Erdmann in K. Thienemanns Verlag, Stuttgart/Wien/Bern

S. 83 Robert Scott, The voyage of the Discovery, London 1905, Bd. I, S. 467

S. 83 Knud Rasmussen, Rasmussens Thulefahrt, Frankfurt a. M. 1926, S. 154

S. 83 Fridtjof Nansen, In Nacht und Eis, Leipzig 1985, S. 77. Heinrich-Albert-Verlag, Wiesbaden

S. 84 Knud Rasmussen, Rasmussens Thulefahrt, Frankfurt a. M. 1926, S. 126 u. S. 358

S. 96 T. Coraghessan Boyle, Der Polarforscher. © Maro Verlag, Augsburg 1995 (Die Tollen Bücher, 6), S. 13–14

S. 111 Diatomeen I, Schalen in Natur und Technik. Mitteilungen des Instituts für leichte Flächentragwerke. Nr. 28, Stuttgart 1984, S. 18

S. 117 Fridtjof Nansen, In Nacht und Eis, Leipzig 1985, S. 108. Heinrich-Albert-Verlag, Wiesbaden

S. 117 Christiane Ritter, Eine Frau erlebt die Polarnacht, Frankfurt a. M./Berlin 1992, S. 115. Ullstein Buchverlage GmbH, Berlin

S. 117 Christoph Ransmayr, Die Schrecken des Eises und der Finsternis, Frankfurt a. M. 1993, S. 112. © 1984 by Christian Brandstätter Verlag & Edition, Wien. Alle Rechte vorbehalten S. Fischer Verlag GmbH, Frankfurt am Main

S. 117 Knud Rasmussen, Rasmussens Thulefahrt, Frankfurt a. M. 1926, S. 503

S. 119 Knud Rasmussen, Rasmussens Thulefahrt, Frankfurt a. M. 1926, S. 158

S. 138 André Gide, Die Reise Urians – Fahrt auf einem Eismeer. In: André Gide, Gesammelte Werke, Deutsche Verlags-Anstalt GmbH, Stuttgart 1991, S. 216

S. 144 Knud Rasmussen, Rasmussens Thulefahrt, Frankfurt a. M. 1926, S. 156–157

S. 145 Robert Falcon Scott am Südpol. Zit. nach: Stefan Zweig, Der Kampf um den Südpol, Stockholm 1943, S. 22

S. 145 Christoph Ransmayr, Die Schrecken des Eises und der Finsternis, Frankfurt a. M. 1993, S. 18. © 1984 by Christian Brandstätter Verlag & Edition, Wien. Alle Rechte vorbehalten S. Fischer Verlag GmbH, Frankfurt am Main

S. 165 John Hampden (Hrsg.), Sir Francis Drake, Pirat im Dienst der Queen 1567–1596, Tübingen/Basel 1977, S. 229. © 1998 by Edition Erdmann in K. Thienemanns Verlag, Stuttgart/Wien/Bern

S. 166 Georg Forster, Reise um die Welt (1778–1780), Insel-Verlag, Frankfurt a. M. 1983, S. 942

S. 168 Georg Wilhelm Steller, Von Sibirien nach Amerika, Die Entdeckung Alaskas mit Kapitän Bering 1741–1742, Stuttgart/Wien 1986, S. 131–132. © 1986 by Edition Erdmann in K. Thienemanns Verlag, Stuttgart/Wien/Bern

S. 183 Robert Scott, Letzte Fahrt, Heinrich-Albert-Verlag, Wiesbaden 1996, S. 58

S. 183 Roald Amundsen, Die Eroberung des Südpols, München 1912, S. 158. © 1998 by Edition Erdmann in K. Thienemanns Verlag, Stuttgart/Wien/Bern

S. 191 Knud Rasmussen, Rasmussens Thulefahrt, Frankfurt a. M. 1926, S. 334

S. 192 Knud Rasmussen, Rasmussens Thulefahrt, Frankfurt a. M. 1926, S. 83 u. S. 31

S. 195 Fridtjof Nansen, In Nacht und Eis, Leipzig 1985, S. 37–38. Heinrich-Albert-Verlag, Wiesbaden

S. 201 Georg Forster, Reise um die Welt (1778–1780), Insel-Verlag, Frankfurt a. M. 1983, S. 122

S. 209 Juri Rytchëu, Die Suche nach der letzten Zahl, Unionsverlag, Zürich 1995, S. 28

S. 209 Georg Forster, Reise um die Welt (1778–1780), Insel-Verlag, Frankfurt a. M. 1983, S. 120

S. 213 André Gide, Die Reise Urians – Fahrt auf einem Eismeer. In: Gesammelte Werke, Bd. 6, Deutsche Verlags-Anstalt GmbH, Stuttgart 1991

S. 214 A. B. C. Whipple, Meeresströme, Amsterdam 1984, S. 122

S. 229 Robert Scott, Letzte Fahrt, Heinrich-Albert-Verlag, Wiesbaden 1995, S. 127

S. 234 Per Kirkeby, Bravura. Ausgewählte Essays, Verlag Gachnang & Springer, Bern/Berlin 1984, S. 155

S. 235 Franz Kampers, Mittelalterliche Sagen vom Paradiese und vom Holze des Kreuzes Christi, Köln 1897, S. 46 ff.

S. 244 Knud Rasmussen, Rasmussens Thulefahrt, Frankfurt a. M. 1926, S. 379–380

S. 248 Frank Zappa, Plastic People, Songbook 1977, Song vom Album Apostrophe, um 1966

Abbildungen

© VG Bild-Kunst, Bonn 1997
Joseph Beuys, Max Ernst

© bei den Künstlern
Per Kirkeby, Richard Long